특허권남용의 경쟁법적 규율

— 표준을 중심으로 본 경쟁법과 지적재산권 —

최 승 재 저

세창출판사

추 천 사

Forewords

이제 대한민국의 법학 연구는 껍질을 벗을 때가 되었습니다. 자기 스스로 이마에 딱지를 붙이고 학문 연구의 영역을 스스로 제한하며 재능을 울타리 속에 가두어 두려는 태도는 거침없이 내칠 때가 된 것입니다. 선진 사회의 문턱에 있는 우리 사회에서 벌어지는 온갖 복잡다기한 법률문제는 이미 한 가지 종류의 법률관계만이 문제되는 경우는 오히려 드물다고 할 것입니다. 여러 법률 분야의 쟁점이 한데 뒤엉켜 얽히고 설킨 법률문제를 만들어내는 것은 우리만의 경우가 아니며, 선진 여러 나라에서는 일상적인 일입니다. 이에 따라 선진 여러 나라들의 경우, 법학의 연구 분야는 각 연구자들 사이의 고유 영역의 문제가 아니게 된 지 오래되었으며, 불법행위법을 강의하다가 헌법소송을 가르친다거나, 세법을 가르치면서 보험법을 연구하는 것은 그야말로 일상적인 일에 불과하다고 할 수 있습니다. 유독 우리나라에서만 어느 한 분야의 연구에 발을 들어놓으면 다른 분야는 거들떠보지도 아니하는, 특유한 분위기가 형성되어 있다고 할 것입니다. 이런 상황이 바람직하지 못함은 더 말할 필요도 없다고 할 것입니다.

우리나라의 경우 다른 어느 분야보다도, 최근 눈에 들어오는 둘 이상의 법학 분야가 얽혀 있는 분야는 특허법과 경쟁법 분야가 아닐까 합니다. 본래적으로 특허법과 경쟁법은 '독점'이라는 화두를 끌어안고 영원히 이를 풀어야 하는 숙명을 안고 있는 분야입니다. 또한, 우리나라 사회의 발전에 걸맞게 어려운 문제를 만들어내고 있는 분야입니다. 특허법과 경쟁법이 만나는 자리에서 생기는 문제를 합리적으로 풀어가는 일은 특허법을 연구하는 학자나, 아니면 경쟁법을 주요 분야로 삼고 있는 학자이거나, 아니면 이 둘 이외의 분야를 연구하는 우리 시대의 법학자라도 누구에게나 크고 어려운 과제가 아닐 수 없습니다.

저자는 서울대학교를 졸업하고 사법시험에 합격한 후, 대한민국 최고의 기업에서 그리고 세계최고의 IT 기업에서 각 사내변호사로서 일하면서 왕성한 학구열을 뽐내더니, 대학 교수가 되어 뛰어난 연구 성과를 보여 사람들을 놀라게 하고는 이제는 대법원의 재판연구관으로서 우리나라 최고 법원의 판례를 만들어내는 일을 하고 있습니다. 더욱이 저자는 경쟁법과 특허법을 두루 연구하였으며, 그 연구 결과를 박사학위 논문으로 제출한 후 이제는 출판을 하게 되었습니다. 한 마디로, 우리 사회에서 특허법과 경쟁법이 만나는 곳의 어려운 법률문제들을 시원하게 정리해줄 수 있는 가장 적합한 능력과 경험을 갖춘 학자이자 실무가라고 할 것입니다.

이 책은 사실상 혹은 제도적인 표준을 보유한 특허권자의 특허권 남용에 대하여 먼저 미국의 특허권 남용의 법리를 논의 출발점으로 삼아, 표준과 표준화의 경쟁정책적인 함의를 검토하면서 상호운용성의 확보가 갖는 의미에 주목하고 있습니다. 나아가 표준 보유자의 시장지배적 지위의 남용행위와 특허풀을 비롯한 공동행위에 대해서도 검토하면서 차근차근 해결책을 모색하고 있습니다.

이 책의 가치는 특허법과 경쟁법이 만나는 분야의 훌륭한 저술이라는 점에 있기보다 더 수준 높은 더 깊이 있는 연구의 출발점이라는 데에 있다고 할 것입니다. 아무쪼록 저자에게 더욱 탁월한 연구결과를 재촉하면서 특허법이나 혹은 경쟁법에 관심이 있는 독자들, 나아가 모든 법학자와 법률실무가들에게 일독을 권하면서 추천사에 갈음하고자 합니다.

2010. 2.

대법원장 비서실 부장판사, 법학박사 박성수

서 문

Preface

이 책은 서울대학교 박사학위논문 『표준보유자의 특허권남용행위에 대한 경쟁법적 규율에 대한 연구』(2009)를 수정 · 보완하여 출판하는 것이다. 박사논문을 준비하면서 많은 불면의 시간들을 보냈고, 육체적으로도 힘들었다. 하지만 서울을 떠나면 친척 피붙이 하나 없는 대구에서 완전히 스스로를 격리시키고 지내면서 오로지 이 주제만을 천착하여 보낸 시간의 결과물이기에 곳곳에 부족한 부분이 많이 있음에도 상당한 진전이 있었다.

지도교수님이신 권오승 교수님의 인간적, 학문적인 큰 면의 은혜가 없었다면 이 책이 있을 수 없었다. 그리고 정상조 교수님께서 지적재산권법에 대한 지도를 해 주셨다. 정상조 교수님의 학문적인 큰 은혜가 없었다면 이 책은 지적재산권법과 경쟁법이라는 두 개의 튼튼한 날개를 가질 수 없었을 것이다. 두 분의 경쟁법과 지적재산권법의 최고의 대가들께서 지도를 해주심에 이 글은 필자의 우매함을 벗어나 조금이나마 가치를 가지게 되었다. 이봉의 교수님, 홍명수 교수님과 허성욱 교수님으로 구성된 심사위원진은 필자에게는 늘 도전이었다. 오로지 살아남았음을 감사할 따름이다. 박사과정을 지도해주신 김건식 서울대학교 로스쿨 원장님께도 깊은 감사드린다.

이 책은 날로 증가하는 지적재산권과 관련된 문제 중에서 경쟁법과 서로 오버랩되는 영역에 대한 필자의 연구 성과를 담은 글이다. 이 영역은 양 법의 이해가 필요하기에 필자와 같은 이리석은 이의 접근을 쉽게 허용하지 않아 지금도 고전하고 있다. 조그만 연구 성과라도 내놓는 것이, 부끄럽지만 국내의 척박한 이 분야의 연구를 위하여 관심을 가질 동료 및 후배 연구자들에 대한 기여라고 보아 이 책을 출간하고자 한다.

지적재산권은 현대 사회에서 가장 중요한 재산이 되고 있다. 유형의 재산이 아닌 무형의 지적재산권이 국력과 국부를 정하는 기준이 되고 있다. 애덤 스미스가 다시 이 세상에 온다면 그는 국부론의 첫머리에 지적재산권의 중요성에 대하여 언급하는 것으로 개정판을 출판하지 않을까 한다.

이 책은 실무적인 목적이 크다. 실제 미국에서의 특허소송에서 공정거래법(독점규제법) 위반과 관련된 항변은 항상 수반되므로 이에 대한 이해는 실무적으로 매우 중요하다. 그리고 우리나라에서도 향후 이러한 공정거래법과의 관계에서 특허권자의 특허침해소송에 대하여 특허권남용항변 또는 공정거래법 위반의 항변이 실무에서 소송대리인인 변호사에 의하여 제기되는 보편적으로 법정에서 특허실무를 하는 법관과 소송대리인들 간에 쟁점이 되고 이 쟁점에 대하여 논의가 집중되는 사안이 발생하게 될 것이라고 믿는다. 우리나라의 기술발전 수준에 비추어보면 이러한 일은 그리 멀지 않은 미래의 일이다. 그리고 현재진행형으로 전 세계적으로 일어나고 있는 삼성이나 LG, 현대자동차 등 우리 기업들이 직면하고 있는 일이기도 하다.

학문발전에 늘 노력하는 세창출판사에서 이 책의 출간을 담당하여 주신 것에 대해서 무한한 감사를 표한다. 세창출판사의 임길남 상무님의 여러 가지 지속적인 배려로 인해서 이 책은 세상에 빛을 볼 수 있게 되었다. 감사에 감사를 더하여도 삶은 늘 감사할 일로 가득하다. 교수로, 대법원 재판연구관으로 부모 노릇을 잘하지 못하지만 정원이와 진원이에게 사랑한다는 말을 하고 싶다. 아내에게 전하는 사랑과 감사의 마음도 같이 전한다. 그리고 아버지, 어머니의 무한한 은혜에 대한 감사도 전하고 싶다. 사랑이 가득한 세상에 충만한 감사로 부족한 글의 머리를 시작할 수 있어 이 역시 감사할 일이다.

2009. 11.

저자 최승재 씀

차 례

Contents

제 1 장 생각의 풍경(風景)

제 2 장 특허권남용행위의 규율

제 3 장 표준과 표준화의 경쟁정책적 함의(含意)

제 4 장 표준보유자의 시장지배적 지위남용행위

제1장

생각의 풍경(風景)

Landscape of this book

책을 시작하기 전에 책의 내용을 간략히 보여주고자 한다. 이 부분은 전체적인 풍경을 보고, 개별적인 주제로 넘어가기 위한 에피타이저(appetiser)이다. 전채(前菜)요리로 생각의 식도락을 위한 준비운동을 하였으면 한다.

I. 표준화의 경쟁법적 규율

1. IT 기술의 발달과 표준화의 요구

IT 기술의 발달에 따라 IT 산업에서의 표준의 역할을 점차 중요해지고, 표준채택이 증가하고 있는 반면, 표준보유자의 남용가능성도 증가하고 있다. 특허괴물의 등장으로 스스로 상품의 제조와 생산을 하지 않으므로 역으로 특허침해소송 등을 당할 우려가 없이 특허권을 행사하는 과정에서 특허권을 남용하는 경우가 발생하고 있다는 우려가 증가하고 있다. 미국 특허청은 밀려들어오는 특허출원을 제대로 처리하지 못하여 특허의 질이 떨어지고 있다는 공격에 직면하고 있다.[1] 정도의 차이가 있지만 이러한 특허의 질 관리 문제는 각국의 특허청이

1) Shapiro 교수는 이러한 특허를 약한 특허(weak patent)이라고 부른다[Carl Shapiro, "Navigating the patent Thicket: Cross Licenses, Patent Pools, and Standard-Setting," (March 2001)].

모두 직면하고 있는 문제이다. 이러한 문제들로 인하여 기술혁신을 촉진하기 위한 법제도인 특허제도가 오히려 기술혁신을 저해하고 있는 것이 아닌가 하는 생각들이 증가하고 있다.

한편으로는 디지털기술의 발전에 따라서 저작권의 경우에는 원본이 아무런 손상 없이 복제됨에 따라 이를 방지하기 위한 수단으로 법률상의 제재에 더하여 논의되는 기술적 보호조치(technical protection measure)도 경쟁법적 문제를 야기하기도 한다.[2)]

2. 표준화의 양면성

표준화는 시장에서 생산적 효율성을 확보하고, 네트워크 효과를 통하여 규모의 경제를 달성할 수 있으며 이를 통하여 소비자후생을 증진시키는 친경쟁적 역할을 담당한다. 반면에 표준보유자가 표준에 기초하여 표준화되어 있는 특허권을 남용하는 경우에는 가장 강력한 시장봉쇄수단으로 사용될 수 있다. 그러므로 표준화와 관련한 과제는 표준화의 장점을 살리면서도 표준보유자의 특허권남용을 제어할 수 있는 수단을 적절히 강구하는 것이다.

3. 표준화와 제품수명주기이론

표준과 표준화에 대한 문제를 법적인 관점에서 보면 우선 표준화를 시간적 흐름을 살펴볼 필요가 있다. 이와 관련하여 경영학에서 발전해온 제품수명주기이론(product life-cycle theory)은 경쟁당국의 개입시기를 결정함에 있어서 이론적인 틀

2) 2000년 이후 디지털 음악시장이 형성되기 시작하였으나 Non-DRM 음악파일을 악용하는 사업자와 소비자들로 인하여 음악시장의 전체규모는 축소되는 결과가 초래되어 음악저작권을 보호하기 위한 기술인 DRM의 사용은 MP3 파일의 무단 복제를 방지하기 위하여 저작권자들이 강력하게 요구한 사항이었고(음악 컨텐츠를 이용하는 700~800만 명 중 유료로 MP3파일을 구입하는 소비자는 약 30%에 불과하고, 나머지 70%는 P2P나 웹하드 등을 통해 불법 음악파일을 이용하고 있다고 한다, 갑 제10호증 참조), 디지털 음악산업의 출현 이후에 광고수익만을 기반으로 하여 무료서비스를 제공하여 왔던 인터넷 음악서비스 사업자들의 수익과 저작권자의 보호를 위하여, 다른 한편 불법 다운로드를 방지하기 위해서도 DRM은 필요한 기술이고 MP3폰에 이를 탑재하는데 그 정당한 이유가 있다고 할 수 있다(서울고등법원 2007.12.27.선고 2007누8623 판결).

로 사용할 수 있다. 제품의 수명에 따른 이론의 전개는 기업이 각 단계별로 어떤 경쟁전략을 사용하는가하는 것과 연결되어 있기 때문이다. 제품수명주기이론은 도입기・성장기・성숙기・쇠퇴기로 전개되며, 이 시기에 따라서 경쟁당국은 개입의 시기 및 방법을 결정하여야 한다. 그러므로 제품수명주기의 각 단계별의 표준화와 관련된 쟁점을 정리하여, 표준화를 유형화하면 이 시기별 유형과 표준화의 유형인 사실상 표준과 업계표준, 표준화기구에 의한 표준을 결합하여 경쟁당국의 적절한 판단을 위한 매트릭스를 만들 수 있다. 이러한 판단을 함에 있어서 중요한 개념의 하나가 상호운용성[3]이다.[4]

4. 상호운용성

상호운용성은 IT 산업의 발달에 있어 기초를 이룬다. 왜냐하면 복수의 표준이 경쟁하는 상황은 소비자에게 기기를 바꿀 때마다 전체적인 시스템의 재구매를 요구하는데 만일 이를 방치하면 소비자들은 새로운 IT 기술을 쉽게 도입할 수 없고, 매번 추가적인 인터페이스를 위한 비용을 부담하게 되어 사회적인 비효

---

3) 상호운용성에 대한 상세는 최승재, 경쟁전략과 법, 226면 이하.

4) 법원도 상호운용성에 대한 문제인식을 하고 있다. "저작물이 공적 영역에 편입되는 것을 방해하고 공적 영역에서 공중이 저작물을 활용하는 것을 방해하는 문제 등을 야기하고 있기도 하다. 그리하여 세계 각 국은 DRM의 상호운용성(interoperability, 상이한 포맷과 기기 상호간에서도 작동할 수 있는 것)의 확대를 중요한 과제로 제시・강조하고 있으며[BEUC(유럽소비자단체연합), DRM 고위그룹, 유럽연합의 지침 등 참조], 미국의 연방통신위원회(FCC)는 2005.7.1. 방송콘텐트가 P2P 시스템으로 권한 없이 재전송되는 것을 막기 위하여 방송플래그 정보(DRM의 하나로 권한 없는 복제를 막는 장치)를 디지털 텔레비전 신호를 수신하는 모든 기기에 넣도록 하는 명령을 제정하기도 하였으며, 프랑스 하원은 위 애플사 사건을 계기로 2006.3.21. 저작권법을 개정하여 세계 최초로 온라인 콘텐츠 서비스의 상호운용성을 보장하기 위한 조치를 마련하는 법안(이른바 'DRM 해제법안')을 통과시키기도 하였다(그러나 위 법안은 같은 해 5.10. 상원에서 수정되어 '호환성 보장을 위한 기술공개의무조항'이 삭제되고, 다만 기술적 보호조치의 호환성 보장을 위한 필수정보 공개를 조정위원회에 신청할 수 있도록 하였으나 그에 대한 반대가 있어 헌법위원회는 2006.7.27. 일부 조항을 위헌으로 결정하여 DRM의 폐쇄적 운용을 차단하고자 하였던 상호운용성은 그 활용범위가 축소되게 되었다). 그 밖에 독일도 저작권법을 개정하여 공정이용에 해당하는 경우에는 기술적 보호조치를 한 자에게 그 조치의 해제의무를 부과하는 내용으로 개정을 한 바 있으며, 덴마크 정부는 2006.3.26. 2007년까지 DRM의 상호운용성에 관한 법률의 제정을 추진할 방침을 밝힌 바 있다."(서울고등법원 2007.12.27.선고 2007누8623 판결).

율이 발생하기 때문이다.

표준화는 상호운용성의 확보를 위한 가장 중요한 수단이다. 표준화기구에 의한 표준의 경우에는 표준화기구가 상호운용성 확보를 위한 장치를 사전에 정책문서를 통해서 규정 할 수 있다. 그러나 사실상 표준보유자에 대해서는 경쟁당국이 개입하지 않고는 상호운용성 확보가 사실상 불가능하다. 그러므로 사실상 표준보유자의 경우에는 강제실시명령이나 과징금을 통한 금전적인 간접강제와 같은 수단을 사용하여 상호운용성을 확보하여야 한다.

II. 특허권남용행위

1. 특허권남용의 규율수단

특허권남용과 관련된 규율수단에 대한 선행연구들[5]에서는 일본의 경우처럼 특허침해소송에서의 무효주장, 민법상 권리남용주장, 공정거래법[6] 위반 주장이 현행법상 검토가능하다.

미국에서는 1900년대 초반부터 지난 100여 년간 사법부가 특허권남용법리를 발전시켜왔다. 이 중 특허침해소송에서의 무효주장은 대법원이 2004년 판결에서 방론적인 설시를 함으로써 우리나라에서도 본격적인 논의가 시작되었다.[7] 대법원의 이 판결은 우리나라에서도 이러한 특허권남용에 대한 규율을 하여야 하는 것이 아닌가 하는 논의가 전개되는 촉매 역할을 하였다.[8]

---

5) 박성수, “한국의 특허권남용 규제,” Law & Technology 제3권 제1호(2007.1.); 김기영, “Patent Troll에 대한 법적 제도적 대응방안 연구,” 서울대학교 법학박사학위논문(2008.8.).

6) 「독점규제 및 공정거래에 관한 법률」(이하 ‘공정거래법’).

7) 대법원 2004.10.28.선고 2000다69194 판결.

8) 박정희 부장판사는 대법원이 당해 사건을 파기환송한 것은 위 판결요지 (1)에서 살폈듯이 민사소송법 제451조의 재심사유가 있어서이지 판결요지 (2)의 이유가 있어서 파기환송한 것이 아니다. 하지만 판결내용에 판결요지(2)의 내용이 있는데 이것이 기존 대법원의 태도를 변경한 것인지 아니면 단순히 판사의 의견인 방론일 뿐인지가 명확하지 않다고 본다. (박정희, “특허침해소송에서 당해 특허의 무효사유에 대하여 심리판단 가능여부,” 지식재산21, 통권 제91호, 특허청(2005.7.), 5면.

2. 규율의 방향

논문에서는 민법상 권리남용항변, 특허권법상 대법원이 인정하고 있는 특허침해소송이나 특허침해금지가처분 소송에서의 신규성, 진보성 등 특허요건의 흠결에 기초한 특허무효항변 및 공정거래법의 위반의 항변을 각 검토하였다. 민법상 권리남용항변은 특허권에 대해서 적용하기에는 주관적 요건의 요구와 항변의 속성, 대법원이 권리남용에 대하여 엄격한 적용을 판례태도를 감안하면 특허권남용법리의 기초로 삼기에는 어려움이 있다. 특허무효항변은 2원적 특허소송질차에서 한계를 가지고 있는 규율수단이다. 특히 시장경쟁의 확보라는 관점에서는 제한적으로 유용성은 있지만 그 한계는 분명하게 드러난다. 그러므로 결국 미국에서 특허권남용법리가 특허법에 독점금지법의 법리를 원용하는 방법으로 발전하여 온 것처럼 우리나라에서도 특허법에 공정거래법이 발전시켜온 법리들을 원용함으로써 특허권자의 남용행위를 규율할 수 있다. 공정거래법 제59조는 특허권을 포함한 지적재산권자의 권리행사의 경우에도 정당한 행사만을 적용배제하고 있을 뿐이므로 공정거래법이 특허권자 등의 공정거래법에 위반한 권리행사를 규율하는 것은 가능하다.

입법론으로 우리도 일본과 같이 특허법상 특허권남용에 대한 근거규정을 입법하고 동시에 2000년 이후 개정되지 않고 있는 지적재산권심사지침도 같이 개정할 필요가 있다.

III. 표준보유자의 특허권남용행위

1. 논의의 방향

표준보유자의 특허권남용행위는 공정거래법의 관점에서 시장지배적 지위남용행위와 공동행위로 나누어 검토하여야 한다. 표준보유자의 경우 사실상 표준보유자는 사실상 표준이라는 개념 자체가 시장지배적 지위를 내포하고 있다. 왜냐하면 사실상 표준이 되었다고 시장에서 판단되기 위해서는 시장점유율이 상당하여야 하고, 특허권 등의 존재로 인하여 시장진입이 용이하지 않아야 하고, 기술고착화로 인하여 시장참여자들의 다른 기술로의 전환이 매우 곤란한 상황이어야 하기 때문이다. 반면 표준화기구에 의한 표준보유자의 경우에는 업계 표준의 경우 주요한 시장경쟁자들의 관여가 이루어지면 시장지배적 지위에 있게 되고, 국제표준화기구의 경우에도 당해 표준화기구의 지위로 인하여 표준으로 정착된 경우에는 시장지배적 지위에 있게 되는 경우가 대부분이다.

2. 미국에서의 동향

표준보유자의 특허권남용행위는 특허권남용행위 중의 한 유형이다. 특허권남용행위의 문제는 크게 보면 지적재산권과 독점금지법의 관계의 문제이다. 지적재산권과 독점금지법의 관계가 점차 중요하여 짐에 따라 미국 법무부와 연방거래위원회는 공동으로 'Antitrust Enforcement And Intellectual Property Rights: Promoting Innovation and Competition (2007)'[9]라는 리포트를 제출하기도 하였다. 미국은 1995년에서는 지적재산권 행사 가이드라인을 발간했었고, 2003년에도 미국 법무부와 연방거래위원회는 공동보고서를 작성하였다. 지적재산권이 얽힌 거미줄처럼 촘촘하게 형성되어 가면서 파편화된 특허권자의 권리행사로 인하여 새로운 발명이 특허가 되는 것이 어렵게 되는 것뿐만 아니라 특허권자의 존재로 인하여 혁신적인 제품이 시장에 나오는 것이 어렵게 되었다는 인식이나 문제제기는 이제 드물지 않은 일이 되었다.

3. 사실상 표준보유자와 특허권남용

표준보유자의 특허권남용의 문제는 단순히 이론적인 논란에 그치는 것이 아니라, 실제 사건이 발생하고 있다. 사실상 표준보유자(de facto standard holder)의 예로서 2007.9.17. 선고된 유럽공동체 1심법원(Court of First Instance)의 Microsoft 사건이 있다. 이 사건에서 Microsoft는 윈도우즈라는 플랫폼을 중심으로 응용프로그램 제조사들을 포섭한 생태계를 조성하였다. 그리고 윈도우즈서버 프로그램은 사실

9) 이하 'DOJ & FTC Joint Report'라고 약칭함.

상 표준이 되었고, 통신프로토콜은 기기간 상호운용을 위한 요체가 되었다. 이미 경쟁사업자들이 플랫폼에 고착된 상황에서 갑자기 경쟁자인 선마이크로시스템즈에 대하여 워크그룹 서버(workgroup server)간 통신프로토콜의 라이선스를 하지 않음으로써 경쟁자를 시장에서 배제하려고 하였다. 이 소송에서 유럽공동체 1심법원이 감독위원회의 구성과 관련된 작은 쟁점 외의 주요쟁점에 대해서 유럽공동체 집행위원회의 강제실시명령을 그대로 유지하자, 미국 법무부가 즉각적으로 지적재산권의 가치를 훼손한다고 하면서 반박성명을 내었다. 이것은 사실상 표준보유자가 보유하고 있는 특허권이 시장에서의 잠재적 경쟁을 없애고, 경쟁상황을 제어할 수 있는 수단으로 사용될 수 있음을 보여주는 사건이었다.

4. 표준보유자의 시장지배적 지위남용

(1) 시장지배적 지위

표준보유자의 특허권을 통한 시장지배적 지위 남용행위를 보기 위해서 시장지배력을 검토하였다. 미국 연방대법원은 Illinois Tool Works 사건[10]을 통하여 특허권의 존재로 인한 시장지배력의 추정을 배제하고, 합리의 원칙에 의하여 시장지배력을 판단하도록 하고 있다. 이미 미국에서는 1995년 지적재산권 행사 가이드라인을 통하여 특허권의 존재는 시장지배력의 존재를 추정하는 것이 아니라고 규정하고 있었으나 법원의 판결이 변경되지 않다가 Illinois Tool Works 사건에서 비로소 가이드라인과 같이 변경되었다.

공정거래법의 해석에 있어서도 특허권의 존재로 인하여 시장지배적 지위의 추정이 이루어지는 것은 아님은 마찬가지이다. 공정거래법은 시장점유율을 비롯하여 여러 가지 요소들을 종합적으로 고려하여 시장지배적 지위의 존부를 판단하며 특허권은 진입장벽과 관련하여 고려될 한 요소에 불과하게 때문이다. 그러므로 이 점에서는 미국법의 해석과 공정거래법의 해석이 다를 것이 없다고 본다.

---

10) ILLINOIS TOOL WORKS INC. ET AL. v. INDEPENDENT INK, INC. CERTIORARI TO THE UNITED STATES COURT OF APPEALS FOR THE FEDERAL CIRCUIT, No. 04 - 1329. Argued November 29, 2005 — Decided March 1, 2006.

(2) 필수설비이론

논문은 표준보유자의 시장지배적 지위남용행위에 대하여 살펴보았다. 우선 시장지배적 지위남용과 관련하여 필수기술의 판단기준에 대하여 살펴보면 필수설비에 대한 선행연구[11]는 필수설비이론(essential facility doctrine)[12]의 지적재산권에의 적용에 대하여 자세한 논급을 하고 있지 않아 이 부분에 대한 추가적인 연구를 필요하였다.

SK멜론 사건에서 서울고등법원이 제시한 기준에 대하여 검토하여 보고, 그 기초가 된 市場支配的地位濫用行爲審査基準에 대해서도 미국과 유럽공동체의 판례법상 전개된 논의들을 같이 참고하여 적절한 해석론을 전개하는 것이 필요하였다.

유럽공동체의 경우에는 마이크로소프트 사건에서 알 수 있는 것처럼 지적재산권의 남용에 대하여 상대적으로 규제의 필요성을 넓게 인정한다. 마이크로소프트 사건 이전에도 오스카 브로너(Oscar Bronner)사건[13] 등의 일련의 사건들을 통하여 무형자산에 대한 강제에 대한 논의를 전개시켜왔으며, IMS Health 사건[14]에 대한 판결을 통하여 지적재산권의 실시강제에 대한 나름의 기준을 제시한 바 있다.

미국의 경우에는 소위 Verizon 판결[15] 이후 Asepn skiing 사건[16]에서 연방대법원이 적용한 필수설비이론의 적용범위를 매우 한정적으로 보았고, 마이크로소프트 사건에서 미국 법무부가 유럽공동체 집행위원회의 결정을 그대로 유지한 유럽공동체 1심법원의 판결을 비난한 점, 그리고 미국 실무에서 변호사들의 통상적인 인식에 비추어보면 미국에서의 필수설비이론의 적용범위는 매우 협소함을

11) 김권회, "필수설비의 법리에 관한 연구," 서울대학교 박사학위논문(2005).

12) 필수설비이론을 소송상 주장하기 위한 4가지 요건으로는 Control of the essential facility by a monopolist; a competitor's inability to practically or reasonably duplicate the essential facility; the denial of the use of the facility to a competitor; and the feasibility of providing the facility to competitors을 든다.

13) Oscar Bronner GmbH & Co. KG v Mediaprint Zeitungs- und Zeitschriftenverlag GmbH & Co. KG, Mediaprint Zeitungsvertriebsgesellschaft mbH & Co. KG and Mediaprint Anzeigengesellschaft mbH & Co. KG. Judgment of the Court (Sixth Chamber) of 26 November 1998.

14) IMS HEALTH GMBH V. NDC HEALTH GMBH, Case C-418/01, RULING OF THE EUROPEAN COURT OF JUSTICE.

15) Verizon Communications v. Law Offices of Curtis V. Trinko, LLP, 540 U.S. 398 (2004).

16) Aspen Skiing Co. v. Aspen Highlands Skiing Corp. 472 U.S. 585 (1985).

알 수 있다. 그렇다면 지적재산권의 행사를 제약하기 위하여 필수설비이론을 사용하는 것은 지적재산권 제도의 본질, 강제실시로 인한 희석화의 문제 등으로 인하여 더욱 제한적일 수밖에 없다.

(3) 라이선스 거절

라이선스 거절(refusal to license)의 문제는 특허권남용과 관련하여 가장 중요한 이슈이면서 동시에 많이 발생할 수 있는 주제이다. 라이선스 거절이 법적으로 문제가 되기 위해서는 특허권자에게 라이선스를 하여야 할 의무(duty to license)가 있는지, 있다면 일반적인 라이선스 의무가 있는 것인지 아니면 특정한 경우에 국한하여 라이선스 의무를 인정할 것인지의 문제가 있다. 일반적인 라이선스 의무는 부정하는 것이 타당하다. 이러한 논증은 Posner 판사가 항소법원 판결에서 적절하게 지적한 것과 같이 특허권의 본질적인 권리에서 특허권을 실시하는 상대방을 정할 권리와 관련된 것이다.

또 하나의 기본적인 쟁점은 관련시장에서의 직접적 경쟁자에 대한 라이선스를 하도록 강제할 수 있는가 하는 점이다. 이 쟁점은 마이크로소프트 사건에서 마이크로소프트사가 강력하게 이의를 제기한 부분이다. 일반적으로는 직접적 경쟁자에 대한 라이선스를 하도록 강제하는 것은 허용되지 않는 것이 옳다. 그러나 상호운용성의 확보를 위하여 필요한 경우, 특히 사실상 표준이 형성된 경우에는 직접적 경쟁자라고 하더라도 만일 이러한 라이선스를 허용하지 않게 되면 시장에서의 경쟁이 소멸하거나 현저하게 유효한 경쟁을 저해할 우려가 있는 경우에는 직접적 경쟁자에 대한 라이선스라고 하여 반드시 부정할 것은 아니다.

다만 기술적으로는 이런 이론적인 구성을 뒷받침하는 세부적인 절차규정이 필요하다. 그러므로 특허법이 아닌 공정거래법에 의하여 특허권 등의 강제실시를 하려고 하는 경우 이와 관련된 절차적인 사항의 보완이 필요하고, 논문에서는 필요한 입법론을 전개하였다.

과도한 로열티를 요구하는 표준보유자의 행위에 대한 규율도 검토대상이 된다. 과도한 로열티(excess royalty)를 요구하는 행위는 과도가격(excess pricing) 이슈와 연결되어 있다. 통상적으로는 과도가격 규제는 미국의 경우에는 학계와 실무계 모두 부정적이다. 한편 유럽의 경우에는 바나나 사건(United Brand)[17]이 있어서 긍정적이라고 생각할 수 있으나 그리 활발한 것은 아니다. 일반적으로는 공정거래법을 적용하고 집행하는 공정거래위원회는 물가통제기관이 아니며, 그렇게 운용되는 것도 여러 가지 면에서 바람직스럽지 않으므로 제한적으로만 인정하는 것이 타당하다. 하지만 경우에 따라서는 과도한 로열티를 요구함으로써 라이선스를 거절하는 행위를 하는 전략을 취할 수 있으므로 이러한 경우에는 라이선스 거절행위와 같은 연장선상에서 규제할 필요성이 있다.

(4) 라이선스 거절과 강제실시

사실상 표준의 경우 라이선스 거절이나 불공정하고, 불합리한 고율의 로열티를 요구하거나 차별적인 로열티를 요구하는 경우가 남용행위의 유형이 된다. 특허권자의 라이선스 거절은 일반적으로는 사적자치에 의하여 가능한 것이나, 시장지배적 지위에 있는 특허권자는 라이선스 거절이 「시장지배적 지위남용행위 심사기준」 및 서울고등법원의 필수요소 판단기준에 의할 때 필수요소로 판단될 경우 라이선스 거절행위가 위법한 행위로 판단될 수 있다. 나아가 사실상 표준보유자의 라이선스 거절은 시장에서의 경쟁을 봉쇄하고 잔존경쟁마저도 장기적으로 소멸시키게 할 수 있고, Microsoft사의 경우처럼 2차 시장에 시장지배력을 전이하기 위해서 사용될 수도 있으므로 경쟁당국은 사실상 표준보유자의 경쟁법 위반행위에 대해서는 유럽공동체 집행위원회와 같이 강제실시를 포함한 강력한 제재를 가하여야 한다.

우리나라에서도 마이크로소프트의 윈도우즈(운영체제)와 윈도우즈 미디어플레이어 및 윈도우즈 메신저 끼워팔기가 문제가 되었고, 공정거래위원회는 이러한 공정거래위원회의 불공정거래관행에 대하여 시정명령과 과징금을 부과하였다. 그리고 이 사건은 서울고등법원 단계에서 2007년 10월 원고 마이크로소프트가 소취하를 함으로써 확정되었다. 하지만 우리나라 사건에서는 유럽공동체와 같이 지적재산권을 남용하는 행위(라이선스 거절행위)는 쟁점이 되지 않았다. 그러나 우리나라에서도 이러한 지적재산권 남용행위의 문제는 지적재산권의 중요성이 높아지고, 지적재산권이 주요한 경쟁제한수단으로 사용되면 될 수록 더욱 변호사들에 의해서도 빈번하게 이용되고 문제가 될 것이다.[18]

---

17) Judgment of the Court of 14 February 1978. - United Brands Company and United Brands Continentaal BV v Commission of the European Communities. - Chiquita Bananas. - Case 27/76.

한편 공정거래위원회가 사실상 표준보유자의 시장지배적 지위남용행위에 대하여 강제실시를 할 수 있는 방안이 강구되어야 한다. 현재의 공정거래법의 문언에 의하더라도 강제실시가 불가능한 것은 아니라고 본다. 그렇지만 강제실시가 실효적으로 명령되고 집행되기 위해서는 특허청을 비롯한 관련기관과의 공조가 필요하며, 이러한 공조는 단순한 공통의 이해나 기관관의 양해각서(MOU)의 문제가 아니라 법제화될 필요가 있다. 왜냐하면 특허권의 남용이 넓게 인정된다는 것은 다른 면에서 특허권자의 권리가 상당부분 제약이 된다는 것이기 때문이다.

공정거래위원회가 사실상 표준보유자에 대해서 강제실시와 같은 수단을 활용하기 위해서는 필수기술의 판단기준에 대한 검토가 필요하다. 한편 사실상 표준에 한 사건이라고 볼 수 있는 SK멜론 사건에서 서울고등법원은 공정거래위원회가 필수설비이론에 기초하여 제정 운용하고 있는 '시장지배적 지위남용행위 심사기준'(市場支配的地位濫用行爲審査基準)을 원용하면서도 DRM(Digital Right Management)을 필수설비라고 보지는 않았다.[19]

우리 법에서도 인정되고 있다고 해석되는 이른바 '필수설비'(Essential Facilities) 이론은 시장에서 경쟁하는 데 불가결한 시설(반드시 유형의 시설만을 의미하는 것은 아니다)을 가지는 사람은 그 시설에의 접근을 거절해서는 안 된다고 하는 이론으로서 다른 사업자에게 사용이나 접근을 거절하는 하는 '필수적 요소'에 해당하는 경우 경쟁당국은 필요한 경우 필수설비를 적정한 가격에 다른 경쟁사에게 개방하도록 의무화하거나 극단적으로는 필수설비 소유자가 필수설비를 이용하는 서비스를 사용하지 못하도록 할 수 있는 정책을 실행할 수 있다는 것이다(독일의 경쟁제한방지법 제19조도 필수설비소유 사업자의 접근거절행위를 시장지배적지위의 남용행위로 규정하고 있으며, 미국에서도 독점사업자가 필수설비의 공유를 거절하는 행위는 셔먼법 제2조에 위반될 수 있다고 보고 있다).

이 사건의 발단은 위에서 본 바와 같이 경쟁사업체인 AD이천엔터테인먼트가 원고로부터 SKT DRM의 공동사용을 거절당하여 야기된 것이므로 원고의 DRM이 법령상의 '필수적 설비'에 해당하는지 여부가 판단될 필요가 있다. 일반적으로 어떤 설비가 위 법령상 '필수적 설비'에 해당하기 위해서는, ① 필수성, 즉 당해 요소를 사용하지

---

18) 포스코 사건의 경우에도 지적재산권의 행사거절이 있다는 주장이 소송대리인들에 의해서 제기된 것으로 보인다. 그러나 이 점에서 대한 대법원의 명확한 설시는 찾아볼 수 없다. (대법원 2007.11.22선고 2002두8626 전원합의체 판결).

19) 서울고등법원 2007.12.27.선고 2007누8623 판결. 이 사건은 대법원 2008두1832사건으로 대법원에 계속 중이다.

> 않고서는 상품이나 용역의 생산・공급 또는 판매가 사실상 불가능하여 일정한 거래분야에 참여할 수 없거나, 당해 거래분야에서 피할 수 없는 중대한 경쟁 열위상태가 지속되어야 하고, ② 통제성, 즉 특정 사업자가 당해요소를 독점적으로 소유 또는 통제하고 있어야 하며, ③ 당해 요소를 사용하거나 이에 접근하려는 자가 당해 요소를 재생산하거나 다른 요소로 대체하는 것이 사실상・법률상 또는 경제적으로 불가능하여야 하며, ④ 예외적으로 필수요소를 제공하는 사업자에게 '정당한 이유'가 있는 경우에는 제외할 수 있다[위 고시[20] Ⅳ. 3. 다. (1)항, (4)항 참조].
>
> 위와 같은 기준 등을 고려하더라도 다음과 같은 제반 사정에 비추어 보면 원고의 SKT DRM이 위 법령상의 '필수적 설비'에 해당한다고 보기 어렵다고 할 것이며, 따라서 원고의 SKT DRM의 공동사용 거절은 거래상 지위를 남용한 부당한 행위라고 볼 수 없다.

위 판결에서 서울고등법원은 필수성의 판단기준으로 필수성, 통제성, 사실상・법률상 또는 경제적 대체불가능성을 제시하였다. 이 판결에 대해서 대법원이 어떤 판단을 할 것인가 하는 점은 향후 법리전개와 관련하여 매우 중요하다.

이와 같은 우리나라와 유럽공동체에서의 중요한 판례는 사실상 표준보유자의 특허권남용행위에 대한 경쟁법 집행과 관련된 문제들의 현실화되고 있음을 보여주고 있다.

(5) 경쟁당국의 개입시기

제품은 제품수명주기에 따라서 시장에서 성장하고, 퇴출된다. 이러한 제품수명주기는 경쟁당국이 시장실패를 제어하기 위한 시장개입시기를 판단하기 위한 개념적인 도구가 된다. 시장에서 기술간 경쟁이나 표준간 경쟁이 이루어지고 있는 시장형성기에 지나치게 빠르게 경쟁당국이 시장개입을 하는 경우 시장에서의 경쟁을 왜곡할 수 있다. SK멜론 사건의 경우가 경쟁당국이 시장개입을 너무 조기에 한 사안이라고 본고에서는 판단하였다. 이에 비하여 사실상 표준의 경우에는 지나치게 늦게 시장개입을 하는 경우에는 이미 시장에서 경쟁이 불가능한 상황이 될 수 있다. 그러므로 시장개입의 시기는 사실상 표준에 대한 경쟁법의 적용에 있어 경쟁당국이 판단하여야 할 가장 중요한 사항이라고 보았다. 현행법상으로 공정거래위원회가 특허권의 강제실시를 하려면 특허법에 의한 강제실시를 사용하여야 할 것이다. 해석론으로 공정거래위원회가 할 수 있는 시정조치 중에

---

20) 市場支配的地位濫用行爲審査基準을 의미함.

강제실시를 할 수 있는 권한이 있다고 보는 것이 불가능하지는 않으나 구체적인 시행절차에 대한 규정은 여전히 특허법을 원용하여야 할 것이다. 따라서 이 점에 대해서는 공정거래법이나 특허법에 공정거래위원회의 강제실시에 대한 관련 규정을 두는 입법적인 보완이 필요하다.

5. 표준화기구에 의한 표준보유자의 특허권남용과 강제실시

표준화기구에 의한 표준보유자의 특허권남용행위도 문제이다. 표준화기구에서 결정된 표준에 사용된 지적재산권의 가치는 표준결정으로 인하여 독점적인 시장지위를 가지게 된다는 점에 비추어 보면 통상적인 특허권자의 시장지배력과는 비교할 수 없는 지위에 있게 된다. 표준보유자가 표준화기구에 의한 표준화과정에서 홀드업 행위를 하는 것을 방치하지 않기 위하여 표준화기구는 정책문서에 표준화되는 기술에 대한 특허보유자로 하여금 자신이 출원 중이거나 등록한 특허 등의 공개를 요구하고(公開義務)과 표준화 이후 표준화된 기술을 FRAND(Fair Reasonable and Non-Discrimination) 조건에 의하여 라이선스 할 것을 요구한다.

그런데 특정 기술이 표준화될 경우 표준화기구에 의한 표준화로 얻게 되는 이익, 특히 홀드업 행위를 하는 경우 얻게 되는 이익이 막대하기 때문에 특허권자들은 자신의 특허가 표준이 되도록 하기 위해서 특허가 존재함에도 존재하지 않는 것처럼 거짓말을 하여 표준으로 채택되도록 기망행위를 하거나 특허를 숨기는 은닉행위를 할 수 있고, 표준으로 채택된 이후 FRAND 조건에 의한 라이선스를 하지 않으려고 할 수 있다. 이러한 정책문서 위반행위는 단순한 계약법상의 문제가 아니라 특허권자의 권리행사를 경쟁법적 관점에서 규율하여야 하는 행위이다.

이러한 유형의 사건이 미국에서 다투어진 Qualcomm 사건과 Rambus 사건이다. 그런데 이 사건들은 미국에서만 문제가 되는 것이 아니라, IT 산업의 전 세계적이고 보편적인 성격을 감안하면 우리나라에서도 문제가 되는 사건이다. 반도체 산업의 경우 Rambus를 상대로 삼성전자와 하이닉스와 같은 우리나라 기업들이 미국법정에서 소송을 진행한 바 있다.

Qualcomm의 특허권존속기간 이후 로열티 수취행위를 포함한 일련의 불공정행위에 대해서는 공정거래위원회가 과징금을 부과하였다. 이 사건은 특허권의 남용과 관련된 거의 망라된 쟁점이 검토되고 있으며, Microsoft 사건과 같이 유럽공동체와 한국에서 동시에 진행되고 있어 실무상으로도 학문적으로 향후 관심을 가지고 지켜볼 사건이다.

향후 IT 산업에서 표준화는 더욱 많이 이루어질 것이다. 그리고 표준간의 경쟁이 치열해질 것이다. 우리나라 기업들도 각종 표준화기구에의 참여를 통하여 표준화 과정에 주도적으로 참여할 것이다. 이미 ITU나 MPEGLA 등의 표준화기구들은 다양한 표준화와 관련된 문제를 경험하였다. 그리고 관련된 정책문서도 진화하고 있다. 따라서 한편으로는 계약법적 접근이 다른 한편으로는 경쟁법적 접근이 표준화기구에서의 표준화와 관련된 경쟁제한행위를 규율하기 위하여 사용될 것이다.

한편 IT 산업의 네트워크 산업으로서의 특성을 감안하면 복수 사업자들이 서로 다른 기술규격을 채택하더라도 소비자들이 기술사용에 어려움이 없도록 하기 위한 상호운용성 확보의 중요성도 커질 것이다. 표준화기구가 가지는 힘이 커질 것이므로 표준화기구가 공동행위를 위한 도구로 사용되는 것을 막기 위한 법적 규율도 중요해질 것이다.

따라서 표준보유자가 표준화기구의 정책문서에 기재되어 있고, 자신들이 이를 준수할 것을 약속한 公開義務와 FRAND 조건을 위반하고 표준이 된 뒤에 특허침해소송을 제기하는 경우 이를 경쟁법 위반으로 규율할 수 있는 방법에 대한 연구 및 표준화기구의 공동행위에 대한 규율에 대한 연구는 공정거래위원회의 실무운용을 위해서도 절실하다.

6. 홀드업 행위의 규제

논문은 표준보유자의 홀드업(holdup) 행위에 대하여도 검토하고자 한다. 표준보유자가 시장지배적 지위를 남용하는 행위와 관련하여 중요한 논의수단으로 검토되고 있는 홀드업의 의의를 살펴보고, 사실상 표준보유자의 경우와 표준화기구의 경우를 나누어서 검토하였다.

표준화기구의 경우에는 어떤 기술이 표준으로 결정된 이후 그 기술에 대하여 특허권을 가지고 있는 자가 홀드업 행위를 하는 것을 방지하기 위하여 표준결정 이전에 정책문서에 동의하도록 하고 있다. 논문은 이와 같이 표준화기구가 사전에 표준이 될 기술의 특허권자에게 요구하는 특허권 등 지적재산권 公開義務과 FRAND 조건의 의의 및 위반의 판단기준 및 효과, 공정거래위원회의 시정조치에 대하여 검토하였다.

(1) 사실상 표준보유자의 홀드업 행위

사실상 표준보유자의 실시거절을 통한 홀드업 행위를 통제함에 있어서 필수설비이론이 유용하게 사용될 수 있다. 이 경우 필수특허 판단의 기준이 중요하다. 「시장지배적 지위남용행위 심사기준」이 필수요소의 판단기준으로 제시하는 必須性, 統制性, 對替可能性은 특허법적 관점에서 回避設計의 가능성과 대체기술의 존재라고 해석될 수 있다. 미국에서는 지적재산권 실시거절과 관련하여 Kodak 사건 이후 Verizon 사건까지 오랜 시간동안 관련 법리를 발달시켜왔고, 다양한 심사기준을 적용하여 왔다. 그러나 통일된 기준을 제시하고 있지는 못하다. 다만 Verizon 사건 이후 미국의 실무는 지적재산권에 대해서 필수설비이론을 적용하는 것에 대해서는 부정적이다. 반면 유럽공동체의 집행위원회와 사법부는 이와 달리 IMS Health 사건 및 Microsoft 사건에서 제시된 일련의 기준만 부합한다면 특허권 등을 필수설비로 보아 강제실시를 명령할 수 있다고 본다. 공정거래법도 강제실시를 명령하는 것에 대해서 유럽공동체와 같은 태도를 취할 수 있다고 본다. 다만 미국에서 우려하고 있는 특허권의 가치희석화 및 특허제도의 본질훼손의 우려는 우리도 감안하여야 하며, 따라서 강제실시명령은 매우 예외적인 수단으로 사용되어야 한다.

(2) 표준화기구에 의한 표준보유자 의 홀드업 행위

표준화기구에 의한 표준보유자의 홀드업 행위는 표준보유자에게 막대한 이익을 줄 수 있다. 그러므로 표준화기구는 특정한 필수특허를 표준으로 결정하기 전에 필수적인 특허의 보유자에 의한 표준결정 후의 홀드업 행위를 방지하기 위하여 정책문서에 동의하도록 한다. 표준화기구 회원사들을 규율하는 내부규범이며 동시에 계약인 정책문서는 표준이 될 기술보유자에게 자신이 당해 기술과 관련하여 출원하고 있거나 등록한 특허를 공개하도록 요구하며(公開義務), 공정하고 합리적이며, 비차별적인 라이선스 조건에 따라 이후 관련 특허의 라이선스를 하는 것에 동의하도록 요구한다(FRAND 조건).

문제는 이러한 조건에 동의하고도 특허보유자가 출원 중이거나 등록된 특허의 존재를 공개하지 않거나 FRAND 조건에 의한 라이선스를 하지 않는 경우에 발생한다. 표준보유자가 표준결정과정에서의 특허은닉행위(特許隱匿行爲), 기망행위(欺罔行爲)나 표준으로 결정되도록 표준결정회의에 참석하여 유인행위(誘引行爲)를 하는 경우 이러한 정책문서위반을 어떻게 처리할 것인가 하는 쟁점은 미국의 Rambus 사건이나 Qualcomm 사건에서 다루어졌다. 그리고 경쟁당국은 특허침해소송에서의 Rambus나 Qualcomm의 승소여부와 별개로 독점금지법 위반을 조사하여 이에 대한 시정명령을 하였다.

미국에서 정책문서 위반은 계약법의 문제인가 경쟁법의 문제인가의 쟁점이 있다. 이 점에 대해서 논란은 있으나 기본적으로는 계약법의 문제이나 예외적으로 경쟁법 위반이 될 수 있다고 본다. 이러한 해석은 공정거래법에서도 마찬가지라고 본다. 公開義務 위반의 경우에는 그 자체가 공정거래법 위반이 되는 것은 아니고, 계약법에 의하여 처리될 문제이다. 公開義務 위반 여부는 증거관계에 의해서 객관적으로 결정될 문제로서 계약법 위반에 따른 제재를 받게 될 것이다. 그러나 공개의무 위반의 경우에도 만일 표준보유자가 표준으로 결정된 특허를 행사하여 특허침해소송을 제기하거나 라이선스를 거절하는 경우에는 표준보유자의 특허권남용행위로서 공정거래법상 시장지배적 지위의 남용으로 규율되어야 한다. 반면 FRAND 조건 위반의 경우에는 그 자체가 표준으로 결정되기 위한 기초가 되는 것이며, 실시요구를 하면 실시가 될 것이라는 신뢰의 기초가 되는 것으로 FRAND 조건에 위반한 실시요구나 실시거절행위는 그 행위 자체가 바로 공정거래법상 시장지배적 지위의 남용으로 규율되어야 한다.

7. 표준보유자의 공동행위에 대한 규율

(1) 일 반 론

논문은 표준보유자의 공동행위에 대하여 검토하였다. 표준보유자의 공동행위는 표준화기구의 문제로서 표준화기구가 지적재산권을 관리·운용하는 특허풀을 만든 경우에, 이러한 특허풀을 이용한 공동행위의 문제와 특허풀이 가지는 친경쟁적 효과를 살리기 위한 사전적인 심사제도에 대한 논의를 전개하였다.

그리고 경쟁제한적 약정을 통하여 표준결정기구를 표준보유자가 지배력을 이용하여 신규표준의 시장진입을 제한하는 행위가 있을 수 있다. 논문은 이러한 표준화기구가 표준결정과정에서 행하는 공동행위를 통하여 시장에의 잠재적 경쟁자의 진입을 제한한 행위에 대하여도 검토하였다.

(2) 특 허 풀

특허풀은 친경쟁적 측면과 반경쟁적 측면을 동시에 가지고 있다. 그리고 특허풀은 표준화기구를 형성함에 있어서 주요한 수단이 된다. 표준화기구는 여러 특허권자들이 보유하고 있는 특허를 풀링하여 상호 관련 정보를 공유하면서 시장에서의 경쟁상황을 협조적인 방식으로 형성하기 위한 수단으로 사용될 수 있다. 그리고 이 과정에서 공정거래법이 금지하고자 하는 공동행위를 수행할 수 있다. 표준화기구는 미국의 사례에서 보는 것과 같이 당해 기술분야에서의 지위를 이용하여 신기술의 시장진입을 막기 위한 수단으로 사용될 수도 있다.

표준화기구의 공동행위를 규율함에 있어서 사전심사가 매우 중요하다. 사후적인 심사는 점차 복잡해지는 표준화기구의 내부규율의 내용 및 기술내용을 감안하면 한계가 있다. 그리고 일단 표준화기구가 공동행위를 한 경우 그 효과가 매우 커서 사후적인 피해의 회복이 불가능할 수도 있다. 공정거래법상으로는 연구개발을 위한 공동행위 사전인가제도와 사전심사청구제도와 같은 기존 제도를 활용하면 미국의 비즈니스 리뷰 레터와 같은 효과를 낼 수 있다고 본다.

제2장

특허권남용행위의 규율

Regulating the Patent Misuse

제 1 절 문제의 소재

배타권으로서의 특허권자의 권리도 그 권리의 한계를 넘는 행사에 대해서는 남용통제가 이루어져야 한다. 그러나 특허권남용은 형태가 다양하게 이루어질 수 있어 그 모든 태양을 포섭하는 정의를 내리는 것은 어렵다. 일응 논의의 편의를 위해서 특허권남용이란 특허침해로 인한 권리자의 피해보다 현저하게 형평을 잃은 특허권의 행사라고 정의한다.[1)]

미국 사법부는 1900년대 초부터 특허권남용법리(patent misuse doctrine)를 발전시켜 왔다. 초기에는 특허권자의 권리행사는 특허권자에 의해서 보호되는 제품과 그렇지 않은 제품간의 끼워팔기 행위와 같은 경우까지도 정당한 특허권의 행사로 보았다. 1890년 셔먼법 제정 이후 특허권자의 권리행사를 제약하여야 할 필요성이 제기되었으며, 1910년대 이후 법원은 특허권남용법리를 개발하여 이를 통하여 특허권자가 남용적 권리행사를 규율하였다.

지금까지 우리나라에서는 특허권자의 권리남용에 대하여 법원이 별도로 발전시킨 특허권남용법리는 없었다. 그런데 특허권의 중요성이 커지고 그 보호가 강조되면서 그 이면에서 남용통제의 필요성도 증가하고 있다. 그러므로 미국에서

1) 박성수, 전게논문, 12면.

오랜 기간 동안 발전된 법리를 우리 법에 적용하여 우리의 판례법 형성에 도움을 받기 위해서 미국의 특허권남용법리의 도입가능성을 검토할 실익이 있다.

특허법과 유사한 규정을 가지고 있던 일본에서도 우리나라와 같이 특허권남용법리가 별도로 발전하지 않았던 것은 마찬가지였다. 그러나 일본 最高裁判所는 소위 '킬비(Kilby) 사건'에서 특허침해소송에서 TI(Texas Instrument)사의 특허[2)]에 대해 후찌쯔사가 제기한 무효항변에 대해서 심리 결과 당해 특허에 무효사유가 존재하는 것이 명백한 경우에는 그 특허권에 기초한 판매금지가처분, 손해배상 등의 청구는 특단의 사정이 없는 한 권리 남용에 해당하여 인정되지 않는다고 판시하였다.[3)] 이 판결이후 일본은 2004년 6월 특허법을 개정하여, 특허법 제104조의3을 신설하였다.[4)] 일본 특허법 제104조의3은 침해소송에 있어서 당해 특허가 특허무효심판에 의하여 무효로 될 것이라고 인정되는 경우에는 특허권자는 상대방에 대하여 그 권리를 행사할 수 없다고 특허남용항변을 명문화하였다. 이 규정은 킬비 사건에서 특허침해사건 법원이 판단한 내용과는 다소 다르다. 왜냐하면 일본 最高裁判所는 특허남용이 인정되기 위해서는 무효가 될 것이 명백한지 또는 다른 특단의 사정이 없는지 등과 같은 요건을 요구하였던 것에 비하여 신설된 일본 특허법의 규정은 이러한 요건을 요구하지 않음으로써 상대적으로 용이하게 특허권자의 권리행사를 저지할 수 있도록 하고 있기 때문이다.[5)] 위 킬비판결 이후 현재 일본에서 특허침해소송에서 무효항변을 하는 것이 흔해지고 있다고 한다.[6)]

대법원 판결 이후 비록 하급심이기는 하지만 특허침해소송에서 무효항변이 받아들여지는 빈도가 점차 증가하고 있다. 일본에서는 위와 같은 특허법상의 규정에 의한 경우, 킬비 사건의 판결에 따른 무효항변을 하는 경우 외에도 미국의 특허권남용법리를 도입하는 방법으로 민법상 권리남용규정을 적용하는 방법과 사적독점금지법을 적용하여 규율하는 방법이 논의되고 있다.

---

2) 사건 당시 후지쯔사는 TI사의 여러 반도체 분야 특허에 대해서 크로스라이선스 계약을 체결하고 있었지만 문제가 된 US 320,275특허는 자사가 사용하지 않고 있다고 판단하여 라이선스를 받지 않고 있었다.

3) 日本 最高裁 2000.4.11. 第3小法廷判決 1998 (オ) 第364.

4) 日本 最高裁 2000.4.11. 第3小法廷判決 1998 (オ) 第364.

5) 차상육, "특허침해소송과 권리남용항변," 정보법학 제11권 2호(2007) 177면.

6) Yukio Nagasawa, "Recent Development in Japan," SNU Center for Law & Technology Nov. 14, 2008. 발표문 14면.

일본에서와 같은 특허법상 명문의 규정이 없으므로 우리나라에서 미국의 특허권남용법리를 적용하는 방법으로 법원이나 학설이 취할 수 있는 태도는 일본에서 논의되는 방법 중에서 남은 3가지 방법인 특허법상 특허무효항변 · 민법상 권리남용규정의 적용 · 공정거래법 적용을 검토하여 볼 수 있다.

이 장에서는 미국에서의 특허권남용법리와 일본에서 제시되는 방법론들을 살펴본 후 이러한 법리가 우리 법에서도 구현될 수 있을까 하는 점에 대하여 본다.

제 2 절 미국의 특허권남용법리

I. 특허권남용법리

1. 의 의

특허권남용법리는 미국 사법부가 발전시켜온 법리이다. 미국법상 특허권남용이란, 특허권자가 특허권의 행사 기간이나 범위를 부당하게 확장하려는 행위 또는 경쟁법 위반을 한 경우를 의미한다.[7] 특허권자의 정당한 법적이익을 보호하기 위한 행위와 독점규제법 사이에는 때때로 긴장관계가 존재한다. 일면 특허권자는 법에 의하여 부여된 재산권을 지키는 권리를 정당하게 행사할 수 있지만, 다른 면에서 특허에 의해 부여된 재산권을 사용하여 시장지배력을 부당하게 확대하거나, 특허권의 행사기간이나 범위를 부당하게 확대하는 것을 허용해서는 안 된다. 이러한 두 가지의 요구는 경우에 따라서 서로 긴장관계를 형성한다. 특허권남용법리는 미국법상 의회가 특허법을 통하여 특허권자에게 부여한 권리의 한계를 특허권자가 유월하지 못하도록 하는 한계적인 기능을 수행하고 있다.[8] 따라서 미국법상 특허권남용법리에 기초한 항변이나 반소를 통하여 특허권자의 특허법상의 한계 유월을 통한 권리확장을 제한할 수 있게 되는 것이다.

---

7) *Blonder-Tongue Labs, Inc. v. University of illinois Foundation,* 402 U.S. 313, 343-44 (1971).

8) *Atari Games Corp. v. Nintendo of America, Inc.*, 897 F.2d 1572, 14 USPQ 2d 1034(Fed. Cir. 1990).

오늘날 많은 제품이나 용역은 많은 특허들의 덤불(patent thicket)을 배경으로 하고 있다. 물론 하나 또는 다수의 기술에 대한 특허권의 보유를 통한 기술 독점이 항상 당해 기술을 사용하는 제품 시장에서의 독점으로 이어지는 것은 아니다. 특허권은 특허권자로 하여금 제3자가 자신의 권리를 사용하여 제품을 생산하고, 판매하고 또는 수출입을 하는 것을 배제할 수 있는 권리일 뿐 상업적인 성공의 보장을 염두에 두고 있지는 않다.[9] 그러나 하나 또는 다수의 기술에 대한 특허권의 보유를 통한 독점이 시장 독점으로 이어질 수 있는 우려는 항상 존재한다. 특허권의 지나친 보호가 시장에서의 경쟁과 혁신을 저해하고 질식시킬 수 있다는 점에 대하여는 상당한 동조의견이 있다.[10] 또한 오늘날과 같이 시장에서의 지적재산권의 가치나 중요성이 점차 증대되는 네트워크 경제 또는 신경제 시대에 있어서 지적재산권이 시장에서의 경쟁을 저해하는 시장교란 요인으로 작동할 가능성 및 이를 통한 경제력 집중의 우려도 증대되고 있다. 특허괴물의 등장은 이러한 우려가 현실화되고 있는 하나의 반증이다. 이러한 점으로 인하여 현재 미국에서 특허권남용의 제한이 필요하다는 주장이 동조세력을 얻어 가고 있으며, 입법부의 2005년 이후 특허개혁법논의[11], 사법부의 Festo 판결,[12] eBay 판결,[13] KSR 판결,[14] Quanta 판결[15] 등 일련의 판결, 특허청의 특허질 개선을 위한 새로운 전략의 제시[16] 등이 이러한 특허권남용을 규율하려는 시도의 연장선상에 있다.

---

9) Roger Schechter et al., "Principles of Patent Law," Thomson West 2nd ed. (2004) p.4.; *Illinois Tool Works Inc. v. Independent Ink, Inc.*, 547 U.S. 28 (2006). 이 사건에 대하여 지적재산권법 학자 중 Lamley와 같은 이는 '독점금지법(Antitrust Law)'이 '반특허법(Anti-patent Law)'가 되어서는 안 된다고 하면서 이 판결에 대하여 우려를 제기한다.

10) *KSR v. Teleflex*, 550 U.S. ___, 127 S. Ct. 1727, 82 U.S.P.Q.2d 1385 (2007) 사건에서 Kennedy 대법관이 작성한 다수의견 중에서.

11) 미국의회의 특허법 개혁논의에 대해서는, 최승재, "미국에서의 특허법의 개혁논의의 전개와 시사점," Law & Technology, 서울대학교 기술과법센터(2008.6.) 참조.

12) 최승재, "出願經過禁反言의 原則 －Festo 판결과 관련하여－," 辯護士, 서울地方辯護士會(2002.1.) 참조.

13) 미국에서의 가처분요건의 변화에 대해서는, 최승재, "특허법상 가처분에 관한 연구," 지식과 권리 가을호(2008.10.) 참조.

14) 최승재, "미국에서의 특허 진보성 판단기준의 전개에 대한 연구 —미국 연방대법원의 KSR 사건 그 이후—," 홍익법학, 홍익대학교 법학연구소(2008.2.) 참조.

15) 최승재, "미국에서의 특허권소진론의 전개와 LG v. Quanta 사건의 의의와 시사점," Law & Technology, 서울대학교 기술과법센터(2009.1.) 참조.

16) United States Patent Trademark Office, "2007-2012 Strategic Plan" (2007).

미국에서의 특허권남용법리는 특허권의 출원시점에서부터 취득과정에서 하자가 존재하는 경우, 이러한 특허권을 소송상 또는 소송 외에서 행사함으로써 발생할 수 있는 특허권의 행사를 통한 일련의 경쟁제한적 효과가 발생할 수 있는 행위가 존재하는 경우와 특허권 자체로서는 유효한 특허권이나 그 행사가 특허법이 허용하는 범위를 유월하거나 남용하는 경우를 모두 포섭하는 법리이다. 미국에서는 특허권남용법리를 통하여 특허권이 일단 등록된 이후에는 유효하게 추정되는 유효성 추정(validity presumption)을 유지하면서도 특허권자의 권리남용행위를 제어할 수 있다.

실무상 미국의 경우 특허침해소송에서 거의 빠짐없이 주장되지만 실제 특허권남용이 미국 법원에서 그렇게 흔하게 받아들여지는 주장은 아니다. 하지만 소송 실무상 특허권자에 대항하여 다투는 상대방으로서는 기본적으로 주장하여야 할 항변 중의 하나이다.

2. 구별개념

(1) 경쟁법 위반과의 관계

이러한 특허권남용법리는 경쟁법이 규율하려고 하는 영역과의 관계에서 항상 겹치는 것은 아니며, 경우에 따라서는 특허권남용은 인정되지만 경쟁법 위반은 아닌 경우도 있다.[17] 특허권남용법리는 법리상 경쟁법 위반과 독립적으로 발전하면서도 일부 사건에서는 경쟁법의 법리를 차용하여 왔다.[18] 이론적으로는 미국에서 특허권남용이 경쟁법을 위반하는 경우에 국한되는 것인지 아니면 경쟁법 위반이 인정되지 않는 경우에도 특허권남용을 인정할 수 있는 것인지에 대해서는 논란이 있어왔고 현재도 이 논의는 여전히 진행형이다. 다만 실제 사안에서는 특허권남용이 경쟁법 위반이 되는 경우가 많으며 많은 경우 경쟁법에서 발전한 이론이 적용된다.

효과의 면에서 특허권남용이 인정되는 경우에는 당해 특허의 집행을 제한하

17) 특허권남용의 판단기준으로 경쟁법위반의 기준이 그대로 적용되어서는 안 된다는 점에 대한 판결로 *USM Corp. v. SPS Technology, Inc.*, 694 F.2d 505, 216 USPQ 959 (7th Cir. 1992).

18) Seung Han Oh, "The Meaning and Requirements of the Misuse Doctrine in Patent and Copyright Law," Washington University J.S.D. Dissertation May, 20, 2005. p.166.

는 것에 그치지만, 경쟁법 위반으로 판단이 되는 경우에는 시정명령, 벌금, 형사처벌, 사적손해배상소송에 의하여 민사상 손해배상을 하는 등의 일련의 구제수단에 의하여 책임을 부담하게 된다는 점에서 구별된다.

(2) 저작권 남용 행위

미국의 경우 저작권의 경우에도 남용이론이 발전되어 왔다. 저작권남용법리는 저작권침해에 대하여 저작권자의 불합리한 행사를 다투는 항변사유로 주장된다. 저작권남용법리상의 요건에 해당하면, 저작권자는 연방저작권법이 부여하는 자신의 배타적인 권리를 행사할 수 없게 된다. 저작권 남용법리도 사법부의 판례법으로 발전하여 온 이론이다. 저작권의 특성이 특허권과 구별되지만, 경쟁법 위반의 경우에만 저작권남용이 인정되는지에 대한 논의가 있어왔다는 점에서는 특허권의 남용과 같다.[19]

저작권 남용 법리가 인정된 사건으로 20세기 초에 두 개의 판결이 있었다.[20] 그리고 상당한 시간이 지난 뒤인 1948년 M. Witmark & Sons v. Jensen 사건에서 저작권남용이 인정되었다.[21] 이러한 지방법원의 판례를 통하여 인정된 저작권 남용 법리는 뒤에 Lasercomb v. Reynolds 판결에서 연방항소법원에 의하여도 인정되었다.[22] 이 사건에서 법원은 저작권남용이론의 주된 이론을 특허권남용이론에서 도출하고 있다. 법원은 라이선싱 계약이 사용자가 저작권자의 저작권의 범위를 넘어서 경쟁소프트웨어를 만드는 것까지도 금지하는 경우에는 이러한 라이선싱 계약은 저작권남용이 된다고 판시하였다.[23] 법원은 저작권남용은 저작권에 내재하는 법리로서 소위 '더러운 손의 법리(unclean hand doctrine)'에 기초한 것이라고 판시하였다.[24] 다만 이러한 衡平法상의 원리는 점차 보통법과의 구별이 약해지고는 있지만 모든 주에서 일반적으로 받아들여지고 있는 것은 아니다. 주법원의 경우에는 Michigan주, California주의 하급심, Oregon주, Maryland주, New

19) *Id*, p. 166.

20) *Stone & McCarrrick, Inc. v. Dugan Piano Co.*, 220 F. 83 (5th Cir. 1915); *Edward Thomson Co. v. American Law Book Co.*, 122 F. 922 (2d. Cir. 1903).

21) 80 F. Supp. 843 (D. Minn. 1948).

22) *Lasercomb America, Inc. v. Reynolds*, 911 F.2d 970 (4th Cir. 1990).

23) *Id*, at 970, 979.

24) *Id*. at 973-74, 977.

York주, Connecticut주 및 Rhode Island주에서 받아들여지고 있고, 연방법원의 경우에는 제4, 제5, 제6, 제7, 제10, 제11항소법원이 이러한 衡平법상 법리인 '더러운 손의 법리'에 의한 제한을 받아들이고 있다.[25)]

이후 Video Pipeline, Inc. v. Buena Vista Home Entertainment[26)], Assessment Technologies v. WIREdata[27)], Int'l Motor Contest Assoc. Inc. v. Staley[28)] 등의 일련의 판결에서 계속 주장되고 판단되고 있다.

Video Pipeline, Inc. v. Buena Vista Home Entertainment 사건에서 원고 Video Pipeline, Inc.는 피고로부터 제공받은 영화예고편(movie trailer or preview)을 피고가 사용하는 목적 마케팅 기법(target marketing technique)을 채택하지 않고 서비스 이용자들에게 제공하자 피고가 원고에게 이 예고편 파일들을 삭제하여 달라고 요청하였고, 원고는 이러한 삭제요구에 응한 후에 피고의 삭제요구가 부당하다며 소송을 제기하였다. 그러자 피고는 원고와의 라이선스 계약을 종료시키고 계속 사용에 대하여 저작권침해소송을 제기하였다. 원고는 피고의 이러한 라이선스 조건의 부가행위가 저작권남용이라고 주장하였다. 법원은 원고의 저작권남용 주장을 받아들이지 않으면서도, 저작권남용법리에 대하여 연방항소법원이나 연방대법원이 정면으로 이를 인정하지는 않았지만 특허권남용법리와 같이 형평법(衡平法)상 인정될 수 있는 법리라면서 그 법리의 존재 자체는 인정하고 있다.

Assessment Technologies v. WIREdata 사건은 원고 Assessment Technologies 사가 피고 WIREdata사를 저작권침해 및 영업비밀침해를 원인으로 소송을 제기한 사건이다. 문제는 원고가 주장하는 저작권이 침해되었다는 데이터베이스의 일부는 자신들이 아닌 국세청에 의하여 수집된 정보였다는 점이다. 이 사건에서 연방항소법원은 저작권침해본안소송에서 저작권침해를 인정하고, 동시에 침해금지 가처분을 인정한 원심을 파기환송하면서, 그 이유로 원고의 주장을 인정하게 되면, 이는 원고의 저작권에 의하여 보호되지 않는 부분까지도 부당하게 권리를 확장하여 인정하는 것이 되기 때문이라고 판시하였다. 이는 특허권남용에서 특허권의 인정범위문제로 해결한

---

25) T. Leigh Anenson, "Treating Equity Like Law: A Post-Merger Justification of Unclean Hands," Academy of Legal Studies in Business, American Business Law Journal, 45 Am. Bus. L.J. 455 Fall (2008), p.509.

26) 342 F.3d 191 (3d Cir. 2003).

27) 350 F.3d 640 (7th Cir. 2003).

28) No. 05-3080, N.D. Iowa June 19, 2006.

것과 같은 방법이라고 할 수 있다.

3. 특허권 남용주장의 청구기초의 유형화

특허권남용주장은 항변(defense)의 형식이나 특허권남용에 기초한 반소의 형식으로 제기될 것이다. 실제 소송에서 특허권의 남용과 특허권의 정당한 행사의 구별은 실제에 있어서는 매우 어려운 작업이다. 미국의 경우 대부분의 특허침해소송에서 특허권의 남용이 주장되고 있는 상황에서 특허침해소송을 담당하는 법원으로서는 어디까지가 특허권의 정당한 행사로서 특허법이 인정하려고 하는 범위이고, 어디서부터는 이를 부당히 확장하려고 하는 남용적 행사인지에 대한 고민을 사안별로 하고 있다.

그러나 특허법은 그 자체로 경쟁법과 같은 부당성 판단을 하기위한 정교한 남용법리를 발전시켜오지 않았기 때문에 특허권남용법리가 인정된 초기부터 경쟁법으로부터의 법리차용의 필요성이 논의되었다. 그 결과 특허권남용은 특허권과 경쟁법이 서로 연결되는 지점이 되었다. 물론 특허법은 (i) 특허권이 무효임에도 특허권을 행사하는 경우, (ii) 특허취득과정에서의 남용적 또는 기망적 행위가 개입된 경우로서 부정행위(Inequitable Conduct)[29], 이중특허출원(Double Patenting)[30], 출원해태(Prosecution Laches)[31] 등의 경우에 대하여는 통제수단을 가지고 있지만 이러한 내부 통제 수단을 넘은 행위에 대한 제어장치를 가지고 있지 못하였고 이점은 결국 판례법에 의하여 보완될 수밖에 없었다.

미국에서 판례법에 의하여 발전되어온 특허권남용의 유형은 다음과 같이 분류할 수 있다. 특허권자가 특허법이 인정하는 권리범위를 넘어 허락된 범위 이상으로 확장하여 부당하게 특허권을 행사하는 경우로는 (i) 무효심판이나 소송에 의하여 무효화되지는 않았지만 객관적으로 무효인 특허에 기초하여 특허권을 주장하는 경우와, (ii) 특허권자의 권리행사가 시장에서의 유효경쟁을 훼손시킬 정도의 경쟁제한성을 가지고 있다고 경쟁법상 판단되는 경우에 특허권남용으로 판단하

---

29) *Molins PLC v. Textron, Inc*, 48 F.3d. 1172,33 USPQ2d 1823 (Fed. Cir. 1995).

30) *Applied Materials Inc. v. Advanced Semiconductor Materials America, Inc*. 98 F3d. 1563, 1568, 40 USPQ2d. 1481, 1484 (Fed. Cir. 1996).

31) *In re Bergy,* 140 F.3d. 1437, 46 USPQ2d 1226 (Fed. Cir. 1998).

는 경우로 나누어 볼 수 있다.[32]

전자의 사안으로 연방대법원이 특허기간이 만료된 이후의 로열티까지 약정을 하여, 특허법이 보호하려는 기간 이후의 로열티의 지급을 강제한 사안에서 이러한 행위가 위법하다고 판단한 사안을 들 수 있겠다.[33] 한편 후자의 유형을 통하여 미국 사법부는 특허권자가 특허권의 실시계약이나 판매계약에 특허품의 가격고정(price fixing), 특허발명을 실시하는 권리와 특허되지 않은 제품의 판매 또는 사용을 연계하는 조항(tying arrangement)을 포함하는 등의 방법으로 입법자가 특허권을 통하여 보호하려고 예기하지 않은 영역으로의 특허권의 부당한 확대를 제한하려는 것이다. 후자의 경우는 특허침해소송에서 특허권남용항변으로 주장될 수도 있고, 별도로 경쟁법 위반을 주장하면서 소송을 제기할 수도 있다.

II. 미국에서의 법리전개

1. 미국 판례법의 전개

(1) 특허권남용법리의 태동과 특허법 내부적 해결의 모색

Motion Picture Patents Co. v. Universal Film Mfg. Co.,[34]이 이러한 특허법 남용 법리의 아이디어를 최초로 보인 사건이다. 이 사건 이전 1912년 연방대법원은 Henry v. A.B. Dick 판결에서 특허권이 배타권이라는 이유로 특허권자인 Henry가 부기한 그가 생산한 복사기의 사용자들로 하여금 그가 제공하는 종이, 잉크 기타 소모품만을 사용하도록 하는 조건의 유효성을 인정하여 이 사건에서 문제가 된 소모품들을 공급한 피고에게 기여침해책임을 인정하였다.[35] 대법원의 이러한 태도에 대하여 연방의회는 클레이튼법(Clayton Act) 제14조[36]를 제정하여 특허품과 비특허품의 끼워팔기를 위법한 것으로 규정하였다. 의회가 경쟁법을 통

32) Donald S. Chisum, “Elements of United States Patent Law” (2nd Ed.), (2000).
33) *Brulotte v. Thys Co.* 379 U.S. 29 (1964).
34) 243 U.S. 502 (1917).
35) *Henry v. A.B. Dick,* 224 U.S. 1, 29-30 (1912).
36) 15 U.S.C. Sec. 14.

하여 특허법의 무제한적 확장에 대하여 제한을 가하려는 태도를 보이자 연방대법원은 1917년 이러한 연방의회의 태도를 고려하여 판례를 변경하였다.[37] 이 사건에서 연방대법원은 앞서의 The Button-Fastener 사건에서 버턴제작기계와 버턴고정쇠를 끼워판 행위를 유효라고 판시하였던 판결[38]과 위의 Henry v. A.B. Dick 판결을 폐기하면서 특허권남용이라는 개념을 통하여 특허권자의 특허침해금지청구를 기각하였다.[39]

연방대법원은 이 사건에서 특허권남용법리를 도출하는 논리의 기초를 경쟁법인 클레이튼법의 적용이 아닌 특허법 자체에서 찾아 분쟁해결을 도모하였다. 특허권자의 권리는 특허법이 규정하는 바와 같이 청구범위에 문언상 기재된 내용과 그 균등범위에 한정된다. 따라서 발명에 의하여 표현되지 않는 상품을 통제하려는 것은 특허권의 범위를 벗어나는 것이며, 그러한 행위는 특허법의 입법취지에 반하는 것으로서 정당화될 수 없다고 보았다. 이 사건에서의 연방대법원과 같이 특허권남용의 항변을 위하여 경쟁법을 적용하지 않고 특허법적으로만 이론구성을 하면 특허침해소송의 피고가 특허권남용의 항변을 하기 위하여 특허권남용으로 인하여 피해를 입증하여야 하거나, 시장지배력의 존재나 경쟁제한성을 입증할 필요가 없다는 점에서 실익이 있다.

(2) 특허권남용법리의 발전

Motion Picture Patents Co. v. Universal Film Mfg. Co.,을 통하여 미국 연방대법원이 특허권남용법리를 개발하기는 하였지만 적용된 사건들은 특허제품과 비특허제품을 끼워 파는 사안들이었다. 연방대법원은 1931년의 Carbice Corp. v. American Patents Dev. Corp. 사건[40] 및 1942년 Morton Salt Co. v. G.S. Suppiger

---

37) Motion Picture Patents Co. v. Universal Film Mfg. Co., 243 U.S. 502 (1917).

38) 77 F.2d 8.

39) 이 사건에서의 침해여부가 문제되었던 대상 제품은 영화프로젝터였다. 판매자는 프로젝터를 판매하면서 "구매자는 특허권자에 의하여 생산된 필름만을 사용할 수 있다"는 표지를 붙여서 판매하였고, 이에 대하여 연방항소법원은 특허권자의 행위는 클레이튼법이 금지하는 끼워팔기에 해당하는 것이라고 보아 특허침해에 기한 금지청구를 받아들이지 않았다. 이 사건의 상고심에서 연방항소법원의 클레이튼법 위반에 의한 원고 청구를 기각하는 대신 연방대법원은 특허권남용이론에 기초하여 같은 결론을 도출하였다.

40) 연방대법원은 드라이아이스를 이용한 냉장수송포장에 대한 제법특허를 가지고 있던 원고가 특허를 가지고 있지 않은 드라이아이스를 끼워 판 사건에서 피고의 특허남용항변을 받아들

Co. 사건[41]을 통하여 명시적으로 특허권남용이론을 직접적인 침해자에게도 확장하였다. Carbice Corp 사건에서 미국 연방대법원은 드라이아이스를 사용한 냉장수송포장과 관련한 제법특허를 보유하고 있던 특허권자가 특허권으로 보호되지 않는 드라이아이스를 끼워서 판 사건에서 특허권자의 특허침해소송에서의 기여침해주장을 배척하였다.

연방대법원은 Morton Salt 사건에서 소금을 태블릿 형태로 제조하는 시스템에 대한 특허를 보유하고 있던 제조자가 다른 제조업자에 대하여 특허침해소송을 제기하였다. 이에 대하여 피고는 원고가 특허를 가지고 있는 것은 소금제조기계인데 특허를 가지고 있지 않은 소금을 끼워서 팔았기 때문에 특허침해주장은 특허권남용에 해당한다고 주장하였다.[42] 이에 대하여 연방대법원은 만일 이 사건에서 원고 승소 판결을 하게 된다면 이러한 결론은 사회적으로 해를 끼치게 될 것이므로 원고는 소송상 특허권남용에 해당하여 소를 유지할 수 없다고 판시하였다.

한편 연방대법원의 Dawson Chem. Co. v. Rohm & Hass Co.,[43] 사건은 미국 특허법 제271조 (d)항 (1)호 및 (2)호의 해석과 관련된 사건이다. 이 사건에서 연방대법원은 조합특허(combination patent)나 방법특허(process patent)의 특허권자가 범용품이 아닌 그 조합특허 또는 방법특허의 행사를 위하여 특허되지 않는 구성요소(unpatented component)에 대해서까지 배타권을 행사하는 경우라도 당해 비특허구성요소가 특허권의 행사를 위하여 제공되는 것 이외에는 달리 용도가 없는 특수한 부품인 경우에는 이러한 부품을 특허권자가 스스로 판매하고, 부품구매자에 대하여 명시 또는 묵시의 실시허락을 하여 특허발명의 실시를 허여한 것에 대한 대가로 이익을 받는 것이라면, 이러한 경우에는 특허권의 남용에 해당하지 않는다고 판시하였다. 따라서 특허권자는 이 판례의 취지에 따라, 간접침해를 구성할 수 있는 특수한 부품의 경우에는 제3자에게 실시권을 허여하는 조건으로 그 타인에게 특허권자로부터 해당 부품 등을 구매할 것을 요구할 수 있으며, 나아가 간접침해를 구성할 여지가 있는 특수한 부품 등에 대하여 제3자로부터의 실시권

여 원고의 특허침해주장을 배척하였다.

41) 314 U.S. 488 (1942).

42) at 490-491.

43) 488 U.S. 176, 206 USPQ 385 (1980).

허여 요구를 거부하는 행위까지도 특허권의 남용이 되지 않는다는 취지이다.[44]

(3) 부당한 특허소송의 제기와 특허권남용

미국 법원은 특허권자의 권리행사에 대해서 독점금지법 위반으로 판단하는 것에 대해서 매우 신중한 태도를 취한다. 부당한 특허소송의 제기를 이해하기 위해서는 특허권남용법리를 이해하여야 한다. 앞서 본 바와 같이 미국법상 특허권 남용행위란, 특허권의 효력이 특허출원과정의 하자나 특허요건의 흠결 등으로 인하여 명백히 무효인 경우임에도 이를 소송상 주장하려고 하거나, 특허권자가 독점금지법 위반을 한 경우나 특허권의 행사 기간이나 범위를 부당하게 확장하려는 행위를 의미한다.

특허권남용이론은 발전과정에서 경쟁법의 이론을 도입하게 되면서, 미국 연방법원은 특허소송의 제기 자체가 특허권의 남용이 되는 지에 대한 검토를 하게 된다. 결론적으로 미국 연방법원은 특허권자의 특허침해소송으로 경쟁기업을 시장에서 배제하는 경우, 특허가 사기로 취득되었다는 것을 입증하지 못하거나 경쟁기업을 상대로 제기한 소송이 남용적 소송행위(Sham Litigation)[45]라는 점을 입증하지 못하면 독점금지법 위반으로 볼 수 없다고 판시하고 있다.

미국 연방대법원은 남용적 소송행위인지 여부를 판단하기 위해서 2단계 심사를 한다.[46] 특허소송의 제기가 남용적 소송행위가 되기 위해서는 객관적 요건과 주관적 요건을 만족시켜야 한다. 우선 객관적으로 원고가 소송을 제기하면서 합리적으로 자신이 승소할 것이라고 예상하지 않으면서 소송을 제기하여야 한다(1단계: 객관적 요소). 그리고 원고가 소송을 제기하면서 객관적으로 본안승소의 가능성이 없다는 것을 인지하면서도 경쟁자의 사업을 직접적으로 방해할 의사로 소송을 제기한 경우여야 한다(2단계: 주관적 요소).

통상 남용적 소송행위라는 주장은 반소의 형식으로도 이루어지는 경우 Sherman 법 위반으로 주장하는 근거로 사용된다. 특허권자는 이러한 반소에 대해서 자신의 소송이 악의(bad faith)에 의한 소송이 아니라, 선의(good faith)에 기한

---

44) 차상육, 전게논문, 173면.

45) Sham litigation을 어떻게 번역하여야 하는가에 대하여는 일치된 의견을 없다. 본고에서는 남용적 소송행위라고 부른다.

46) *Professional Real Estate Investors v. Columbia Pictures Industries Property,* 508 U.S. 49 (1993).

소송이라는 이유로 선의에 의한 소송의 경우에는 독점금지법 적용을 배제한다는 노어(noerr) 면제[47]를 주장하여 다툴 수 있다. 미국 연방대법원은 California Motor Transport v. Trucking Unlimited 사건[48]의 판결에서 법원의 판결을 받아서 자신의 권리를 공적으로 집행하기 위하여 소송을 제기한 것이 아니라 오로지 경쟁자의 사업을 방해할 목적으로 소송을 제기한 경우에는 노어면제적용을 주장할 수 없다고 판시하였기 때문이다.

특허침해소송을 부당한 소송으로 판단하는 근거로 셔먼법 제1조 및 제2조, 연방거래위원회법(Federal Trade Commission Act) 제5조 위반이 사용될 수 있다.[49] 그 외 클레이튼법 제4조도 적용대상이 될 수 있다. Walker Process 사건[50]은 이와 관련하여 중요한 판시를 하고 있다. 이 사건은 원고가 특허침해소송을 제기하자 피고는 특허침해가 없다고 주장하면서, 반소로 특허무효확인소송을 제기하였다. 증거개시절차가 진행되던 중 피고는 특허가 만료되었다는 주장을 더했다. 피고는 특허무효확인소송에서 원고의 특허가 신의성실(good faith)원칙을 위반하여 취득한 특허로서 불법적으로 취득한 특허에 기초하여 소송을 제기하는 것이 반독점법 위반이라고 주장하였다. 연방지방법원과 연방항소법원은 모두 피고의 반소청구를 기각하였다. 연방대법원은 셔먼법 제2조의 다른 요건이 모두 구비되었다면, 미국 연방특허청을 기망(fraud)하여 취득한 특허에 기초하여 소송을 제기하여 그 특허의 효력을 주장하는 것은 셔먼법 제2조 위반이 된다고 판시하였다. 따라서 클레이튼법 제4조에 따라서 3배 배상을 인정할 수 있다고 판시하였다.[51] 미국 연방대법원은 특허권자가 여러 가지 근거 없는 소송에 시달리는 것을 방지할 필요와 특허권자가 소송을 독점금지법에 위반하여 제기하는 것을 방지하여야 할 필요성 중에서 특허권자의 특허가 아직 무효가 되기 전이라도 특허권자의 특

---

47) 노어 면제 또는 노어-패닝턴 면제라고 불린다. 이 면제는 *Eastern Railroad Presidents Conference v. Noerr Motor Freight, Inc.*, 365 U.S. 127 (1961)의 판결과 *United Mine Workers v. Pennington*, 381 U.S. 657 (1965)의 판결을 통하여 정립되었다. 이 원칙은 이후 *California Motor Transport Co. v. Trucking Unlimited,* 404 U.S. 508 (1972)을 거치면서 경쟁법 이외의 영역에서도 적용된다.[*Sosa v. DirectTV, Inc.*, 437 F.3d 923, 935 (9th Cir. 2006)].

48) 404 U.S. 508 (1972).

49) *United States v. Singer Manufacturing Co.* 374 U.S. 174 (1963).

50) *Walker Process Equipment, Inc. v. Food Machinery and Chemical Corp.* 382 U.S. 172; 86 S.Ct. 347 (1965).

51) *Id.*

허권 취득이 기망적인 방법에 의하여 취득되었음을 입증된 경우에는 후자에 더 무게를 두어야 한다고 판시하였다.

특허권자인 Food Machinery Co.는 Walker Process와의 소송에서 계쟁의 대상이 된 특허의 취득과정에서 미국 연방특허청에 선서 후 진술을 하면서 자신들은 특허출원 이전에 이미 당해 기술이 사용되고 있었던 사실을 알지 못했다고 진술하였다. 이러한 특허권자의 특허취득과정에서의 허위진술이 특허소송에 미치는 영향이 이 사건에서의 쟁점이었다. Walker Process사건을 통해 연방대법원은 특허권이 쟁점이 되는 사안에서 당연위법의 원칙을 적용하는 것에 대하여 부정적인 시각을 보였다. 시장에 대한 영향 및 경제적인 효과에 대한 분석이 없이 단순한 주장만으로 독점금지법 위반을 인정하는 당연위법의 원칙을 인정하는 것에 대하여 매우 제한적으로 보아야 한다고 본 것이다. Walker Process 사건[52]은 반경쟁적 특허권의 행사에 대한 사안이 아니라 부적절하게 특허권을 취득하는 것에 기초한 경쟁법 위반 사안으로 셔먼법 제2조 위반이 문제가 된 사건이다. 따라서 적법하게 취득한 특허의 소송을 통한 행사에 대해서도 넓게 인정하기 어려운 한계가 있다. 이 점은 뒤에 미국 연방대법원에 의해서 선고된 Independent Ink 사건에서도 Walker Process rule의 적용이 제한된다는 점은 확인되었다.[53]

미국 연방항소법원은 Bristol-Myers Squibb(BMS) Co. 사건[54]에서 남용적 소송제기인지 여부를 보기 위한 기준에 비추어 보면 객관적으로 원고가 소송을 제기하면서 합리적으로 자신이 승소할 것이라고 예상하지 않으면서 소송을 제기하여야 한다는 원칙을 재확인하였다. BMS는 출원과정에서 중요한 기술을 숨겼다. Taxol과 관련된 기술이 공개된 기술로서 신규성을 결하고 있음을 알면서도 이러한 사실을 심사과정에서 고지하지 않았다. 그럼에도 BMS는 미국 특허청에 이러한 사실을 알리지 않고 허위진술을 하였다. 미국에서는 IDS(Information disclosure statement)제도와 부정행위(inequitable conduct)제도가 있어서 만일 의도적으로 특허와 관련된 중요한 선행기술을 은닉하고, 이로 인하여 특허를 받게 될 경우 당해 특허를 집행할 수 있도록 법정화하고 있다. 따라서 BMS의 특허는 이러한 사실이

52) 이 사건에 대해서 James Gould and James Langenfeld, "Antitrust and Intellectual Property: Landing on the Patent Avenue in the Game of Monopoly," Intellectual Law Review vol. 37 at 447 (1996).

53) 김원준, "지적재산권을 둘러싼 경쟁법 이슈," 경쟁저널 143호 (2009).

54) *Bristol-Myers Squibb(BMS) Co. v. Apotex,* No. 2007-1438 (Fed. Cir. 2008).

드러날 경우 승소할 수 없고 집행불능이 된다. 원고가 소송을 제기하면서 객관적으로 본안승소의 가능성이 없다는 것을 인지하면서도 경쟁자의 사업을 직접적으로 방해할 의사로 소송을 제기한 경우여야 하는바, Taxol litigation은 이러한 요건에 부합한다. BMS의 BuSpar 관련하여서도 FDA에 고의로 허위진술을 하여 BuSpar와 관련이 없는 2건의 특허를 Orange Book에 등재하였다. 그리고 특허의 무효를 주장하면서 복제약 품목허가를 신청한 Mylan과 Watson에 대해서 특허침해소송을 제기하였으므로 남용적 소송행위(Sham litigation)가 되기 위한 2가지 요건이 구비된 것으로 판단되었다.[55)]

(4) 특허권남용이론의 독자적 존재의의

미국법에서 특허권남용이론은 특허법의 관점에서 법 위반이 존재하지 않으나 경쟁법의 관점에서 특허권의 행사가 반경쟁적 효과를 야기하여 그러한 행사를 방치하는 것이 공공의 질서에 반하는 경우 특허권남용이론을 통하여 특허권자는 특허법이 자신에게 부여한 권리 이상으로 특허권을 향유할 수 없도록 하는 수단이다.[56)] 그런데 이렇게 볼 경우 굳이 특허법 남용이라는 제도를 특허법이 독자적으로 도구개념으로 가지고 있을 필요 없이 온전히 경쟁법에 시장질서에 대한 반경쟁적인 효과에 대한 규율을 맡기면 되는 것이 아닌가 하는 의문이 든다. 실제 미국 연방대법원을 포함하여 법원 실무에서는 특허권남용법리 자체가 명확한 기준을 가지고 있지 못한 반면 경쟁법의 경우에는 오랜 기간 동안 정교한 법리를 발전시켜왔기 때문에 경쟁법의 법리를 원용하거나 차용하여 특허권남용법리와 관련된 사건을 처리하여 왔다.[57)]

하지만 미국 내에서도 이러한 이론 전개에 대하여 반론이 상당하다.[58)] 특허법은 제도 그 자체로 특허권자에게 인센티브를 주기 위해서 자원을 비효율적으로 이용하도록 하기도 한다는 것이다. 예를 들어 특허권을 보유하고 있는 자에

---

55) *Id.*

56) *Mallinckrodt, Inc. v. Medipart, Inc.*, 976 F.2d. 700, 704 (Fed. Cir. 1992).

57) 첫 번째 특허권남용 사건인 Motion Picture 사건에서도 항소심이 경쟁법을 원용한 사안에서 연방대법원이 특허권남용이라는 이론을 창안하였음을 상기하여 보면 연원에서부터 이러한 문제가 있었음을 알 수 있다.

58) Robin C. Feldman, “The Insufficiency of Antitrust Analysis for Patent Misuse,” Hastings L.J. 399, 406 (2003).

대하여 동일한 목표를 달성하기 위하여 기술적 우회를 하기도 하는데 이러한 기술적 우회를 위하여 특허권을 라이선스 받는 것이 실제로는 가장 효과적인 기술적 목표를 달성하기 위한 방법이지만 로열티 부담이나 기술 종속 등의 문제를 해결하기 위하여 덜 효율적인 방법이지만 특허권 침해가 되지 않는 방법을 찾아서 특허 침해를 회피(design around)하는 것은 사회적인 관점에서 기술적 중복(technical redundancy)의 발생을 방치하는 것이므로 소비자 후생을 위하여 가장 바람직한 방법이 아닐 수 있다. 하지만 특허법은 특허법 자체의 존재 방식에 따라서 이러한 비효율을 용인하는 것이다. 이러한 경우에도 경쟁법의 논리를 특허법에 그대로 적용하게 되는 경우에는 경쟁법이 특허법의 존재 가치를 몰각시킬 수 있게 되므로, 일부 경쟁법과 겹치는 영역이 존재하고 이러한 영역에서 경쟁법의 논리를 차용할 수는 있을 것이나 그렇다고 하여 완전히 경쟁법이 특허법남용법리를 대체할 수 있는 것은 아니라는 주장이다.[59)]

이 부분에 대하여는 앞의 Walker Process 사건에서 중요한 논점이 특허권남용이론의 독자성에 대하여 설시한 바가 있다. 이전의 견해 대립[60)]의 연장선상에서 Walker Process 사건에서는 경쟁법이 지적재산권법상의 특허권남용법리를 충분히 1대1로 대체할 수 있게 되는 것인지 아니면 지적재산권법상의 특허권남용법리가 독자적으로 존재할 가치가 있는 것인지에 대한 논란이 있었다. Walker Process 판결에 의하여 경쟁법 위반에 기초한 특허권남용을 주장하는 반소를 제기하기 위해서는 피고는 (i) 원고의 특허권 취득이 사기에 의하여 이루어졌고, (ii) 특허를 주장하는 측이 소송을 시작할 때 사기 사실을 알고 있었으며, (iii) 사기가 아니었다면 특허를 취득할 수 없었을 것이고, (iv) 특허권자가 관련 시장에서 독점력을 확보할 상당한 가능성이 있고, (v) 원고적격과 특허소송의 제기로 인해서 손해가 발생하였음을 입증하여야 하는 것으로 정리되었다.

이와 관련하여 Illinois Tool Works사 사건에서 미국 연방대법원이 기존의 판례에 따라서 특허권자의 경우에는 시장지배력의 존재를 추정하는 것으로 판시한 것을 파기환송한 점에 비추어 보면 상당부분 특허권의 존재와 그 남용에 대하여 기계적으로 판단할 것이 아니라 개별적인 사안에서 구체적인 판단을 하여야 한다는 것으로 읽히고 이러한 판시내용은 경쟁법과 특허법의 관계에서 특허권남용

59) *Id.* at 431.

60) *Mallinckrodt, Inc. v. Medipart, Inc.*, 976 F.2d. 700, 704 (Fed. Cir. 1992).

법리가 완전히 경쟁법을 대체하는 것은 아니라는 점에 대하여 오히려 무게를 실어준 것으로 보인다.

2. 특허권남용이론의 입법화

애초 미국 연방의회는 1952년 개정을 통하여 1944년 선고된 Mercoid 사건[61]에서 특허권남용으로 판시한 특허된 공정에서 사용되는 비범용품목에 대한 독점화기도를 특허권남용에서 배제하였다. 미국에서는 1988년 특허권남용이 35 U.S.C. §271(d)[62]의 개정을 통하여 입법화되었다. 이를 흔히 「특허권남용 개혁법」이라고 한다. 당시 연방 상원은 특허권자의 실시, 작위 또는 부작위가 독점금지법 위반이 아닌 경우에는 특허권남용에 해당하지 않는다는 취지의 법안을 제안하였으나 연방 하원은 이에 동의하지 않았고, 결국 상하 양원은 절충안을 모색하여 특허권남용 전체에 대하여 독점금지법 위반을 대체하는 대신 끼워팔기에 국한하여 독점금지법이 적용되도록 하여 시장지배력을 요구하도록 하였다.[63] 입법화에도 불구하고 끼워팔기에 국한된 제한적인 입법이었기 때문에 해결되지 않은 과제들이 있었다. 예를 들어 시장지배력남용행위와 관련한 시장획정에 있어 경쟁

---

61) *Mercoid Corp. v. Mid-Continent Inc.*, 320 U.S. 661 (1944) (이 사건에서 Mid-Continent사가 가정용 난방장치에 대한 특허권을 가지고 있었다. 이 난방장치의 부품인 연소스위치는 그 난방장치 외에는 달리 사용될 수 없는 부품이었고 특허에 의하여 보호되고 있지 않았다. Mercoid사는 난방장치용 연소스위치를 제작하였고, 이에 Mid-Continent사가 기여침해(contributory infringement)를 이유로 Mercoid사를 제소하였다.

62) 35 U.S.C. §271(d) No patent owner otherwise entitled to relief for infringement or contributory infringement of a patent shall be denied relief or deemed guilty of misuse or illegal extension of the patent right by reason of his having done one or more of the following: (1) derived revenue from acts which if performed by another without his consent would constitute contributory infringement of the patent; (2) licensed or authorized another to perform acts which if performed without his consent would constitute contributory infringement of the patent; (3) sought to enforce his patent rights against infringement or contributory infringement; (4) refused to license or use any rights to the patent; or (5) conditioned the license of any rights to the patent or the sale of the patented product on the acquisition of a license to rights in another patent or purchase of a separate product, unless, in view of the circumstances, the patent owner has market power in the relevant market for the patent or patented product on which the license or sale is conditioned.

63) Robin C. Feldman, *op. cit.* at 420-421.

당국은 시장을 좁게 획정하였다. 특허권의 남용 문제와 시장획정의 문제는 밀접한 연관을 가지고 있으며 시장획정에 있어 시장을 특허권에 의하여 보호되는 기술에 한정하는 경우에는 특허권자들은 많은 경우 관련시장에서의 독점력이 인정된다.[64] 1988년 §271(d)의 입법이 판례에 어떤 영향을 줄 것인가를 볼 수 있는 사건으로 1992년에 선고된 Mallinckrodt v. Medipart 사건[65]이 있었다. 이 사건은 폐병의 진단 및 치료에 사용하기 위하여 환자의 폐에 치료 효과가 있는 방사성 물질을 에어졸 형태로 분무하는 장치를 병원에 판매함에 있어 오직 한번만 사용하여야 하며 폐기시에는 전체 장치를 생명공학적으로 해가 되는 물질의 폐기방법에 따라 처리되어야 한다는 문구를 붙여서 판매한 사건으로 완전한 끼워팔기 사건이 아니었다. 그런데도 연방항소법원은 경쟁법위반소송의 경우이므로 시장지배력 및 경쟁제한성을 비롯한 Sherman법 위반의 입증에 있어서 요구되는 사항들의 입증을 요구하여 특허권남용법리의 적용을 제한하였다. 이러한 판시는 1988년 입법 직전에 선고되었던 1986년 연방항소법원의 Windsurfing International Inc. 사건[66]에서 연방항소법원은 특허침해소송에서 경쟁법상의 근거로 특허권남용항변을 하고자 하는 자는 특허권자의 행위가 반경쟁적인 효과를 초래하였다는 사실을 입증하여야 한다고 한 판시와 연장선상에 있다. 이러한 일련의 판결들은 1980년대 소위 친특허정책하에서 특허권남용항변이 미국 법원에서 받아들여지기 어려운 항변이 되었음을 반증하고 있다.

그러나 미국에서도 특허권남용법리의 적용을 제한하는 미국 특허법 제271(d)항에도 불구하고 특허권자의 일방적인 실시거절행위는 여전히 경쟁당국의 審査의 대상이 된다고 본다.[67]

---

64) *Grid Systems Grp. v. Texas Instruments*, 771 F. Supp. 1033, 1037 (N.D. Cal. 1991) (presumption of market power arising from patent rights survived the "safe harbor" amendments to §271(d))

65) 976 F.2d. 700, 708-709 (Fed. Cir. 1992).

66) *Windsurfing International Inc., v. AMF Inc.*, 782 F. 2d 995,228 USPQ 562 (Fed. Cir. 1986) (이 사건은 Windsurfing International Inc.,사가 AMF 등이 자신의 윈드서핑보드에 관한 특허권을 침해했다고 주장하자, AMF가 Windsurfing International Inc.,이 특허라이선스를 함에 있어 실시권자들이 Windsurfing International Inc.,의 등록상표의 유효성을 인정하고 그 사용을 자제할 것을 요구하는 규정을 둠으로써 특허권을 남용하였다고 주장한 사안이다).

67) DOJ/FTC Joint Guideline (2007), p.6.

III. 특허권남용법리의 소송상 행사

1. 소송상 항변 또는 반소청구원인

미국에서의 '특허권남용이론'은 특허침해소송, 특허권침해행위 금지청구나 특허로열티 지급청구에서 피고가 항변(affirmative defense)으로 주장하거나, 피고가 반소(counterclaim)를 제기하거나, 침해부존재 또는 로열티지급의무부존재를 확인하는 확인의 소(declaratory judgment action)의 형식으로 주장할 수도 있다. 다만 이러한 형식으로 사용되므로 특허침해소송 등의 피고를 보호하기 위한 제도인 것처럼 생각될 수 있으나, 애초 침해를 의심받는 자를 보호하기 위하여 설계된 제도가 아니라, 공공의 이익을 보호하기 위하여 고안된 제도로서, 특허권이라는 재산권을 공공의 필요에 의하여 그 행사의 외연을 제한하는 제도이다.

2. 입증책임

이와 같은 항변으로 취급되는 속성에 따라, 입증책임의 분배도 이루어진다. 경쟁제한성에 대하여 미국 연방대법원은 앞서의 Morton Salt 사건에서 특허권남용을 인정함에 있어 반경쟁적 효과의 존재를 별도로 입증할 것을 요구하지는 않았다. 반면 미국연방항소법원은 Windsurfing International Inc., 사건에서 특허권남용항변을 주장하기 위해서는 이를 주장하는 피고가 미국민사소송법상 적극적 항변(affirmative defense)의 법리에 따라 연방대법원이 당연위법으로 판단하고 있지 않는 한 특허권자의 특허권의 행사가 특허권이 허여하고 있는 내용을 초과한 것으로 반경쟁적 효과가 발생하여 특허권남용에 해당한다는 점을 입증하여야 한다고 보았다.[68]

Windsurfing International Inc., 사건과 비교하여 9개월 뒤에 선고된 Senza-Gel Corp., v. Seiffhart 사건[69]에서는 특허권남용을 인정함에 있어 반경쟁적 효과의 존

---

68) *Id.*
69) *Senza-Gel Corp., v. Seiffhart*, 803 F.2d 661, 676 (Fed. Cir. 1986).

재에 대한 입증을 요구하지 않았다. 이는 연방항소법원이 대법원이 당연위법으로 보고 있는 특허권남용의 인정 여부가 문제가 된 사건을 처리함에 있어 대법원 판례와의 충돌을 막기 위한 것으로 보인다.70)

시장지배력의 존재와 관련하여 Sherman법 제1조 위반 사건에서 특허권의 존재만으로 시장지배력을 추정하는 이전의 판례에 의할 때 시장지배력의 입증을 위해서 특허권남용항변을 하는 자는 특허권의 존재만을 입증하면 되었지만, Illinois Tool Works 사건에서 미국 연방대법원이 기존의 판례에 따라서 특허권자의 경우에는 시장지배력의 존재를 추정하는 것으로 판시한 연방항소법원의 판결을 파기환송함으로써 이제는 경쟁법 위반을 주장하는 자가 특허권자의 시장지배력을 입증하여야 하게 되었다.

손해의 존재에 대해서 특허권자의 부당한 특허권 행사로 인하여 특허권남용을 주장하는 자가 손해를 입었다는 사실에 대한 입증은 필요하지 않다.71)

3. 특허권남용인정의 효과

소송에서 특허권남용항변이 받아들여지게 되면, 당해 특허권은 특허권남용행위가 중단되고 상당한 기간이 경과할 때까지 집행이 불가능하게 된다.72) 집행이 불가능할 뿐이지 당해 특허가 무효가 되는 것은 아니라는 점이 효과의 핵심적인 부분이라고 할 것이다.73) 특허권자가 특허권을 남용하는 경우, 법원은 특허권침해나 실시계약위반에 대하여 특허권을 무효화시키는 것은 아니며, 남용에 의한 유해한 결과가 제거될 때까지 권리의 행사를 유예하였다가 권리를 다시 회복시키게 되는 것이다.74) 특허권자의 입장에서 보면, 이러한 특허권남용항변이 받아들여져서 소송에서 집행불가능한 특허로 판단되는 경우 당해 소송뿐만 아니라 다른 소송에서도 이러한 결론

---

70) 예를 들어 특허기간이 종료되었음에도 로열티를 받도록 계약한다든가 앞서 본 것과 같은 특허 받은 제품과 특허권에 의하여 보호되지 않는 제품을 끼워 파는 경우와 같은 것이 미국 연방대법원이 당연위법으로 판단하여 특허권남용을 인정한 경우이다.

71) *Morton Salt Co. v. G.S. Suppiger Co.*, 314 U.S. 488, 52 USPQ 30 (1942).

72) *B.B.Chem. Co. v. Ellis*, 314 U.S. 495, 52 USPQ 3 (1942); *Morton Salt Co. v. G.S. Suppiger Co.,* 314 U.S. 488, 52 USPQ 30 (1942).

73) *C.R.Bard, Inc v. M3 Systems, Inc.*, 157 F.3d 1340, 1372 (Fed. Cir. 1998).

74) *Performed Line Prod. Co. v. Fanner Mfg. Co.*, 328 F.2d 265, 278, 140 USPQ 500 (6th Cir. 1964), cert. denied, 379 U.S. 846, 143 USPQ 464 (1964).

이 그대로 유지될 가능성이 많으므로 라이선스 협상시 불리하게 작용하게 된다.

제 3 절 특허권남용법리의 적용

I. 도 입

앞서 살펴본 미국에서의 특허권남용법리는 무효인 특허를 주장하는 경우와 특허법상으로 유효한 특허이지만 특허권의 행사가 경쟁법을 위반하는 경우로 나누어 볼 수 있었다. 우리나라의 경우에도 해석론으로 미국에서의 특허권남용법리를 그대로 구현할 수 있을지, 구현이 필요한데 제약이 있다면 입법이 필요할지에 대하여 살펴보고자 한다.

우리나라에서 특허권남용과 관련하여 3가지 접근법이 가능하다고 한다.[75] 첫째 무효사유를 가진 특허에 기하여 침해소송을 제기하는 것은 특허권남용이라고 주장하는 것으로 한정하여 이 범위에서는 특허권남용이 인정된다고 보는 견해가 있을 수 있다. 둘째는 민법의 틀로 특허권남용문제를 해결하는 것이라고 하면서, 민법 제2조를 사용하는 방법을 제시하고 있다. 세 번째는 공정거래법에 의하여 특허권남용문제를 해결하는 방법이다.

II. 3가지 접근법에 대한 검토

1. 특허권남용과 특허침해소송에서의 무효항변

(1) 판례법의 전개

대법원은 2000다69194판결[76]에서 앞서 일본의 '킬비 사건'의 판시와 유사한

75) 박성수, 전게논문 14면.

76) 대법원 2004.10.28.선고 2000다69194 판결(이 사건은 '방직기용 실 저장 및 공급장치'라고

판시를 하였다. 이 판결에서 대법원은 특허의 무효심결이 확정되기 전이라고 하더라도 특허권침해소송을 심리하는 법원은 특허에 무효사유가 있는 것이 명백한지를 판단할 수 있다고 판시하였다.[77] 이 사건 이후 하급심에서는 진보성이 없음을 이유로 하여 무효사유가 존재하는 특허이므로 이러한 특허에 기한 특허권 침해금지는 권리남용이라는 취지의 판결이 이루어지고 있다.[78] 침해사건을 담당하는 법원이 특허무효항변을 심리하여 무효판단을 할 수 있게 되면 비록 당해 사건에서 특허권의 행사를 재약하는 것이지만 이러한 판단이 특허무효를 담당하는 법원의 진보성 판단과 상충될 수 있다는 점이 문제가 된다.[79] 이 점에 대하여 이는 특허침해소송에서의 무효항변이므로 특허권남용법리와는 구별된다는 견해가 있다.[80] 반면 특허권남용논의를 특허침해소송에서 특허무효사유가 주장될 수 있

하는 발명에 관하여 1987.1.20. 특허출원(출원번호 1987-000413호)을 하고, 1989.9.25. 특허번호 제29468호로 특허등록(이하 '이 사건 특허발명'이라 한다)된 특허에 대한 사건으로 "특허의 무효심결이 확정되기 이전이라고 하더라도 특허권침해소송을 심리하는 법원은 특허에 무효사유가 있는 것이 명백한지 여부에 대하여 판단할 수 있고, 심리한 결과 당해 특허에 무효사유가 있는 것이 분명한 때에는 그 특허권에 기초한 금지와 손해배상 등의 청구는 특별한 사정이 없는 한 권리남용에 해당하여 허용되지 아니한다"라고 판시하여 이와 같은 경우가 특허권의 남용이 될 수 있다는 설시를 하였다.

77) 이 사건에 대한 판례평석으로 최성준, "무효사유가 있는 것이 명백한 특허권의 행사가 권리남용에 해당하는지 여부," 지적재산권 제8호 지적재산권법제연구원(2005.7.) 58-66면; 최성준, "무효사유가 명백한 특허권에 기초한 금지청구 등이 권리남용에 해당하는 지 여부," 정보법 판례백선Ⅰ, 박영사(2006), 129-136면.

78) 앞서의 서울고등법원 2008.9.2.선고 2007나96487, 2008나9428 판결 외에 서울남부지방법원 2008.4.18.선고 2004가합2596 판결 및 서울고등법원 2005.1.25.선고 200다8802 판결 등. 이 하급심 판결들은 계쟁 특허권이 무효임이 명백한 경우에는 권리남용으로 판단되고 있다고 본다.

79) 실제 특허법원 제3부(재판장 문용호 부장판사)는 지난달 26일 미국계 석유화학회사인 플렉시스아메리카 엘.피.가 중국계 화학회사 시노켐 컴파니, 산동 차이나를 상대로 낸 특허 등록무효 청구소송(특허법원 2006.10.26선고 2005허9534 판결)에서 원고 특허의 신규성 및 진보성이 인정된다며 원고 승소판결을 내렸다[특허유효]. 그러나 서울고등법원은 플렉시스아메리카 엘.피.가 같은 사안으로 국내 화학회사인 금호석유화학(주)를 상대로 낸 특허권침해금지청구소송 항소심(2005나9175)에서 플렉시스아메리카 엘.피.의 특허는 신규성이 없고, 설령 신규성이 인정된다 하더라도 진보성 없음이 명백하다는 취지로 지난해 10월 1심대로 원고패소 판결[특허무효]을 내려 동일한 사건에 대하여 진보성 판단을 서로 달리 내린 사건이 발생하였다(법률신문 2006.11.6.자). 특허법원 2005허9534 판결은 대법원(대법원 2007.10.25. 선고 2006후3625 판결)에서 파기환송되었다. 그리고 2005나9175사건은 상고되었으나 대법원이 특허가 유효라는 판결을 파기환송하자 상고인이 상고를 취하되어 확정되었다.

80) 박성수, 전게논문 14면.

는가 하는 논점에 국한하여 설명하는 견해도 있다.[81]

미국식의 특허권남용법리는 무효인 특허를 주장하여 권리를 남용하는 경우와 유효인 특허권의 행사가 부당한 행사로서 반경쟁적인 효과가 있을 경우 그 행사를 저지하여야 할 필요성이 있고, 이를 저지하기 위한 기초로서 특허권남용이 인정되는 경우 모두를 포함하고 있다. 우리 판례상 특허침해소송에서의 무효항변을 받아들이는 경우 권리남용이라는 용어를 사용하고 있지만 무효항변의 경우만 특허권남용이 되는 것은 아니다. 우리나라에서는 특허침해법원에서 특허무효항변을 할 수 있고, 무효화할 수 있는 미국과 달리 우리나라의 경우 대법원이 권리남용이라고 한 사안은 진보성이 없어서 무효가 될 것이나 우리 법원이 2원적인 구조를 취하고 있어 특허침해사건을 담당하는 법원으로서는 무효를 판단할 수 없으나 명확하게 무효가 될 특허를 기초로 하여 손해배상을 인정할 수 없으므로 민법상 권리남용을 원용하여 이러한 특허권의 행사가 권리남용으로 본 것이다.

(2) 해 석 론

대법원 2004.10.28.선고 2000다69194 판결의 취지를 살려 이를 특허권남용법리를 항변으로 인정한 것으로 해석할 수 있다. 이 판결에서는 무효사유 있는 특허권의 행사가 허용되지 않기 위한 요건으로 두 가지를 제시하고 있다. 하나는 당해 특허에 무효사유가 있는 것이 명백하여야 한다는 것이고, 다른 하나는 특별한 사정이 없어야 한다는 것이다.

대법원 2004.10.28.선고 2000다69194 판결과 일본의 2000.4.14.자 最高裁判所判決의 킬비 판결은 공통적으로 명백성 요건을 언급하고 있다. 그러나 법원이 명확하게 명백성에 대한 판단기준을 제시하고 있지 않기 때문에 명백성의 의미를 침해소송법원이 판단할 수 있는 무효사유의 범위문제와 관련하여 해석하는 견해와 증명도(심증의 정도)의 문제로 해석하는 입장으로 나누어 볼 수 있다. 우리나라에서는 명백성의 의미를 전자의 문제로 해석하는 경향이 강하고, 일본의 경우

81) 이 논문에서는 "특허권남용법리, 특히 특허침해소송에 있어서 권리남용금지의 법리는 특허 자체에 하자가 있는 경우, 즉 특허에 무효사유가 있는 것이 명백한 경우로서 특허권 자체에 하자가 있는 경우에 그 침해혐의자가 특허권자의 특허침해주장으로부터 면책하기 위한 항변으로서 허용될 것인가의 문제로서 논의되고 있는 실정"(차상육, 전게논문169면).

에는 후자의 문제로 해석하는 경향이 강하다.[82)]

특허법에 규정되어 있는 특허무효사유 중 특허침해소송을 담당하는 법원에서 무효사유가 명백한지 여부를 판단하는 것과 관련하여 문제가 되는 것은 진보성 결여와 관련된 판단부분이다.[83)] 진보성의 판단은 신규성의 존부에 대한 판단과 달리 당대의 기술수준의 관점에서 평가하는 것으로 가치판단의 문제가 상대적으로 개입될 여지가 많다. 진보성 판단은 기존기술과의 관계에 있어서 상대적·종합적으로 출원된 발명 또는 등록된 특허의 가치를 당해 특허 또는 발명이 속하는 분야의 출원시 기술수준을 파악하여 해당 분야의 기술자가 합리적으로 판단하여 공지기술(公知技術)에 기초하여 당해 출원발명을 하는 것이 용이한 것인지 여부를 검토하는 방식으로 이루어진다. 미국 연방대법원의 Graham 심사[84)]나 CAFC가 KSR 판결 이전에 취하고 있던 교시, 시사, 암시(Teaching, Suggestion, Motivation) 심사, 그리고 대법원이 취하고 있던 미국 연방대법원의 Graham 심사와 유사한 심사기준 모두 기본적인 아이디어는 유사하다.[85)]

따라서 대법원 2004.10.28.선고 2000다69194 판결 이전에 학설상 침해소송법원이 변론주의의 제약하에 당해 사건의 심리에서 얻은 지식만에 의거하여 진보성 판단의 결론과 무효심판에서의 결론이 서로 일치하지 않을 가능성이 상당하다. 그래서 침해소송법원이 진보성을 판단할 수 없다고 보는 견해가 있었다.[86)]

---

82) 안원모, "무효사유가 존재하는 특허권의 행사와 권리남용의 항변," 산업재산권 제27호(2008) 238-239면.

83) 이에 대하여 신규성의 흠결이 명백한지 여부는 대법원 1983.7.26.선고 81후56 전원합의체 판결 이후 침해소송법원에서 판단할 수 있다는 데 대하여 별다른 이견이 없다(상게논문 239면).

84) Graham v. John Deere Co., 383 U.S. 1 (1966). 이 사건에서 미국 연방대법원은 4단계심사를 하여야 한다고 한다. Graham 기준에 의하면 진보성 판단을 하기 위해서는 (i) 선행기술의 범위와 내용을 살피고, (ii) 선행기술과 출원발명간의 차이를 찾고, (iii) 이 차이를 통상의 기술자의 관점에서 보아 진보성이 있는지 살피고, (iv) 이러한 판단을 함에 있어서 상업적 성공, 장기간의 수요, 타인의 실패 등의 2차적 고려요소를 검토하여야 한다고 한다.

85) 각 기준간의 비교는 최승재, "특허의 진보성 판단의 구조와 진보성 판단기준에 대한 연구(상) —한국과 미국의 판례를 중심으로," 지식과 권리 가을, 겨울호(2007).

86) 대법원 1992.6.2.선고 91마540 결정; 대법원 2001.3.23.선고 98다7209 판결; 진보성 없음이 명백한 경우는 이를 신규성의 문제로 해결하기도 하였다(대법원 1992.6.2.선고 91마540 결정, 대법원 2001.3.23.선고 98다7209 판결). 그러나 대법원 2004.10.28.선고 2000다69194 판결 선고 이후에도 침해소송을 담당하는 법원이 진보성 흠결여부를 판단하는 것에 대하여 부정적으로 보는 견해는 여전히 유력하다.

그러나 대법원 2004.10.28.선고 2000다69194 판결 이전의 다수설은 신규성이나 진보성 문제는 그 한계영역이 매우 불분명하고 양자 모두 기술에 관한 분석을 요하는 것은 마찬가지이고 동시에 특허무효사유라는 점을 감안하면 특별히 진보성의 경우만을 달리 취급하여 진보성 흠결의 경우에는 특허침해소송을 담당하는 법원이 그 진보성 흠결 여부를 판단할 수 없다는 결론은 논리적이지 못하므로 특허침해소송을 담당하는 법원도 진보성 흠결을 이유로 무효항변을 받아들일 수 있다고 보는 견해가 다수였다.[87] 침해소송을 담당하는 법원이 진보성 판단을 할 수 있는 경우를 제한적으로 해석하여 진보성 없음이 명백한 경우에 한하여 특허침해소송을 담당하는 법원이 판단할 수 있다고 보는 견해도 다수설로 포함할 수 있을 것이다.[88]

대법원 2004.10.28.선고 2000다69194 판결은 이러한 학설상의 논란을 정리하고, 진보성 결여가 명백한 경우에는 침해소송법원이 무효 여부를 판단할 수 있다는 입장을 택한 것으로 해석되는 것이 일반적이다.[89] 대법원이 명백성 요건을 요구하는 것은 특허법이 특허침해소송을 담당하는 법원과 특허무효심판을 담당하는 특허심판원 및 법원을 2원적으로 구별하는 제도를 가지고 있는바, 무효심판에서의 판단과 침해소송에서의 판단 사이에 불일치가 생기는 것을 방지하기 위해서는 특허침해소송에서 진보성 흠결을 이유로 한 무효항변이 남발되는 것을 제어할 수 있는 장치가 필요하다는 점에서 이해된다.[90] 왜냐하면 만일 진보성 판단의 경우에 이러한 명백성 요건을 요구하지 않게 되면 침해소송에서의 판단과 무효심판절차에서의 판단불일치가 빈발할 가능성이 높아 이로 인한 혼란을 피할 수 없게 될 것이기 때문이다.[91] 또 진보성 판단을 위해서는 해당 분야의 기술수준을 폭넓게 이해하고 있을 필요가 있으나 변론주의하에서는 당사자가 수집하여

87) 이수완, "특허의 무효와 침해," 특허소송연구 제1집, 특허법원, 1999, 118면; 이한주, "특허침해소송에 있어 무효사유의 판단," 사법논집 제41집, 법원도서관, 2005, 587면.

88) 성기문, "공지부분이 포함된 특허 및 의장을 둘러싼 실무상의 제문제," 특허소송연구 제2집, 특허법원, 2001, 251면; 조현래, 전게논문, 408면.

89) 박정희, "특허침해소송 등에서 당해 특허의 무효사유에 대하여 심리판단할 수 있는지 여부," 지식재산21(통권 제91호), 특허청, 2005.7., 10면; 이두형, 전게논문, 634면.

90) 명백성 요건에 대하여 명백성의 판단이 실무상 용이하지 않고 단순무효와의 구별도 어렵다는 점에서 비판적인 견해로는 박정희, 상게논문, 10면.

91) 근원적인 해결책으로 관할집중(管轄集中)의 필요성을 주장하는 논자로 주기동, "특허소송의 개선방안에 대한 고언," 법률신문, 2008.4.21.字.

변론에서 제출한 소송자료만을 토대로 재판의 기초로 삼아야 진보성 판단에 한계가 있다. 이런 점을 고려하면 진보성 결여가 명백하지 않은 경우는 특허권 행사를 제한하는 결론을 바로 내리기보다는 특허법에서 정한 원칙적인 절차(특허법 제164조 제2항)에 따라 소송절차를 중지하고 무효심판의 결과를 기다리는 것이 타당하다.[92)]

(3) 입 법 론

특허권자의 특허권행사를 특허권남용으로 봐서 민법 2조에 의한 신의칙 위반으로 판단하는 방법과 특허침해소송 중에서 특허무효항변(신규성 또는 진보성 위반 등)을 받아들여서 무효화시키는 방법 등이 검토될 수 있을 것임은 이미 앞에서 본 바와 같다.[93)]

그러나 BMS사의 BuSpar 건과 같이 미국 식품의약품안전청(FDA)에 연관성 없는 특허를 미국 특허청에서의 진술과 서로 다른 내용의 진술을 FDA에 한 행위가 문제가 된 사안이나 Taxol 사건과 같은 특허소송의 제기를 특허권남용행위로 보지 않았다.[94)] 만일 이러한 사건이 한국에서 문제가 된다면 이에 대해서는 형사상 공무집행방해죄(위계), 민사상 불법행위 손해배상소송의 제기는 가능할 것이지만 미국과 같이 소제기를 특허권의 남용으로 봐서 특허권의 효력을 제한하는 것은 우리법상 어렵다. 왜냐하면 대법원은 특허출원인에게 이러한 보통법상

92) 안원모, 전게논문, 241면. 안원모 교수는 문제가 된 기술이 복잡하여 특허청의 전문성에 의한 판단이 필요한 사안이고 이러한 전문성 있는 기관에 의한 신뢰할 수 있는 판단으로 인한 이익이 상대방의 소송지연이나 그로 인한 불이익보다 크며 소송이 비교적 초기단계인 경우 등에는 소송절차를 중지하는 것이 바람직함에도 실무상은 무효심판이 진행 중이라도 침해소송절차를 중지하지 않고 있어 소송절차의 중지규정(특허법 제164조 제2항)은 제대로 기능하지 않고 있는 것이 실정이라고 하면서 이러한 실무를 비판한다. 안 교수는 나아가 소송절차를 중지하는 경우 무효심판절차의 장기화로 인한 소송절차의 지연이라는 문제가 발생하게 되는데 이러한 문제점은 직권우선심판제도의 활성화와 같이 무효심판절차를 신속하게 마무리할 수 있는 제도의 보완을 통하여 해소하여야 하며, 침해소송이 제기된 심판청구사건에 관하여는 법원의 심리종결 전에 직권우선심판에 의하여 당해 특허의 무효여부를 신속히 판단하도록 하게 되면 법원의 판결과 특허심판원의 심결 사이에 불일치가 생기는 것을 방지할 수 있고, 침해소송에서의 심리지연의 문제도 해결할 수 있다고 주장한다.

93) 현재 우리 대법원이 방론으로 인정하였고, 하급심 법원들[예를 들어 서울고등법원 2008. 9.2.선고 2007나96487 판결(병합)]이 받아들이고 있는 방법이다.

94) *Bristol-Myers Squibb(BMS) Co. v. Apotex,* No. 2007-1438 (Fed. Cir. 2008).

사기(Common law fraud)에 기초한 출원과정에서 성실의무를 부과하지 않고 있어 특허소송으로 특허가 무효화되기 전까지는 유효한 특허로 추정하고 있기 때문이다. 따라서 선행기술을 적극적으로 개시하지 않아서 무효가능성이 높다는 점을 인식하고도 무효가능성이 높은 특허에 기초하여 특허소송을 제기하였다고 하여 당해 특허소송이 미국식의 남용적 소송행위라고 판단되기는 어려울 것으로 보인다.

따라서 만일 미국식의 특허권남용법리를 적용하기 위해서는 추가적인 입법이 필요하다. 우리나라와 일본의 경우에는 소송구조가 침해소송법원과 특허무효를 다루는 법원이 서로 구별되어 있는 2원적 구조를 취하고 있다. 따라서 우리나라와 일본의 경우에는 미국에서와 같이 침해법원이 특허권자의 권리행사를 제한하는 해석을 하는 것이 일단 가능한지에 대하여 논란이 있어왔다. 방론이기는 하지만 대법원 2004.10.28.선고 2000다69194 판결이 선고된 이후 이 판결에서의 설시는 하급심법원에서 받아들여지고 있다. 그러나 여전히 특허침해사건을 담당하는 법원이 진보성 흠결에 기초하여 특허무효항변을 받아들이는 경우 특허는 무효가 되지 않는 한 유효로 추정된다는 원칙이 침해되는 것이 아닌가 하는 의문이 있고, 우리는 집행불능과 같은 미국 특허법상의 개념을 가지고 있지도 않다. 그러므로 우리나라의 특허무효시스템에서 특허무효의 판단은 특허심판원과 특허법원으로 이어지는 하나의 줄기에서 판단하도록 하고 있는 것이 현재의 특허소송의 구조이기 때문에 특허무효항변이 우리나라의 2원적 소송구조와 부합하지 않는다는 주장은 상당한 설득력이 있다.

이와 같은 논란을 불식시키고 법원에 판단의 기준을 제공하기 위하여 일본과 같이 특허법 개정을 통하여 특허권남용에 대한 규정을 입법할 필요가 있다고 본다. 이 경우 미국의 1952년 특허법 개정 및 1988년 특허법 개정에서 규정되었던 것과 같은 특허권남용법리를 인정하는 한계에 대한 규정을 두는 것도 검토할 수 있을 것이다.

특허법이 규정하고 있는 2원적 특허소송시스템과 대법원의 민법 제2조상의 권리남용규정의 운용과 관련된 기존의 매우 제한적인 태도를 고려하여 특허법에 일본에서와 같은 정도의 권리남용과 관련된 규정을 둠으로써 우리 법원이 민법상의 일반규정을 통하지 않고도 특허법에 따라 권리남용법리를 독자적으로 발전시킬 수 있도록 하는 것이 타당하다고 본다.

2. 특허권남용과 민법상 권리남용

(1) 특허권남용과 민법상 권리남용의 비교

특허권의 행사와 관련하여 권리남용이 문제로 되는 경우 중 무효사유가 존재하는 특허권에 기한 소송상의 청구에 대하여 피고가 주장할 수 있는 항변으로 권리남용의 항변을 허용할 수 있는가의 문제에 대해서 살펴보았다. 경쟁법을 적용함으로써 특허권의 불공정 행사를 제어할 수 있는가의 문제를 뒤에서 살펴볼 것이다. 특허출원절차에서 단순한 자료의 부제출에 그치는 것이 아니라 적극적으로 사위행위 등에 의하여 특허를 취득한 경우에 특허성 판단에 관한 당해 자료의 중요성을 감안하여 권리취득 후의 권리행사를 권리남용으로 저지해야 하는지 하는 문제도 특허권의 남용의 문제로 논의된다.[95]

부당한 이익획득을 위한 특허권 행사를 특허권남용으로 볼 것인지 여부와 관련된 문제가 있다. 특허괴물(Patent Troll)이라고 논의되는 문제이다. 특허괴물은 특허발명의 실시에는 관심이 없으며 그 대신 특허침해의 여지가 보이는 기업들을 위협하여 막대한 수입을 창출하려고 하는 특허권자를 지칭하는 의미로 사용되고 있다.[96] 이러한 특허괴물은 자신의 특허발명을 실시하지도 않으면서 특허권이 가지는 배타적 금지권을 강력한 무기로 활용하여 일반적인 손해액과는 비교

---

95) 그 외 특허권의 불행사를 소극적 권리남용으로 처리할 수 있는가 하는 문제도 논리적으로는 생각하여 볼 수는 있을 것이다. 우리 특허법에서 특허권의 남용 문제를 직접적으로 언급한 때가 있었는데 1963.3.5.자 특허법 개정(법률 제1293호)시 제45조의2를 신설하면서 제1항에서 "특허에 관하여 권리를 가진 자는 권리를 남용하지 못한다"는 규정을 두고 있었고, 제2항에서는 권리남용으로 간주되는 사항들을 규정하고 있었다. 여기서 권리남용으로 간주되는 내용은 대부분 특허권의 불행사 또는 불성실한 행사에 해당하는 경우이고, 제3항에서는 이러한 권리남용행위에 대하여 특허권을 취소하거나 강제실시권을 허용하도록 하고 있었다. 위 조문은 1973.2.8. 특허법 개정(법률 2505호)시 제52조로 바뀌었다가, 1986.12.31. 특허법 개정(법률 3891호)시 권리남용이라는 표현이 삭제되고 '통상실시권 설정의 재정' 항목으로 변경되었다. 그러나 특허권의 불행사 또는 불성실한 행사라고 하는 특허권의 소극적 남용의 문제는 가해상대방이 분명치 않고 객관적 이익불균형의 요건도 충족되기 어려우므로 민법상의 권리남용 규정이 적용되는 경우로 보기는 어렵다. 현행 특허법에서는 강제실시권의 부여와 특허권 취소제도로 특허권의 소극적 남용 문제에 대처하고 있으므로 이로써 충분하고 이 문제의 처리를 위하여 민법상의 일반조항을 끌어들일 필요는 없다고 생각한다.

96) 권영준, "불법행위와 금지청구권-eBAY vs. MercExchange 판결을 읽고," LAW & TECHNOLOGY 제4권 제2호, 서울대학교 기술과법센터(2008.3.), 52면; 정연덕, "특허권의 남용과 이에 대한 방안," 산업재산권 제22호, 한국산업재산권법학회(2007.4.), 72면.

가 되지 않는 막대한 금액을 침해상대방에게 요구하게 되는데, 이러한 행위가 특허권자의 이익과 침해상대방의 이익 사이에 현저한 불균형을 초래한다는 관점에서 권리남용론의 적용 여부가 논하여지고 있다. 특히 특허권자 자신은 당해 특허권을 실시하고 있지 않기 때문에 침해로 인한 급박하고도 현실적인 불이익도 없으면서, 당해 특허권을 내세워 상대방에게 거액을 요구하는 점에 현저한 이익의 불균형이 발생한다.[97] 다만 특허권자의 강한 협상력의 원천이 되었던 형평법상 영구적 금지명령(permanent injunction)은 미국 연방대법원의 eBay Inc. v. MercExchange, L.L.C. 판결로 인해서 제동이 걸렸다. 연방대법원은 이 사건에서 연방항소법원이 특허권침해청구시 자동적 금지명령(automatic injunction)을 발하여 오던 관행을 받아들이지 않고, 전통적인 형평법상의 4요소 심사(four factor test)가 금지명령 발령의 판단기준임을 확인함에 따라 영구적 금지명령에 의한 특허권자의 과도한 이익 획득가능성은 대폭 축소되었다.[98]

우리나라에서는 이와 같은 부당한 이익획득을 목적으로 하는 특허권행사의 경우에 민법상의 권리남용 규정이나 민법 제103조의 반사회질서와 같은 일반조항을 적용할 수 있는지 여부가 문제될 수 있다. 토지소유권의 행사와 관련한 이와 유사한 사례에서 대법원 판례는 권리남용의 성립을 긍정한 것이 있다.[99] 부당한 이익획득을 목적으로 하는 특허권행사의 경우는 민법상 권리남용 규정의 적용요소인 주관적 요소(가해 또는 부당이득의 의사) 및 객관적 요소(이익균형의 파괴, 권리의 사회적 기능위반)가 모두 충족되고 당사자간 이익균형의 파괴가 현저한 경우에는 권리남용 규정의 적용이 가능한 경우가 있을 것으로 생각된다.[100]

---

97) Lemley와 Shapiro는 가처분(injunction)이 홀드업의 주요한 수단으로 사용되고 있다는 점을 지적하고 있다. Mark A. Lemley & Carl Shapiro, "Patent Holdup and Royalty Stacking," Texas law Review Vol. 85 (2007) at 1992.

98) eBay Inc v. MercExchange, L.L.C., 547 U.S. 388 (2006).

99) 대법원 1962.10.4.선고 62다533 판결; 대법원 1965.12.21.선고 65다1910 판결도 유사한 취지임.

100) 등록상표권의 행사와 관련하여, 대법원 2008.7.24.선고 2006다40461(반소 40478) 판결에서는 상표권자가 등록상표를 사용한 영업을 한 바 없고 그와 같은 영업을 할 것으로 보이지도 않으며, 상표권자가 상대방이 등록상표와 동일한 표장을 계속 사용하여 왔음에도 곧바로 이를 문제 삼지 않고 있다가 상대방의 영업활동이 활발한 시점에 이를 문제로 삼고 상당한 돈을 양도대가로 요구한 사례에서, 상표권자의 등록상표권의 행사를 권리남용이라고 판시하고 있다. 다만 이 판례에서는 상표권 행사시 권리남용론을 적용함에 있어서 주관적 요소가 필요하지 않는 것이라고 설시하고 있으나, 위 사례는 주관적 요소를 충분히 인정할 수 있는

무효사유가 존재하는 특허권의 행사를 제한하기 위한 이론으로 기존의 여러 학설 중에서 권리남용론이 최근에 들어 이론적 우위를 점하게 된 이유 중의 하나는 특허의 무효를 직접적으로 판단하지 않으면서도 실정법상의 근거에 기하여 원고의 청구를 배척할 수 있다는 점이다. 민법상의 일반규정에 의하여 특허권남용을 인정하려는 시도는 특허법에서는 실정법상의 근거를 찾을 수 없지만 특허권도 재산권의 일종임에 착안하여 민법 제2조의 권리남용 조항으로 그 법적근거를 설명하고자 하는 것으로 이해된다. 우리 민법은 제2조 제2항의 권리남용금지의 법리는 그 권리 자체에 하자가 없어 그 권리의 행사가 외관상으로는 적법한 것으로 보여도, 실질에 있어서는 권리의 사회성·공공성에 반하여 그 허용한계를 일탈하면 행사에 따른 법적 효과를 부여할 수 없다는 원칙이다.[101]

민법상 권리남용 조항에 기초하여 특허권남용을 도출하는 것은 일반조항의 특성상 매우 포괄적이고 불확정 개념으로 되어 있기 때문에 그 요건을 엄격하게 해석하지 않으면 권리남용 규정이 남용되고 있다는 비판과 함께 일반조항에로의 도피라는 비판을 받게 될 것이다. 민법상 권리남용조항과 같은 일반조항의 적용은 법적용 및 해석의 안정성을 파괴한다는 문제점을 인식하고 있는 대법원은 민법상 권리남용을 토지경계와 관련된 사안이거나 송전탑의 철거와 관련된 사안 등 소유권의 남용 금지를 중심으로 하여 신중하고 제한적으로 인정하여 왔고, 따라서 대법원이 권리남용을 인정한 사례는 매우 드물다.[102] 무효사유가 존재하는

사안으로 보여진다.

101) 민법상 권리남용의 체계적 지위에 대하여 우리 학계에서는 민법상 권리남용을 신의칙의 파생원칙의 하나로 보는 견해로 나뉜다. 견해에 대립에 대하여는 박준서 대표집필, '주석민법 총칙 (1) ― 이정락 집필 부분', 234-244면 참조.

102) 대법원의 태도에 대해서 논문으로는 김기동, "고압송전선의 철거청구와 권리남용," 대법원판례해석 제25호 법원도서관, 1996.11.; 김대환, "경계선 부근의 법정거리 위반건물의 철거청구권," 대법원판례해석 제1호, 법원도서관, 1981.11.; 박성수, 각주 2)의 전게논문, 19면; 허성욱, "권리남용금지 법리에 관한 법경제학적 고찰," 법조 제54권 제12호 및 55권 제1호, 법조협회 2005.12. 및 2006.1.가 있다. 그리고 판례로는 대법원 2004.3.26.선고 2001다72081 판결; 대법원 2004.3.26.선고 2001다72081 판결(권리남용의 파생원칙인 실효의 원칙에 대한 사안) 등 참조. 권리남용을 인정한 사안에서 대법원은 양당사자간의 권리의 형평을 고려하였다는 공통점을 발견할 수 있다. 우리 법원은 단순히 양당사자간의 객관적인 형평만을 고려하지 않고 권리남용이 되기 위해서는 주관적 요건을 요구하고 있다. 권리남용의 주관적 요건은 양당사자가 매매 등을 위한 교섭을 하였고, 이러한 교섭이 제대로 결론을 맺지 못하였다는 사정을 전제로 하여 교섭과정에서의 정황들을 종합하면 상대방을 괴롭히기 위한 목적으로 권리행사를 하고 있는 것으로 인정되는 경우에 충족된 것으로 판단하고 있다.

특허권 행사의 경우에 민법상 권리남용규정을 적용하더라도 이론적 일관성을 유지하도록 그 적용요건을 엄격하게 해석해야 할 것이다.

무효사유가 존재하는 특허권 행사의 경우에 민법상 권리남용론을 적용하는 경우 가장 먼저 지적될 수 있는 문제점은 하자가 존재하는 영역이 서로 다르고 그에 따라 권리남용 적용의 결과가 나타나는 모습이 다르다는 점이다. 민법상 권리남용법리는 권리 자체는 하자 없이 존재하지만 권리의 행사에 주관적·객관적 하자가 존재한다는 이유로 권리의 효과를 부정하는 것이다. 그러나 무효사유가 존재하는 특허권 행사의 경우는 권리 자체에 하자가 존재하는 것으로 권리의 행사방법에 있어서 하자의 유무를 묻지 않고 당해 권리에 포함되어 있는 무효이유의 유무만을 객관적으로 판단하여 권리행사를 제한하는 점에서 민법상의 일반적 권리남용과는 그 법적 성격이 다르다. 따라서 민법상 권리남용의 법리는 권리의 행사방법에 따라 구체적 사건마다 개별적으로 판단을 해야 하는 것인 데 비하여, 무효사유가 존재하는 특허권의 행사를 권리남용이라고 하는 것은 권리자체의 하자를 이유로 당해 특허침해소송에서 특허권자의 행사하는 특허권이 무효로 인정되는 경우에는 권리행사의 의사에 따라 권리의 행사마다 개별적 판단을 하게 되는 것이 아니라 획일적으로 특허권의 무효를 판단하는 것으로 특허권남용항변은 민법상 권리남용법리와 일치하지 않는다.[103] 그러므로 개별구체적인 판단을 하도록 하기 위한 요건으로 일본 最高裁判所가 킬비 판결에서 사용한 것과 같이 명백성(明白性)이라는 개념을 사용하는 방법이 있을 수 있다. 특허권의 무효사유의 존부가 명확한지 여부의 판단은 개별적으로 이루어질 수밖에 없기 때문이다.[104]

그런데 무효사유가 존재하는 특허권의 행사에 민법상 권리남용법리를 적용함에 있어 일반조항의 제한적 적용을 관철하려면 요건을 엄격하게 해석하여야 할 것이다. 그런데 명백성 요건을 엄격하게 해석하게 되면 권리남용의 항변이 인정되는 사례는 매우 제한될 것이다. 특히 만일 특허결정이 행정처분임을 전제로 명백성을 행정법상의 무효 판단의 기준으로서 중대명백설(重大明白說)에서 말하는 명백의 개념으로 볼 경우에는 명백성 요건을 충족하는 경우가 거의 없게 되어 권리남용의 적용이 가능한 사례는 극히 예외적인 경우에 한정되게 된다.[105] 왜냐

103) 이한주, 전게논문, 592면.
104) 상게논문, 592면, 597면.
105) 안원모, 전게논문, 229-230면.

하면 특허는 일단의 심사절차를 거쳐 등록된 것으로 등록 이후에 무효주장이 있다고 하더라도 대부분 사실관계 자료를 정확히 조사하여야 비로소 그 하자 유무가 밝혀질 수 있는 것이므로 행정법상의 명백성 요건을 충족할 정도의 하자가 있는 경우를 찾기는 대단히 어렵기 때문이다.[106] 따라서 명백성 요건을 요구하는 것은 실질적으로 권리남용항변을 인정하지 않는 것과 같이 판단될 수 있다.

(2) 물권방식(Property rule)과 채권방식(Liability rule)[107]

특허권이 토지와 같은 부동산의 경우의 소유권자의 권리남용과 같은 경우와 구별된다. 토지와 같은 부동산이나 동산은 자연적으로 존재하는 물건으로 재산권의 대상이 된다. 반면 특허권은 유형물로 존재하는 것을 대상으로 하는 것도 아니고, 산업정책상의 필요에 의하여 인정된 제도적인 권리이다.[108] 산업정책적인 수요를 충족시키고 특허권의 목적을 달성하기 위하여 권리를 인정하기 위한 요건들로서 신규성, 진보성, 산업상 이용가능성 등의 요건이 구비되어야 할 것을 요구하고 있다.

민법상 권리남용이 적용되는 경우에는 소유자의 권리를 물권방식이 아닌 채권방식으로 보호하자는 견해가 있다.[109] 대법원은 인접지 침범사건[110]에서 권리남용을 인정한 사례가 있지만,[111] 송전탑철거와 관련된 대법원 2003.11.27.선고 2003다40422 판결에서는 피고 한국전력주식회사의 권리남용주장을 배척하고 있다.[112] 이러한 사안의 해결에 있어 채권방식이 더 바람직한 주장이다.

---

106) 하자가 명백하다고 하기 위해서는 그 사실관계오인의 근거가 된 자료가 외형상 상태성을 결여하거나 또는 객관적으로 그 성립이나 내용의 진정을 인정할 수 없는 것임이 명백한 경우라야 할 것이고 사실관계의 자료를 정확히 조사하여야 비로소 그 하자유무가 밝혀질 수 있는 경우라면 이러한 하자는 외관상 명백하다고 할 수는 없을 것이다(대법원 1992.4.28.선고 91누6863 판결).

107) 이 논의는 Guido Calabresi & Douglas Melamed, "Property Rules, Liability Rules, and Inalienability: One View of the Cathedral," 85 Harvard, Law Review, 1089 (1972)에서 연원한다.

108) 특허권에 대해서도 자연권설이 있으나, 오늘날 다수설인 산업정책설이 타당하다고 본다.

109) 허성욱, 전게논문(2006), 210면.

110) 대법원 1993.5.14.선고 93다4366 판결 및 이 사건에 대한 판례평석으로는 최은수, "건물의 철거청구와 권리의 남용," 대법원판례해설 제19-1호, 1993.12. 참조.

111) 대법원은 원고의 이 사건 청구가 권리남용에 해당하는지의 여부를 판단하였어야 할 것이라고 하여 전체적인 사건의 경과를 보면서 권리행사 전후의 경위, 양당사자가 입게 되는 손익을 서로 비교하여야 한다고 기준을 제시하고 있다(대법원 1993.5.14.선고 93다4366 판결).

이러한 논의는 무효사유가 존재하는 특허권의 경우는 적용이 없다. 왜냐하면 특허권자에게 물권방식이건 채권방식이건 어떤 식의 보호도 주워지지 않기 때문이다. 소유권자의 물권적 청구권이 권리남용으로 인정되어 행사될 수 없을 경우에도 손해배상청구권은 허용되는 민법상 권리남용의 경우[113]와 달리 무효사유가 존재하는 특허권의 경우는 금지청구권의 행사는 물론 부당이득의 반환청구나 손해배상의 청구도 부정된다. 왜냐하면 무효사유가 존재하는 특허권의 경우는 권리자체에 하자가 존재하는 경우이므로 보호해야 할 특허권자의 이익 자체가 존재하지 않기 때문이다. 반면 민법상의 권리남용은 권리 자체는 하자가 없으나 권리행사방법에 하자가 있는 것이므로 문제가 되는 권리행사만을 제한할 뿐 다른 적법한 형태로 변환된 권리행사까지 모두 제한할 이유가 없기 때문에 권리의 행사방법을 변경함으로써 권리자를 보호하는 것이 허용되는 것이다.

(3) 특허권남용과 권리남용의사

1) 주관적 요건의 의의

그러나 명백성 요건을 도입한다고 하더라도 개별적인 판단이 가능해진다는 것 일뿐이다. 민법상 권리남용법리를 특허권의 남용에 적용하려고 하는 경우, 특허에 무효사유가 존재하는 것이 명백한 것으로 판정된 특허는 권리의 행사태양을 문제 삼지 않고 일률적으로 그 권리행사가 권리남용이라고 판단할 것인지, 권리행사자의 주관적인 의사를 고려하여야 할 것인지가 문제된다.

대법원은 주관적 요건을 요구하고 있다. 대법원은 민법상 권리남용의 인정을 위해서는 가해의 목적, 부당한 이익을 취하려고 하는 목적 등이 입증되어야 한다고 본다.[114] 예외적으로 상표권의 행사와 관련된 권리남용의 적용에 있어서는 주관적 요소를 요구하지 않는 태도를 취하고 있다.[115] 특허권은 기본적으로 사익을

112) 대법원이 권리남용을 인정하지 않은 사안으로 대법원 2003.11.27.선고 2003다40422 판결; 대법원 2006.11.23.선고 2004다44285 판결 등 다수 있음.

113) 편집대표 곽윤직, 전게 민법주해, 202-207면.

114) 학설상으로는 권리행사의 무제한적 허용이 가져올 수 있는 사회적 · 경제적 관점을 고려하여 권리의 사회적 · 경제적 존재의의 및 목적에의 배반을 초래할 수 있다는 전제에서 주관적 요건을 객관적 요건에 부수하는 부차적 요건으로 보고 반드시 주관적 요건이 충족되지 않은 경우에도 권리남용을 인정할 수 있다는 견해도 있다[곽윤직 편, 민법주해[1], 박영사(1992), 192-193면]. 하지만 이러한 견해는 법원에 의해서 채택되고 있지는 않다.

115) 대법원 2008.7.24.선고 2006다40461(반소 40478) 판결, 대법원 2007.2.22.선고 2005다

보호하는 제도이나, 상표제도는 상표권자의 사익뿐만 아니라 수요자의 이익보호라는 공익적 요소도 강하게 고려되고 있다. 그러므로 이러한 상표제도의 목적에 비추어 보면 특허제도와 상표제도를 동일한 기준에서 판단할 수 없다. 대법원의 태도는 특허소송의 제기에 있어 자신의 특허가 무효사유가 있음을 알고도 상대방을 괴롭힐 목적으로 소송을 제기하여야 한다는 요건을 요구하는 미국 판례와 일치한다.116)

대법원은 권리남용에 주관적 요건을 요구함으로써 사유재산제도와 사적 자치를 강조하여 공공성과 사회성 등을 이유로 한 권리남용의 인정을 거의 하고 있지 않다. 권리남용의 인정과 관련하여 주관적 요건은 제어장치로서 기능하고 있다. 이러한 관점에서 권리는 법에 의하여 권리주체에 주어진 적법한 힘으로써 그 행사의 자유가 보장되어야 하므로 권리남용의 금지는 예외적 · 제한적으로 인정되어야 한다는 점이 강조된다. 주관적 요건의 요구를 통하여 권리남용이 상대방에 대한 가해 등 정당하지 아니한 목적을 달성하기 위한 권리행사의 경우에 한정되어 인정되도록 하여야 한다고 본다. 왜냐하면 주관적 요건을 강하게 요구하면 권리남용이 사회적 이익이나 공익적 이익을 확보하기 위하여 사용되는 것을 억제할 수 있기 때문이다.117)

만일 특허대상이 될 수 없거나, 특허요건의 하자가 있음을 알고도 소송을 제기하는 등의 방법으로 권리를 행사하는 경우는 특허권남용에서의 주관적 요건으로서 권리의 하자에 대한 인식이라는 요건을 만족할 수 있을 것이다. 왜냐하면 특허권자가 특허권으로 등록되기는 하였으나 자신의 특허가 출원상 선행기술 등을 개시하지 않았다거나 하는 것을 이미 인지하여 신규성이 없음을 알고 있었던 경우와 같이 사후적으로 무효가 될 것을 알고 있기 때문에 일단 권리하자에 대한 인식이 존재하기 때문이다. 다만 우리 대법원은 민법상 권리남용이 되기 위해서는 사해의사가 있어야 한다고 보고 있으므로 이러한 인식만으로 권리남용이 인정되기는 어려울 것이다. 민법상 권리남용이 되기 위해서는 단순한 권리하자의 인식 외에 주관적 요건으로 하자가 있음에도 등록된 특허를 이용하여 제3자에게

39099 판결, 대법원 2007.1.25.선고 2005다67223 판결.

116) *Professional Real Estate Investors v. Columbia Pictures Industries Property,* 508 U.S. 49 (1993)은 요건으로 본안에서 승소할 가능성이 없으면서도 상대방을 괴롭힐 의사로 소송을 제기하는 경우를 남용적 소송행위(Sham litigation)라고 본다.

117) 이동형, 전게논문, 29-30면.

특허권을 행사함으로 상대방의 사업을 방해함으로써 상대방에 대한 가해를 하려는 목적이나 부당한 이익을 취하려고 하는 목적이 요구될 것이다.

그런데 무효사유가 있는 특허권의 행사에 권리남용을 적용하는 경우에는 주관적 요소(가해의사, 부당이득의사, 또는 특허에 무효사유가 존재한다는 인식)를 고려함이 없이 당해 특허에 무효사유가 존재하는지 여부만을 가지고 권리남용의 적용을 판단하고자 하는 것이므로,[118] 권리남용 적용에 관한 대법원 판례의 경향과 맞지 않다. 대법원이 권리남용을 적용함에 있어 주관적 요소를 여전히 요구하는 태도를 견지하고 있는 한 주관적 요소를 전혀 고려하지 않고 특허에 무효사유가 있다는 것만으로 권리남용을 적용하고자 하는 것은 이론적 일관성을 유지하기 어렵다. 무효사유가 있는 특허권의 행사와 같은 특정한 권리행사의 경우에만 권리남용 적용에 있어 주관적 요소가 필요치 않다고 해석하는 것은 민법상 권리남용이론과 일관성이 결여된 해석이라고 할 수밖에 없다. 민법상 권리남용이론을 적용함에 있어서는 객관적 요소와 주관적 요소를 함께 고려하여 사회적 목적에의 일탈 정도를 판단하여야 하는데 주관적 요소를 전적으로 배제하는 태도는 권리남용규정의 본질과도 맞지 않다.

2) 주관적 요건의 입증

민법상 권리남용법리에 기초하여 특허권남용을 인정하려면 대법원이 요구하는 민법상 권리남용의 '원고에게는 이득이 없으면서 오직 피고에게 손해만을 주기 위하여 본소 청구에 이른 것'이라는 점을 징표로 하는 주관적 요건을 충족시켜야 한다.[119] 다만 주관적 요건의 충족은 객관적인 사정에 의하여 추단될 수 있다고 봄으로써 그 입증에 있어서는 정황증거에 의한 입증을 허용하고 있다.[120]

---

118) 이한주, 전게논문, 597면; 유대종, "특허무효사유와 특허권남용," 산업재산권 제21호, 한국산업재산권법학회(2006.12.), 49면.

119) 대법원 1980.5.27.선고 80다484 판결. 이러한 취지의 판결로 대법원 1973.8.31.선고 73다91 판결; 대법원 1973.10.23.선고 73다995 · 996판결; 대법원 1983.10.11.선고 83다카335 판결; 대법원 1991.6.11.선고 91다8593 · 8609 판결; 대법원 1992.7.28.선고 92다16911, 16928 판결; 대법원 1997.8.21.선고 95다28625 판결 등.

120) 대법원 2003.11.27.선고 2003다40422 판결 등 및 대법원 1993.5.14.선고 93다4366 판결(권리의 행사가 주관적으로 오직 상대방에게 고통을 주고 손해를 입히려는 데 있을 뿐 이를 행사하는 사람에게는 아무런 이익이 없고 객관적으로 사회질서에 위반된다고 볼 수 있으면 그 권리의 행사는 권리남용으로서 허용되지 아니한다고 할 것이고, 권리의 행사가 상대방에

그러므로 민법상 권리남용 규정에 의해서 특허권남용을 인정하려면 특허권남용을 주장하는 자는 대부분 정황증거에 의해서 원고에게는 이득이 없으면서 오직 피고에게 손해만을 주기 위하여 본소 청구에 이른 것이라는 주관적 요건을 입증하여야 한다. 따라서 주관적 요건인 '권리자의 남용의사'의 입증은 주요사실의 존부를 추단하는 것에 도움이 되는 사실인 간접사실에 의하여 입증되어야 하는 것으로[121] 간접사실의 증명을 위한 증거인 간접증거에 의하여 입증하게 된다.[122]

주관적 요건의 입증과 관련하여 대법원이 상표권사건에서 종래대법원이 부정경쟁행위 금지청구에 대하여 상표권에 기한 항변을 하는 상표권자에 대하여 항변이 상표권 남용이 된다는 이유로 항변을 받아들이지 않았던 태도를 바꾸어 상표권에 기한 금지청구를 기각하면서 상표권의 행사 그 자체가 민법상 권리남용이 될 수 있다는 점을 인정한 것[123]에서 민법 제2조의 권리남용규정에 기한 특허권남용의 인정가능성을 보는 견해가 있다.[124] 하지만 대법원이 상표권의 행사뿐만 아니라 상표권의 출원과 등록경위를 고려하여야 한다는 점은 상표권이 출원단계에서 남용적인 목적으로 출원되는 것을 민법상 권리남용으로 통제하려고 하는 것일 뿐 특허권의 경우에는 출원경위를 고려한다고 하더라도 이러한 출원경위가 문제가 되는 경우는 상표법과 특허법간의 차이로 인하여 이 판례의 존

게 고통이나 손해를 주기 위한 것이라는 주관적 요건은 권리자의 정당한 이익을 결여한 권리행사로 보이는 객관적인 사정에 의하여 추인할 수 있다) 등 여러 판결이 있다. 이러한 대법원의 태도에 대해 학설은 이를 입증의 완화로 보는 견해, 주관적 요건의 완화로 보는 견해, 주관적 요건의 형식화로 보는 견해 등으로 나뉜다. 하지만 위의 판결과 그 이후의 주관적 요건의 입증을 情況證據나 間接事實의 立證을 통하여 추단하는 것은 소송법상 주관적 요건에 대한 입증의 당연한 귀결이며 별로 새로울 것이 없다(이동형, 전게논문, 33-34면).

121) 대법원 1994.11.4.선고 94다37868 판결 등.

122) 이시윤, "신민사소송법 제3판," 박영사(2006), 407면.

123) 대법원 2006.2.24.선고 2004마101 판결. 이 사건에서 대법원은 채무자 사용상표와 동일·유사한 이 사건 등록상표를 출원·등록하는 것은 비록 그것이 부정경쟁방지 및 영업비밀보호에 관한 법률상의 부정경쟁행위에는 해당하지 않는다고 하더라도 신의칙이나 사회질서에 반하는 것으로서, 그러한 상표권의 행사는 채무자에게 손해를 가하거나 고통을 주기 위한 권리의 행사에 해당하고, 채권자도 신청 외 1의 위와 같은 부정한 의도에 공동으로 가담한 것으로 보이므로, 채권자의 채무자에 대한 이 사건 가처분 신청은 사회질서에 반하는 것으로서 상표권을 남용한 권리의 행사로서 허용될 수 없다는 판시를 함으로써 신의칙에 기초한 상표권 남용을 인정하였다. 이 사건에 대한 판례평석으로는 최성준, "상표법 제7조 제1항 제4호의 적용범위," Law & Technology 제2권 제2호, 서울대학교 기술과 법센터, 94-96면 참조.

124) 박성수, 각주 2) 전게논문, 20, 23면.

재로 특허법에서도 같은 취지의 판시가 가능할 것이라고 보는 것은 쉽지 않다고 본다. 위의 견해는 신탁법 제7조상의 소송 목적 신탁금지 규정에 비추어 특허양수인의 특허양수행위[125]가 큰 수익을 얻을 목적으로 이루어지는 경우에는 위 대법원 판시의 상표권 출원의도가 같다고 볼 수 있으므로 이러한 경우에는 특허권남용을 인정할 수 있다고 보고 있다.[126] 그러나 이 신탁법 제7조는 자신이 스스로 소송을 하거나 소송대리인을 선임하여 소송을 하는 것이 아니라 제3자로 하여금 소송을 신탁 받아서 수행함으로써 변호사대리의 원칙을 잠탈할 우려를 염두에 두고 만들어진 규정으로 신탁법 제7조와 관련된 논점은 신탁이 아니라 실제로 특허권을 양도받은 자의 경우라면 이 문제와 관련된 문제는 없을 것이므로 진정매매(true sale) 또는 양도(true assignment)인지 여부에 있지 궁극적으로 수익을 얻을 목적이 있었는지는 문제가 되지 않는다고 본다. 다만 실무상 특허양수인은 특허권자와의 관계는 여러 경우의 수가 있을 수 있으므로 구체적인 사실관계에 따라서는 초기 특허권자가 직접 소송을 수행하다가 실제 특허소송이 가처분사건, 본안 침해사건과 특허심판원에서부터 시작되는 무효심판 등의 다기한 방식으로 병렬적 또는 순차적으로 이루어지다 보니 소송비용을 감당하지 못하거나 생업에 곤란을 겪는 경우 특허를 양수할 필요는 있지만 특허권자로서는 여전히 당해 특허의 가치를 높게 평가하여 완전히 넘기고 싶어 하지 않는 이중적인 상황에 처하게 되자, 변호사와의 성공보수 약정을 통해 이 문제에 대응하는 대신 전문적으로 특허를 양수받아 특허라이선스 협상이나 소송을 통해 수익을 얻는 것을 모델로 하는 회사에 신탁적으로 넘겨서 소송을 수행하도록 하고, 소송승소 후 수익배분, 재양도약정 등의 계약적인 장치를 통해 자신의 부담 없이 소송을 수행하고, 이득을 공유하려고 신탁적으로 특허를 양도한 경우가 있을 수 있다. 이런 정황 및 내부적인 약정을 종합하여 신탁적 양도를 입증할 수 있을 것이다.[127] 그러나

125) 대법원은 위 신탁법 제7조를 신탁뿐만 아니라 소송을 주목적으로 하는 어떤 형태의 권리양도에도 적용하여 적용범위를 확장하고 있다. 대법원은 소송행위를 하게 하는 것을 주목적으로 채권양도 등이 이루어진 경우 그 채권양도가 신탁법상의 신탁에 해당하지 않는다고 하여도 신탁법 제7조가 유추적용되므로 무효라고 할 것이고, 소송행위를 하게 하는 것이 주목적인지의 여부는 채권양도계약이 체결된 경위와 방식, 양도계약이 이루어진 후 제소에 이르기까지의 시간적 간격, 양도인과 양수인간의 신분관계 등 제반상황에 비추어 판단하여야 할 것이다(대법원 2002.12.6.선고 2000다4210 판결).

126) 박성수, 각주 2) 전게논문, 21, 22면.

127) 최승재, “특허괴물, IT 파이낸스와 수익화,” 법률신문 2008.8.7.자.

그렇다고 신탁적 양도의 입증이 바로 민법 제2조의 권리남용이 되기 위한 주관적 요건으로 상대방에 대한 가해의 목적, 부당한 이익을 취하려고 하는 목적으로 볼 수 있는 것은 아니다.

(4) 소 결 론

권리의 내용에 하자가 있는 특허권의 행사에 민법상 권리남용 규정을 적용하는 것은 일반조항의 제한적 적용이라는 한계 때문에 그 적용에 신중을 기하여야 한다. 법률의 여백에 대한 법관의 틈 메우기가 불가피한 것이라고 하여도 그것은 예외적으로 허용되어야 한다. 따라서 만일 다른 효과적인 방법이 있다면 민법상 일반조항을 적용하는 것은 후퇴하는 것이 타당하다. 또 무효사유가 존재하는 특허권 행사의 경우는 민법상 권리남용이 적용되는 경우와 비교하여 그 하자가 존재하는 영역이 권리 자체에 있다는 점에서 서로 다르고, 그로 인하여 권리행사의 모습 여하에 불구하고 획일적·일률적으로 동일한 결론에 이르게 되어 구체적 사건마다 개별적 판단을 행하는 민법상 권리남용이론과 다르다. 특히 무효사유가 있는 특허권의 행사의 경우에는 민법상 권리남용규정의 적용은 여러 가지 점에서 타당하지 않다. 민법상 권리남용의 경우는 금지청구가 부정되더라도 부당이득반환청구나 손해배상청구가 가능하게 되는데, 무효사유 있는 특허권 행사의 경우는 모든 권리행사가 원천적으로 부정된다는 점에서 구제방법의 변경가능성 여부에 있어 서로 다르다. 나아가 무효사유가 존재하는 특허권 행사의 경우는 주관적 요소를 문제로 삼지 않는 것이나 우리 대법원은 권리남용의 적용에 있어 여전히 주관적 요소를 요구하고 있어서 민법상 권리남용론과 이론적 일관성을 유지하기 어렵다.

결국 이런 문제점들을 종합하여 보면 특허권 행사의 경우에 민법상의 권리남용이론을 적용하는 것은 타당하다고 보기 어렵다.

3. 공정거래법에 의한 규율

(1) 특허권 행사에 대한 공정거래법 적용제외의 문제

1) 현행법상 규정

특허권남용법리의 적용과 관련하여 3번째로 검토할 대안이 경쟁법에 의한 방법이다. 이 방법을 논함에 있어 가장 먼저 검토되어야 할 부분이 공정거래법 적용제외와 관련된 논의이다. 특허권남용법리는 특허침해소송에 대한 항변이나, 반소청구원인으로 주장이 될 것인데, 이 때 우리법의 경우 소송상 예견되는 재항변이 바로 적용면제의 항변이 될 것이기 때문이다.

공정거래법은 헌법 제119조의 경제조항에 기초하여 경제질서의 기본법으로 모든 행위에 대하여 적용되는 것이 원칙이나, 법령에 따른 정당한 행위(제58조), 무체재산권의 행사행위(제59조), 일정한 조합행위(제60조) 등에 대하여 일정한 조건하에 공정거래법의 적용을 제외하고 있다. 법 일반에 있어서 예외규정의 해석을 어느 정도 너그럽게 하는가에 따라 당해 법규 고유의 입법목적 달성 정도가 달라지듯이 적용제외의 문제는 공정거래법의 실효성을 보장하기 위하여 매우 중요한 의미를 갖는다.[128] 적용제외에 대한 이론적 근거에 대하여는 여러 가지가 있다.[129]

이중 지적재산권과 관련된 공정거래법 제59조는 지적재산권을 보호·장려하기 위한 국가정책을 위하여 적용제외 규정을 둔 경우로 이해할 수 있을 것이다. 공정거래법 제59조는 "이 법의 규정은 「저작권법」, 「특허법」, 「실용신안법」, 「디자인보호법」 또는 「상표법」에 의한 권리의 정당한 행사라고 인정되는 행위에 대하여는 적용하지 아니한다"고 규정하고 있는바, 법 제59조의 정당성 판단이 결국 미국에서 논의되는 특허권남용인지 여부를 판단함에 있어 경쟁법이 들어올 수 있는 근거가 된다고 본다. 왜냐하면 우리 법은 위 법문상 특허법에 의한 권리행사라도 정당성 여부에 따라 적용 여부를 달리한다고 규정하고 있는바, 위 규정에 의할 때 경쟁법은 문언상 특허권자의 권리행사가 정당한지 여부를 판단하는 기준이 될 수 있기 때문이다. 2007년 개정 전 공정거래법 제59조의 지적재산권에

---

128) 김성태, "공정거래법의 적용제외," 공정거래법강의, 법문사, 1996.11., 386면; 특정한 금지행위의 유형에 대해서만 법적용이 제외되는 경우, 예컨대, 출자총액제한 금지규정의 적용을 제외하는 공정거래법 제10조 제7항, 재판매가격유지행위 금지규정의 적용을 제외하는 공정거래법 제29조 제2항 은 예외조항이고, 공정거래법 제58조~제60조의 규정은 적용제외 조항이라고 양자를 구별하고, 후자의 경우는 특정 금지행위 유형에 한정되지 않고 공정거래법상의 모든 위반행위 유형에 관하여 법 적용이 제외되고, 적용제외 사유들에게 해당하는 시안은 사건절차규칙 제12조, 제46조에 따라 심사불개시 또는 심의절차 종료를 하여야 한다는 점이 다르다는 견해가 있다[임영철, 공정거래법, 법문사(2007), 539면].

129) 김두진, "독점규제법의 적용제외 영역," 상사법연구 제21권 제4호(2003), 348-354면, 권오승, "독점규제법의 적용제외," 법경제연구(Ⅱ) (1995.6.), 110-115면.

대한 적용배제조항의 문언에 정당한 행사라는 문언이 없어서 일반적 배제설과 개별적 배제설의 견해의 대립이 있었으나 2007년 개정[130]으로 이러한 견해의 대립은 정당한 행사일 경우만 배제된다는 개별적 배제설로 정리가 되었다.

2) '정당한 행사'의 의미

공정거래법 제59조는 정당한 권리행사라고 규정하고 있는바, 제59조의 '정당한 행사'의 의미와 관련해서는 견해나 판례가 없으므로 제58조의 해석론[131]을 참고할 수 있다. 공정거래법 제58조는 "사업자 또는 사업자단체가 다른 법률 또는 그 법률에 의한 명령에 따라 행하는 정당한 행위에 대하여는 동법을 적용하지 않는다"고 규정하고 있다. 공정거래법과 대등한 효력을 가지는 다른 법률에서 공정거래법 적용을 전부 또는 일부 유보하거나, 공정거래법과 충돌되는 규정을 두는 경우 그 해석을 통하여 공정거래법의 적용을 제외하는 것이다. 만일 특허법의 경우에도 제59조가 없다면 이 제58조에 의하여 적용제외를 검토하여 볼 수 있을

130) 2007.8.3.자 개정 '독점규제 및 공정거래에 관한 법률'

131) 이 부분은 다수의 선행 연구가 이루어진 부분이다. 그러므로 이 부분에 대하여는 기존의 선행연구를 압축하여 설명하고, 그 내용에 대한 검토를 주로하기로 하겠다[이봉의, "보험업과 카르텔에 관한 고찰," 한국경쟁법학회 2008.11.7. 국제심포지엄 자료집(2008); 홍명수, "보험산업에 대한 규제의 조화 ― 금융위원회와 공정거래위원회의 관계를 중심으로 ―," 한국경쟁법학회 2008.11.7. 국제심포지엄 자료집(2008); 이황, "보험산업에 대한 공정거래법 적용의 범위와 한계 ― 대법원 2004두8323 판결을 중심으로 ―," 한국경쟁법학회 2008.11.7. 국제심포지엄 자료집(2008); Joseph Bauer, "The McCarran-Ferguson Exemption from the Antitrust Laws for the Business of Insurance: History, Scope and the State Action Doctrine," 한국경쟁법학회 2008.11.7. 국제심포지엄 자료집(2008); Susan Beth Farmer, "Modern Legal and Legislative Developments in Antitrust Law and the Business of Insurance," 한국경쟁법학회 2008.11.7. 국제심포지엄 자료집(2008); 권오승, "독점규제법상의 적용제외," 법경제연구 Ⅱ(1995.6.); 김두진, "독점규제법의 적용제외 영역," 상사법연구 제21권 제4호(2003); 김두진, "독점규제법 적용제외법률 입법심사," 법제, 554호(2004.2.); 김선정, "미국 연방 반독점법의 적용제외 ― 맥카렌 · 퍼거스법하의 보험사업 면제 ―" 개발논총 제3집, 동국대(1994); 김성태, "공정거래법의 적용제외" 공정거래법강의, 법문사(1996); 박영수, "공정거래법상 사업자단체의 규제에 관한 고찰," 기업법연구 제18권 제2호(2004.12.); 박정구, "중소기업공동사업에 대한 공정거래법의 적용," 기업법연구 제21권 제2호(2007); 이문지, "미국이 경제규제와 반트러스트법의 적용제외 ― 통신산업을 중심으로 ―," 상사법연구 제20권 제1호(2001); 이봉의, "독점규제법상의 적용제외," 경쟁법 연구 제3권(1991); 정호열, "보험사업에 대한 독점금지법의 적용면제- 미국의 경우," 송연 양승규 교수 회갑기념논문집 ― 현대 상법의 과제와 전망 ―, 삼지원(1994)].

것이다. 이하에서는 제58조의 해석과 관련된 견해의 대립과 판례를 살펴봄으로써 제59조의 해석과 관련하여 해석의 방향을 살펴보기로 한다.

가. 견해의 대립

여기에서 법령에 근거한 정당한 행위의 의미가 무엇인지에 대하여 여러 가지 견해들이 있다.[132] 먼저 국가나 공공단체가 경영하는 산업 등과 같이 공공성이나 또는 자연독점 성격으로 인하여 경쟁원리를 적용하기 부적당하거나 행정관청의 인·허가나 신고를 통하여 행정관청의 엄격한 감독을 받고 있어 불공정거래의 우려가 적은 경우를 의미한다는 견해,[133] 다른 법령에 근거가 있는 행위 모두를 의미하는 것이 아니라 그중에서 경쟁을 제한해야 할 합리적인 이유가 있는 경우만을 의미한다는 견해,[134] 자유경쟁에 대한 예외를 구체적으로 인정하고 있는 법령의 범위 안에서 행한 필요 최소한의 행위로써 그 행위의 '정당성'에 대한 기준을 공정거래법이 아닌 개별 법령 자체의 목적이나 이념에서 찾아야 한다는 견해,[135] 그리고 다른 법령에서 명하거나 허용하고 있는 행위라고 모두 정당한 행위는 아니며 적법성의 문제와 분리하여 행위의 정당성은 공정거래법의 입장에서 밝혀져야 한다는 견해[136]가 대립한다.

나. 대법원 및 공정거래위원회의 태도

대법원은 '자유경쟁의 예외를 구체적으로 인정하고 있는 법률 또는 그 법률에 의한 명령의 범위 내에서 행하는 필요 최소한의 행위'라는 엄격한 기준을 적용하고 있어 이 기준에 따르면 제58조에 의한 공정거래법의 적용이 배제되는 것은 어렵다.[137] 대법원은 치과의사회가 치과기공사회와 치과기공물의 가격에 관한

132) 1980년 공정거래법 제정 당시 적용제외 법률을 특별법으로 지정하도록 규정하였는데(구법 제47조 제2항) 특별법을 제정하지 않고 있다가 1986년 개정시 동 조항을 삭제하여, 현행법상으로 여기서 말하는 법령이 구체적으로 어떠한 법령을 의미하는지가 분명하지 않아 결국 해석론에 맡기고 있다(권오승, 전게서, 150, 151면).

133) 이기수, 경제법, 세창출판사(2000), 73-74면.

134) 권오승, 경제법 (제6판) (2008) 131-135면; 권오승 전게논문, 140면.

135) 이문지, 전게논문, 719면; 김두진, 전게논문, 363면, 임영철, 전게서, 540면.

136) 이봉의, "독점규제법상의 적용제외," 경쟁법연구 제3권(1991), 92면.

137) 대법원 1997.5.16.선고 96누150 판결; 대법원 2005.8.19.선고 2003두9251 판결; 대법원 2006.6.2.선고 2004두558 판결 등["공정거래법 제58조에서 말하는 법률은 당해 사업의 특수

가이드라인을 정한 행위에 대하여, 의료기사 등에 관한 법률 제3조, 제22조, 그 시행령 제2조, 제13조 등은 의료기사 등의 업무범위와 한계, 품위를 손상시키는 행위 등에 대한 자격정지에 관한 규정일 뿐 자유경쟁의 예외를 구체적으로 인정하고 있는 법률이라고 볼 수 없다고 판시하였다.[138] 공정거래위원회도 대법원의 판례와 같이 제58조를 엄격하게 해석하고 있다. 공정거래위원회는 당해 법률이나 그 법률에 의한 명령에 경쟁제한에 관한 구체적인 명문의 규정이 있고 정당한 행위라 함은 "당해 행위가 법률 또는 법률에 의한 명령의 범위를 현저히 일탈하거나 남용하지 않는 한도 내에서 필요 최소한의 구체적 행위"를 말하고, "근거규정이 포괄적이고 애매한 경우에는 해당 조항의 입법취지를 감안하여 당해 행위가 그 취지에 부합되는 필수불가결한 행위인 것을 말한다"고 하면서, 19개 선사의 협의체인 한국근해수송협의회가 산하에 공동배선협의회를 설치하고 운송주선업체들이 집하한 정기선 화물에 대하여 위 협의회를 통해서만 선적을 의뢰하도록 합의한 행위에 대하여, 근거법인 해운법 제29조는 선사 상호간의 각 항로에 따른 적취가능물량한도 등에 관한 공동행위를 허용한다는 취지이지 거래상대방을 부당하게 차별하는 경우까지 허용한다는 취지로 볼 수 없으므로 해운법에 따른 정당한 행위라고 할 수 없다는 취지로 의결한 바 있다.[139]

다. 검 토

미국의 경우 법에 명문으로 독점금지법의 적용을 배제하는 규정을 두고 있거나 아니면 판례상 독점금지법의 적용을 배제하는 경우가 있다.[140] 육상운송,[141]

성으로 경쟁제한이 합리적이라고 인정되는 사업 또는 인가제 등에 의하여 사업자의 독점적 지위가 보장되는 반면 공공성의 관점에서 고도의 공적 규제가 필요한 사업 등에 있어서 자유경쟁의 예외를 구체적으로 인정하고 있는 법률 또는 그 법률에 의한 명령의 범위 내에서 행하는 필요 최소한의 행위"]; 대법원 2006.6.2.선고 2004두558 판결(정부투자기관관리기본법 제20조 사건)[한국건설관리공사가 정부투자기관회계규칙에 따라 주무장관인 건설교통부장관의 승인을 받아 책임감리용역을 발주한 행위에 대하여 공정거래법 제58조의 법령에 따른 정당한 행위라고 판단한 원심(서울고등법원 2003.12.9.선고 2001누16080 판결)을 깨고, 위 규칙의 근거법인 정부투자기관관리기본법 제20조는 투자기관의 회계 원칙, 계약체결과 입찰참가자격 제한 등에 관한 것일 뿐 자유경쟁의 예외를 구체적으로 인정하고 있는 법률이 아니라고 판시하였음].

138) 대법원 2005.8.19.선고 2003두9251 판결(치과기공사 사건).

139) 공정거래위원회 1997.2.18. 의결 9609공동1253(한국근해수송협의회「경쟁제한행위 및 차별적 취급 강요행위」에 대한 건).

항공산업,[142] 보험산업[143] 등이 법률의 규정에 의하여 독점금지법의 적용이 배제되는 예이다. 다만 미국의 경우 보험산업에서 McCarran-Ferguson법이 부여하고 있는 경쟁법 適用免除에 대하여 폐지주장이 있고,[144] 운송산업의 경우에도 입법론적인 관점에서 폐지 여부에 대한 논란이 있다.[145]

우리의 경우에도 법령에 의하여 명확하게 그 적용을 배제하고 있는 경우가 아닌 한 대법원의 판례와 같이 공정거래법의 적용면제는 제한적으로 이루어져야 한다. 아울러 행위의 '정당성'에 대한 의미나 판단기준에 대하여는 규제산업법과 공정거래법이 모두 문제가 될 때 공정거래위원회는 공정거래법의 관점에서 '정당성'의 판단을 할 수밖에 없다고 본다. 만일 이를 규제산업법의 관점에서만 보아야 한다면 공정거래법 및 이를 집행하는 공정거래위원회의 존재의의를 몰각하는 것이 될 것이기 때문이다. 산업규제 당국에서는 규제산업법의 관점에서 보고, 경쟁당국은 경쟁법의 관점에서 양 법의 입법취지를 모두 고려하여 행위의 정당성을 판단할 것이지만 공정거래법 상의 행위의 정당성의 판단은 결국 공정거래위

---

140) *Verizon v. Law Office of Curtis V. Trinko,* 540 U.S. 398 (2004)을 판례가 통신산업에서의 독점금지법 적용을 배제한 예로 드는 견해가 있으나 필수설비이론의 적용을 배제한 것일뿐 일반적인 독점금지법의 적용을 배제한 판례라고 소개하기는 어렵다고 본다[이원우, "규제개혁과 규제완화: 올바른 규제정책 실현을 위한 법정책의 모색," 저스티스 통권 제106호(2008.9.)].

141) 육상운송의 경우 STB(Surface Transportaion Board)는 배타적인 M&A 심사권 보유(49 U.S.C. §11321-11324). STB는 철동운송 분야에서 시장지배적 사업자의 선정 및 시장지배적 사업자의 선정에 대한 요금 규제도 담당함(49 U.S.C. §10707) STB에 의하여 승인된 요금 협정은 Sherman법, 클레이튼법 및 FTC법의 적용이 면제됨(49 U.S.C. §10706).

142) Department of Transportation에서 담당. 항공운송사업자간의 협정은 경쟁법 적용을 면제하고 있다. DOT는 국적항공사와 외국항공사의 제휴에 대한 승인권한이 있으며(49 U.S.C. §41308) 항공사의 불공정거래관행에 대한 심사도 담당(49 U.S.C. §41712). 다만 M&A 심사는 DOJ가 1988년 이후 하고 있음.

143) 보험분야의 경우에는 McCarran-Ferguson Act(15 U.S.C. §1011-15)에 따라 연방독점규제법의 적용이 면제됨. 이에 관한 상세는 김선정, "미국 연방반독점법의 적용제외 —맥카렌·퍼거슨법하의 보험사업면제—," 개발논총 제3집, 동국대학교(1994) 참조.

144) Joseph Bauer, "The McCarran-Ferguson Exemption from the Antitrust Laws for the Business of Insurance: History, Scope and the State Action Doctrine," 한국경쟁법학회 2008.11.7. 국제심포지엄 자료집(2008); Susan Beth Farmer, "Modern Legal and Legislative Developments in Antitrust Law and the Business of Insurance," 한국경쟁법학회 2008.11.7. 국제심포지엄 자료집(2008).

145) Eric EMCH, "Competition Enforcement versus Sector Regulation: An International Perspective," 한국경쟁법학회 2008.11.7. 국제심포지엄 자료집(2008) 참조.

원회의 몫이라고 할 것이다.[146] 다만 경쟁당국 및 사법부는 수범자의 관점을 고려하여 행위의 전체적인 정황을 종합적으로 고려하여 정당성 여부를 판단하여야 한다.[147] 이러한 정당성의 인정은 대법원의 판례나 공정거래위원회의 심결례를 보아도 공정거래법상 적용배제규정의 적용은 매우 제한적으로 인정하는 것이 타당하다.

특히 지적재산권의 정당한 행사의 문제는 결국 특허권남용법리의 동전의 양면이 될 것이므로, 미국의 특허권남용법리는 우리 특허법과의 정합성이 인정되는 범위에서 공정거래법 제59조를 통하여 우리 법에서도 그대로 적용될 수 있을 것이라고 생각한다. 따라서 경쟁법을 위반한 특허권자의 권리행사는 특허권의 남용으로 판단될 것이고, 이 경우에는 특허권자의 특허침해소송이 법원에 의하여 받아들여지지 않을 것이므로, 결국 실질적으로 특허권은 유효하게 살아있지만, 그 권리행사가 제약되는 미국에서의 특허권남용의 효과와 같은 법리 전개가 가능하게 되는 것이다.

(2) 특허권남용이론과 경쟁법

우리 공정거래법의해석상 동법이 특허권자의 남용적 행사에 대하여도 적용된다는 점은 정리하였다. 하지만 우리 법에 미국에서의 논의를 그대로 대입하는

---

146) 통신산업에서의 규제권한의 배분과 관련하여 논쟁이 지속적으로 이루어지고 있다. 이 논의는 소위 전문규제기관과 일반규제기관 간의 권한배분 논의로 진행되고 있다. 관련된 문헌으로는 신영수, "통신시장의 규제정책과 경쟁정책 －통신시장의 경쟁촉진을 위한 규제기관의 권한 조정－," 한국경쟁법학회 정기학술대회 자료집(2004.5.); 이명호 외, "정보통신산업의 공정경쟁과 규제정책," 서울대학교 출판부(1999); 이원우, "규제개혁과 규제완화: 올바른 규제정책 실현을 위한 법정책의 모색," 저스티스 통권 제106호(2008.9.); 이원우, "우리나라 통신시장에 있어서 전문통신규제기관과 일반경쟁규제기관의 권한중복 및 개선방안," 이원우 편, "정보통신법 연구 I －통신시장에 있어서 전문규제기관과 일반경쟁규제기관의 관계－," 2008.5.; 이원우, 경제규제와 공익, 법학 제47권 제3호 2006.9.; 이원우, "통신시장에 대한 규제법리의 특징과 행정지도에 의한 통신사업자간 요금관련 합의의 경쟁법 적용제외," 행정법연구 제13호, 2005.5.; 이원우, "통신시장규제에 있어서 전문통신규제기관과 일반경쟁규제기관의 관계," 행정법연구 제14호, 2005.10.; 이봉의, "통신시장에서의 금지행위 규제의 문제점과 개선방안," 경제규제와 법, 2008.5. 참조.

147) 보험회사들의 보험요율 담합사건의 경우에도 행정지도가 개입된 공동행위 사건에서 공동행위 추정을 복멸하는 방법으로 구체적 타당성을 달성하려고 하였던 것도 기존의 판례에 의하면 제58조를 적용하여 정당한 행위로 판단하는 것이 사실상 불가능하였기 때문일 것이다. 관련하여 '최승재, "게임이론을 통한 부당한 행정지도의 권력성과 부당한 공동행위 추정의 복멸; 권력적 사실행위 도그마에 대한 비판적 고찰," 경쟁법연구 2005.8.' 참조.

것은 여러 가지 고려할 점이 있다. 법체계는 전체적으로 조망하여 정합성을 갖추도록 하여야지 어느 한 부분만을 따오게 되면 전체적인 정합성을 붕괴시키기 때문이다. 경쟁법과 특허법의 시스템에서부터 법의 실무적인 집행에 대한 기본적인 인식까지 우리 법과 미국 법은 상당한 차이를 염두에 두고 적용이 가능한 범위를 검토하여 본다.

1) 미국에서 특허권남용에 대한 경쟁법 적용 연혁

가. Alcoa 판결과 Grinnell 판결과 장점에 의한 경쟁

미국에서 경쟁법의 지적재산권에의 적용에 있어서 그 논의의 바탕이 되는 판결이 Alcoa 판결[148]과 미국 연방대법원의 Grinnell 판결이다. Alcoa 판결에서 연방제2항소법원은 우수한 제품이나 경쟁상의 탁월함에 의한 경쟁우위는 결코 비난받아서는 안 된다고 하였다. Lerned Hand판사의 이러한 견해는 그 뒤 Grinnell 판결[149]을 통하여 연방대법원의판례로 받아들여졌다. 연방대법원은 Grinnell 사건에서 Sherman법 제2조가 적용되기 위해서는 사업자는 관련 시장에서 독점력을 가지고 있어야 하고, 이러한 독점력은 우수한 제품과 탁월한 경영능력, 또는 역사적인 사건에 의하여 이루어진 결과에 의한 것이 아니어야 한다는 2가지 요건이 구비되어야 한다고 하였다.[150]

이러한 전제하에서 미국에서는 소위 장점에 의한 경쟁(competition on the merit)은 독점규제법의 적용대상이 아니라고 보는 것을 전제하고 있다. 그리고 이러한 장점에 의한 경쟁의 가장 대표적인 수단이 바로 특허권과 같은 지적재산권에 의하여 달성된 우위라고 할 것이다. 그러므로 특허권을 바탕으로 하여 기술경쟁 또는 표준경쟁을 통하여 표준의 지위에 이르게 된 자에 대한 특허권남용을 제한하는 것은 신중히 하여야 한다고 본다.

이러한 관점에서 미국에서의 특허권의 보호에 대한 믿음은 거의 절대적이었

---

148) *United States v. Aluminum Co. of Am. (Alcoa)*, 148 F.2d 416 (2rd Cir. 1945).

149) *United States v. Grinnell Corp.* 384 U.S. 563 (1966).

150) "The offence of monopoly under s.2 of the Sherman Act has two elements: (i) the possession of monopoly power in the relevant market and (ii) the willful acquisition or maintenance of that power as distinguished from growth or development as a consequence of a superior product, business acumen, or historic accidents."[*U.S. v. Grinnell Corp.*, 384 U.S. 578, 571-2, 86 S.Ct. 1698 (1966)].

다고 할 수 있다. 자동적 가처분[151]과 관련된 연방항소법원의 태도의 연원으로 이해될 수 있는 Continental Paper Bag 사건[152]에서 원고(Eastern Paper Bag)는 피고(Continental Paper Bag)가 자신들의 특허를 침해하였다고 주장하였다. 이에 피고는 자신들은 원고의 특허를 실시한 사실이 없다는 특허불실시항변[153]을 하였다. 그러나 법원은 피고의 특허불실시항변을 배척하고 원고의 주장을 받아들여 가처분을 인용하였다. 연방대법원은 일단 특허로 유효하게 출원된 이상 자신이 생산을 하는지 여부의 특허권의 본질적인 내용인 배제권(right to exclude)의 인정여부에 영향을 주지 않는다고 판시하였다.[154] 이 사건의 판시를 통해서 미국 연방대법원의 기본적인 인식은 특허권자의 권리행사에 대한 절대적인 보호임을 알 수 있다. 상대적이긴 하지만 사회적 필요나 공익상의 요구를 앞세워 지적재산권을 제한하는 것에 대하여 부정적인 시각을 가지고 있음을 알 수 있다.

나. 미국 법원은 이러한 필수설비이론은 독점사업자에 의한 필수설비의 제공거절 사안에서 사실상 당연위법에 가까운 취급을 가능하게 하고 정당화사유의 존재에 대한 입증책임을 행위자에게 전가하는 모습으로 적용되면서, 거래거절의 상대방이 시장에서의 경쟁자 또는 잠재적 경쟁자여야 한다고 판시하였다.[155] 미

151) 이에 대해서는 최승재, "특허법상 가처분에 관한 연구," 지식과 권리, 가을호(2008.10.) 참조.

152) *Continental Paper Bag Co. v. Eastern Paper Bag Co.,* 210 U.S. 405 (1908).

153) 이 사건의 원고는 종이가방에 대한 제조 특허를 보유하고 있었지만 스스로는 제조를 하고 있지 않은 상황이었다. 피고는 衡平法의 관점에서 볼 때 원고 스스로는 아무런 제조를 하고 있지 않은 상황에서 법원이 만일 가처분을 하여 제조를 금지한다면 이는 유용한 제품의 생산과 판매를 막는 것으로 衡平法의 원리에 부합하지 않는다고 주장하였다.

154) 이 사건에 대한 추가적인 설명은 신승남, "eBay 판결 이후 한국 IT 기업들의 미국 시장에서의 특허권 위험관리 전략에 대한 시사점," 비교사법 제14권 제2호(통권 37호)(2006) 참조.

155) *Ferguson v. Greater Pocatello Chamber of Commerce, Inc.*, 848 F.2d 976,983 (9th Cir. 1988) (essential facilities doctrine applies to refusals to deal with competitors); *Interface Group, Inc. v. Mass. Port Auth.*, 816 F.2d 9, 12 (1st Cir. 1987) (doctrine applies when access denied to actual or potential competitors); *America Online, Inc. v. GreatDeals.net*, 49 F. Supp. 2d 851, 862 (E.D. Va. 1999) (doctrine requires that plaintiff and defendant are competitors); *Kramer v. Pollock-Kranser Found.*, 890 F.Supp. 250, 257 (S.D.N.Y. 1995) ("the plaintiff must be a competitor of the defendant monopolist whose facility it seeks to employ"); *Driscoll v. City of New York*, 650 F.Supp. 1522, 1529 (S.D.N.Y. 1987); *cf. Ad-Vantage Tel. Directory Consultants, Inc. v. GTE Directories Corp.*, 849 F.2d 1336, 1348 (11th Cir. 1987).

국의 경우 법률에 명문으로 배제하는 규정이 있거나 판례로 확립된 경우가 아니면 경쟁법의 적용이 배제될 이유가 없으므로 지적재산권이라고 하여 필수설비이론을 적용하지 못할 이유는 없다. 지적재산권에 필수설비 이론이 적용된다고 한다면 그 가능성이 가장 큰 부분은 거래거절이다. 표준화기구에 의한 경우 공동연구개발이 병행되는 경우 그 결과물이 되는 특허권의 라이선스와 관련하여 공동의 거래거절 형태로 거래거절이 이루어질 수도 있다. 이 경우 필수설비이론은 특허권남용항변에 녹아들어가 라이선스 거절과 관련된 판단기준으로 사용된다. 다만 라이선스 거절에 대해서는 제4장에서 별도로 서술한다.

결국 이러한 특허권자의 보호와 시장경쟁의 보호를 위하여 특허법과 경쟁법의 각자의 역할을 충실히 하면서 협력하여야 한다. 경쟁법에서 발전된 법리들과 이론들이 특허권남용 여부에 대한 주요한 판단기준이 되어 왔다. 역사적으로 초기 특허권남용여부의 판단에 경쟁법에서 발전된 끼워팔기(tying) 법리가 적용되었고, 그 결과 당연위법적인 시각이 특허권남용 여부에 대한 판단에 투영되었다.

㈎ 특허청구범위 해석(Claim Construction) 또는 특허효력기간의 문제로 해결

지적재산권이 부여한 독점기간을 넘어서 시장에서 독점력을 유지하려고 하는 경우에는 특허법상 법리로 특허청구범위 해석의 문제나 특허효력기간에 의한 통제가 가능할 것이다. Motion Picture 사건에서 미국연방대법원이 취한 태도로 특허가 있다는 것과 특허권자가 시장지배력이 있다는 것은 분명히 구별되므로 특허가 있지만, 그 특허가 속한 시장에서 주도적인 기술로 채택되지 못하는 경우에는 시장지배력을 가질 수 없는 경우에도 이 이론에 의하여 문제를 해결하는 경우에는 특허법은 남용에 시장지배력이나 경쟁제한성 등을 요구하지 않으므로 입증면에서 특허권남용을 주장하는 측이 유리할 수 있다.

다만 이와 같은 사안에 대하여 미국 법원에서 위법이 아니라고 본 판례도 있다. Brulotte 사건에서 12건의 특허가 계쟁대상기계에 화체되었고, 이중 7건의 특허는 라이선스 기간 중에 만료되었다. 기계사용자는 특허권이 만료된 부분에 대해서까지 로열티를 지급하는 것을 거절하면서 특허권남용을 이유로 하여 소송을 제기하였다. 이 사건을 맡게 된 워싱턴주 대법원은 특허권자가 법정 기간을 넘어서 로열티를 받는 것은 위법하지 않으며, 전체적으로 받아야할 로열티 총액의 관점에서는 합리적이라고 보이며 오히려 기간을 늘려줌으로써 효율적이라고

판단하였다. 그 이유로 법정기간을 넘어서는 라이선스를 받는 측에서는 오히려 긴 기간으로 라이선스 기간을 정함으로써 더 적은 로열티를 낼 수 있을 것이므로 특허의 존재로 인한 사회적인 사중손실(deadweight loss)을 줄일 수 있고, 반면 특허권자의 관점에서는 더 장기에 걸쳐서 특허권에 기초한 로열티를 받을 수 있어 그로 인하여 발명에 대한 유인을 유지할 수 있다는 점을 들었다.[156] 이에 대해서 연방대법원은 워싱턴주 대법원의 판결을 파기하면서, 미국 헌법 제1조 제8항 제8호의 규정 및 기존의 선결례를 기반으로 하였을 때 특허권이 소멸되고 난 이후에도 여전히 특허권자가 로열티를 받을 수 있도록 하는 것은 특허법이 특허권자에게 허여한 기간을 넘어서서 인정하는 것이 되므로 이를 법원에서 인정하여서는 안 된다고 판단하였다.[157] 연방대법원은 특허권 소멸 이후 기간까지 포함하여 라이선스 하도록 하는 것은 특허권 있는 제품과 특허권에 의하여 보호되지 않는 제품을 끼워서 판매하는 것과 같은 행위라고 보았다. 연방대법원은 특허법은 어느 경우에는 특허권자에게 인정한 기간 이상의 독점권을 당해 기술에 대해서 부여하려고 하는 것이 아니므로 특허권 소멸 이후 기간에 대해서까지 로열티를 받는 라이선스는 당연위법으로 특허권남용이 되는 것으로 판단되어야 한다고 보았다.[158]

(나) 특허기술과 비특허기술간의 끼워팔기와 경쟁법

상당기간 연방대법원이 특허권남용을 인정한 사안들은 지적재산권의 끼워팔기 사안이었다. Motion Picture 사건이나 Morton Salt 사건, Jefferson Parish Hospital 사건 등이 모두 특허권이나 저작권 기타 독점권에 의해서 보호되는 지적재산권을 라이선스 받으려면 특허 받지 않은 다른 기술이나 제품을 반드시 같이 라이선스 받거나 구매하도록 하는 유의 라이선스 전략을 규제하려고 하는 것이었다.

Microsoft 사건에서 미국 연방항소법원도 합리의 원칙을 적용한다고 하면서도, 향후 끼워팔기 사건에서의 기준이 당연위법의 원칙에서 합리의 원칙으로 변

---

156) *Brulotte v. Thys Co.*, 62 Wash. 2d. 271, 382 (1962) at. 275.

157) *Brulotte v. Thys Co.*, 379 U.S. 29 (1964).

158) 연방대법원이 원용한 사건으로 *Ethyl Gasoline Corp. v. United States*, 309 U. S. 436; *Mercoid Corp. v. Mid-Continent Inv. Co.*, 320 U. S. 661, 664-665.

경하는 것은 아니라는 점을 방론에서 명시하고 있다. 따라서 끼워팔기에 대한 미국 연방법원의 판단기준은 소위 기술적 끼워팔기(technology license)를 제외하고는 여전히 대부분의 끼워팔기 사건에서는 당연위법원칙이 판단기준이다. 다만 기술적 끼워팔기(technology tying)의 경우에는 동태적 효율성(dynamic efficiency)이라고 불린 친경쟁적 효과가 고려되어야 한다는 점은 Microsoft 사건이 제시한 경쟁법의 과제이다.

특허권의 예를 들어 기술혁신의 모습을 보면, 많은 경우 주류를 이루는 개량특허는 단순한 주합(湊合, mere combination)을 넘어 진보성을 가지는 기술간의 결합을 통하여 발명된다. 이 경우 기존의 기술들은 별개기술이라기 보다는 하나의 기술이 되는 것이다. 甲이라는 회사가 전자적인 방식으로 사용자가 알파벳으로 표시된 버튼을 누르는 경우 음성을 내는 어린이용 놀이기구를 개발하여, 전자적인 방식에 의한 음성표현 장치 및 그 방법을 특허로 출원한 경우, 이러한 전자적인 방식의 음성의 표현이라는 특징을 제외하고는 이미 기계적인 방식으로 이러한 구현이 乙 社에 의하여 이루어진 경우에 이러한 치환이 용이하지 않다고 판단되는 경우에는 특허가 등록될 수 있다. 이렇게 등록된 특허는 사실 전자적인 방식에 의한 놀이기구용 구현이 아닌 다른 형식의 구현과 기계적 방식에 의한 놀이용 음성 구현이라는 두 가지 기술이 서로 결합된 형식이다.[159] 이 문제는 끼워팔기 사안별로 별개제품성(separate product)을 판단하여 구체적 타당성을 확보하여야 할 문제이지만 구매강제성과 함께 Jefferson Parish Hospital 사건에서 언급한 끼워팔기 판단기준의 입증에서 기술적 끼워팔기 사안의 경우에는 실무상 어려운 과제이다.

연방거래위원회는 1995년 지적재산권가이드라인에서 끼워팔기 약정(tying arrangement)의 경우 판매자가 주상품(tying product)시장에서 독점력(market power)을 가지고 있고, 이러한 끼워팔기 약정이 부상품(tied product) 시장에서의 경쟁에 부정적인 영향을 주고, 효율성 증대가 부상품시장에서의 경쟁제한성을 능가하지 않는 경우에 이러한 끼워팔기 약정은 위법하다고 규정한다.[160] 미국의 경우 끼워팔기

159) *LEAPFROG ENTERPRISES, INC., v. FISHER-PRICE, INC. and MATTEL, INC.*, CAFC No. 06-1402 (May 9, 2007).

160) Antitrust-IP Guidelines §5.3 (이하에서는 1995 Antitrust Guidelines for the Licensing of Intellectual Property을 "Antitrust-IP Guidelines"로, "The Joint Report on Antitrust Enforcement and Intellectual Property Rights"를 "Joint Report"로 약칭한다.).

를 통한 특허권남용의 경우에는 경쟁법은 유효한 규율수단이 되어 왔다.

2) 우리나라에서 특허권남용에 대한 경쟁법 적용 연혁

우리나라의 경우에도 경쟁법에 의하여 지적재산권자의 남용행위가 통제될 수 있다는 가능성을 제시하는 논문이 있다.[161] 하지만 구체적인 판결례를 발견하는 것은 쉽지 않다.

특허권 자체에 하자가 있는 사안은 아니고, 그 특허권의 실시방법에 문제가 있는 것도 아니기 때문에 특허권남용과 경쟁법 위반이 결합된 전형적인 사건으로는 보기 어렵지만 특허침해소송과 공정거래위원회의 시정조치가 같이 이루어진 사안으로 미건의료기 사건[162]이 있다. 이 사건에서 특허침해금지가처분 사건의 원고로서 특허권 등을 가지고 있던 (주)미건의료기는 특허침해금지가처분 소송을 제기하여 가처분인용을 받은 상태에서 가처분이용이후 보인 세라젬의료기 대리점들에 대한 사업활동 방해행위가 문제가 되어 공정거래위원회로부터 불공정거래행위에 대한 시정조치를 받았다.[163] 서울고등법원은 (주)미건의료기의 불공정거래행위를 인정하면서, 특허침해금지가처분소송에서 승소한 사실을 이용하여 (주)미건의료기가 시장지배력을 증가시키려는 의도가 있다고 보아 원고의 산업재산권을 보호하고 선량한 대리점의 피해를 예방하기 위한 목적의 통지였다는 (주)미건의료기의 주장을 배척하였다. 서울고등법원은 산업재산권은 그 보호가치가 높다고 하더라도, 원고의 위와 같은 통고행위는 사업자간의 경쟁에 있어서 공정한 수단이 아닌 부당한 방법을 사용한 행위라 할 것이고, 앞서 본 온열치료기 시장의 특성에 비추어 볼 때 생산회사에 대한 신뢰는 사업수행에 있어 큰 의미를 차지

161) 박성수, 전게논문, 14면.

162) 서울고등법원 2001.4.17.선고 2000누16472 판결; 이 사건에 대한 평석으로는 홍대식, "공정거래법과 지적재산권법: 공정거래법 위반의 주장과 지적재산권 침해금지 소송," 2008.8. 민사판례연구회 발표문 참조.

163) 공정거래위원회는 미건의료기가 세라젬의료기의 대리점들에게 위와 같이 통보한 행위는 독점규제 및 공정거래에 관한 법률(이하 "공정거래법") 제23조 제1항 제5호 후단, 법 시행령 제36조 제1항 관련 [별표1] 제8호 라목에서 규정하고 있는 사업활동 방해행위에 해당한다는 이유로, 법 제24조의 규정을 적용하여 2000.7.22. 의결 제2000-109호로 시정명령을 하였다. 이에 대하여 미건의료기가 불복하여 그 취소를 구하는 소를 서울고등법원에 제기하였으나, 법원은 2001.4.17. 그 청구를 기각하는 판결을 선고하였고, 그 판결은 2001.5.11. 확정되었다.

하는 것이어서 소외 회사는 대리점의 계약해지, 판매량 감소 등으로 큰 손실을 입을 것이 예상되므로, 경쟁사업자의 사업활동을 심히 곤란하게 할 정도로 방해하는 행위에 해당된다고 판시하여 지적재산권 남용행위가 공정거래법에 의하여 통제되어야 함을 긍정하였다.

그 외 병행수입관련 판결례에서 특허소진이론(patent exhaustion doctrine)과 경쟁법과의 관계와 관련된 문제[164] 정도의 판결례 이상의 특허권남용이나 저작권 남용 등과 관련하여 미국에서와 같이 주류적인 판결경향을 보여주는 판례라고 볼 만한 판결들이 없다. 이러한 상황이기는 하지만 앞서 미국에서의 논의전개를 보면 우리나라의 경우에도 특허권 등의 지적재산권을 사용한 남용행위가 국내에서 또한 해외에 본사를 둔 다국적 기업들의 행위에 의하여 발생할 경우에 이를 처리하기 위하여 미국에서와 같은 이론전개가 필요할 것이고, 이 경우 경쟁법을 통한 특허권 통제라는 주제에 대한 판례는 다수 등장할 것이라고 본다. 다만 이 글에서는 개별적인 경쟁법상의 '시장지배적 지위남용행위'와 관련된 이론, 공동행위와 관련된 이론, 불공정거래행위이론, 사업자단체의 불공정거래행위이론 등을 하나하나 다루지는 않고, 제4장 이후에서 논의할 표준화와 지적재산권남용행위의 규율과 관련된 도구개념으로 사용될 필수설비이론의 지적재산권 남용에 대한 적용가능성과 적용을 위한 판단기준에 대하여 아래에서 살펴보기로 한다.

3) 동태적 효율성 항변

지적재산권에 대한 단기적 관점에서의 규제는 동태적 효율성을 저해할 수 있다는 주장이 있다.[165] 왜냐하면 지적재산권은 현재의 독점을 허용하면서도, 미래에 특허기간이나 저작권 보호기간이 만료된 뒤의 공공의 영역(public domain)으로 들어가 인류 공동의 자산을 통하여 최소한 시장에서의 장기적 효율성(long-term efficiency) 또는 동태적 효율성(dynamic efficiency)을 확보하는 것을 목적으로 하기 때문이다.[166] 그러나 동태적 효율성 논의는 재판실무에서 이러한 동태적 효율

---

164) 대법원 2002.2.5.선고, 2000두3184 판결. 이 판결에 대한 공정거래법적 관점에서의 평석으로는 이봉의, "병행수입 방해행위의 부당성: 상표권 보호 대 경쟁 보호?," Jurist 제383호, 청림인터렉티브(2002.8.), 76-81면 참조.

165) 2007년 10월 (유)한국마이크로소프트 등의 소취하로 끝난 사건에서 과징금 등 부과처분취소소송에서도 이러한 주장이 (유)한국마이크로소프트에 의하여 제기되었다.

166) Phelps는 동적 효율성의 달성을 위한 바람직한 자본축적의 수준에 관한 1961년 연구에서

성을 입증하기 어렵고, 지적재산권이 기여하는 산업의 분야에 따라서 그 특성이 상이하여, 동태적 효율성이 달성되는 유인구조가 상이하여 일반적인 균형점의 발견이 어렵다는 점이 현실적인 문제점으로 제기된다.[167] 인센티브 시스템(incentive system)으로서 특허법이 제공하는 정당한 지대(rent)를 경쟁법이 허용하지 않는 방법으로 문제가 된 시기에 적발하여 이에 대한 적절한 시정조치를 하는 것 외에 동태적 효율성이라는 것이 과연 경쟁법이 고려하여야 할 덕목인지에 대하여는 추가적인 보완이 있어야 실무상 주장하고, 적용할 수 있을 것으로 보인다.[168]

나아가 경쟁법은 시장에서 경쟁을 조장하고, 촉진함으로써 상호간의 경쟁이 만들어내는 경쟁적인 시장 환경에서 살아남기 위하여 더 효율적인 생산방법이나, 우월한 제품 개발을 통하여 소비자 후생에 대한 증대를 가져오도록 하는 메카니즘을 가지고 있다. 경쟁압력은 지적재산권자의 지대추구행위(rent seeking activity)[169]에 대한 제약으로 작용한다. 경쟁법은 직접적인 유인이 없는 반면, 준수비용(compliance cost)이라는 비용이 발생하기 때문에 규제로 인식될 수 있다. 그러나 이것은 경쟁법이 가지는 독자적인 문제는 아니고 공공적 필요에 의한 재산권의 규제에 있어 공통되는 문제이며 준수비용은 오히려 사회적 총후생의 증대를 위

이러한 동적 균형이 달성된 상태를 "황금기(golden age)"라고 정의한다[Phelps, "Models of Technical Progress and the Golden Rule of Research," The Review of Economic Studies, Vol. 33, No. 2(Apr., 1996), 133-145 at 140, 145].

167) 예를 들어 제약 산업의 경우, 초기에 대규모 개발비용이 소요되는 반면, IT 산업의 제품자체의 수명주기가 짧아서 대상이 되는 동태성의 고려기간이 다른 산업과 차이가 있다(제약산업에서의 지적재산권에 대한 유인체계에 대해서는 '최승재, "생명공학 특허를 통하여 본 특허성에 대한 소고," 법률신문 2007.1.11.字').

168) Rebecca S. Eisenberg, "Patents and the Progress of Science: Exclusive Rights and Experimental Use," 56 U. Chi. L. Rev. 1017 (1989); William M. Landes & Richard A. Posner, "An Economic Analysis of Copyright Law," 18 J. Legal. Sud. 325 (1989).

169) 이 개념의 의미에 대하여 'The expenditure of resources in order to bring about an uncompensated transfer of goods or services from another person or persons to one's self as the result of a "favorable" decision on some public policy. The term seems to have been coined (or at least popularized in contemporary political economy) by the economist Gordon Tullock. Examples of rent-seeking behavior would include all of the various ways by which individuals or group lobby government for taxing, spending and regulatory policies that confer financial benefits or other special advantages upon them at the expense of the taxpayers or of consumers or of other groups or individuals with which the beneficiaries may be in economic competition.'

[(http://www.auburn.edu/~johnspm/gloss/rent-seeking_behavior) 2008.3.20. 최종 접속]

하여 감수하여야 할 비용이다. 사실상 표준보유자가 표준화를 통한 이익을 주장하면서 많은 수익이 발생하면 결국 더 많은 연구 및 개발비용의 투자가 가능해져서 동태적으로는 시장에서의 배분적 효율성을 증대시킬 수 있다고 주장하는 경우, 시장에서의 현재의 경쟁질서를 희생시키더라도 이러한 사실상 표준보유자를 보호하여 달성하여야 할 동태적 효율성이 있는지 여부는 향후 연구과제이다. 그리고 소송에서 주장되는 경우 효율성 항변의 일종으로 입증책임은 주장자에게 있을 것이다.

4) 전 망

향후 특허권을 포함한 지적재산권이 우리 경제에서 차지하는 중요성이 더욱 커지고, 특허소송이 전 세계적으로 동시에 전략적으로 수행되고 있다. 이에 따라 특허침해소송이 한국, 미국, 일본 등의 국가와 동시에 발생하는 예가 늘어나고 있다. 따라서 미국에서 특허침해소송과 같이 Sherman법이나 연방거래위원회법과 같은 독점금지법 위반주장을 하는 별개의 소송이나 항변이 제기되는 것처럼, 우리나라에서도 특허침해소송 중에 공정거래법 위반을 주장하면서 특허권 행사가 남용적 행사라고 주장되는 사안이 증가할 것이다. 이 경우 법원은 특허침해소송이나 특허권침해금지가처분 사건에서 공정거래법 위반 여부를 판단하여 원고 특허권자의 특허권행사를 받아들여 원고인용판결을 할 것인지를 판단하여야 할 것이다.

제 4 절 특허무효항변에의 적용(대법원 2004.10.28.선고 2000다69194 판결)

I. 서 설

특허침해소송 계속 중 제기되는 특허무효항변에 대해서는 여전히 많은 논란이 있지만 일부 하급심은 대법원 2000다69194 판결[170] 이후 특허무효항변을 받아들이고 있다.[171] 특허 문제가 되는 것은 진보성이 없다는 이유로 하여 특허가 무효라는 항변을 특허침해소송을 담당하는 법원이 받아들이는 것에 대하여는 침해소송을 담당하는 법원의 전문성의 흠결을 이유로 하여 문제가 많다는 견해도 여전히 상당하다.172)

그럼에도 불구하고 아무리 2원적으로 특허침해소송과 특허무효소송이 분리되어 있는 우리 특허법상 소송제도의 특이성을 감안하더라도 당해 특허가 무효

---

170) 대법원 2004.10.28.선고 2000다69194 판결.

171) 출원발명이 그 출원 전에 공지된 발명이 가지는 구성요소의 범위를 수치로서 한정하여 표현한 경우에는 그 출원발명에 진보성을 인정할 수 있는 다른 구성요소가 부가되어 있어서 그 출원발명에서의 수치한정이 보충적인 사항에 불과한 것이 아닌 이상, 그 한정된 수치범위 내외에서 이질적이거나 현저한 효과의 차이가 생기지 않는다면 그 출원발명은 그 기술분야에서 통상의 지식을 가진 사람이 통상적이고 반복적인 실험을 통하여 적절히 선택할 수 있는 정도의 단순한 수치한정에 불과하여 진보성이 부정된다고 할 것이고, 그 출원발명이 공지된 발명과 과제가 공통되고 수치한정의 유무에서만 차이가 있는 경우에는 그 출원발명의 명세서에 한정된 수치를 채용함에 따른 현저한 효과 등이 기재되어 있지 않다면 특별한 사정이 없는 한 그와 같이 한정한 수치범위 내외에서 현저한 효과의 차이가 생긴다고 보기 어렵다(대법원 2007.11.16.선고 2007후1299 판결)고 할 것인바, 여러 가지 증거를 종합하면 쉽게 특허와 같은 구성을 예견할 수 있다고 하면서, 여러 증거의 각 기재에 변론 전체의 취지를 종합하면, 이 사건 특허무효의 명백성하다고 하면서 이 사건 제1항 발명은 진보성이 결여되어 특허무효의 사유가 있고, 특허심판원 및 특허법원에서도 같은 취지로 특허무효심결 및 무효심결취소청구에 대한 청구기각 판결을 내림으로써 이 사건 제1항 발명은 특허무효가 될 것임이 명백하므로, 원고들이 이와 같은 상황에서 피고를 상대로 이 사건 특허권에 기하여 특허권침해금지 및 손해배상을 구하는 것은 권리남용에 해당하여 허용되지 아니하므로, 피고의 위 권리남용 항변은 이유 있다고 하여 권리남용항변(특허권남용항변)을 받아들인 사안으로 서울고등법원 2008.9.2.선고 2007나96487 사건(특허권침해금지 등). 이 사건은 원고의 상고취하로 확정되었다. 이 사건 외에도 서울고등법원 2008.9.2.선고 2008나9428 판결[이 사건도 대법원(2008다73618)에서 원고의 상고취하로 확정되었다]. 서울고등법원 2008.9.2.선고 2007나96487 사건과 서울고등법원 2008.9.2.선고 2008나9428 판결은 같은 부에서 같은 날 선고된 같은 원고의 같은 특허발명에 대한 사안으로 실질적으로 하나의 사건으로 볼 수 있다.

172) 여러 선행기술문헌을 인용하여 특허발명의 진보성을 판단함에 있어서는 그 인용되는 기술을 조합 또는 결합하면 당해 특허발명에 이를 수 있다는 암시·동기 등이 선행기술문헌에 제시되어 있거나, 그렇지 않더라도 당해 특허발명의 출원 당시의 기술수준, 기술상식, 해당 기술분야의 기본적 과제, 발전경향, 해당 업계의 요구 등에 비추어 보아 그 기술분야에 통상의 지식을 가진 자가 용이하게 그와 같은 결합에 이를 수 있다고 인정할 수 있는 경우에는 당해 특허발명의 진보성은 부정된다(대법원 2007.9.6.선고 2005후3284 판결)고 할 것인데 이와 같이 진보성을 부정하기 위해서는 특허발명의 출원 당시의 기술수준, 기술상식, 해당 기술분야의 기본적 과제, 발전경향, 해당 업계의 요구 등에 대한 이해가 전제되어야 하는바 이러한 판단을 특허침해소송을 담당하는 법원이 수행할 수 있는가 하는 점이 부정론에 바탕에 흐르는 생각이 아닌가 한다.

임에도 불구하고 무효인 특허를 원용하여 특허권침해를 주장하는 자의 청구를 인용하면서 추후 특허가 무효심판 등에 의해서 무효가 되는 경우 무효인 판결에 기초하여 분쟁을 사후적으로 해결하라고 두는 것은 소송경제의 면에서도 타당하지 않으며, 동시에 특허권의 유효성을 추정하는 추정의 목적에도 부합하지 않는 것이다. 이는 달리 말하면 특허권남용을 방치하는 것이라고 볼 수밖에 없다.

그러므로 어떤 방법으로든 특허침해소송을 담당하는 법원으로서는 이 문제를 해결하여야 하는바, 이 경우 방법은 특허무효가 다투어지는 경우[173] 침해소송을 담당하는 법원은 기일을 추정하여 무효인지 여부가 최종적으로 판단될 때까지 기다리고 있다가 무효에 대한 쟁점이 정리되면 확정된 청구범위를 바탕으로 하여 특허의 침해 여부를 판단하는 방법이 있을 것이고, 또 하나의 방법은 기일을 추정하여 기다리는 소극적인 방법이 아니라 적극적으로 특허권의 무효 여부를 판단하는 방법이 있을 것이다. 후자의 경우는 발본색원적인 문제해결방법임과 동시에 소송경제에도 부합하지만 단순히 법관의 전문성에 대한 문제 이전에 2원적 소송구조를 가지고 있는 우리 법체계와 정합성이 유지되는 것인지, 만일 침해법원의 판단과 무효를 담당하는 법원의 판단이 서로 상치될 경우에는 어떻게 해결하여야 하는 것인지 등의 문제가 있을 수 있다.

특히 최근 특허분쟁의 성격이 국제화되면서 이런 특허법의 불안정한 상황은 단순히 국내법의 문제일 뿐만 아니라 국제적인 기업간의 특허전쟁에서 주요한 고려요소가 되고 있음도 이 문제를 해결하기 위한 논의의 필요성을 높이고 있다.[174]

이 글에서는 이러한 문제점에 대하여 리딩 케이스로 논의되는 대법원 2000다69194 판결을 다시 검토함으로써 이 문제에 대한 논의의 출발점으로 삼고, 이 문제를 해결하는 방안에 대하여 해석론적인 해결책과 입법적인 해결책을 모색하고자 한다.

---

173) 특허침해소송의 경우 특허무효는 거의 모든 사건에서 다투어지므로 거의 대부분의 사건이라고 보아야 할 것이다.

174) 최근 특허분쟁의 양상에 대해서는 김동욱, “특허분쟁 동향과 원인 및 대책,” 지식과 권리 2007년 봄·여름호 대한변리사회(2007.6.), 66면 이하.

II. 대법원 2004.10.28.선고 2000다69194 판결

1. 사안의 개요

이 사건은 방직기용 실 저장 및 공급장치(특허 제29468호)에 대한 사건이다. 원고(메밍거 아이알오 게엠바하 Memminger-IRO Gmbh)는 방직기용 실 저장 및 공급장치를 발명하여 1987.1.20. 출원번호 1987-000413호로 특허 출원을 하여, 1989. 9.25. 특허번호 29468호로 특허등록을 받았다. 피고1의 동생인 피고2는 1985년경 원고와 한국총판 대리점계약을 체결하여 원고로부터 편직기 부품을 수입, 판매하면서 이 사건 발명을 알게 되었다. 피고2은 피고1에게 발명에 관한 자료를 제공하였다.

이에 피고1은 제공받은 자료를 이용하여 1989년 가을경부터 그가 실질적으로 경영하고 있던 대륙전기공업사의 사업자등록 명의인과 환편기용 실 저장 및 공급릴[모델명: DPF-10-G 이하 ㈎호 제품] 생산 · 판매하였다. 원고는 1989년 경 이러한 사실을 알고 피고2와의 계약관계를 종료 후, 피고를 상대로 1990년 11월 19일 위 제품 ㈎호에 대해 특허권 침해금지 가처분 신청을 하여 같은 해 12월 7일 특허권침해금지가처분 결정을 받았다.

이후 피고1은 위 ㈎호 제품과 유사한 제품을 수년간 세 차례 변형 생산 · 판매하였고 이후에도 원고는 각 제품별로 특허권침해금지가처분 신청을 하는 등 법적인 분쟁을 계속하다가 1996.4.8. 원고가 피고들을 상대로 서울동부지방법원에 특허권침해소송을 제기하였다.

2. 관계법령

특허법 제136조 (정정심판)

① 특허권자는 다음 각 호의 어느 하나에 해당하는 경우에는 특허발명의 명세서 또는 도면에 대하여 정정심판을 청구할 수 있다. 다만, 특허의 무효심판이 특허심판원에 계속(係屬)되고 있는 경우에는 그러하지 아니하다.

1. 특허청구범위를 감축하는 경우
2. 잘못 기재된 것을 정정하는 경우
3. 분명하지 아니하게 기재된 것을 명확하게 하는 경우

② 제1항에 따른 명세서 또는 도면의 정정은 특허발명의 명세서 또는 도면에 기재된 사항의 범위 이내에서 이를 할 수 있다. 다만, 제1항 제2호에 따라 잘못된 기재를 정정하는 경우에는 출원서에 최초로 첨부된 명세서 또는 도면에 기재된 사항의 범위로 한다.

③ 제1항의 규정에 의한 명세서 또는 도면의 정정은 특허청구범위를 실질적으로 확장하거나 변경할 수 없다.

④ 제1항에 따른 정정 중 제1항 제1호 및 제2호에 해당하는 정정은 정정 후의 특허청구범위에 기재된 사항이 특허출원을 한 때에 특허를 받을 수 있는 것이어야 한다.

⑤ 심판관은 제1항의 규정에 의한 심판청구가 제1항 각 호의 어느 하나에 해당하지 아니하거나 제2항에 규정된 범위를 벗어나거나 제3항 또는 제4항의 규정에 위반된다고 인정하는 경우에는 청구인에게 그 이유를 통지하고 기간을 정하여 의견서를 제출할 수 있는 기회를 주어야 한다.

⑥ 제1항의 정정심판은 특허권이 소멸된 후에도 이를 청구할 수 있다. 다만, 심결에 의하여 특허가 무효로 된 후에는 그러하지 아니하다.

⑦ 특허권자는 전용실시권자·질권자 및 제100조 제4항·제102조 제1항 및 「발명진흥법」 제10조 제1항에 따른 통상실시권자의 동의를 얻지 아니하면 제1항의 정정심판을 청구할 수 없다.

⑧ 특허발명의 명세서 또는 도면에 대하여 정정을 한다는 심결이 확정된 때에는 그 정정후의 명세서 또는 도면에 의하여 특허출원·출원공개·특허결정 또는 심결 및 특허권의 설정등록이 된 것으로 본다.

⑨ 청구인은 제162조 제3항의 규정에 의한 심리종결의 통지가 있기 전(동조 제4항의 규정에 의하여 심리가 재개된 경우에는 그 후 다시 동조 제3항의 규정에 의한 심리종결의 통지가 있기 전)에 제140조 제5항에 규정된 심판청구서에 첨부된 정정한 명세서 또는 도면에 대하여 보정할 수 있다.

⑩ 특허발명의 명세서 또는 도면에 대한 정정을 한다는 심결이 있는 경우에 특허심판원장은 그 내용을 특허청장에게 통보하여야 한다.

⑪ 특허청장은 제10항의 규정에 의한 통보가 있는 때에는 이를 특허공보에 게재하여야 한다.

특허법 第133條 (特許의 無效審判)

① 이해관계인 또는 심사관은 특허가 다음 각 호의 어느 하나에 해당하는 경우에는 무효심판을 청구할 수 있다. 이 경우 특허청구범위의 청구항이 2 이상인 때에는 청구항마다 청구할 수 있다. 다만, 특허권의 설정등록이 있는 날부터 등록공고일 후

3월 이내에 누구든지 다음 각 호(제2호를 제외한다)의 어느 하나에 해당한다는 이유로 무효심판을 청구할 수 있다.

1. 第25조·제29조·제32조·제36조 제1항 내지 제3항 또는 제42조제3항·제4항의 각 규정에 위반된 경우
2. 제33조 제1항 본문의 규정에 의한 특허를 받을 수 있는 권리를 가지지 아니하거나 제44조의 규정에 위반된 경우
3. 제33조 제1항 단서의 규정에 의하여 특허를 받을 수 없는 경우
4. 특허된 후 그 특허권자가 제25조의 규정에 의하여 특허권을 향유할 수 없는 자로 되거나 그 특허가 조약에 위반되는 사유가 발생한 경우
5. 조약의 규정에 위반되어 특허를 받을 수 없는 경우
6. 제47조 제2항의 규정에 의한 범위를 벗어난 보정인 경우
7. 제52조 제1항의 규정에 의한 범위를 벗어난 분할출원인 경우
8. 제53조 제1항의 규정에 의한 범위를 벗어난 변경출원인 경우

② 第1項의 規定에 의한 審判은 特許권이 消滅된 후에도 이를 請求할 수 있다.

③ 特許를 無效로 한다는 審決이 확정된 때에는 그 特許권은 처음부터 없었던 것으로 본다. 다만, 第1項 第4號의 規定에 의하여 特許를 無效로 한다는 審決이 확정된 때에는 特許권은 그 特許가 同號에 해당하게 된 때부터 없었던 것으로 본다.

④ 審判長은 第1項의 審判의 請求가 있는 때에는 그 취지를 당해 特許권의 專用實施권者 기타 特許에 관하여 登錄을 한 權利를 가지는 者에게 통지하여야 한다.

3. 특허의 내용

(1) 특허의 설명

이 사건에서 계쟁의 대상이 된 특허의 청구범위는 아래와 같다.

1) 특허청구범위

① 독립(청구)항 드럼 액슬(drum axle)에서 동일한 방사상 거리에 비치되어 원주 방향으로 균일하게 분포된 다수의 신장된 실 지지부재를 구비하는 새장의 형태로 된 저장드럼을 가지며, 실세로 드럼의 축 방향으로 연장하는 실 지지부재의 양단부는 드럼 몸체나 또는 몸체에 연결된 부품에 부착되고, 각각의 지지 부재의 양단부는 드럼 몸체나 또는 몸체에 연결된 부품에 부착되고, 각각의 지지 부재는 실 공급측에서 들어오는 실을 위한 인입 경사로로서 작용하는 방사상 내향의 테이퍼링(Tapering) 영역과 드럼 몸체 또는 이에 부착된 부품의 방사상으로 돌출하는 원형의 연속적인 실 인출림(rim)을 수반한 코일을 여러 번 감기 위한

실 지지영역을 형성하면서 최소한 단면이 실제로 일직선을 이루는 인접 영역을 구비하는 좁은 지지대의 형태로 되어 있고, 모든 지지대의 테이퍼링 영역 및 실제로 일직선 영역은 드럼 액슬과 실 공급측 및 실 제거측에서 저장드럼과 관련된 실 공급 및 실 제거부재와, 저장드럼과 실 공급 및 실 제거부재 사이의 상대 회전 운동을 만드는 구동기구와 동축상에 놓인 가상 회전체에 위치하는 것으로 된 방직기용 실 저장 및 공급장치에 있어서, 실 인출림은 드럼 액슬(2)과 동축상에서 원주 방향으로 연속하는 회전성 대칭 덮개(23)의 방사상 내향으로 경사진 원주 표면(16)에 의해 지지대(16)의 인입 경사로(17)의 방향에서 인접하게 되고, 지지대(16)는 저장드럼(4)의 실 인출측에 있는 원주 표면(24)이 실 지지영역(19)에서 실이 풀려서 실 제거부재(11)로 이동할 때 실(8)에 의해 축방향에서 연속적으로 긁히게 되는 것을 특징으로 하는 실 저장 및 공급장치.

[도 면: 새장형태의 저장드럼]

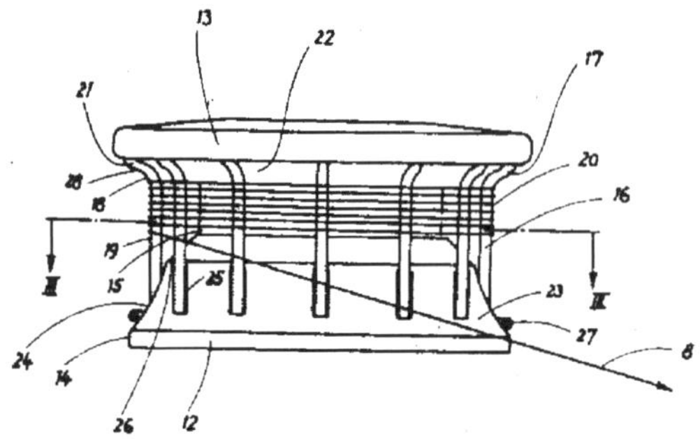

② 종속(청구)항 　　위 독립청구항을 인용하거나 위 독립청구항을 인용한 다른 종속청구항을 다시 인용한 16개의 종속청구항이 있다.

2) 발명의 목적과 작용효과

일직선의 원통형 와이어 또는 얇은 막대로서 형성된 실 지지부재가 양단부에서 저장드럼 액슬에 배치된 드럼 몸체의 플랜지형 부품에 고정되어 있는 새장의 형태로서 대체로 홀더에 회전가능하게 장착된 저장드럼을 가진 실 공급장치는 여러 실시예로서 공지되어 있다. 그런데 이러한 실 공급장치를 사용하여 어떤 방사를 처리함에 있어서 특히 저급의 폴리아미드 또는 폴리에스터 방사의 처리에 있어서 풀어진 단일 실 또는 다른 섬유편이 방사로부터 분리되어서 특히 실 인출영역에서 대체로 단독으로 놓여 있는 막대 또는 실 지지부재 주위에 휘감기게 된다. 그러한 방사 또는 섬유편은 실 인출영역에서의 막대 또는 실 지지부재 사이에 부착되어서 장시간의 작동주기에 걸쳐 축적될 것이다. 이러한 현상에 따라 실은 저장드럼에 적절한 모양으로 감기지 않게 되고 실 공급 중에 교란이 발생하게 된다.

이 사건 특허발명의 목적은 위와 같은 결점을 제거하고, 처리하기 어려운 방사, 예를 들어 저급의 폴리아미드 또는 폴리에스터 방사의 처리에서 방사로부터 인출되거나 또는 분리되는 방사의 불필요한 축적이 저장드럼의 실 인출영역에서 배제되도록 실공급장치를 개량하는 데에 있다.

위의 목적을 달성하기 위하여 실 저장 및 공급장치 중 실 인출림은 드럼 액슬과 동축상에서 최소한 이웃의 지지대 사이에 위치한 영역에서 원주 방향으로 연속하며 지지대가 방해받지 않는 방식으로 놓여 있는 회전성 덮개의 방사상 내부로 경사진 원주 표면에 의하여 지지대의 인입 경사로 방향에서 인접해 있고, 저장드럼의 실 인출측에서 원주 표면은 실이 실 지지영역에서 감기지 않고 실 제거부재로 이동할 때 실에 의해 축 방향에서 연속적으로 긁히게 하는 것을 특징으로 한다.

풀려나가는 실에 의해 연속적으로 긁히게 되는 경사진 원주 표면에는 축적된 섬유가 실 인출영역에 연속적으로 정착하지 않게 된다. 실 지지부재가 경사진 원주 표면에 방해받지 않고 놓이기 때문에 실 지지부재의 부근에서는 불필요한 축적이 전개될 수 있는 사각이 없다.

(2) 피고들의 제품의 제작, 판매 경위와 제품의 기술적 구성

1) ㈎호 제품의 제조 및 관련 사실

피고 1의 동생인 갑은 1985년경 원고와 한국총판 대리점계약을 체결하여 원고로부터 편직기 부품을 수입·판매하면서 이 사건 발명을 알게 되자 피고1에게 이 사건 발명에 관한 자료를 제공하여 주었다. 이에 피고1은 이를 이용하여 1989년 가을경부터 그가 실질적으로 경영하고 있던 대륙전기공업사의 사업자등록 명의인인 을과 별지 목록 (1) 기재 물건인 환편기용 실 저장 및 공급릴[모델명 디피에프(DPF) 10-지(G)·1, 이하 '㈎호 제품'이라고 한다]을 생산·판매하기 시작하였다. 원고는 1989년경 이러한 사실을 알고 소외 갑과의 계약관계를 종료하였다.

㈎호 제품의 기술적 구성은 장착부를 구비한 홀더(1)에 드럼 액슬(15)이 수직 방향으로 설치되고, 이 드럼 액슬(15)의 상부쪽에 벨트에 의해 구동력을 전달해 주기 위한 구동기구의 일종인 벨트풀리(7)가 설치되며, 드럼 액슬(15)의 하부에는 실을 저장하고 공급해 주는 저장드럼(6)이 설치되는 한편, 홀더(1)의 전방측에는 실을 저장드럼(6)으로 인입시켜 주는 실 공급기구가 설치되고, 홀더의 후방 아래쪽에는 저장드럼(6)으로부터 인출되는 실을 편직부로 안내해 주는 실 제거기구가 설치된 구조로 되어 있다.

여기에 위 저장드럼(6)은 상단 플랜지와 인출림(10)의 상부 내측으로 경사진 원주 표면(10a)이 형성된 하단 플랜지(8)가 그 허브부(17)에 의해 연결되고, 상단 플랜지(9)와 하단 플랜지(8) 사이에는 원주 방향으로 일정 간격을 두고 다수의 엘(L)자형 지지대(11)가 설치되어 새장 형태를 이룬 구조로 되어 있는데, 위 엘자형 지지대(11)는 인입 경사로로 기능하는 테이퍼링 영역(11a)과 실을 감아 저장하는 기능을 하는 실 지지영역(11b)으로 구분되어 있으면서, 실이 감겨지는 지지대(11)의 가상 원주형이 하단 플랜지(8) 인출림의 원주형보다 작게 형성되도록 인출림(10) 안쪽의 경사진 원주 표면(10a)상에 부착된 구조로 되어 있다.

또 위 실 공급기구는 실 공급 아일릿(eyelet, 3), 실의 공급관성력을 조절시켜 주기 위한 실 제동기(4), 사절을 방지하기 위한 텐션간 또는 인입필러(16) 및 저장드럼으로 실을 안내해주는 실 공급 아릴릿(5)으로 구성되어 있는데, 별도의 보빈(bobbin, 실패)으로부터 저장드럼에 실을 원활하게 공급해 주는 역할을 한다.

그리고 실 제거기구는 유(U)자형 안내고리(13), 텐션간 또는 인출필러(14), 송출고리 또는 제거 아일릿(12)으로 구성되어, 저장드럼에서 풀려나오는 실을 편직부로 안내하고 공급해 주는 역할을 하는 것인데, 안내고리(13)의 설치 높이가 저장드럼의 하단 플랜지(8)보다 낮은 위치(실측의 결과 하단 플랜지의 아래 면보다 약 0.9㎝ 정도 아래에 위치)이기 때문에, 저장드럼에서 풀려나가는 실은 안내고리 방향으로 하향 경사를 이루면서 통과하게 되고, 이에 따라 실은 하단 플랜지(8)의 내측 경사진 원주 표면(10a)을 긁으면서 지나가게 된다.

이에 원고는 피고1을 상대로 1990.11.19. 서울지방법원 동부지원 90카1197호로 특허권침해금지가처분신청을 하고, 같은 해 12.7. 특허권침해금지가처분결정을 받았다.

2) ㈏호 제품의 제조 및 관련 사실

피고1은 전항의 가처분결정을 받자 1990.12.10. 대륙전기공업사의 사업자등록명의를 그의 처인 피고 장동순으로 변경하여 별지 목록 (2) 기재 물건인 환편기용 실 저장 및 공급릴[모델명 디피에프(DPF) 5432, 이하 '㈏호 제품'이라고 한다]을 생산·판매하기 시작하였다.

㈏호 제품은 기술적 구성에 있어서 ㈎호 제품과 동일하고, 다만 유(U)자형 안내고리[별지 목록 (2) 중 도면 표시 13, 이하 같다]의 높이가 ㈎호 제품보다 약간 위쪽으로 설치되었으나, 저장드럼의 하단 플랜지(8)보다는 유자형 안내고리가 낮은 위치에 배치(실측의 결과 약 0.3㎝정도)되어 저장드럼에서 풀려나가는 실은 여전히 안내고리 방향으로 하향 경사를 이루면서 통과하게 되고, 이에 따라 실은 하단 플랜지의 내측 경사진 원주 표면(10a)을 긁으면서 지나가게 된다.

원고는 피고들을 상대로 ㈏호 제품에 관하여 1993.8.16. 서울지방법원 동부지원 93카합1398호로 특허권침해금지가처분신청을 하였고, 1994.2.4. 특허권침해금지가처분결정을 받았다.

3) ㈐호 제품의 제조 및 관련 사실

피고들은 전항의 가처분결정을 받자 ㈏호 제품의 생산을 중단하고, 그때부터 별지 목록 (3) 기재 물건인 환편기용 실 저장 및 공급장치[모델명 디피에프(DPF) 5432, 이하 '㈐호 제품'이라고 한다]를 생산·판매하기 시작하였다.

㈐호 제품은 그 기술적 구성에 있어서 ㈏호 제품과 거의 동일한데, 다만 상단 플랜지의 직경보다 작은 직경을 갖는 하단 플랜지의 인출림[별지 목록 (3) 중 도면 표시 20, 이하 같다]에 인접한 경사 표면에 실 지지대(24)를 설치하여 실이 감겨지는 지지대의 가상 원주형과 하단 플랜지 인출림의 원주형의 크기 차, 즉 실이 감겨지는 지지대의 가상 원주형과 인출림의 원주형 간의 높이 차이가 호 제품이 다소 작은 점, ㈐호 제품에는 경사진 원주 표면에 원주 방향으로 일정 간격을 두고 다수의 요홈(바람발생 구멍, 23)이 추가적으로 형성되어 있는 점이 서로 다르다.

위 기술적 구성의 차이로 인하여 ㈐호 제품의 저장드럼에서 풀려나가는 실은, 실이 저장드럼의 지지대에 위로부터 3분의 2 이하로 감겨 있을 때에는 경사진 원주 표면을 마찰하지 않고, 3분의 2 이상 감겨 있을 때에는 경사진 원주 표면을 마찰하면서 안내고리 방향으로 하향 경사를 이루면서 통과하게 된다.

4) ㈑호 제품의 제조 및 관련 사실

피고들은 1995.10.경부터 별지 목록 (4) 기재 물건인 환편기용 실 저장 및 공급장치[모델명 디피에프(DPF) 5432, 이하 '㈑호 제품'이라고 한다]를 생산·판매하고 있다.

㈑호 제품은 그 기술적 구성에 있어서 ㈐호 제품과 동일하고, 다만 철제 안내고리 대신에 세라믹으로 된 안내 아일릿[별지 목록 (4) 중 도면 표시 9, 이하 같다]을, 송출고리 대신에 세라믹으로 된 송출 아일릿(10)을 설치하였고, 인출림(20)의 폭이 약간 커져서(실측의 결과 약 0.5㎜) 경사진 원주 표면의 아래 부분에서 송출 아일릿까지의 높이 차이가 그 만큼 커졌다는 차이점이 있다.

5) 피고들은 그들의 제품들을 홍보하기 위하여 팜플렛(갑제90호증의 3)을 제작하였는데, ㈑호 제품에 관하여 그 특징으로 청소를 손쉽게 하고, 실 보푸라기의 형성을 대부분 제거하는 디자인으로 되어 있다고 소개하여 원고의 제품을 소개하는 팜플렛(갑제90호증의 1)의 내용과 일치하고 있다.

4. 사건의 전개

(1) 정정심판

이 사건 소송진행 중 특허심판원에서 정정심판이 이루어졌다. 정정심판은 등록된 특허발명의 명세서 또는 도면에 불명료 또는 불완전한 기재가 있는 경우 심판절차에 의하여 이를 정정하는 제도이다.[175] 발명자가 기술 내용과 권리 내용이 기재된 특허 명세서를 발명자와 제3자 등의 이해관계를 감안하면 처음부터 완벽하게 작성하여 제출하는 것이 바람직하지만 현실에서는 그렇지 못해서 정정절차가 필요한 제도이다.[176]

175) 특허법은 엄격한 요건하에 등록 전에는 보정절차를 통해서(특허법 제47조), 특허등록 후에는 정정절차(특허법 제136조, 제133조)를 통하여 일정 부분을 수정할 수 있도록 한다.

176) 특허판례연구(김태현 집필부분), 특허판례연구회편, 박영사(2009), 620면. 필자는 특허심사절차가 심사자와 출원인간의 양당사자 관계라는 점을 감안하면 출원된 특허 명세서가 완벽

특허권이 설정등록된 후 특허발명의 명세서 또는 도면에 잘못된 기재 또는 불명료한 점이 있거나 특허청구범위가 너무 광범위하게 기재되어 있는 경우, 특허권자로서는 정정심판에 의하여 이를 바로 잡음으로써 제3자의 무효심판청구에 의하여 특허가 무효로 되는 것을 사전에 방지할 수 있고 특허침해, 실시계약 등과 관련한 특허권 분쟁에 있어서도 권리관계를 명확히 할 수 있다.[177] 이 사건에서와 같이 정정심판은 이와 같이 특허권자가 자발적으로 특허발명의 명세서나 도면을 정정할 수 있는 권리를 보장하는 것이며, 특허무효심판이나 권리범위확인심판, 특허침해 사건 등과 관련되는 경우가 많고 특히 특허무효심판에 대하여는 방어수단이 된다.[178]

정정심판이 이루어지면 대법원은 사건을 파기환송하여야 하는 사유가 된다.[179] 대법원 2000다69194 판결도 특허권침해소송의 상고심 계속 중에 당해 특허발명의 명세서에 대한 정정심결이 확정되었음을 이유로 원심판결을 파기하였다. 그러므로 파기사유가 정정심판이 이루어졌음이므로 굳이 대법원이 특허권침해소송을 심리하는 법원이 특허의 무효심결이 확정되기 이전이라도 특허의 무효사유 존부에 대한 판단을 할 수 있으며, 무효사유가 명백한 특허권에 기초한 금지와 손해배상 등의 청구가 권리남용에 해당한다는 점에 대하여는 설시하지 않아도 되었을 것임에도 대법원이 이를 설시하여 중요한 선례가 되었다.

(2) 권리범위확인심판

아래의 [표 1]에서 보는 것과 같이 이 사건도 다른 특허사건에서 볼 수 있는 것과 같이 상당히 장기간에 걸쳐서 사법적인 심사가 이루어지면서 여러 가지 쟁

하지 못해서라기보다는 서로 다른 관점 및 자료를 조정하고 보완하는 과정이라고 이해하는 것이 옳지 않을까 한다.

177) 이두형, “특허권 침해 관련 법적 공격·방어수단에 관한 고찰,” 사법논집 제43집, 법원도서관(2006.12.), 643면.

178) 위 같은 면.

179) 대법원 2001.10.12.선고 99후598 판결[특허의 무효심판사건이 상고심에 계속 중 당해 특허의 정정심결이 확정된 경우, 그 특허발명은 구 특허법(1997.4.10. 법률 제5329호로 개정되기 전의 것) 제136조 제9항에 의하여 정정 후의 명세서대로 특허출원이 되고 특허권의 설정등록이 된 것이므로, 정정 전의 특허발명을 대상으로 하여 무효 여부를 판단한 원심판결에는 민사소송법 제422조 제1항 제8호 소정의 재심사유가 있어 판결에 영향을 끼친 법령위반이 있다고 한 사례].

송의 일부로 특허권리범위확인심판도 제기되었다. 특허권은 신규의 발명에 대하여 부여되는 것으로 특허권 권리범위확인심판청구사건에 있어서 그 권리범위를 정함에 있어서는 출원 당시의 기술수준이 무효심판의 유무에 관계없이 고려되어야 할 것이므로, 등록된 특허의 일부에 그 발명의 기술적 효과발생에 유기적으로 결합된 것이 아닌 공지사유가 포함되어 있는 경우에는 그 공지부분에까지 권리범위가 확장되는 것이 아니고, 나아가 등록된 특허발명의 전부가 출원 당시 공지공용의 것이었다면 그 권리범위를 인정할 근거가 상실된다.[180]

피고들은 특허청 심판소에 93당1088호로 피고들의 ㈏호 제품이 이 사건 특허발명의 권리범위에 포함되지 아니한다는 심판을 구하였다가 1995.4.1. ㈏호 제품이 이 사건 특허발명에 받침안내고리(U자형 이격안내고리)를 추가한 이용발명[181]에 불과하다는 이유로 이 사건 특허발명의 권리범위에 포함된다는 심결을 받았고, 이에 특허청 항고심판소 95항당124호로 항고하여 1997.5.20. ㈏호 제품이 유(U)자형 이격안내고리를 설치하여 실이 경사진 원주표면에 긁히지 않도록 하였다는 이유로 원심결의 파기와 ㈏호 제품이 이 사건 특허발명의 권리범위에 포함되지 아니한다는 심결을 받았고, 그 무렵 위 심결이 확정되었다.

그리고 피고들은 특허청 심판소 94당330호로 ㈐호 제품이 이 사건 특허발명의 권리범위에 포함되지 아니한다는 심결을 구하였고, 1995.4.1. ㈐호 제품이 ① 실지지대를 하단 주연부(인출림)에 인접하게 설치하였고, 상단 주연부의 직경보다

180) 대법원 1998.12.22.선고 97후1016, 1023, 1030 판결.

181) 우리 법원이 이용발명을 인정한 사례[선 특허발명과 후 발명이 구 특허법(1990.1.13. 법률 제4207호로 전문 개정되기 전의 것) 제45조 제3항에서 규정하는 이용관계에 있는 경우에는 후 발명은 선 특허발명의 권리범위에 속하게 되고, 이러한 이용관계는 후 발명이 선 특허발명의 기술적 구성에 새로운 기술적 요소를 부가하는 것으로서 후 발명이 선 특허발명의 요지를 전부 포함하고 이를 그대로 이용하되, 후 발명 내에 선 특허발명이 발명으로서의 일체성을 유지하는 경우에 성립하는 것이며, 이는 선 특허발명과 동일한 발명뿐만 아니라 균등한 발명을 이용하는 경우도 마찬가지라고 하면서, 화학반응에서 촉매라 함은 반응에 관여하여 반응속도 내지 수율 등에 영향을 줄 뿐 반응 후에는 그대로 남아 있고 목적물질의 화학적 구조에는 기여를 하지 아니하는 것임을 고려하면, 화학물질 제조방법의 발명에서 촉매를 부가함에 의하여 그 제조방법 발명의 기술적 구성의 일체성, 즉 출발물질에 반응물질을 가하여 특정한 목적물질을 생성하는 일련의 유기적 결합관계의 일체성이 상실된다고 볼 수는 없으므로, 촉매의 부가로 인하여 그 수율에 현저한 상승을 가져오는 경우라 하더라도, 달리 특별한 사정이 없는 한 선행 특허발명의 기술적 요지를 그대로 포함하는 이용발명에 해당한다고 봄이 상당하다고 본 판결(대법원 2001.8.21.선고 98후522 판결)].

하단 주연부의 직경을 작게 하여 실 지지대에서 풀려나오는 실이 하단 주연부에 접촉하지 아니하게 하였고, ② 바람발생홈을 설치하여 실먼지 제거를 위한 바람을 일으키게 하였다는 이유로 이 사건 특허발명의 권리범위에 포함되지 아니한다는 심결을 받았고, 이에 원고가 특허청 항고심판소 95항당127호로 항고하였으나, 1997.5.20. ㈐호 제품이 ① 실 지지대의 하단을 하단 주연부의 외곽에 설치하였고, 받침안내고리와 바람발생홈 등을 설치하여 기술적 구성에 차이가 있고, ② 이러한 기술적 구성으로 인하여 실이 하단 주연부에 접촉되지 않고, 이물질의 축적이 방지되며, 고속회전시 실먼지 제거를 위한 바람을 일으키게 된다는 이유로 이 사건 특허발명의 권리범위에 포함되지 아니한다는 원심결을 유지하였고, 그 무렵 위 심결이 확정되었다.

(3) 특허권침해금지가처분

한편 피고들은 ㈏호 제품에 관한 서울지방법원 동부지원 93카합1398호 특허권침해금지가처분결정에 대하여 위 법원 94카합258호로 가처분이의신청을 하였고, 원고는 위 법원 95카합900호로 ㈐호 제품에 대한 특허권침해금지가처분신청을 하였는데, 위 법원은 1995.9.29. ㈏호 제품에 관하여는 위 특허청 심판소 93당1088호 심결과 같은 이유로 위 가처분결정을 인가하는 판결을 선고하였고, ㈐호 제품에 관하여는 위 특허심판소 94당330호 심결과 같은 이유로 원고의 가처분신청을 기각하는 결정을 하였다.

그런데 피고들은 위 특허청 심판소 93당1088호 및 94당330호 권리범위확인심판을 구함에 있어서 ㈏호 제품의 (U)자형 안내고리와 ㈐호 제품의 받침안내고리의 위치를 실제의 ㈏호 제품 및 ㈐호 제품보다 높여서 하단 플랜지와 높이가 거의 같도록 하여 실이 지지대로부터 풀려 나올 때에 경사진 원주 표면을 긁지 않도록 그린 도면을 제출하였고, 특허청 심판소나 항고심판소에서도 권리범위확인의 심결을 함에 있어 ㈏호 제품 및 ㈐호 제품의 실물이 아닌 위 도면들과 이 사건 특허발명을 비교·심리하여 위와 같은 내용의 심결을 하였고, 원고도 94카합258호 가처분이의 사건 및 95카합 900호 가처분신청 사건에 있어서 위 도면들을 가처분신청의 대상으로 제시하여 법원으로부터 위와 같은 결정 및 판결을 받았다.

[표 1]

사건번호	선 고	내 용	비 고
서울동부지방법원 96가합5412	1998.7.16	원고일부승소	
서울고등법원 98나47520	2000.11.15	원고패소	
특허심판원 2002당2405	2004.6.29	정정심결확정	
대법원 2000다69194	2004.10.28	파기환송	정정심판을 이유로 파기
서울고등법원 2004나82487	2007.5.22	원고일부승소	
대법원 2007다45876	2009.10.15.	파기환송	

III. 특허침해소송 등에서 당해 특허의 무효사유에 대한 심리 · 판단

1. 판결의 의의

(1) 특허소송의 양상

특허권자는 자기가 갖는 특허권에 대해서 독점적 배타적 권리를 부여받는다. 특허권자는 특허발명의 보호범위 내의 권리를 행사할 수 있다. 특허권자는 자신의 특허를 침해한 자를 상대로 하여 특허침해소송으로 손해배상을 구할 수 있고, 특허침해금지가처분을 통하여 침해행위의 계속을 막을 수 있으며, 형사적으로 특허법상 특허침해죄로 고소할 수 있다.

특허권침해소송에 있어서 특허권자는 특허발명의 보호범위 내의 권리를 행사할 수 있으므로 특허권침해소송에 있어서는 우선 특허발명의 권리보호범위를 확정하여야 한다. 특허권자는 그 범위를 넓게 해석해서 상대방의 침해책임을 추궁하려고 할 것이고, 상대방은 권리보호범위를 좁게 해석하여 침해의 책임을 면하려고 할 것이다.[182] 그러므로 실무상 특허침해소송에서 가장 많은 다툼이 있고, 기술설명회 등에서 논쟁의 핵심이 되는 부분이 권리보호범위이다.

그러나 권리보호범위의 확정의 문제만큼이나 항상 등장하는 논의가 특허의 무효이다. 특허침해소송에 있어서 특허권자로부터 침해자로 지목된 상대방의 입장에서는 권리보호범위의 확정이 비침해주장을 하기 위한 논의의 기초라면, 특허무효주장은 만일 받아들여질 경우 소송을 근본에서 해결할 수 있으므로 매우 본원적인 주장이다.

(2) 특허무효주장

특허청은 특허심사 대상이 되는 발명에 대해 특허권을 부여함에 있어 특허법 제29조의 특허요건에 따라 신규성(제29조 제1항)과 진보성(제29조 제2항) 요건이 구비되어 있는지를 살펴보아야 한다. 물론 특허청은 신규성과 진보성 외에도 명세서에 기재불비가 없는 지를 포함하여 특허를 허여하기 위한 필요요소들을 살펴서 특허를 부여한다.

신규성이나 진보성이 결한 특허는 무효인 특허이다. 하지만 특허법은 특허유효성 추정(presumption of validity)을 한다. 미국 특허법도 마찬가지이다. 그러므로 공권적 심사를 거쳐 특허청이 특허로 등록을 한 이상 특허심판원이나 법원과 같은 특허무효를 판단할 수 있는 공권적 기관에 의한 무효절차를 통해 무효로 선언되지 않는 한 당해 특허는 유효이다. 원칙적으로 특허침해소송을 담당하는 법원은 이런 특허의 유효성 추정을 존중하고 유효임을 전제로 하여 특허권리범위의 침해여부를 판단하여야 한다. 물론 특허권자의 상대방은 계쟁특허가 무효이거나 자신의 제품이 특허를 사용하지 않았다는 주장을 할 것이다.[183)]

특허법은 특허가 일정한 사유에 해당하는 경우에 별도로 마련한 특허의 무효심판절차를 거쳐 무효로 할 수 있도록 규정하고 있으므로, 특허는 일단 등록이 된 이상 이와 같은 심판에 의하여 특허를 무효로 한다는 심결이 확정되지 않는 한 유효한 것이며, 법원은 위와 같은 특허를 무효로 할 수 있는 사유가 있더라도 다른 소송절차에서 그 전제로서 특허가 당연무효라고 판단할 수 없지만[184)],

182) 성기문, "특허발명의 보호범위와 제 침해에 관한 실무적 고찰," 사법논집 제41집, 법원도서관(2005.12.30.), 418면.

183) 이두형, 전게논문, 615면.

184) 대법원 1992.6.2.자 91마540 결정.

대법원은 특허침해소송 등에서 특허심판원의 특허무효결정이 있고, 이러한 결정이 확정되기 전이라고도 침해소송을 담당하는 법원이 등록특허의 신규성 결여 부분을 판단할 수 있다는 입장을 견지해왔다.[185] 반면 신규성과 달리 진보성에 대해서는 대법원은 소위 진보성이 없는 경우까지 법원이 다른 소송에서 당연히 권리 범위를 부정할 수 없다고 판시한 이후 무효판단 부정설을 견지해왔다.[186] 한편 대법원은 공지공용부분의 배제(자유기술의 항변)의 논리를 채용하여 권리범위를 제한하는 방법으로 특허침해와 관련된 불합리를 해속하고자 하였다.[187]

---

185) 특허발명의 진보성은 신규성이 있음을 전제로 하는 것으로서, 어느 발명이 공지기술에 비추어 새로운 것인가의 신규성의 문제와 그것이 공지기술로부터 용이하게 생각해 낼 수 있는 것인가의 진보성의 문제는 구별되어야 하고, 따라서 발명의 진보성을 판단하기 위해서는 먼저 그 발명의 신규성의 판단이 선행되는 것이 순서라고 할 것이나, 발명의 신규성과 진보성은 서로 유기적인 관계에 있는 것으로서 구체적인 사례에서는 그 한계나 영역을 명확하게 구분하기 어려운 경우가 많을 것인바, 여기에서 발명이 공지공용의 것이라 함은 공지공용의 기술과 동일한 경우에 한정할 필요는 없고, 어느 발명이 선행의 공지공용의 기술로부터 이루어진 것이라고 하여도 이것이 공지공용의 기술에 근사한 것이 명백하여 특별히 새로운 기술이라고 볼 수 없는 경우에는 진보성에 앞서 그 신규성 자체를 부정할 수 있을 것이다(대법원 1992.6.2.자 91마540 결정; 대법원 1998.12.22.선고 97후1016, 1023, 1030 판결) 실용신안법이 적용되는 사안에서도 대법원은 같은 입장을 유지한다. "실용신안법은 실용신안등록이 일정한 사유에 해당하는 경우에 별도로 마련한 실용신안등록의 무효심판절차를 거쳐 무효로 할 수 있도록 규정하고 있으므로, 등록실용신안은 일단 등록이 된 이상 이와 같은 심판에 의하여 실용신안등록을 무효로 한다는 심결이 확정되지 않는 한 유효하며, 위와 같은 실용신안등록을 무효로 할 수 있는 사유가 있더라도 다른 절차에서 그 전제로서 실용신안등록이 당연무효라고 판단할 수 없고, 다만 등록실용신안의 일부 또는 전부가 출원 당시 공지공용의 것인 경우에는 실용신안등록무효의 심결 유무에 관계없이 그 권리범위를 인정할 수 없으나, 이는 등록실용신안의 일부 또는 전부가 출원 당시 공지공용의 기술에 비추어 새로운 것이 아니어서 이른바 신규성이 없는 경우 그렇다는 것이지, 신규성은 있으나 그 분야에서 통상의 지식을 가진 자가 선행기술에 의하여 극히 용이하게 발명할 수 있는 것이어서 이른바 진보성이 없는 경우까지 다른 절차에서 당연히 권리범위를 부정할 수는 없다."(대법원 1998.10.27.선고 97후2095 판결)

186) 박정희, "특허침해소송에서 당해 특허의 무효사유에 대하여 심리판단 가능여부," 지식재산21 통권 제91호, 특허청(2005.7.), 7면.

187) 어느 발명이 특허발명의 권리범위에 속하는지를 판단하기 위하여는 먼저 특허발명의 특허청구 범위를 기준으로 그 권리범위를 확정하여야 하는 것이기는 하나, 이를 확정함에 있어서는 공지공용의 기술은 그것이 신규의 기술과 유기적으로 결합된 것이 아니면 권리범위에서 제외되어야 하는 것이므로, 특허발명과 이에 대비되는 ㈎호 발명이 동일・유사한 발명인지 여부를 판단함에 있어서 판단의 대상이 되는 것은 양 발명 중 공지 부분이 포함된 부분을 제외한 나머지 부분에 한한다 할 것이고(대법원 1992.2.25.선고 91후1649 판결, 대법원 1996.11.26.선고 95후1777 판결 등 참조), 따라서 특허발명과 대비되는 ㈎호 발명이 공

(3) 대법원 2000다69194 판결

그런 의미에서 대법원 2000다69194 판결은 특허침해소송 등에서 특허심판원의 특허무효 확정판결이 있기 전이라도 당해 법원이 등록특허의 신규성 부분뿐만이 아니라 진보성 부분까지도 판단할 수 있다고 방론을 통해 설시하여 이것이 기존 대법원의 입장을 변경한 것인지가 논란이 되었다.[188] 또 이 판결에서 대법원은 무효사유 있는 특허권의 주장이 권리남용에 해당한다고만 방론을 통해 설시하였으나 왜 그런지에 대한 명확한 이유를 제시하지 아니하고 있으며, 또한 그에 대한 판단기준으로 제시된 '명백성'과 '특단의 사정'의 의미가 모호하여 그 구체적인 기준이 무엇인지가 명확하지 못하다.

대법원 2000다69194 판결에서 대법원이 "특허의 무효심결이 확정되기 이전이라고 하더라도 특허권침해소송을 심리하는 법원은 특허에 무효사유가 있는 것이 명백한지 여부에 대하여 판단할 수 있고, 심리한 결과 당해 특허에 무효사유가 있는 것이 분명한 때에는 그 특허권에 기초한 금지와 손해배상 등의 청구는 특별한 사정이 없는 한 권리남용에 해당하여 허용되지 아니한다"고 판시한 것이 대법원의 태도변경이 아니라면 현재 대법원의 태도는 대법원 2000다69194 판결 이전의 논의상황 그대로라고 이해하여야 할 것이다. 그렇다면 대법원의 명시적인 판례변경이 있지 않는 한 일본과 같이 입법으로 해결하지 않으면 침해소송을 담당하는 법원이 진보성을 판단하여 당해 특허를 무효로 보아 권리남용을 이유로 청구를 기각할 수 있는가 하는 점에 대한 논란은 해결되지 않을 것이다.

일본에서도 특허법 제104조의3을 제정하여 입법적으로 해결되기 전까지는 일본 최고재판소가 당해 법원이 진보성 결여를 이유로 특허무효 판단하는 경우 권리남용의 판단기준으로 제시한 무효사유의 명백성과 특단의 사정이 구체적으로 무엇을 의미하는지가 명확하지 않아 판례의 적용범위에 관한 혼란이 있었다는 점에 비추어 보면 사법적인 해결에 한계가 있을 수도 있다.[189]

지의 기술만으로 이루어진 경우에는 특허발명과의 동일·유사 여부를 판단할 대상조차 가지지 않게 되어 그 ㈎호 발명은 특허발명의 권리범위 여하 및 특허발명과의 유사 여부에 관계없이 특허발명의 권리범위에 속하지 않게 된다(대법원 1997.11.11.선고 96후1750 판결).

188) 박정희, 전게논문, 5면.

189) 설범식, "일본 지적재산권 소송제도의 개혁 동향," 특허소송연구 3집, 특허법원(2005.12.15.), 376면.

(4) 특허권남용항변

특허권남용항변은 미국법에서 발전하여온 법리로서 우리나라에서는 대법원이 2000다69194 판결에서 무효사유가 있는 특허권의 주장이 권리남용에 해당한다고 판시하였지만 아직 개념이 정립되어 있지 않다. 또 특허권 남용과 민법상 권리남용의 관계도 명확하지 않다. 민법상 권리남용에 해당하려면 최소한 객관적인 상황으로부터 추정되는 상대방에게 해를 가하려는 의사인 주관적 요건이 필요한데, 특허법에서도 이러한 주관적 요건을 요구할 것인지가 문제가 된다.[190] 이번 대법원 2000다69194 판결에서는 이러한 주관적 요건을 배제하면서도 아무런 이유도 밝히지 아니하고 무효사유가 있는 특허권의 행사가 권리남용에 해당한다고만 설시하여 주관적 요건은 요구되지 않는 것처럼 보인다.[191]

서울고등법원의 판시를 보면, 우선 무효의 명백성을 판단한 후, "이 사건 제1항 발명은 진보성이 결여되어 특허무효의 사유가 있고, 특허심판원 및 특허법원에서도 같은 취지로 특허무효심결 및 무효심결취소청구에 대한 청구기각 판결을 내림으로써 이 사건 제1항 발명은 특허무효가 될 것임이 명백하므로, 원고들이 이와 같은 상황에서 피고들을 상대로 이 사건 특허권에 기하여 특허권침해금지 및 손해배상을 구하는 것은 권리남용에 해당하여 허용되지 아니하므로, 피고들의 위 권리남용 항변은 이유 있다"라고 판시하여 권리남용을 받아들이면서, 일본의 킬비판결에서와 같이 무효의 명백성을 요구하고 있다.[192]

---

190) 이한주, "특허침해소송에 있어 무효사유의 판단," 사법논집 제41집(2005.12.30.), 법원도서관, 597면.

191) 이에 대해 "특허권자의 특허등록이 자기의 제품을 타인의 것과 식별시킬 목적으로 한 것이 아니고 오로지 부정한 이익을 얻을 목적으로 형식상 특허권을 취득하는 것으로 권리남용에 해당한다고 주장할 수도 있을 것이다"는 견해도 있다[권두상, "모방상표와 권리남용에 관한 연구," 지식과 권리 2006년 봄・여름호, 대한변리사회(2006.8.), 116면].

192) 갑 36, 40호증의 각 기재에 변론 전체의 취지를 종합하면, ① 피고 1이 이 사건 제1항 발명을 포함한 이 사건 특허발명에 대하여 특허무효심판청구를 제기함에 따라, 특허심판원은 2007.8.7. 2004당2894호로 이 사건 제1항 발명은 위 4항과 같은 이유로 진보성이 부정되고, 나머지 종속항인 이 사건 제 2 내지 17항도 단순한 주지・관용의 기술을 부가한 것에 불과하다는 등의 이유로 진보성이 부정되며, 원고 1이 2005.8.29. 정정청구한 이 사건 정정청구 후 발명 역시 위와 유사한 이유로 진보성이 부정된다고 판단하면서, 이 사건 특허발명에 대한 무효심결을 내린 사실, ② 원고 1은 위 무효심결에 대한 취소청구를 제기하였는데, 특허법원은 2008.5.22. 2007허7433호로 위 심결과 유사한 이유로 이 사건 특허발명 및 이 사건 정정청구 후 발명에는 진보성이 부정된다고 판단하면서, 원고 1의 위 무효심결취소청구에 대한 청구기각 판결을 선고한 사실을 각 인정할 수 있고, 달리 특허심판원의 위 심결 및

2. 견해의 대립

(1) 신규성만 심사할 수 있다는 견해

특허법 제29조 제1항[193]은 신규성에 관하여 요건을 적극적으로 규정하지 않고 신규성이 배제되는 경우만을 적시함으로써 소극적으로 규정을 두고 있다.[194] 발명의 신규성이란 출원된 발명이 새로운 것으로서 사회 일반에 알려진 것이 아니라는 뜻이다. 특허의 부여는 새로운 발명을 공개한 자에 대하여 그 공개의 대가로 발명의 이용 및 실시에 대하여 독점을 부여하여 궁극적으로 산업의 발전에 이바지하기 위한 것이므로 이미 알려진 기술에 대하여 특허를 주지 아니함은 당연하다.[195]

이런 신규성의 판단은 객관적으로 이루어지는 것으로 신규성의 판단은 침해법원이라고 하더라도 불가능하지 않다고 보는 견해이다.[196]

(2) 진보성도 심사할 수 있다는 견해

특허출원 전에 그 발명이 속하는 기술 분야에서 통상의 지식을 가진 자가 용이하게 발명할 수 없는 것이어야 한다.[197] 이의 판단방법은 기본적으로 특허출원 당시의 선행공지발명과 출원발명을 대비해 보는 것이다. 미국의 경우 연방대법원이 Graham 판결[198]에서 진보성을 판단함에 있어 ① 선행공지발명의 범위와

특허법원의 위 판결이 부당한 것으로서 파기될 우려가 있다는 점에 관하여 이를 인정할 만한 아무런 증거가 없다. 따라서 이 사건 특허무효의 명백성도 인정된다(서울고등법원 2008.9.2.선고 2008나9428 판결).

193) 특허법 제29조 제1항은 신규성을 규정하고 있으며, 이 조문에 의해서 특허출원 전 국내 또는 국외에서 공지되었거나 공연히 실시된 발명이 아니어야 하며, 또한 국내 또는 국외에서 반포된 간행물에 게재되거나 대통령령이 정하는 전기통신회선을 통하여 공중이 이용가능하게 된 발명이 아니어야 한다.

194) 이한주, 전게논문, 547면.

195) 박성수, "진보성과 균등론에 관한 소고," 특허소송연구 3집, 특허법원(2005.12.15.), 5면; 최승재, "특허의 진보성 판단의 구조와 진보성 판단기준에 대한 연구(上): 한국과 미국의 판례를 중심으로," 지식과 권리, 대한변리사회, 2007년 가을・겨울호(2007.12.), 14-30면.

196) 등록된 특허의 일부에 그 발명의 기술적 효과발생에 유기적으로 결합된 것이 아닌 공지사유가 포함되어 있는 경우 그 공지부분에까지 권리범위가 확장되는 것이 아닌 이상 그 등록된 특허발명의 전부가 출원 당시 공지공용의 것인 경우에도 특허무효의 심결의 유무에 관계없이 그 권리범위를 인정할 수 없다(대법원 1983.7.26.선고 81후56 전원합의체 판결).

197) 특허법 제29조 제2항.

내용을 인정하고, ② 문제된 특허발명과 선행공지발명의 차이를 확정한 후, ③ 그 발명이 속한 기술분야에서 통상의 지식을 가진 자의 수준을 정하여 이러한 배경 아래에서 특허발명이 자명한지 여부를 결정하되, 2차적 고려요소로서 상업적 성공, 오랜 필요에 불구하고 풀지 못한 문제를 푼 것, 타인의 실패 등을 고려할 수 있다고 보았다.[199]

특허권의 보호는 특허발명의 실질적 가치에 부응하여 부여되어야 하는 것이며, 사권의 일종임으로 무효사유가 존재하는 것이 명백한 특허권이 형식적으로 존재한다는 이유만으로 본래 누구나 자유롭게 이용할 수 있는 공유재산에 속하는 기술을 특정한 자에게 독점시키는 것은 공공의 이익에 반한다는 점은 명백하다고 할 수 있다. 특허법이 특허무효에 관한 판단[200]은 특허청, 특허권을 둘러싼 사법적 분쟁에 대한 판단은 법원이라고 하는 권한분배의 원칙을 채택하고 있다고 하더라도 이미 신규성에 관한 부분에 있어서는 이러한 원칙의 적용을 배제하고 있다고 본다면, 신규성을 제외한 기타 특허무효사유에 대해서도 이러한 원칙의 적용배제가 불가능한 것은 아니다.

(3) 검 토

대법원은 특허무효심판제도의 취지 등의 논거로 침해소송에서 침해혐의자의 진보성 위반 등의 특허무효의 주장을 배척하고 있다. 그러나 킬비 판결에서 일본 최고재판소가 설시한 이유 즉, 특허권자와 침해혐의자간의 형평의 이념, 침해혐의자의 방어방법 제한과 무효심판강요 및 소송경제, 특허법상 침해소송절차의 중지규정의 해석 등은 우리 특허법에도 수용가능하다. 따라서 침해소송법원이 등록특허가 명백하게 무효사유를 내포하고 있다고 판단되는 경우 무효심결이 확정되기 이전이라 하더라도 당해 특허에 기한 권리행사를 제한하는 것은 정의 관념

---

198) Graham v. John Deere Co., 383 U.S. 1 (1966).

199) 박성수, "특허법원 판결로 본 특허의 유효성 분석(진보성 판단을 중심으로)," 지식과 권리 2007년 봄·여름호 대한변리사회(2007.6.)., 8면.

200) 특허의 무효 판단은 나라마다 다르다. ① 미국에서는 침해소송법원, 특허청 모두 특허의 무효 판단이 가능하고, 이용 빈도의 면에서 보면 주로 법원에서 행하여지고 있다. ② 영국에서는 침해소송법원, 특허청 모두 특허의 무효성의 판단이 가능하다. ③ 독일에서는 특허의 무효성은 일반 침해소송법원에서는 판단할 수 없고, 오로지 특허청의 심판부가 개조되어 설립된 기술판사가 있는 연방특허법원에서 판단한다[설범식, "일본 지적재산권 소송제도의 개혁 동향," 특허소송연구 3집(2005.12.15), 특허법원, 377면].

및 특허법의 목적에 부합한다. 그리고 당해 특허를 무효화하자는 것이 아니라 권리남용으로 행사를 저지하자는 것이므로 특허소송의 2원적의 구조와 배치되는 것도 아니다.

IV. 일본에서의 논의의 전개

1. 일본 킬비 판결[201)]

(1) 사안의 개요

최고재판소의 킬비(キルビ) 판결[202)]의 원고는 후지쯔(富士通ふじつう)사이다. 그리고 피고는 미국의 텍사스 인스트루먼트사(Texas Instrument)이다. 텍사스 인스트루먼트사는 반도체 업계의 초기 기초특허인 킬비(KILBY) 특허[203)]를 보유하고 있는 특허권자였다. 그런데 텍사스 인스트루먼트사는 이 특허를 라이선스하면서 이 특허의 존속기간을 연장하는 방법으로 분할출원[204)]전략을 사용하였다.

---

201) 대법원 2000다69194 판결의 방론에서의 판시 부분은 일본 최고재판소의 위 킬비 사건 판결을 그대로 받아들인 것으로 보인다는 견해가 있다[박정희, 전게논문, 10면; 김원준, "특허침해소송에서 무효항변에 관한 고찰," 법학논집 제28권 제2호(2008.12.), 180면].

202) 最高裁 平 12.4.11. "특허의 무효심결이 확정되기 이전이라고 하더라도 특허권침해소송을 심리하는 법원은 특허에 무효사유가 있는 것이 명백한지 여부에 대하여 판단할 수 있고, 심리한 결과 당해 특허에 무효사유가 있는 것이 분명한 때에는 그 특허권에 기초한 금지와 손해배상 등의 청구는 특별한 사정이 없는 한 권리남용에 해당하여 허용되지 아니한다."

203) Jack Kilby는 집적회로(Integrated Circuit)과 관련된 주요 특허의 발명자이다.

204) 분할출원이란 단일발명, 단일출원의 원칙 아래 2 이상의 발명을 1 출원으로 한 경우 이를 2 이상의 출원으로 분할하는 것으로서 2 이상의 발명을 1 출원으로 한 경우란 2 이상의 발명이 반드시 특허청구의 범위에 기재된 경우뿐만 아니라 발명의 상세한 설명이나 도면에 기재되어 출원된 경우까지 포함하는 것이므로, 분할출원을 하면서 원출원 당시 제출한 발명의 상세한 설명이나 도면을 다시 사용할 수도 있다(대법원 2004.3.12.선고 2002후2778 판결). 대법원은 특허출원인이 거절이유통지를 받고 원출원의 특허청구범위를 한정하는 보정을 하면서 일부를 별개의 발명으로 분할출원한 경우, 분할출원한 발명이 보정된 발명의 보호범위에서 의식적으로 제외한 것에 해당한다고 보았다(대법원 2008.4.10.선고 2006다35308 판결).

후지쯔도 이 사건 이전에는 텍사스 인스트루먼트사로부터 특허라이선스를 받고 로열티를 지급하는 여러 회사 중의 하나의 회사였으나 분할출원된 이 건 특허의 경우에는 무효라고 보아 라이선스를 받지 않았다. 동시에 후지쯔사(원고)는 텍사스 인스트루먼트사(피고)를 상대로 하여 채무부존재 확인 소송을 제기하였다. 텍사스 인스트루먼트사의 원출원은 진보성 결여로 특허거절결정이 확정된 바 있고, 이 사건에서 문제가 된 대상특허는 원출원에서 분할출원되어 등록된 특허였다.

(2) 킬비 판결 이전

킬비 판결 이전에는 일본도 우리와 같이 특허권남용에 대한 처리 문제가 명확하지 않았다. 그리고 특허침해소송을 담당하는 법원은 당해 사건에서 주장되는 특허의 유효·무효에 대하여는 판단할 수 없다고 하였다.[205] 특허권은 행정청인 특허청의 행정행위에 의하여 부여된 것이어서 특허를 무효로 하는 것도 특허청의 심판절차에 의하지 않으면 안 된다는 견해에 따른 것이었다.[206] 따라서 일본에서도 침해법원은 특허청의 무효심결이 확정되고 난 뒤에야 당해 특허가 무효인 것을 전제로 한 재판을 할 수 있지 선결문제로 특허의 유·무효에 대한 판단을 할 수 없다고 보았다.

(3) 사건의 경과

이 사건의 1심이었던 동경지방재판소는 원고의 반도체장치가 이 사건 계쟁특허와 그 주요부의 구성이 서로 상이하다고 하여 원고의 청구를 인용하였다. 이 사건의 항소심에서 동경고등재판소는 본건 특허의 기술적 범위와 특허의 무효성을 심리한 후 본건 특허는 원출원 특허와 실질적으로 동일하므로 무효 또는 거절사정될 개연성이 높다는 점 등을 인정하여 피고의 특허권 행사는 권리남용으로 보아 텍사스 인스트루먼트사의 특허권 행사를 불허하였다. 상고심에서 최고재판소도 원심을 인용하여 상고를 기각하였다.

---

205) 大審院 明治 37年 9月 15日 判決; 大審院 大正 6年 4月 23日 判決.

206) 青山紘一, 特許法 第10版 法學書院 (平成20年) 66頁.

(4) 사건의 의의

일본에서는 본 판결에서 법원이 말한 '특허무효사유의 명백성'이 무엇을 의미하는지에 관하여 견해의 대립이 있다. 통상의 본증의 단계에서도 고도의 심증을 얻는 것이 필요하다고 보는 견해, 통상 본증의 단계의 심증을 얻었다면 족하다는 견해, 소송경제에 반하는 결과로 되는 것과 동일하다는 관점에서 보는 견해, 분쟁의 조기해결을 꾀하는 것과 동일하게 판단하는 견해, 장래 정정심판으로 권리가 유효화 되는 것이 불가능한 경우와 그렇지 않은 경우를 분리하여 판단하여야 하는 것으로 보는 견해 등으로 나뉘었다.[207]

킬비 사건은 이런 견해의 대립을 정리하면서 특허의 무효가 명백하면, 침해법원도 특단의 사정이 없는 한 특허권자의 특허권행사를 권리남용으로 판단하여 그 행사를 저지할 수 있다고 보았다는 점에서 의의가 있다. 이 때 특별한 사정이란 곧 무효사유의 해소가능성과 그 절차에의 착수를 의미하는 것으로 해석되고 있다.[208]

2. 입법적 해결

(1) 특허법 개정 논의

일본은 2001.6.12. 사법제도개혁심의회가 "지적재산권관계 소송사건의 충실・신속화는 세계 각국에서 추진하기 위한 각종 방책을 강구하고 있는 상황이며, 일본으로서도 이러한 동향에 입각하여 정부 전체로서 몰두해야 할 필요가 있다"고 제안을 한 이후, 법무성 법제심의회의 민사소송법 개정 작업과 함께 지적재산전략본부의 지적재산추진계획 책정으로 지적재산소송검토회 특허법 개정작업에 이르게 된 것이다. 지적재산권소송검토회의 논의 결과 ① 침해소송과 무효심판의 관계는 침해소송을 신속하고 합리적 해결이 가능한 방향으로 정비하고, ② 전문가의 소송절차 참가 확대는 재판소조사관의 역할을 확대하고 그 권한을 명확화하며, ③ 침해행위의 입증 용이화를 위한 대책은 영업비밀의 보호를 포함하는 증거수집절차의 새로운 기능을 강화하고, ④ 지적재산관계소송을 담당하는 법원

---

207) 유대종, "특허무효사유와 특허권 남용," 산업재산권 제21호 한국산업재산권법학회(2006. 12.), 46-47면.

208) 안원모, "무효사유가 존재하는 특허권의 행사와 권리남용의 항변," 산업재산권 제27호, 한국산업재산권법학회, 246면.

의 전문화는 동경고등재판소의 특별지부 형태로 지적재산고등재판소를 설립한다는 방향으로 정해졌다. 사법제도개혁추진본부가 제안한 특허권남용행위에 대한 특허법 제104조의3을 포함한 법률안이 국회에 제출하여 가결되었다.[209)]

(2) 일본 특허법 제104조의3

2005.4.1.부터 시행하여 입법적으로 특허침해소송 등에서 당해 법원이 무효사유 심판이 가능하도록 하였다.[210)] 다만 판결의 효력은 당해 사건에서만 미치는 것이어서 당해 특허권이 무효심결이 확정까지는 유효하게 존속하고 대세적으로 무효로 되는 것이 아니다.[211)] 그리고 권리남용의 판단 기준이었던 무효존재 사유에 있어서 명백성은 요구하지 않도록 하였다. 왜냐하면 킬비 판결의 명백성 요건이 불명확하여 특허권남용항변을 십분 활용하지 못하는 이유가 되었기 때문이다. 일본은 특허법 제104조의3을 통하여 입법적으로 특허권남용이론을 정립하였다.

특허법 제104조의3 제2항은 "전항의 규정에 의한 공격 또는 방어의 방법에 대해서는 이것이 심리를 부당하게 지연시키는 것을 목적으로 하여 제출된 것이라고 인정되는 때에는 재판소는 신청에 의해 또는 직권으로 각하의 결정을 할 수 있다"고 규정하고 있는바, 제2항의 규정은 일본 민사소송법 제157조의 실기한 공격방어방법의 제출과는 달리 소송을 지연시킬 목적(목적성)을 요구한다는 점에서 실기한 공격방어방법과 구별된다.

V. 결 론

우리도 일본과 같이 이에 대해서 입법적으로 해결하는 것이 바람직하다. 물론 입법적으로 특허침해소송 등에서 당해 법원이 진보성과 관련된 무효사유까지

209) 설범식, 전제논문, 351-354면.

210) 平成16年 改正 特許法 第104條の3. 일본 특허법 제104조의3(특허권 등 권리행사 제한)은 제1항에서 "특허권 또는 전용실시권의 침해와 관련되는 소송에서 해당 특허가 특허무효심판에 의해 무효가 되어야 할 것이라고 인정되는 때에는 특허권자 또는 전용실시권자는 상대방에 대해 그 권리를 행사할 수 없다"라고 규정한다.

211) 靑山紘一. 前揭書, 67頁.

판단할 수 없도록 하여 전문성을 가진 특허법원에서만 이를 판단할 수 있도록 할 수도 있다. 하지만 전술한 바와 같이 대법원 2000다69194 판결처럼 일반 법원에서 이를 심리하여 판단하는 것이 여러 가지 이유로 더욱 타당하고 장점이 많다면, 입법적으로 특허침해소송 등에서 당해 법원이 무효사유에 대해 심판이 가능하도록 하는 것이 옳다. 그리고 특허 분야에 대한 일반 법원 판사의 전문성이 결여되지 않을까 우려가 있지만 특허무효의 명백성을 요구하면 이러한 문제는 상당부분 해소될 수 있으며, 일본 특허법 제104조의3과 같이 명백성 요건을 제거한다고 하더라도 판사의 전문성을 확보하는 법원의 노력을 통하여 해소될 수 있다고 본다.

다만 대법원 2000다69194 판결을 판례변경으로 보더라도 권리남용의 판단에 있어서 명확한 판단 기준을 제시하고 있지 않으며, 특단의 사정에 대한 판단여지도 있다.[212] 이러한 해석에 있어서의 모호성은 특허법상 권리남용항변의 사용을 어렵게 할 것이다. 특허법상 권리남용항변의 활용을 위해서는 일본처럼 '명백성'은 요구하지 않는 것으로 하든지[213] 그렇지 않다면 더욱 명확한 표현으로 그 판단기준이 무엇인지에 대해서 밝혀야 할 것이다.

한편 "권리남용에 해당하여 허용되지 않는다"의 의미가 별도로 요구되는 법률요건이 아니라 당해 특허에 무효사유가 존재하는 것이 명백함에 따른 법률효과이고, 특허침해소송 등에서 특허무효사유에 대하여 심리판단 할 수 있다고 본 이상 법률요건으로 오해될 여지가 있는 권리남용이라는 애매한 용어를 쓰기 보다는 직접적으로 "특허무효사유가 있어 허용되지 않는다"는 특허무효사유의 항변을 받아들이는 것이 바람직하다는 견해도 경청할 만하다.[214] 그러나 우리의 경우도 특허무효항변을 받아들인다고 하더라도 일본처럼 특허침해소송에서 무효판결의 효력이 당해 사건에서만 미치는 것이고, 당해 특허권이 무효심결의 확정까지는 유효하게 존속하고 대세적으로 무효로 되는 것이 아니라고 할 것이므로 권리남용항변으로 구성하는 것이 타당하다고 본다.

---

212) 일본에서 특단의 사정을 인정한 판결로 東京地判 平 17.5.31.(誘導電力分配 システム 事件).

213) '명백'이라는 말 자체가 명백하지 않아 분쟁시에 다툼의 원인이 되고, 분쟁의 일회적 해결의 관점에서 명백성의 요건을 없애야 하며, 명백성의 요건을 없애면 침해소송이 장기화한다는 지적이 있으나 분쟁 전체를 해결하는 기간으로는 오히려 짧아지게 되고, 판단 불일치의 문제에 대하여는 명백성 요건과는 별개의 안전판을 두면 될 것이다(설범식, 전게논문, 379면).

214) 박정희, 전게논문, 11면.

제 5 절 소 결

이상에서 특허권의 남용에 대한 규율이 필요한데, 이러한 규율로 가장 정치하게 발전되어 온 것이 미국의 특허권남용법리이므로 이 법리를 우리나라에서 적용할 수 있을지에 대하여 살펴보았다. 이를 위해서 입법론으로는 특허법을 개정하여 일본과 같은 특허권남용규정을 두자는 주장을 하였고, 해석론으로 민법상 권리남용규정의 적용, 특허침해소송 및 특허침해금지가처분소송 등에서의 특허무효항변, 공정거래법 위반에 기초한 특허권남용 주장이라는 3가지 대안을 검토하였다.

민법상의 권리남용의 경우 부동산 재산권의 경우 매우 제한적으로 인정되는 것과 달리 특허권이 산업정책적인 관점에서 주워진 권리로서 그 제한이 상대적으로 용이할 수 있다는 점에서 특허권의 남용의 경우 권리남용규정을 폭 넓게 활용하면 실제적으로 미국과 같은 운용이 가능할 수도 있을 것이나, 우리 대법원이 현재와 같이 주관적 요건을 엄격하게 새기면 상표법 남용을 인정한 판례에도 불구하고 특허권남용을 민법상 권리남용규정에 기초하여 인정하는 것은 어렵다고 보았다.

다음으로 특허권남용항변은 특허침해소송이나 가처분소송에서 특허가 신규성 또는 진보성 등의 특허요건의 흠결이 명백하여 무효가 될 것이 명백한 경우임에도 침해소송에서 특허무효에 관한 주장을 허용하지 않았던 침해소송법원과 특허무효소송 법원의 이원적 구별에 기초한 기존의 대법원의 판례에 대한 과도한 제한을 완화하려고 하는 관점에서 특허침해소송이나 특허침해금지 가처분소송에서의 항변으로 주장되는 것을 특허무효를 인정하여 제한하는 정도만 남게 된다. 그런데 이 역시 특허권이 무효임이 명백한 경우로 당해 특허권의 보호이익이 없는 경우로 이해되고 있어 명백성 요건을 요구하지 않는 일본 개정 특허법보다 더 좁게 이해되고 있다. 하지만 대법원의 2004년 판결 이후 우리 법원은 일본에서의 킬비 판결에서와 같은 수준으로 특허침해법원이 무효 사유가 명백한 것으로 보이는 경우에 무효 판단을 하는 것은 이제 해석론으로도 가능해졌다. 그러나 특허가 무효가 되는 경우는 제한적이어서 특허권자의 경쟁제한적 관행을 제어하기 위한 수단으로는 한계가 있다.

마지막 대안인 경쟁법을 통한 특허권의 규율은 특허권자의 경쟁제한적 행위를 규율하는 수단으로 사용된다. 공정거래법 제59조가 특허권자의 권리행사가 정당한 행사일 경우에만 공정거래법의 적용을 배제한다고 규정하고 있으므로 공정거래법을 통한 미국법상 특허권남용법리의 우리 법과 배치되지 않는 범위에서 적용은 가능할 것이다.

이러한 특허권남용과 관련된 논의는 표준보유자의 경우에도 확장된다. 왜냐하면 표준보유자의 경우 기술표준의 배경은 바로 특허권과 같은 지적재산권에 있기 때문이다. 다만 일부의 논의는 표준보유자와 일반적인 특허권자의 차이에 의해서 수정되거나 보완되어야 한다. 2장에서 살펴본 특허권남용논의를 표준보유자로 확장하기 위해서 3장에서는 표준과 표준보유자의 특징에 대해서 살펴본다.

제3장

표준과 표준화의 경쟁정책적 함의(含意)

Implication of Standard and Standardization from competition law's perspective

제 1 절 논의의 범위

이 장에서는 2장에서 논의한 특허권남용의 여러 가지 행위태양들 중에서 가장 시장봉쇄효과(市場封鎖效果 market foreclosure effect)가 크고, 최근 IT산업을 중심으로 한 네트워크산업이 발전함에 따라 많은 문제가 발생할고 있는 표준보유자의 특허권남용행위를 중심으로 보기 위한 전제로 표준과 표준화에 대한 사항들을 살펴보고자 한다.

제3장은 제2장에서의 규율수단 중 공정거래법에 의한 특허권남용에 대한 규율 중 표준보유자의특허권남용행위를 검토하기 위한 전제로서 표준과 표준화에 대하여 살펴봄으로서 표준보유자의 '시장지배적 지위남용행위'와 관련하여 표준보유자의 홀드업 행위를 통한 시장진입봉쇄의 문제, 사실상 표준의 상호운용성(interoperability) 배제를 통한 시장진입봉쇄 등의 문제와 표준보유자의 공동행위와 관련된 제4장 및 제5장 논의의 전제적인 논의를 제공할 것이다.

본 장에서 기술혁신과 표준화의 관계를 제품수명주기이론에 바탕을 두어 살펴보고, 여기서 전제하는 4단계에 따른 특허침해소송의 양상을 살펴본다. 그리고 표준화를 3유형을 제시하고, 각 유형별 검토를 할 것이다. 각 유형별로 경쟁당국의 역할에 대한 제4장에서의 논의의 전제가 되는 논의를 전개하고, 마지막으로 표준의 친경쟁적인 점과 반경쟁적인 점에 대한 논의를 하는 것으로 이 장을 마무리할 것이다.

제 2 절 기술혁신의 단계와 표준화

1. 제품수명주기이론에 따른 기술혁신단계

기술혁신의 양상은 기술의 종류나 당해 기술이 사용되는 산업의 분야만큼이나 다종·다양하므로, 이를 하나의 이론으로 정립하는 것은 쉽지 않은 일이다. 하지만 그 이론화를 위하여 부득이 아래에서 보는 그림과 같이 기술혁신의 양상을 일반화하여 논의를 정리하고자 한다.

[그림 1: 기술혁신의 양상]

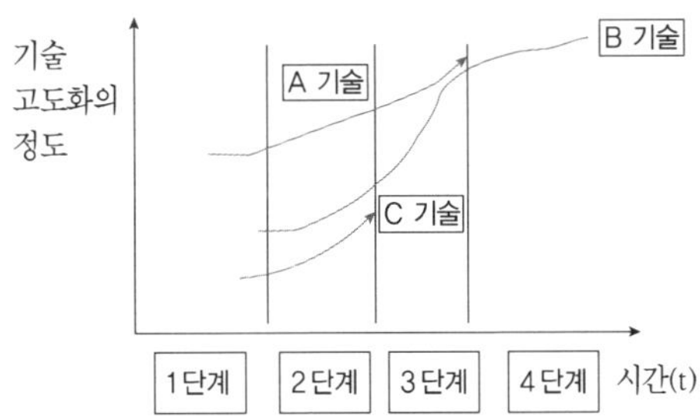

다양한 이론들이 존재하지만 경영학에서의 제품수명주기이론(product life cycle theory)[1]에 따르면 이론적으로 기술혁신의 양상은 위의 [그림 1]에서 보는 바와 같

1) 기술 혁신과 제품수명주기는 서로 밀접한 연관성이 있다고 생각하지만, 이에 대하여는 논문의 범위를 벗어나므로 상론하지 않는다. 제품수명주기는 Wasson과 같이 5단계를 주장하는 학자도 있으나, 대개 4단계로 설명하는 것이 교과서적이다[Wasson, C. R., "Dynamic Competitive Strategy and Product Life Cycles." St. Charles, ILL; Challenge Books (1974); 김범종, "제품수명주기 단계별 시장환경과 전략유형에 관한 연구," 마케팅과학회 추계발표논문집(2004.11.) pp.472-473 재인용].

이 통상 S자 커브를 그리게 된다. 제품수명주기이론은 환경과 전략간의 적합관계 연구를 위한 개념적 틀을 제공하는 이론이다.[2] 이중 환경 요소별 접근법은 환경을 구성하는 주체인 고객, 공급자, 경쟁자, 구매자를 중심으로 하여 각 과업환경 요소별의 구조 및 변화에 대한 대응에 대한 연구를 수행한다. 이러한 논의의 틀을 전제로 하여 작성한 위 그림에서 설명하고자 하는 바는 다음과 같다.

① 1단계－도입기

특정한 산업분야에 A라는 기술이 들어온다. 예를 들어 甲이라는 회사를 통하여 MP3라는 압축기술이 도입되었다. 그리고 이 기술에 대한 MP3 압축기술에 대한 특허를 출원한다. 그리고 회사는 이 기술에 기초하여 이를 상용화한 MP3 P[3] 제품을 출시한다. 최초의 도입자가 시장에서 움직이기 시작하고, 새로운 시장이 형성된다. 하지만 이 단계는 시장형성의 초기 단계이기 때문에 아직 수익성이 높지는 않다. 이미 이 시장에는 C라는 저품위 기술이 존재한다.

표준의 관점에서 이 상황에서는 압축기술도 하나의 압축기술이 존재하는 것이 아니고, 복수의 압축기술이 존재한다. 아직 어느 하나의 압축기술이 표준으로 자리잡을 것이라고 하는 점은 명확하게 알 수 없는 상황이다.

기술사용자의 관점에서 소수의 '초기 수용자(early adapter)'가 존재한다. 이 상황에서 이들은 상호간의 표준 차이로 인하여 전유적인 시스템에만 의존하지만 속성상 이러한 불편을 크게 문제 삼지 않는다.

② 2단계－성장기

시장이 점차 성숙되는 과정에서 이미 연구소 차원에서의 기초 연구는 하고 있었지만 많은 연구자원을 사용하거나, 집중을 하고 있지 않던 乙이라는 회사가 이 시장에 진입한다. 시장에서 브랜드 네임은 乙회사가 높지만, 시장에서의 기술적인 인지도는 아직 낮은 상황이다. 이 시장에 진입하기로 결정한 乙회사는 장래의 미래 수익성이 높아질 것이라고 판단하여 시장에 진입하기는 하였지만, 시장이 아직 많이 성장하지 않은 상황이기 때문에 B라는 대체 기술 축적에 집중하면서, 마케팅을 통하여 자신이 MP3 시장에 진입하였음을 알리는 것에 집중한다. B

2) 김범종, 상게논문, pp.471-486 참조.

3) MPEG3로 압축된 파일을 재생하는 기기인 MP3Player를 시장에서 흔히 줄여서 부르는 말.

기술은 압축율 등에서 A 기술에 미치지 못하고 있어 기술고도화의 정도에서 A 기술에 밀린다. C 기술은 이제 더 이상 기술진보를 이루지 못하여 정체되고, 시장에서도 퇴출되거나 퇴출 위기에 몰린다.

표준이라는 관점에서는 표준경쟁이 시작되는 시점이다. 기술혁신에 의해 새롭게 개발된 제품이나 새로운 생산공정은 약간의 시차를 두고 여러 가지 조금씩 다른 형태로 시장에 나타나게 되는데, 이러한 서로 다른 제품이나 생산공정의 바탕이 되는 표준이 서로 본격적인 경쟁을 시작한다. 이 단계에서는 같은 표준을 사용하도록 하기 위한 세규합이 본격화되기 시작한다.[4)]

사용자의 관점에서 사용자 수가 증가하고, 수요측에서 표준화를 통한 편의성의 증대에 대한 요구가 일어나고, 네트워크 효과가 수요의 기준의 하나로 작동하기 시작한다.

③ 3단계－성숙기 I

이제 시장이 성숙하기 시작하고, 본격적으로 수요가 폭발적으로 증가한다.[5)] 본격적으로 乙회사는 이제는 기술적인 점에서도 우위에 있게 된 자사의 제품을 출시하면서, 시장에서의 경쟁을 주도하여 나가고, 甲회사는 제품 개발 및 A 기술과 관련된 신기술 개발을 위한 역량이 뒤쳐지기 시작하면서 기술발전의 속도가 저하되고, 시장에서 3단계 말에 이르게 되면 이 기술은 기술 우위에도 불구하고 퇴출된다.[6)]

만일 甲회사가 마케팅 능력이나 자금능력이 대등하거나 쟁패가 가능한 전력을 가지고 있는 경우에는 표준경쟁이 일어난다. 甲회사나 乙회사나 이때는 네트

4) 이러한 경쟁의 고전적인 예가 VHS와 Beta간의 경쟁이고, 최근의 예가 Blue Ray와 HDDVD간의 표준경쟁이다. 소프트웨어산업의 경우를 예를 들라면 기존의 선도적인 지위에 있던 Macromedia사의 ODF(Open Document Format)과 Microsoft사의 OXML(Open XML)간의 표준경쟁이 있다. 사안에서의 모델에는 ODF 와 OXML의 경우가 더 유사한데 이미 시장에서 표준으로 지정된 ODF에 대하여 OXML이 복수표준(複數標準)이 되기 위하여 OS (Operating System)에서의 시장지배력을 기반으로 하여 표준경쟁을 하는 사안이었다.

5) Beta와 VHS 간의 표준경쟁에 대한 동태적 분석으로는, 윤강술 · 강대경, "시장에 있어서 국제표준화의 채택과정에 관한 연구," 산업경제학회 산업경제연구 제13권 제2호(上) (2000. 3.), pp.27-42 참조.

6) 실제로 MP3P시장에서 기술혁신을 주도하였던 레인콤은 삼성전자가 시장에 후발진입하면서 자금력 및 브랜드 파워 등에서 밀려서 시장에서 주도적인 지위를 상실하였다.

워크 내에 자신의 기술표준을 사용하는 플레이어를 많이 보유할수록 유리한 경쟁국면을 만들 수 있기 때문에 실시권의 허여에 대하여 매우 관대하다. 경우에 따라서 무상으로 실시를 하기도 한다. 이러한 무상실시는 공개라이선스전략(open license policy)이라는 이름으로 불리기도 한다.

네트워크효과가 큰 경우에는 경쟁에서의 승자가 시장전체를 독식하는 상황이 발생한다. 이러한 네트워크효과가 큰 IT 시장에서의 특성으로 인하여 이러한 표준경쟁이 시장관여자들에게 자금적인 압박이 크거나 시장의 규모가 크지 않을 경우에는 시장 내에서 표준화를 업계 내에서 또는 표준화기구를 통하여 만들 유인이 존재하고 작동하기도 한다.

④ 4단계 – 성숙기 II, 쇠퇴기

이제 시장에서는 B 기술이 독점적인 지위에 이르게 된다. B 기술은 3단계 말에도 여전히 기술적으로는 A 기술 보다 열위이지만,[7] 시장에서 최종적인 승자가 된다. 乙회사는 시장에서도 독점적인 지위에 이를 수 있다. 바로 B 기술의 특허를 통하여서다. 이 경우는 다시 여러 가지의 경우의 수로 나뉜다. 만일 乙회사의 특허가 원천특허라면, 이 시장에서 乙회사의 시장지배력은 매우 공고한 상태가 된다. 乙회사는 더 이상 관대한 라이선스 정책을 펼칠 이유가 없어졌으므로 시장에서 미약하게나마 살아남아 있는 다른 표준의 경쟁자들에게는 물론 같은 진영에 있지만 잠재적으로 경쟁자가 될 수 있는 플레이어들에게 라이선스를 거절하거나 수용하기 어려운 라이선스 조건을 제시하여 시장에서의 지배력을 더욱 강화하려고 한다.

왜냐하면 기술 도입기의 경우에는 최초 진입자가 기술적 특허 등으로 독점적 지위를 누릴 수 있으나 신기술에 대한 캐즘(Chasm) 등 성공가능성과 경쟁력에 대한 확실성이 낮기 때문에 전략적인 추종자 전략을 사용하는 기업들은 성장기를 거치면서 성숙기 시장에서 최대의 이윤을 끌어낼 수 있기 때문이다. 성숙기에 접어든 기술은 시장성에 대한 확신이 높아진다. 한편 기술의 보편화에 따라 기술

7) 시장추종자 전략을 사용하는 경우 자신의 특허나 기술은 최상위 기술일 필요는 없고, 시장에서 보편적으로 받아들여지는 기술이기만 하면 된다. A 기술의 경우 우월하지만 원천특허가 아니면 결국 기술적인 우월성에도 불구하고 이러한 특허 또는 기술이 시장에서 추종자의 시장에서의 경쟁전략을 극복하지 못하고 소멸할 수 있게 된다.

적 불확실성은 낮아진다.[8)]

위의 예는 주로 추종자 전략을 사용하는 경우에 있어서 기술경쟁 및 표준간 경쟁의 모습을 보여주기 위하여 만든 예이다. 실제로 기술 우위에 있는 기업의 기술이 퇴출되고, 시장에서 사실상 표준으로 독점적 지위에 있는 기업이 등장하게 되었을 때 이러한 기업의 기술이 지적재산권에 의하여 뒷받침되는 상황에서는 시장에서의 경쟁압력은 현저하게 감소하거나 소멸한다. 이러한 상황이 지적재산권이 경쟁과 혁신을 저해할 수 있는 상황이다.[9)]

2. 제품수명주기와 표준화

표준화의 관점에서 위 그림을 보면, 도입기에는 복수의 기술표준이 서로 경합하면서, 정립되어 있지 않다.[10)] 성장기에는 시장점유율에서 우위를 점하는 기업을 중심으로 표준화가 진행된다. 만일 복수의 기술에 기반한 서로 다른 제품이 경쟁을 하고 있는 경우 동종 제품을 생산하는 산업 내 기업들이 업계표준을 만들려고 하기도 한다. 국가에서 정부출연연구소 등을 통하여 관련기업들을 참여시킨 상태에서 기술표준을 만들어서 제공하려고 하기도 한다. 성숙기에 이르면 상당한 경쟁자들이 시장에서의 경쟁 속에서 도태되고, 사실상 표준이 되는 회사가 등장하기도 하고, 업계 표준을 만들어서 널리 사용하기도 한다. 경우에 따라서는 표준화기구의 규격이 만들어져 사용되기도 한다.[11)] 쇠퇴기에는 시장수요의 감소

8) 반면 쇠퇴기에 접어들게 되면 개선된 경쟁 및 대체기술의 도입가능성 증대로 시장에서 철수하지 않은 경우는 기술 불확실성이 높아지고 수익성이 악화될 수 있다(김범종, 전게논문, 475면)

9) 일반적으로 독점기업은 경쟁기업에 비해 혁신에 대해 부여하는 가치가 작다. 왜냐하면 독점기업은 혁신을 통한 새로운 기술의 도입이 있기 이전부터 이미 가지고 있는 독점적인 기술로 인해 누리고 있던 독점이윤이 있었고, 새로운 기술의 도입을 위해서는 기존의 기술을 새로운 기술로 대체하는 비용을 지출해야하기 때문이다. 이러한 효과를 대체효과(replacement effect)라고 한다. 반면 독점사업자는 시장에서 이미 독점적 지위를 누리고 있기 때문에 이런 독점기업은 혁신에 대해 더 높은 가치를 부여하고 혁신을 하려고 한다. 이러한 효과를 효율성 효과(efficiency effect)라고 부른다. 이러한 양자는 독점기업의 행위에 대하여 판단할 때 고려하여야 한다[Lynne Pepall & Daniel Richards & George Norman, Industrial Organization 3rd ed.(2005)].

10) 예를 들어 우리나라시장에서의 초기 휴대폰의 충전기는 각 회사마다 서로 호환이 되지 못하고 복수의 규격으로 경쟁을 하고 있었다.

로 인하여 생존하는 기업이 급속히 줄어들면서 시장에서의 경쟁압력이 점차 사라지고 있는 단계이다.

위의 전개를 Netscape과 Microsoft간의 '브라우저 전쟁(browser war)'의 양상과 비교하여 보고자 한다. 웹브라우저 기술의 경우에도 초기 특허들이 존재하였음에도 웹상에서 브라우징을 하는 것을 내용으로 하는 기술이라는 웹브라우저의 속성상 상호운용성이 확보되어야 하고, 이를 위해서 표준화가 매우 중요하였다. 그런데 웹브라우징 기술의 경우 기술발전의 초기에 HTML과 같은 웹표준화가 일찍부터 이루어졌다. 이 분야의 선발주자로는 Mosaic이 있었다. 1994년 Mosaic에 기초한 제품이 Netscape에 의해서 출시되었다. 1996년 Microsoft는 독자기술을 가지지 않고도 Spyglass사를 인수하여 웹브라우저 시장에 진출하였다. Netscape이 상품의 경쟁우위로 사용하였던 GUI(Graphical User Interface) 기술 등의 특허가 자신의 보유특허가 아니고, 자신의 특허로 우회가 불가능한 특허덤풀(patent thicket)을 만들어서 진입을 제한할 수 없었다. 따라서 Microsoft와 Netscape간의 소송의 양상은 특허침해소송과 이에 결합된 특허권남용항변 및 경쟁법 위반 소송이 아닌 Microsoft의 윈도우즈와 Internet Explore 간의 기술적 끼워팔기, 배타적 거래행위(exclusive dealing)를 비롯한 쟁점에 대한 경쟁법 소송으로만 전개되었다.

[그림 2: 웹브라우저 시장 점유율 추이][12)]

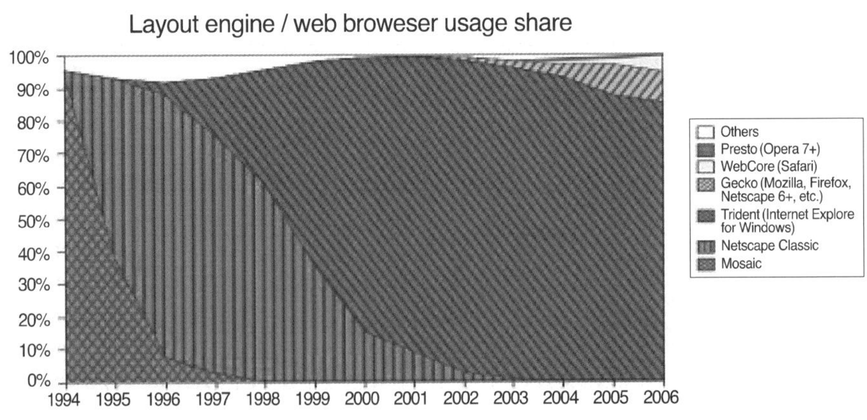

11) 예를 들어 MPEGLA에서 MPEG4 압축기술을 채택하고, 이것이 주요한 표준기술로 사용되는 것처럼 시장의 표준이 정리된다.

12) http://en.wikipedia.org/wiki/Browser_wars(2008.12.8. 최종접속).

Microsoft가 취한 것은 사실상 표준의 위치를 가지고 있던 브라우저의 바탕을 이루는 운영체제(Operation System)인 윈도우즈 플랫폼을 기반으로 하여 브라우저 시장을 장악하려 하였고, 결과적으로 성공하였다. 경쟁당국의 개입은 너무 늦었고 미약하였다. 기존에 운영체제 시장에서 사실상 표준을 장악하고 있는 사업자인 Microsoft가 시장지배력을 끼워파는 등의 방식으로 레버리지(leverage)하는 경우는 2차시장에서의 경쟁이 특허권 등에 의하여 대항할 수 있는 경쟁자가 없다면 사실상 표준을 장악하고 있는 시장에서의 시장지배력을 그대로 다른 시장에 복제할 수 있게 된다. 그렇기 때문에 시장지배력 전이이론(leverage theory)은 시카고학파에서 비판되어 논리적인 지지를 받지 못하게 된 상황에서도 끼워팔기와 관련된 시장지배력 전이이론은 유지될 수 있었다.[13]

경쟁당국의 시장개입은 표준화의 정도, 로드맵을 주요 특허의 보유현황, 기술의 성장과정 등을 종합적으로 고려하여 이루어져야 하며, 2차시장에서의 표준화의 정도가 높고, 특허보유에 의하여 2차시장으로의 시장지배력 전이가 이루어지기 쉬운 브라우저간의 경쟁과 같은 상황에서는 경쟁당국은 이러한 상황에서 사실상 표준을 장악하고 있는 시장지배적 사업자에게 성장기 시장에서부터 경쟁제한적 행위로 판단하여 끼워팔기의 금지 등의 시정조치를 명하여야 한다. 운영체제와 브라우저의 끼워팔기와 같은 경우에는 만일 규제의 시기를 놓쳐서 성숙기 시장으로 진입한 경우에는 이미 경쟁자들이 상당수 퇴출되거나 잔존하는 경쟁자도 유효한 경쟁을 하기 어려운 상황에 이르게 된 경우가 대부분이므로 행태적 시정조치로는 시장에서의 유효경쟁을 조성하기 어려운 경우가 예견되므로, 이 경우에는 구조적 시정조치의 사용도 고려하여야 한다.

3. 기술혁신의 단계와 특허침해소송

(1) 위와 같은 시장에서의 기술혁신의 양상과 이에 따른 기술 및 산업의 성숙화에 따라서 소송전략을 포함한 경쟁전략도 변화한다. 그리고 이러한 기술 및 산업의 성숙화에 따라 경쟁당국의 대응도 달라져야 한다.

---

13) Dennis W. Calton & Michael Waldman, "Tying," ABA Antitrust Law series Vol.3 (2008) at. 1871-1872.

(2) 도 입 기

도입기에는 특허침해소송의 발생이 거의 없다. 그리고 경쟁법 위반 사건의 경우도 생각하기 어렵다. 기술의 도입기에서 성장기까지는 기술간 경쟁 또는 표준간 경쟁이 심하다. 이와 같이 표준간 경쟁이 심한 상황에서는 어느 일방의 승리만을 지지하기 위하여 특정 진영에 들어가는 사업자도 있지만 양자의 기술을 모두 채용하는 사업자도 등장한다. LG가 블루레이와 HDDVD가 서로 경합하는 시장에서 2007년 양자의 표준을 모두 사용할 수 있는 제품을 만들어서 시장에 내어놓았던 것이 이러한 사례가 된다.[14] 복수 기술이나 표준을 모두 사용할 수 있는 제품을 시장에 내어 놓고 싶은 경우에 이러한 기술의 사용을 하기 위한 라이선스를 받기 위하여 실시계약을 하려고 하였으나 어느 쪽의 기술 또는 표준보유자가 이를 거절하는 경우 라이선스를 받기 위하여 경쟁법 위반을 주장하는 사안이다. 다만 이와 같은 경우에도 SK 멜론 사건과 같은 유의 사건은 있을 수 있다.[15]

(3) 성장기 및 성숙기

성장기에서 성숙기로 진행되면 될수록 특허소송의 건수가 증가한다. 그 첫째 이유는 특허소송을 제기할 경우 그에 따른 승소시의 손해배상액이 증가하게 되기 때문이다.[16] 하지만 이것만으로 설명하기는 어렵다. 특허괴물과 같이 자신은 스스로 사업을 하지 않는 사업자의 경우에는 역으로 특허침해소송을 별소 또는

---

14) http://www.dvdrwinfo.net/bbs/zboard.php?id=latest_news&page=1&sn1=&divpage=1&sn=off&ss (2008.12.8. 최종접속).

15) SK 멜론類의 사건이란 초기 기술개발기에 발생하는 혼합제품을 출시하고자 하나 경쟁기술 보유자 중의 특정 보유자가 당해 기술의 실시를 거절하는 경우 발생하는 사건을 말한다. SK 멜론 사건[서울고등법원 2007.12.27 선고 2007누8623 판결(이하에서는 'SK 사건'이라고 한다)]의 경우는 직접적으로 특허에 의하여 사용이 제한된 것이 아니라, 실시계약의 거절에 의하여 사용이 제한되고, Digital Right Management의 약자로 기술적 보호장치의 일종인 DRM을 회피하는 것이 저작권법에 의하여 금지되기 때문에 DRM을 공개하여 달라고 한 사건인 동시에 특허권 실시 거절 사건이기도 하다. 왜냐하면 DRM은 기술내용이 많은 특허에 의하여 보호되고 있기 때문에 그 공개란 결국 특허라이선스를 의미하게 될 것이기 때문이다[박태승, "DRM 기술의 특허동향," 특허청(2003)].

16) 특허청이 9월 1일 발표한 자료에 따르면 IT분야에서의 특허소송은 1999년 19건에 불과하던 것이 지난해 152건으로 8배 증가했다. 같은 기간 전체 특허소송은 3.4배 증가에 그쳐 IT분야의 증가폭이 특히 큰 것으로 나타났다(연합뉴스 2008.11.18.자 '글로벌 IT 업계 물고 물리는 특허전쟁').

반소로 제기당할 가능성이 거의 없다. 그러나 그렇지 않은 제조회사들 간의 특허침해소송은 많은 경우 카운터클레임(counterclaim)을 당하게 될 우려가 있기 때문에 결국 상호실시(Cross-license)로 마무리될 가능성이 크다. 그럼에도 불구하고 소송건수가 증가하는 다른 이유는 특허침해소송이나 특허무효소송이 성장기 및 성숙기 시장에서의 시장 주도권을 쟁취하기 위한 시장경쟁전략으로 사용될 수 있기 때문이다.[17] 이러한 상황에서 특허침해소송이 제기되면 많은 경우 상대방은 특허권 남용항변이나 경쟁법 위반을 이유로 한 반소를 제기하거나, 특허침해사건을 담당하는 법원에 특허무효항변을 하거나 특허심판원에 특허무효심판이나 권리범위확인심판을 제기한다.

(4) 쇠 퇴 기

쇠퇴기에 이르면 다시 특허침해소송이 증가하는데, 특허권은 보유하고 있지만 더 이상 생산을 하지 않는 회사가 증가하기 때문이다. 이러한 회사들이 마치 특허괴물처럼 역으로 특허침해소송을 별소 또는 반소로 당할 위험이 없어지므로 특허침해소송을 많이 제기하게 된다. 따라서 특허소송이 증가하고 시장에서의 경쟁이 소송의 형태로 발전하기 쉬우며 크로스 라이선스와 같은 방식으로 분쟁을 해결하는 것이 어려워진다.

---

17) 업계에서는 최근 특허소송이 빈번해진 이유로 IT기기 및 기술의 컨버전스와 응용이 활발해지면서 특허 침해로 '오해' 받을 만한 요소가 많아졌고, 경쟁업체의 시장 잠식을 막고 특허권 사용료 협상에서 우위를 자지하기 위한 수단으로 소송을 제기하는 경우가 늘었기 때문으로 보고 있다. 순수하게 특허권 침해를 막기 위한 경우도 있지만, 외국기업들이 경쟁사의 시장잠식 시도를 견제하기 위해 전략적으로 소송이라는 수단을 택하는 경우도 종종 있다. 기술의 활발한 컨버전스로 인해 누가 누구의 기술을 도용했는지가 명확하지 않은 경우도 많다. 실제 LG전자의 경우 Kodak측으로부터 디지털 이미지를 캡처, 압축, 저장하는 방법과 모션이미지를 미리 보는 방법과 관련된 특허를 침해했다는 이유로 제소 당했지만, Kodak이 문제 삼은 부분뿐만 아니라 Kodak측이 LG전자의 영상기술을 사용하는 부분까지 포괄하는 협상을 진행 중이었다(「연합뉴스」 위 같은 일자 기사 중에서).

제 3 절 표준화의 의의와 유형화

I. 표준화의 의의와 구별개념

1. 개념의 정의

표준화(standardization)란 표준(standard)을 선정하는 과정을 의미한다. 그런데, 표준이라는 용어가 일의적이면서, 명확한 것은 아니다. 왜냐하면, 표준이라는 용어 자체가 일반적으로는 한국표준원과 같은 도량형표준(度量衡標準)을 담당하는 곳에서 미터법과 같은 도량형표준을 제정하는 것을 의미하거나 아니면, 표준화기구에 의한 표준과 같은 기술표준의 양자를 지칭할 때 모두 사용되기 때문에, 이러한 다양한 용례에서 발생하는 혼동이 존재하기 때문이다.

2. 도량형표준과 기술표준

(1) 도량형표준과 표준화

표준이라는 것이 계측의 기준이 되는 미터법과 같은 경우에는 다수의 계측표준이 한 국가 내에서 복수로 사용되면 사고나 오류의 원인이 되므로, 도량형의 통일을 통하여 국가 내의 의사소통에서의 문제점을 제거하고, 효율화할 수 있는 것이 있다. 반면, 시장에서 표준간 경쟁이 증가하는 것은 소비자 후생의 관점에서 소비자의 선택가능성을 높이고, 표준간 경쟁을 통하여 우수한 기술을 개발하도록 할 수 있으므로 소비자의 편익이라는 관점에서 표준이 결정되도록 하는 것이 바람직하다.

이 둘의 구분은 도량형표준에서 '미터법'과 '야드법'을 사용하는 것을 혼용하여도 그 자체에서 익숙함으로 인하여 오는 실익이 있고, 야드법에서 미터법으로 변경함으로 인하여 발생하는 소위 메뉴비용(menu cost)이 있다. 하지만 경우에 따라서는 정밀가공과 같은 경우 발생하는 환산손실(conversion loss)에 기인한 사회적인 비효율이 더 큰 경우가 있어서, 메뉴 비용을 감수하고 환산손실을 줄이기 위하여 도량형을 '미터법'으로 통일하기도 한다. 이 경우 도량형의 표준화는 단기에서는 혼란을 가지고 올 수 있지만, 장기에서는 결국 사회적인 후생을 증대하고, 효율성을 증진시킨다. 이러한 점 때문에 최소한 단일한 국가 영역 내에서는 어떤 정부든지 하나의 도량형표준을 채택하여 운용하려고 한다.

(2) 기술표준과 표준화

기술표준은 이러한 도량형표준과는 구별되는 여러 속성을 가지고 있다. 기술표준은 서로 다른 기술적인 구현목표를 가지고 있을 경우 이러한 목표에 종속되어 결과적으로 하나의 형식으로 구현된다고 하더라도 상호 다른 표준으로 공존할 수 있게 된다. 소비자들은 오히려 서로 다른 표준의 존재로 인하여 그러한 표준이 제공하는 효익을 제공받을 수도 있다.[18] 따라서 오히려 도량형표준의 경우와 달리 복수의 표준을 사용하는 것이 실제로 더 많은 경제적인 효익을 사회에 제공하기도 한다. 기술표준의 경우에는 기술표준의 표준화 과정에서 발생하는 표준간 경쟁을 통하여 경쟁촉진적 효과가 발생할 수 있다. 그렇다고 사회에 기술표준이 많은 것이 사회적 후생의 증진에 도움이 되기만 하는 것은 아니다. 기술표준의 경우에는 표준의 수나 표준이 추구하는 목적이 개발자의 관점이나 목적에 따라 상이하다고 하더라도 그러한 기술표준의 존재는 도량형표준과 달리 사

18) 예를 들어, 디지털 이미지를 구현하기 위한 기술로서의 JPEG, GIF와 PNG(Portable Network Graphics)이 있다. JPEG은 Joint Photographic Coding Experts Group(JPEG 위원회)에 의해 개발되었다. JPEG는 풀 컬러(full-color)와 그레이 스케일(gray-scale)의 압축을 위하여 고안되었으며, 사진이나 예술분야의 작업에서 장점을 나타낸다. GIF와 함께 인터넷에서 가장 자주 사용된다. GIF에 비해 데이터의 압축 효율이 더 좋다. 또한 GIF는 256색을 표시할 수 있는데 반해 JPEG는 1,600만 색상을 표시할 수 있어 고해상도 표시장치에 적합하다. 또 한 가지 JPEG의 유용한 점은 이미지를 만드는 사람이 이미지의 질과 파일의 크기를 조절할 수 있다는 것이다. 예를 들어, 이미지가 큰 파일을 아주 작은 크기의 파일로 압축하려 하면 이미지의 질이 그만큼 떨어지게 된다. 그러나 JPEG 압축기술을 이용하면 이를 적절히 조절하여 이미지에 손상에 가지 않도록 이미지를 압축할 수 있다. 이 중 JPEG과 PNG은 디지털 이미지를 구현하기 위한 기술이라는 점에서는 공통점을 가진다. 하지만, 이 두 기술은 서로 다른 기술구현목표를 가지고 있다. JPEG는 압축률이 높은 정밀도가 요구되지 않는 그래서 적은 메모리 용량으로도 이를 휴대용 화상기기인 디지털 카메라 등에서 구현할 수 있도록 하는 것을 목적으로 하는 표준인 반면, PNG는 압축률은 떨어지더라도 정밀한 디지털 영상을 필요로 하는 경우에 이러한 요구를 만족시키기 위하여 사용하는 것이다. 이러한 차이는 실제로는 동일한 디지털 영상의 저장을 위한 파일 포맷이라는 기술표준의 일종이라는 점에서 일치하더라도 양자가 서로 다른 목적을 위하여 공존할 수 있게 되는 이유가 된다.

회적 폐해를 덜 가져온다. 또 국가가 개입을 하지 않더라도 소비자의 선택에 의하여 잘못된 개발목표를 가지고 소비자의 수요를 무시한 기술 표준화를 시도하는 경우에는 표준화가 되지 않거나 된다고 하더라도 사장된 표준이 될 가능성이 높다는 점도 경쟁당국의 개입이 시장분석을 함에 있어 고려하여야 할 사항이다.

(3) 정 리

이상에서 본 바와 같은 이유로 하여 기술표준은 표준이라는 용어를 같이 사용하지만, 표준화의 경쟁법적 함의라는 문맥에서는 도량형표준과 구별되는 개념이다. 따라서 이 글에서 대상으로 하는 표준은 기술표준을 의미하는 것이다. 경쟁제한적 효과와 동시에 경쟁촉진적 효과를 가지고 있는 기술 표준화 과정에서 경쟁촉진적 효과를 극대화할 수 있는 방법을 발견하는 것이 경쟁법의 영역에서 해결하여야 할 과제이기 때문이다. 표준화를 통하여, 기업들의 혁신을 촉진하고, 생산효율성(product efficiency)을 증대하고, 소비자의 선택을 넓히고, 공공의 건강과 안전을 확보할 수 있는 수단으로서도 기능한다. 그리고 국제적인 관점에서도 국가간의 교역을 촉진하는 수단이 된다.[19] 실제 소송에서 이러한 표준화의 효용은 표준화가 가지고 있는 경쟁제한적 요인들을 정당화하기 위한 사유로 효율성 항변(efficiency defense)의 하나로 주장될 수 있을 것이다. 표준화기구나 관련 회사를 대리하는 소송대리인들은 표준화가 가지는 반경쟁적 효과를 극복할 수 있는 사회적 후생 증대가 있음을 경제분석을 통하여 입증하는 것이 소송의 승패의 관건이 될 것이다.

II. 표준화의 유형화

1. 표준화의 3유형

표준화의 유형은 (i) 하나의 회사에서 자신의 기술을 사실상 표준(de facto standard)으로 정립하고자 하는 경우, (ii) 업계에서 자신들이 협의한 기술을 업계

19) IP & Antitrust Guideline p.6.

표준(industry standard)으로 정립하고자 하는 경우, (iii) 표준화기구(standard setting organization)[20]에서 표결을 통하여 특정한 기술을 표준으로 정립하고자 하는 경우 등으로 나누어 볼 수 있다.

(i)의 유형의 예로는 Microsoft에서 IPTV(Internet Protocol TV)[21] 관련 특허를 출원하고, 자신의 플랫폼인 X-box 360을 통하여 IPTV용 소프트웨어를 표준화하려고 하는 것이나, 노키아가 모바일용 운용체제시장에서 '심비안'이라는 독자의 운용체제를 사용하는 것과 같은 경우에 어느 한 회사의 표준이 시장전체의 표준으로 정립되는 경우가 여기에 해당된다. 제품의 관점에서라면 운영체제시장에서의 '윈도우즈'가 대표적이다.

(ii)의 예로는 LCD 시장의 경우에도 제품규격에 대한 기술표준의 경쟁이 있고, 광시야각 기술의 경우에도 기술표준의 경쟁이 있지만 어느 한 진영의 압도적인 승리가 아닌 상태로 유지되고 있다. 업계에서 자율적으로 각 사이즈별 표준을 합의하더라도 완전히 합의되는 경우는 드물다. USB(Universal Serial Bus) 표준화를 업계표준의 대표적인 사례로 들 수 있다.[22]

(iii)의 예로는 ISO(International Standard Organization), IEEE(Institute of Electrical and Electronics Engineers) 등과 같은 국제적인 기구에 의한 표준화를 예로 들 수 있겠다. ISO 기술표준 등에 대하여는 표준화기구에 의한 표준화와 관련하여 상설한다.

2. 유형별 검토

(1) 단일회사의 사실상 표준 정립

1) 전략적 행동 양식과 정립의 과정

첫 번째의 경우에는 하나의 회사가 자신의 기술을 표준으로 정립하고자 하

20) 최근에는 국가간 무역이 증가함에 따라 표준화기구가 초국가적 국제기구(supranational international standard setting organization)가 되는 경우가 많다. 본고에서는 'Standard Setting Organization'을 약칭하여, 영문약어로는 SSO라고 사용하기로 한다. 표준화기구를 문헌에 따라서는 SDO('Standard Development Organization)'이라고도 부른다.

21) 우리나라에서는 '인터넷멀티미디어방송사업법'에서 '인터넷멀티미디어방송'이라고 부르고 있다.

22) USB는 업계표준으로 USB-IF라는 단체의 웹사이트에 들어가보면, USB가 Hewlett-Packard Company, Intel Corporation, LSI Corporation, Microsoft Corporation, NEC Corporation, NXP Semiconductors 등의 회사가 만든 표준이고, 이 회사들이 이사회를 구성하고 있음을 알 수 있다(http://www.usb.org/about).

는 것이므로 관련되는 시장에서 자신의 상방 및 하방의 가치사슬에 속하는 회사들에 대하여 자신이 제공하고자 하는 기술을 사실상 표준으로 정립하기 위하여 가능한 많은 시장참자가들이 사실상 표준을 달성하려고 하는 회사의 기술을 사용하도록 경쟁전략을 구사한다. 이를 생태계(ecosystem)를 조성한다고 표현하기도 한다.[23] 일단 많은 시장참가자들이 당해 기술을 사용하기 시작하면, 소프트웨어 산업과 같이 네트워크효과가 큰 경우에는 점차 쏠림 현상(tipping effect)이 강화되어 간다. 결국 어느 정도 수준이 되면, 이제는 사실상 표준을 지배하는 회사의 별개의 노력이 많이 들지 않아도 시장참가자들의 편익추구행위에 의하여 시장에서의 경쟁자들은 배제되어 간다.

2) 역(逆) U자형 구조의 혁신곡선

특정한 하나의 회사는 표준화과정에서 자신이 구축한 생태계를 활용하여 네트워크효과의 크기를 키우고, 쏠림현상을 강화시켜서 승자독식을 가능하게 한다. 이와 같은 방법으로 시장에서의 독점화가 이루어지는 것이다. 위와 같은 사실상 표준화를 통하여 승자독식상황을 달성한 기업은 그러한 사실상의 표준이 유지되는 한 엄청난 이익을 확보할 수 있게 된다. 일단 사실상 표준이 달성되고 나면, 이러한 지위에 있는 기업은 사실상 표준의 유지하기 위해서 여러 가지 전략적 행동을 한다. 왜냐하면, 기술경쟁을 통하여 사실상 표준의 지위에 올랐든지 마케팅을 통하여 사실상 표준의 지위에 올랐든지 일단 특정 사업자의 기술이 사실상 표준이 되고 나면 그 이후의 단계에서는 잠재적인 경쟁자의 배제를 통해서 큰 수익을 가질 수 있기 때문이다. 혁신노력을 덜해도 일단 사실상 표준의 지위에 오르면 안정적인 수익흐름(income stream)을 만들 수 있기 때문에 기존의 플랫폼을 변경시킬 수 있는 잠재적 시장경쟁자가 등장하면 이 경쟁자를 시장에서 축출하는 것이 가장 중요한 경쟁전략의 과업이 되는 것이다. 이러한 관점에서 시장에서의 사실상 표준을 지배하는 사업자의 혁신에 대한 동기라는 관점에서 보면, 이러한 사업자는 '역-U 자형 혁신커브(inverted U-shape innovation curve)'를 가지게 될 가능성이 많다.

---

23) Microsoft의 경우에는 앞서 언급한 공개 API 정책(open API policy)을 통하여 윈도우즈라는 운영체제를 둘러싸고 있는 응용프로그램 개발자, 콘텐츠 제공자, PC 제조업체 및 모바일 기기 제조업자들에게 이와 관련된 별도의 개발비용을 없애거나 최소화하는 방식을 가치를 제공하고, 이런 가치의 공유를 통하여 자신의 기술이 표준으로 확산되도록 하는 정책을 취하게 되는 것이다.

[그림 3: 역 U자 혁신곡선]

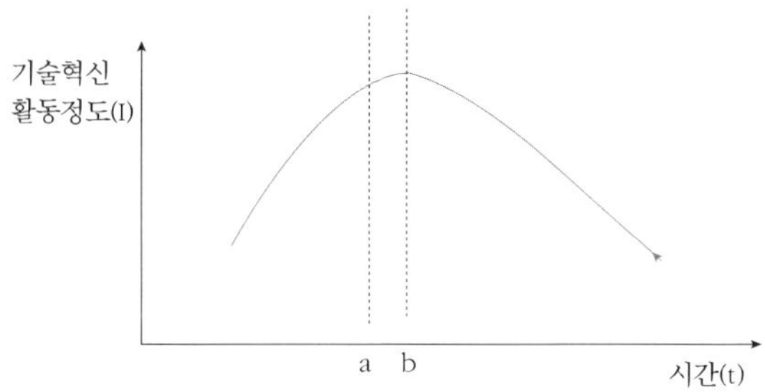

위의 그래프에서 보는 것과 같이 사실상 독점을 지배하게 된 기업은 사실은 이미 (a)라는 시점에 사실상 표준을 지배하게 되었지만, 실제로 기술혁신을 위한 노력은 (b)시점까지도 계속 하여 기술혁신활동의 정도는 지속적으로 증가하면서, 연구개발 활동을 가속화할 것이다. 그러나 (b)시점이 되면 이제 연구개발을 감소하게 된다. 왜 이렇게 보는가 하면, (a)시점과 (b)시점 간에 시장에서 사실상 독점을 지배하게 되었는지에 대한 인식의 간극이 존재하게 되기 때문이다. 이러한 인식의 간극이 좁혀질수록 둘 간의 시차는 감소할 것이다.[24)]

이러한 인지시차(recognition lag)의 문제는 경쟁법의 집행과 소송에서 시사점을 준다. 위와 같은 U자형 혁신곡선을 보이는 사업자의 경우에는 계량경제학(econometrics)에 기초한 실증분석을 하는 경우에 (a)와 (b)시점에 초점을 맞추게 되면, 실제적으로도 계속적인 혁신활동을 하고 있는 것처럼 오도될 위험이 존재한다. 따라서 실증분석을 위한 데이터로 유의미한 부분의 구간은 (b) 이후의 구간이 되어야 한다고 본다. 법원은 이러한 사실상 독점기업에서 고용한 경제전문가들의 관련되는 자료의 홍수 속에서 (a)구간의 자료를 제출받아 이를 근거로 재판을 함으로써 오류를 범할 수 있다는 점을 유의하여야 한다.

3) 경쟁당국의 관여

사실상 표준을 경쟁자 배제의 수단으로 사용하려고 하는 전략적인 기업들은 네트워크효과가 큰 산업에서 초기 시장 조건의 선취가 얼마나 중요한지 알고 있기 때문에 이러한 초기조건의 민감성(sensitivity of initial condition)을 고려한 파트너 전략

24) 필자의 조어(造語)이다.

과 가격 전략을 사용한다.

초기단계에서는 서로간의 경쟁이 충분히 존재하고 있기 때문에 어떤 기술표준이 사실상 표준으로 진행될지를 아는 것이 어렵다. 다만 이 경우 초기에 사용한 파트너 전략과 가격 전략은 뒤에 라이선스 거절행위와 같은 행위가 발생하였을 경우 이를 경쟁법위반으로 판단하는 근거가 되어 강제실시와 같은 시정조치를 취할 것인지를 결정하는 근거로 사용될 수 있다. 경쟁당국은 앞서 언급한 바와 같이 표준경쟁이 진행 중인 상황에서 표준획정의 방향을 왜곡하는 것도 주의하여야 하지만, 한편으로 지나치게 신중한 개입을 통하여 시장실패를 교정할 시기를 놓치거나[25] 부적절한 시장조치를 취함으로써 시장실패를 교정하는 것에 실패하여서도 안 된다.

(2) 관련 산업의 경쟁자들의 협의에 의한 표준화

1) 업계표준으로의 진행

아직 사실상의 표준이 위와 같이 진행되지 않은 상황에서 시장의 다른 경쟁자들의 관점에서는 사실상 표준이 이루어졌을 경우에 발생할 수 있는 문제들을 이미 인식하고 있기 때문에, 관련 업계에서 생산원가 절감 등 생산적 효율성의 달성을 위해서 업계표준을 만들려고 하는 경우가 있다. [그림 1]의 성숙기시장에서는 경쟁이 치열하게 진행되면 수익성이 감소하는 경우가 많다. 또, [그림 1]의 성장기시장이나 제2단계 이하의 시장에서는 경쟁이 치열하게 진행되기는 하지만 표준이 정립되지 않으면 시장자체가 더 이상 성장하지 못하고 소멸하기도 한다. 이러한 수익성의 제고를 위한 표준화나 시장조성을 위한 표준화는 충분히 기업의 관점에서 표준화를 위한 유인이 된다.[26]

---

25) 유럽공동체 1심법원이 2007년 선마이크로시스템에게 work group server에서의 상호운용성 확보를 위한 프로토콜에 대한 강제실시를 명한 것은 선마이크로시스템의 솔라리스 서버 등이 아직 경쟁력이 있는 상황이려면서도 지나치게 초기도 아닌 적절한 개입이었다고 본다.

26) 예를 들어 USB나 뒤에서 볼 IEEE의 IEEE1394와 같은 경우가 업계표준이나 국제기구에 의한 표준으로 될 수 합의될 수 있는 이유 중의 하나가 바로 이 표준들이 모두 interface와 관련된 표준이었다는 점이다. interface 장치가 없이는 상호간의 데이터 교환 등이 되지 않아서 효용이 제한적이기 때문에 업계 전체의 수익을 위하여 오히려 업계표준을 만드는 것이 더 바람직하다는 점에 대하여 이해관계가 일치하였던 것이다.

2) 높은 성공가능성

표준화의 성공 가능성과 성공시의 파급의 효과와 속도도 다른 경우보다 큰 경우가 많다. 업계표준의 대표적인 성공사례인 USB표준의 경우 PC 산업의 주요한 당사자인 CPU(Central Processing Unit)시장에서 시장지배적 지위에 있는 인텔, PC 운영체제시장에서 거의 100% 시장점유율을 가지고 있는 Microsoft, PC 제조업체인 휴렛팩커드가 모두 시장에 USB 표준에 관여하고 있기 때문에 PC라는 기기를 염두에 둔다면 그 유용성이라는 관점 외에도 성공가능성은 이미 상당히 확보하였다고 보아도 좋을 것이다. 이와 비교하여 우리의 경우 정부에서 지정한 무선전화 플랫폼 위피(WIPI)의 경우 어떤 주요 통신사도 채택을 하지 않아 국가표준임에도 불구하고 시장에서 외면당하였고, 결국 시장에서 퇴출될 위기에 처했다.[27] 국가나 표준화기구의 표준의 경우 이와 같이 표준으로 결정되었음에도 불구하고 시장반응을 얻지 못하고 퇴출되는 기술이 될 수 있다는 점과 비교하여 보면 특정 산업의 주요한 사업자들이 업계표준으로 만드는 것은 시장에서 시장참여자들의 참여율을 높임으로써 상업적 성공가능성이 높은 경우가 많다.

3) 경쟁당국의 관여

업계표준의 경우에는 가장 담합행위의 발생가능성이 높은 경우이다. 공동연구개발(Joint Research and Development)의 형식을 취하는 경우가 많아 공동개발에 대한 경쟁법이 적용될 수 있다. 형태가 다양하기 때문에 일률적으로 설명하기 어렵고 당사자간의 공동개발계약이나 기술공동사용계약의 형태에 따라서 공동개발 후 특허의 사용형태, 외부 실시요청자에 대한 취급, 로열티의 결정방식과 수령 후 배분 문제 등 여러 가지 사정을 종합적으로 고려하여 경쟁당국이 경쟁법을 집행하여야 한다. 이러한 업계표준으로 진행하는 경우에도 업계에서 표준화기구를 만드는 경우도 많다. 표준화기구를 만들어서 표준화기구에서 관리하도록 한

27) 폐지논의에 대한 대안으로 위피기반 업계는 위피를 리눅스 같은 개방형 운영체제(GPOS)와 결합하는 작업을 서둘러야한다고 주장하고 있다고 한다. 과거에는 OS나 플랫폼을 기반으로 서비스가 등장하는 수준이었다면 현재는 서비스를 먼저 기획한 뒤 미들웨어나 플랫폼을 개발하는 서비스지향의 패러다임이 만들어지고 있고, 세계 이동통신 시장이 단말경쟁에서 플랫폼과 서비스 경쟁으로 급변하고 있다는 판단에 따른 것이다. 노키아 · 애플 · 구글이 각각 자사 플랫폼을 확산하며 이통사들의 고유영역을 침범하는 가운데, 이통사들은 아직 주도세력이 없는 리눅스 진영에 주목하고 있는 상황이라고 한다(디지털타임즈 2008.11.18.자).

경우, 자신들이 특허풀을 만들어 제공한 특허나 공동개발한 특허 등을 남용한다면, 경쟁당국은 표준화기구에 의한 표준화에 대한 경쟁법적 규율의 문제로 처리하면 될 것이다.

(3) 표준화기구에 의한 표준화

1) 표준화기구의 표준결정 메카니즘

표준화기구에 의한 표준화는 새로운 기술표준의 제안, 여러 가지 표준안에 대한 공통의 표준에 대한 검토 및 표결절차로 구성되는 것이 일반적이다. 이러한 표준화과정에서 동시에 여러 개의 기술표준안이 제안되기도 하고, 경우에 따라서는 이미 제안된 표준에 대하여 새로운 표준안을 추가적으로 제시하여 복수표준으로 가지고 갈 것인지를 결정하기도 한다. 이러한 표준결정절차를 통하여 어느 한 회사의 기술이 하나의 국제표준으로 결정되기도 한다.[28)]

지구상에는 다수의 표준화기구가 존재하고, 여러 표준화기구를 분류하는 방식도 다양하다. 업계 표준화기구와 국제 표준화기구로 구별하는 방식, 국제 표준화기구와 지역별, 국가별 표준화기구로 구별하는 방식, 일반적 표준화기구와 전문분야별 표준화기구로 구별하는 방식 등이 있다. 이렇게 서로 구별되는 표준화기구마다 운용방식은 세부적으로는 완전히 동일하지는 않다. 그렇지만 이후에 표준화기구에서의 홀드업 문제를 이해하기 위해서는 운영 메카니즘을 이해할 필요성이 있으므로 여러 표준화기구 중 가장 대표적인 표준화기구인 ISO(International Organization for Standardization)[29)]를 본다.

---

28) 그 대표적인 경우가 바로 어도비社의 문서 포맷(format)인 아크로뱃(acrobat)이다. 아크로뱃은 어도비사의 문서 포맷으로 출발하였지만, 광범위하게 사용됨으로써 이제는 ISO에 의하여 國際文書標準이 되었다. 여기서 주의하여야 할 점은 ISO에 의하여 표준이 되었다는 것이 이제 시장에서의 文書標準에 대해서는 아크로뱃만 존재하게 된다는 의미는 아니다.

29) 1926년 ISA(International Federation of the National Standardizing Associations)를 설립해 기계공학 분야에서부터 표준화를 시작하였다. 제2차 세계대전으로 잠시 활동을 중단하였으나 1946년 런던에서 25개국이 참가한 가운데 모임을 재개하고 1947년 2월 23일 현재의 이름으로 공식적인 업무를 시작하였다. 조직은 총회, 이사회, 기타 전문부회가 있으며 기술적인 업무는 2,850개의 기술 위원회, 하부 위원회와 업무수행 그룹이 맡아 시행한다. 표준화 업무에는 산업 각 분야, 조사 학회 회원, 정부 관계자, 사용자 단체, 국제기구 등이 참가하며, 해마다 모임에 참가하는 전문가의 수는 3만 명에 이른다. 주로 각국의 공업규격을 조정·통일하고, 물자와 서비스의 국제적 교류를 유도하며, 과학적·지적·경제적 활동 분야의 협력을 증진하는 것을 목적으로 활동한다. 다루는 분야는 IEC(International Electrotechnical

2) ISO의 표준결정 메카니즘

ISO는 국가별로 1국 1표 주의를 적용하고 있는 기구이다. 국가별로 1국 1표 주의를 취한다는 것은 달리 표현하면, 상당히 정치적인 프로세스가 된다는 의미이다. 그러므로 이러한 ISO의 의결권 구조하에서 ISO의 표준이 되었다는 것이 바로 그 기술이 다른 기술에 비하여 바로 기술적인 우위에 있다는 의미가 되는 것은 아니라는 것을 알 수 있다. 하지만 기술표준의 여러 가지 효용 중에서 국가간 교역의 활성화를 염두에 둔다면, 이러한 정치적인 프로세스로 ISO가 기술표준을 정한다는 것이 가지는 의미를 폄하할 것은 아니라고 생각한다. 표결을 통하여 기술표준을 결정함으로써 국제표준으로서 국제적 확산에 기여할 수 있다는 점에서 장점이 있다. 그러므로 ISO는 이러한 국가적인 의견을 종합하고 집계하여 요건에 부합하면 국제표준으로 승인하는 기구이지, 당해 기술의 우월성이나 기술적 적합성을 판단하는 기구가 아니며, 또한 국가들 간의 서로 기술적인 성숙도 및 당해 기술에 대한 인식이 다르므로 이러한 표결과정에서 다분히 기술정치적인 고려(techno-political consideration)가 개입될 수 있다는 특징은 그 나름의 ISO의 존재이유를 담보하는 것이라고 할 것이다. 결국 ISO의 표준이 되었다는 것은 국제적인 인정을 받았다는 점에서는 분명히 의의를 가지고, 이러한 국제적인 표준을 만족시킴으로써 기술적인 최소한의 요구조건은 구비하였다는 정도의 의미를 가진다.

3) 표준화기구에 의한 표준화의 법적 성질

다수의 당사자의 협력적인 협의와 이를 정리한 계약에 의하여 표준으로 정립되는 표준화기구를 통한 표준설정행위와 사실상 표준의 경우에 이를 우리 법

Commission)의 담당 분야인 전기와 전자 공학 분야를 제외한 모든 부문이며 필요한 부분에서는 IEC, 세계무역기구(World Trade Organization: WTO) 등 기타 전 세계 500개 지역 기관들과 협력한다. 1987년 최초로 ISO 9000시리즈를 제정하는 등 설립 이래 2000년 현재 1만 2000건 이상의 광범위한 분야의 국제표준을 제정, 공표하였다. 산업 분야에서 필요한 표준화 작업은 해당 국가 단체에서 충분한 의견 수렴을 거쳐 ISO에 제안되면 분과위원회와 기술위원회를 거쳐 총회 정원의 75%의 찬성을 통해 국제규격(IS: International Standard)으로 승인되고 《International Standards》에 실린다. 재정의 80%는 회원의 기부, 20%는 기관 표준과 다른 출판물들의 판매 이익으로 충당하고 있다. 한 나라에서 한 기관만 회원으로 가입할 수 있으며 2002년 현재 139개국이 회원국으로 있으며, 본부는 스위스 제네바에 있다. 한국은 1963년에 가입하였다[(http://100.naver.com/100.nhn?docid=23052) 2007.11.16. 최종접속].

상의 문제로 인식하기 위하여 법적 성질에 대한 검토가 필요하다. 그러나 이에 대하여는 기존의 논의를 찾아볼 수 없었다. 사견으로 표준화기구의 결의행위는 합동행위이고, 이러한 표준결정을 위하여 표준화기구에 제출하는 확약서(commitment)는 계약으로 이해하는 것이 타당하다고 본다. 또 표준화기구는 업계표준화기구이던지, 국제 표준화기구든지 간에 각자는 '정책문서(policy document)'라는 이름의 회원사간 약정을 가지고 있다. 신규 가입하는 회원은 기존의 계약내용을 인수하는 행위를 함으로써 신규회원이 될 수 있다. 그러므로 정책문서는 우리법의 관점에서 보면 부합계약의 성격을 가지고 있는 내부규범(bylaw)이다. 회원간의 내부적인 규율은 바로 이 '정책문서'라는 계약에 의하여 규율되고 집행된다.

이 정책문서에는 특허권자등이 자신이 보유하고 있는 특허가 표준으로 채택될 경우 이러한 지적재산권의 라이선스 문제를 규율하기 위한 장치로 특허권자들에게 요구되는 원칙으로 기술공개의 원칙(open access policy)과 공정하고, 합리적이며 비차별적인 라이선스원칙(FRAND; Fair, Reasonable and Non-Discriminatory) 또는 합리적이고 비차별적인 조건(RAND; Reasonable and Non-Discriminatory) 등이 통상 삽입되어 있다. 이러한 조건들에 동의한 경우에만 특허권자들이 보유한 특허가 표준기술로 채택되도록 하고 있다.

4) 복수표준간 표준간 경쟁과 표준화

시장에서는 복수표준이 존재하기도 한다. 결정된 국가표준은 업계표준과 경쟁하기도 하고, 복수의 업계표준이 서로 진영을 나누어 경쟁하기도 한다. 국가표준이라고 업계표준보다 우선하는 것도 아니다. 이 점이 도량형표준과 구별되는 점이다. 결국 업계에서 많이 쓰이는 표준이 우월한 표준인 것이다.

또 앞서 ISO의 경우에서 본 것처럼 표준화된 기술이 반드시 기술적으로 당해분야에서 당업자(當業者, persons having ordinary skill in the art)[30]의 관점에서 우수한 기술인 것도 아니다. 그럼에도 기술표준이 생성되고 나면, 시장경쟁에서의 기술표준으로 채택되지 않은 기술과의 경쟁에서 표시 · 광고에 활용할 수도 있고, 생태계조성에서 유리한 입장에 설 수 있으므로 시장침입(market penetration)에서 우위로 작용한다. 새로운 우수한 기술의 출현을 오히려 막게 되어 시장에서의 경

30) 특허실무상 사용되는 용어이다. 해당 분야에서 종사하고 있는 자로 합리적인 수준의 전문성을 보유하고 있는 자를 칭하는 용어이다.

쟁을 제한하는 방향으로 사용되거나 각종 불공정행위를 할 수 있는 토대가 될 수 있다. 과거 철도궤도에서의 궤도 폭을 두고 일어났던 경쟁에서부터 VHS방식과 Beta 방식간의 비디오 표준경쟁, 최근의 HDDVD와 Blueray 방식간의 특허에 의하여 뒷받침되는 표준간 경쟁(Inter-standard Competition)은 기술혁신을 위한 가장 강력한 수단이며, 가장 강력한 경쟁촉진 방안이다.

5) 경쟁당국의 관여

경쟁당국은 표준화기구에 의한 표준화의 효과를 인식하면서도, 동시에 표준화된 특허권자의 특허 등의 남용행위를 통한 시장에서의 지위남용행위 또는 불공정거래행위를 지속적으로 감시하여야 한다. 그리고 개별 사실관계가 다양하여 일률적으로 말할 수는 없다. 경쟁당국은 표준화기구 및 회원사들의 행위의 친경쟁적 효과와 반경쟁적 효과를 비교형량하여 만일 친경쟁적 효과에 비하여 반경쟁적 시장효과가 큰 경우에는 적기에 적절한 시정조치를 내려야 한다. 위에서 본 표준화기구에서의 표준결정메카니즘을 고려할 때 경쟁당국의 개입근거나 개입방식과 관련하여, 기술공개의 원칙과 RAND 조건 또는 FRAND 조건의 해석을 통한 방법이 가장 중요한 방법 중의 하나가 될 것이다.

사실상 표준의 경우 사실상 표준이 형성되면, 그 표준에 기초한 시장지배적 지위를 남용하여 플랫폼을 중심으로 한 생태계에서 사실상 표준이 된 기술에 고착된 경쟁자들에게 반경쟁적인 시장지배적 지위남용행위를 하는 점을 발견할 수 있다. 사실상 표준 보유자의 행위를 방치하는 것은 사실상 표준보유자가 시장에서의 현재 및 장래의 잠재적 경쟁봉쇄를 시킬 수 있는 힘이 표준화기구에 의하여 표준으로 결정된 특허권자의 그것보다 더 클 수도 있다.

업계표준이나 표준화기구에 의한 표준의 경우에는 표준으로 채택되는 시점이 명확하게 정해질 수 있으므로 사전적인 구제수단과 사후적인 구제수단으로 나눌 수 있다. 그러나 사실상 표준의 경우에는 표준화 전과 후라는 것이 판단하는 것이 명확하지 않다. 사실상 표준의 경우에도 이러한 구별을 하는 것이 불가능하지는 않을 것이나 자의적일 수 있고, 이러한 점에서 표준결정 전의 경쟁제한행위와 표준 결정 후의 경쟁제한행위를 구분하는 것이 어렵고 구별할 실익도 존재하지 않는다.[31]

III. 표준화(Standardization)에 대한 경쟁정책

1. 표준화의 친경쟁적 측면

(1) 생산효율성의 향상

표준화는 광궤와 협궤 간의 철로표준경쟁에서 볼 수 있는 것과 같이 무역을 촉진하고, 운송업자의 운송효율을 높인다.[32] 생산자의 관점에서는 표준화는 여러 가지 표준화되지 않은 제품을 생산하는 것에 비하여 표준화된 제품생산을 통하여 경비절감을 이루게 된다. 결국 이러한 표준화는 생산적 효율성(productive efficiency)을 향상시킬 수 있게 한다.[33] 아울러 표준화는 네트워크효과를 통하여 규모의 경제(economy of scale)를 달성할 수 있도록 한다. 특히 통신산업과 같은 네트워크 효과가 크게 나타나는 산업영역의 경우에는 표준화로 상호운용성이 증가할수록 당해 네트워크전체의 효용이 외부효과 측면에서 발생하게 된다. 이러한 네트워크 산업에서의 외부효과는 표준화를 통하여 증대된다. 표준의 제공을 통하여 더 많은 통신사용자들이 네트워크를 사용할 수 있게 되고, 통신사업자들은 더 많은 서비스를 제공할 수 있게 되므로 규모의 경제가 발생하게 되는 것이다.[34] IT 산업의 발달에 있어서 하나의 제품에 수천 개의 특허가 존재하며, 소비자가 시장에 수많은 표준이 존재함으로 인하여 발생하게 서로 다른 사업자의 제품을 사용하다가 다른 표준의 제품으로 옮기게 되는 경우 발생하게 되는 폐해를 감안하면 표준화가 산업발달의 근간이 된다.[35]

---

31) 오승한, "특허기술의 표준 책정과 경쟁법 적용의 문제," 산업재산권 제23호, 산업재산권학회(2007), 685면.

32) 최승재, "통신산업에서의 표준화와 지적재산권과 경쟁법의 조화," 법조(2008.6.), 98-100면.

33) Eric Iverson et al, "Patent Pools and non-assertion agreements: coorination mechani는 랙 multi-party IPRs holders in standardization," Strategic Research Project paper no. FP6-503594 at 5.

34) *Id.;* 최승재, 각주 203) 전게논문, 104-105면.

35) *Id.*

(2) 거래비용 절감 효과

표준의 경제적 효과는 크게 2가지로 설명된다. 하나는 거래비용의 관점에서 표준이 정보제공의 기능을 통하여 시장에서의 불확실성을 제거함으로써 거래비용을 절감하게 한다. 원래 표준은 연혁적으로 중세 유럽의 상인들이 만든 길드에서 연원하는 것으로 이해되는데, 표준화를 통하여 경제주체들은 자신들이 제품에 대하여 거는 기대에 대하여 추가적인 불확실성 없이 거래할 수 있게 됨으로써 이윤 및 효용 극대화를 달성할 수 있게 된다.[36] 거래비용이라는 관점에서 만일 표준화를 하지 않게 되면 거래를 하고자 하는 사람은 상품의 품질의 차이를 발견하기 위하여 探索費用(Searching cost)을 부담하여야 하고, 품질 등의 차이를 발견한 후에는 이러한 차이를 고려한 적절한 가격을 정하기 위하여 協商費用(bargaining cost) 및 測定費用(measurement cost)을 부담하여야 한다. 이러한 모든 비용들은 사회적인 총비용 관점에서 비효율의 원인이 된다. 표준이 있을 경우 구매자들은 시장에서 구매하기 위하여 소요하여야 하는 비용을 절감할 수 있도록 한다.[37]

(3) 표준경쟁을 통한 경쟁촉진

사업자들이 자신의 기술이 업계표준이 되도록 하기 위하여 치열하게 경쟁함으로써 이 과정에서 새로운 기술이 시장에 유입되고, 기술혁신이 촉진된다. 표준 그 자체가 가지는 친경쟁적 요인이 있음과 아울러 표준이 정립되어 가는 과정에서 발생하는 표준경쟁이 가지는 친경쟁적 효과는 가장 강력한 기술혁신의 원동력이 된다. 사업자들은 사실상 표준으로 확립하기 위한 노력과 아울러 전략적으로 표준화기구를 통하여 표준으로 결정되도록 하기 위한 활동도 지속적으로 수행한다. 이러한 표준경쟁의 예로 우리나라에서의 모바일 플랫폼 표준경쟁을 들 수 있다. 현재 SKT, KTF, LGT의 무선통신 3사는 각자 자신만이 사용하는 플랫폼을 쓰고 있다.[38] 현재의 상황에서는 각자가 자신의 플랫폼을 표준으로 할 것을

---

36) 윤강술 외, 전게논문, 2면.

37) 상게논문, 3면.

38) 모바일 플랫폼 표준을 만드는 것과 관련하여, “여러 업체가 각자의 방식으로 서비스를 제공하고 있는 현시점에서 표준 플랫폼을 만드는 것은 무리가 있으며, 상용 서비스를 하고 있는 플랫폼들이 이미 시장에 완전히 정착했다는 점 등 표준 플랫폼의 개발을 둘러싸고 여러 문제들이 제기되어 왔고, 사업 추진상의 문제로 난항을 겪어왔던 플랫폼이 곧 그 모습을 드러낼 것으로 보인다. 한국 무선인터넷 표준화 포럼에서 개발하고 있는 무선 인터넷 플랫폼 규격은 이동통신 3사의 요구사항을 충실히 반영하여 지금까지 사용되었던 여러 플랫폼들의

염두에 두고 경쟁을 하고 있기 때문에 콘텐츠 공급자의 경우에는 3개의 서로 다른 플랫폼에 맞는 서로 다른 형식의 콘텐츠를 공급하여야 하는 상황이다. 해외에서도 노키아의 심비안, Microsoft의 모바일 OS(operating System), 구글의 안드로이드, 애플의 맥 모바일 OS(operating System)가 서로 경합하고 있는 표준화 초기 단계인 점은 마찬가지이다. 현재는 모바일 운영체제의 경우에는 표준경쟁이 이루어지고 있다. 다만 이 시장에서도 PC와의 상호운용성을 무기로 한 Microsoft의 모바일 운영체제로의 지배력 전이의 문제는 공정거래위원회가 주목하여야 할 부분이다.

(4) 정 리

철로표준화의 경우 철도용 침목업자라든가, 철도용 차량 제작 업자들로 하여금 규모의 경제를 달성하도록 하는 등의 전사회적인 후생의 증가를 가져 왔다. 이와 같이 표준은 그 자체로 사회적 효율의 달성이라는 면에서 긍정적인 면을 가지고 있다. 그리고 이러한 표준간 경쟁은 통상 친경쟁적인 요소로 기술혁신의 원동력이 된다.

2. 표준화의 경쟁제한적 측면

(1) 네트워크 효과가 큰 시장에서의 표준보유자의 시장지배력

표준화 자체의 반경쟁적 효과로 네트워크산업에서의 쏠림현상(tipping)을 통한

단점들을 보완하고 차세대 무선 인터넷 서비스를 위한 새로운 기능들을 추가한 규격이다. 새로운 플랫폼은 Interpreter 구조와 Binary 구조의 장점을 수용하여 보완된 Binary 구조를 가지며, 성능과 보안 및 안정성을 모두 해결한 우수한 플랫폼이 개발될 경우, 자바 칩을 개발하던 업계에 커다란 변화를 안겨줄 수 있으며, 세계의 모바일 플랫폼 판도를 크게 바꾸어 놓을 수 있을 것으로 판단된다. 한국 무선인터넷 표준화 포럼은 이번에 작성될 규격을 TTA 단체 표준으로 추진할 계획이며, 이어 3GPP/3GPP2의 규격으로 제출한다는 목표 아래 표준화 작업을 진행하고 있다. 이번 과제가 성공할 경우 BREW를 앞세워 국제표준화를 주도하려는 Qualcomm을 견제하고, 국내 기술을 국제표준에 반영할 수 있는 좋은 기회가 될 것이다. 성공적인 표준화 추진을 위하여 정부 및 3GPP의 활동 경험을 가진 업체들의 긴밀한 협조가 필요하며, 새로운 플랫폼의 표준화 작업과 병행하여 IPR 문제의 사전 해결 및 필요한 IPR의 확보를 충분히 고려하여 할 것"이라고 결론을 내리고 있다(이준섭 · 민재홍, "모바일 플랫폼 표준화 동향" 참조, 아래의 주소로 2008.11.17. 최종접속).
(http://www.itfind.or.kr/itfind/getFile.htm?identifier=02-001-070601-012536)

고착화(lock-in) 가능성이 있다. 이러한 쏠림현상과 고착화를 통하여 네트워크 산업에서는 승자독식(winner-take-all) 현상이 발생한다. 표준경쟁에서 승자가 되는 사업자는 사실상의 표준이라는 트로피를 가지게 되고, 다른 경쟁자들은 시장에서 사라지거나 수익성 감소를 감내하고 승자의 체제하에 들어가게 된다. 사실상 표준 보유자는 시장지배적 사업자가 된다는 점은 승자독식체제하에서는 직관적으로도 당연하게 인정된다. 일단 인터넷 익스플로러가 시장지배적 지위에 이르게 된 이후에는 오페라나 파이어폭스, 애플의 사파리, 구글의 크롬 등의 웹브라우저가 등장해도 시장점유율의 변화가 거의 없는 것에서 보는 것과 같이 사실상 표준으로 정립되는 과정에서 경쟁당국의 시장실패에 대한 적절한 조치가 없이는 일단 시장에서 사실상 표준으로 정립된 뒤에는 소비자들이 이미 고착되어 있기 때문에 유효하고 적절한 시정조치를 취하기가 매우 어렵다. 인터넷 익스플로러도 웹브라우저 플러그인 기술과 관련된 특허인 Eolas Tecs, Inc.의 미국 특허 No. 5,838,906 특허 침해와 관련된 소송[39]으로 인터넷 익스플로러가 문제가 되기도 하였지만 이 사건은 2007년 화해(Settle)로 종결된 것으로 알려지고 있다. 이 사건에서도 다른 특허 소송과 마찬가지로 특허 자체의 유효성에 대한 다툼도 있었고, 재심사(re-exam)나 재발행(re-issue) 관련 분쟁도 있었다. 이 906 특허는 '상위 미디어 문서(Hypermedia document)'에 임베디드 되어 있는 오브젝트와 상호 연동성과 표시를 제공하기 위한 외부 애플리케이션을 제공하기 위한 수단에 대한 특허로 매우 중요한 특허라고 할 수 있다. 그런데도 이 사건이 결국 인터넷 익스플로러의 시장지배력에 준 영향을 미미하다. 이와 같이 이러한 제품 표준이 기술표준에 의하여 뒷받침되고 있는 경우에는 기술적인 장벽이 시장장벽에 더해져서 시장지배적 지위에 있는 사업자의 지위는 더할 나위 없이 공고해지고 시장에서의 경쟁은 봉쇄된다.[40]

사실상 표준의 지위를 취득한 사업자에게 특허법을 포함한 지적재산권법이 승자에게는 승자의 달콤한 독주를 지키고, 시장에서의 독점적 지위를 유지하는 수단으로 사용된다. 따라서 이러한 승자들에 대하여 경쟁법에 의한 규율을 하지

39) *Eolas Tecs, Inc. v. Microsoft Corp.*, No.99, C 0626 (N.D. Ill. Dec. 29. 2000). 이 사안에 대한 상세는 최승재, IT 기술과 법 I, 37면 참조.

40) *Eolas Tecs, Inc. v. Microsoft Corp.,* 399 F.3d. 1325 (Fed. Cir. 2005)에서 보는 것과 같이 Microsoft와 같은 회사도 새로운 기술에 의하여 공격당할 수 있지만 역으로 사실상 표준의 지위에 있게 되면 回避設計가 용이하다는 점에서 방어도 용이해진다.

않을 경우에 표준이라는 경쟁장벽에 이러한 표준의 달성을 위하여 이미 구축하여 둔 지적재산권 포트폴리오가 결합되면, 시장에서 경쟁압력은 거의 무시할 수 있을 정도의 수준으로 줄어들게 된다. 잔여경쟁(remaining competition)의 존재는 시간의 문제이지 결국 소멸하게 되는 상황이 발생하게 되므로, 이러한 사실상 표준을 승자의 트로피라고 그대로 방치하는 것은 사회적 후생의 관점에서 결코 묵과할 수 없는 상황이 전개된다. Microsoft에 대하여 유럽공동체가 상호운용성의 확보를 위하여 강제실시를 명한 것은 적절한 선택이었다고 할 것이다. 다만 어떤 시기에 어떤 기준에 의하여 강제실시를 하도록 할 것인가 하는 점은 뒤에서 별도로 논의할 것이다.

(2) 표준화기구에 의한 표준화와 사실상 표준화의 경쟁제한성

반면 표준화의 과정이 협력적인 방식의 표준화기구를 통하여 일어나는 경우가 사실상의 표준을 달성하는 과정에서의 경쟁자의 소외와 이를 통한 경쟁압력의 소멸이라는 사실상 표준보유자의 반경쟁적 행위가 가지는 경쟁제한성보다 덜 경쟁제한적일 수 있다. 왜냐하면, 실제 그 표준을 적용한 상품시장에서의 경쟁압력은 여전히 존재하기 때문이다. 다만 전제는 표준화기구에 특정 사업자의 특허기술이 일부분이 되었을 때 특히 IT 산업과 같은 네트워크 효과가 큰 산업에서 그 사업자의 기술라이선스에 대한 적절한 통제가 FRAND 조건 등에 의하여 이루어질 수 있어야 한다는 점과 표준화의 과정에서 협력(collaboration)이라는 이름으로 이루어질 수 있는 경쟁 제한적 합의와 이를 통한 소비자의 선택권의 제한을 경쟁당국이 사전 또는 사후에 통제할 수 있어야 한다는 점, 그리고 표준경쟁을 회피하기 위한 산업계에서의 표준화를 통해 경쟁 상황이라면 존재하였을 혁신동기유발효과 및 기술혁신이 봉쇄되어 경쟁을 저해할 수 있다는 점 등에 대한 고려가 이루어져야 한다.

제 4 절 표준화와 상호운용성

I. 상호운용성의 개념과 경쟁법상 의의

1. 상호운용성의 개념

상호운용성(interoperability)이란 A라는 기기가 다른 기기와 대화할 수 있는 능력을 말한다. 예를 들어 말하자면, PC가 프린터와 서로 대화하고, 이를 통하여 PC상의 명령을 통하여 프린터가 작동될 수 있도록 하는 능력을 의미하는 것이다.[41] Microsoft 사건에서 워크그룹 서버와 PC 간의 연동의 문제가 바로 상호운용성의 문제이다.[42]

2. 상호운용성의 경쟁법상 의의

표준화는 상호운용성을 확보하여 줌으로써 네트워크 외부효과를 키우게 되

---

41) 실제 상호운용성에 대한 정의는 이 개념이 사용되는 범위만큼 다양하게 이루어질 수 있을 것이나 본고에서는 이런 의미로 사용한다. 다만 이러한 상호운용성(interoperability)이라는 개념을 법학에서 사용하는 것은 자체적인 개념을 명확하게 하여야 함은 물론 그 개념을 기존이 규범틀 안에 위치지우는 작업을 동시에 병행적으로 수행하여야 한다. 그럼에도 과학기술과 법 영역에서 특히 최근에 이슈가 되고 있는 경쟁법과 지적재산권법과의 관계적인 조화라는 주제하에서 과학기술의 영역이나 비즈니스에서 사용되던 용어들이 별다른 개념의 명확화나 개념적인 정합성이라는 검증을 거치지 않고 도입되어 사용함으로 인하여 여러 가지 문제섬을 노성하게 되는 사안들이 발생하게 되는 것으로 보인다. 상호운용성이라는 용어를 규범적으로 사용하기 위하여도 바로 이러한 작업들을 선행적으로 수행하여야 한다. 최근의 Microsoft사에 대한 유럽공동체 1심법원의 판결이 있고 난 뒤에 상호운용성이라는 용어가 종종 사용되지만, 이러한 용어례에 대한 구체적인 정의에 대하여는 명확하지 않은 것 같고 논자마다 서로 다르게 사용하기도 한다.

42) Microsoft는 미국 시간으로 2008.2.21. 상호운용성을 강화하기 위하여 필요한 정보를 공개하겠다고 공표하였다. 이 회사는 이를 통하여 유럽공동체 집행위원회를 무마하여 보려고 하였으나, 결국 라이선스 거절에 대한 추가적인 履行强制金을 피하지는 못했다.

어 표준화의 장점을 극대화할 수 있다. 네트워크 외부효과는 시스템 구성요소의 기술적인 접속가능성과 사용자간의 접속가능성의 2가지 측면을 가지고 있다.[43) PC의 예를 들어 보면 PC는 CPU를 포함한 메인보드, 디스크드라이브와 같은 내부적인 장치간의 접속가능성을 확보하여야 하고, 이에 부수되는 주변기기인 모니터와 프린터 등과의 접속이 가능하여야 한다. 이러한 접속가능성은 인터페이스(interface)를 의미하는 것으로 운용가능성의 다른 말이다. 시스템에서 어느 한 구성요소가 달라지는 경우에 다른 요소들이 작동을 하지 않아 운용이 불가능하게 된다면 전체적인 시스템의 운용효율이 감소하게 될 것이다. Microsoft 사건의 경우 통신 프로토콜(protocol)을 알 수 없게 되면 이미 PC 시장에서 운용체제의 사실상 표준이 된 윈도우즈와의 상호운용이 불가능하여 지게 되므로 독립적으로 선마이크로시스템즈사의 이메일이나 프린터 등의 용도를 위하여 제공되는 워크그룹 서버가 기술적인 우위에 있고 사용자의 선호도가 높다고 하더라도 네크워크 외부성이라는 관점에서 사용자는 효용이 현저히 감소하게 될 것이므로 윈도우즈서버를 선택하게 된다. 이러한 점을 고려하면 표준화가 진행된 상황에서는 경쟁이 유지되도록 하려면 상호운용성을 확보하여 주는 것이 매우 중요해 진다.

서버-클라이언트 구조에서 PC는 윈도우즈 서버의 프로토콜(protocol)을 이해할 수 있는 PC이며, PC 사용자가 이메일발송 명령을 하면, 이 명령을 서버에 보내서 이메일이 발송되도록 한다. 이 과정에서 클라이언트 PC와 서버간의 교신을 통하여 워크 그룹 서버의 기능인 메일보내기나 네트워크 프린터와 연결해서 프린트하기 등의 기능이 수행된다. 그러나 선마이크로시스템의 운영체제(operating system)를 사용하고 있는데 서버의 경우에는 윈도우즈운용체제를 사용하고 있는 클라이언트 PC와의 교신언어인 프로토콜(protocol)을 이해할 수 없으므로 이메일링(emailing)이나 프린팅(printing) 등의 작업을 할 수 없다. 바로 서버와 PC 간의 상호운용성이 없는 것이다. 이렇게 되면 서버구매자의 입장에서는 설사 서버 그 자체의 처리능력이나 유지비용 등의 관점에서 SunMicrosystems사의 서버가 우위에 있다고 하더라도 서버사용자 중 대부분의 PC에서 사용되고 있는 운영체제인 윈도우즈와의 상호운용성이 확보되지 않고 있는 문제 때문에 마이크로소프트의 서버를 구입할 수밖에 없는 사실상 강제(coersion)가 발생하게 된다.

43) 윤강술 외, 전게논문, 30면.

상호운용성의 개념은 정보통신(IT)산업[44]과 같이 제품생명주기가 매우 짧고 급격한 기술진보가 이루어지는 산업에서는 더욱 중요해지고 있다. 왜냐하면 정보통신산업과 같이 네트워크 효과가 크게 작용하는 시장에서는 상호운용성이 떨어지면 시장의 소비자로부터 외면당할 가능성이 커지기 때문이다. 따라서 경쟁당국은 시장에서의 쏠림현상을 막고 유효경쟁의 유지를 위하여 상호운용성의 확보를 위한 시장조치를 취하여야 한다.

3. 상호운용성의 입법

유럽공동체에서는 회원국간의 저작권법의 조화를 위해서 소프트웨어지침(EU Software Directive)(1991) 전문(前文 Recital) 및 제6조에 상호운용성 조항이 입법되었다. 전문 2항, 13항, 14항에서는 컴퓨터 프로그램의 아이디어는 보호되지만 이들간의 접속은 보호되지 않는다는 점을 분명하게 밝혔다. 따라서 소프트웨어지침은 전반적으로는 저작권법의 전통적인 아이디어와 표현의 이분법[45]을 유지하면서도 접속은 저자권의 보호대상이 아니라고 함으로써 컴퓨터 하드웨어와 하드웨어간, 그리고 소프트웨어와 소프트웨어간 및 소프트웨어와 하드웨어간의 상호 접속을 위한 물리적·논리적 연결을 위한 일체의 수단에 대한 독점을 허용하지 않겠다는 점을 입법화하였다.[46] 이러한 상호접속수단의 확보를 상호운용성이라고 하였고, 이러한 상호운용성 확보를 위한 통로를 인터페이스라고 하였다.[47]

유럽공동체는 소프트웨어지침의 입법을 통하여 입법공동체 지역 내에서 상호운용이 가능한 제품이 생산되고 판매되도록 의도하였다. 이러한 상호운용성의 확보를 위해서 소프트웨어가 매우 중요하며, 지침 제6조는 애플리케이션 소프트웨어인 타겟 프로그램(target program)과 운용체제와 같은 원본 프로그램(original

44) 사실이 정보통신(IT)업계라는 것도 명확한 정의를 가지고 있지 않고, 그 범위도 다종다양하게 표현된다. 하지만, 그 범위의 광협이 본고의 진행에 영향을 미치는 것은 무시할 정도의 수준으로 이해가 되어 별도의 정의를 하지는 않는다. 다만, 경우에 따라서는 정보통신업계라는 표현과 IT 업계라는 용어를 사용하기로 한다.

45) 아이디어/표현 이분법(Idea/expression dichotomy)이라고 한다. 저작권법이 보호하고자 하는 것은 표현이라는 것으로 미국저작권은 표현이 매체에 고착화(fixation)될 것을 저작권법에 의한 보호를 위한 요건으로 요구한다.

46) EU Software Directive Recital 13.

47) EU Software Directive Recital 14.

program)간의 상호운용이 가능하도록 할 것을 요구하였다.[48)]

소프트웨어 산업의 진흥과 하드웨어산업 간의 연계적인 발전을 위해서 유럽 공동체 소프트웨어 지침과 같은 내용의 입법을 할 필요성은 우리나라의 경우도 크게 다르지 않다.

II. 구별개념

1. 상호호환성(相互互換性, Compatibility)

상호운용성과 가장 자주 혼용되는 개념이 상호호환성이다. 상호호환성은 A라는 기기(device)가 같은 A라는 종류의 기기와 부품 등이 서로 아무런 차이 없이 사용될 수 있는가 하는 개념이다.[49)] 그래서 기기간 상호호환성(device compatibility)이라고 말하기도 한다. 이러한 상호호환성의 결여를 표준화하는 방법으로 해소하는 것은 대표적인 방법이다. 그리고 부품표준화를 통한 생산원가 절감 등을 통한 생산효율성을 증대와 같은 표준화유인도 상당히 있다.

2. 신뢰성(Reliability)

또 다른 구별개념이 신뢰성이다. 신뢰성이란 어떤 제품의 성능이 항상 일정수준 이상이 나온다는 믿음을 의미한다. 이 개념은 관계적인 것이 아니라, 스스로에 대한 자체적인 성능에 대한 개념이다.[50)]

---

48) Thomas Vinje, "The Legislative History of the EC Software Directive" A Handbook of the EC Software Law, Oxford Clarendon Press (1995) at 139-142.

49) 예를 들어, PC 간에도 서로 규격이 다르기 때문에 부품 간에 서로 호환이 되지 않는 것이 대표적일 것이다. 배터리 규격이 통일되어 있지 않기 때문에 PC라고 하여 모두 배터리를 호환적으로 사용할 수 없는 것이다. 휴대전화의 핀 수도 마찬가지다. 20핀을 사용하는 회사와 24핀을 사용하는 회사가 있기 때문에 같은 휴대전화이지만, 상호호환이 되지 않는다.

50) 전기의 예를 보면, 신뢰성 개념을 이해할 수 있다. 이전의 에디슨 시대의 전기는 신뢰성이 매우 떨어졌다. 그래서 항상 원하는 사양을 얻을 것으로 기대할 수 없는 상황이었고, 따라서 사용

III. 수평적 분업화와 상호운용성 제약을 통한 경쟁의 제한

1. 수평적 분업화(네트워크화)와 상호운용성

산업지형의 변화라고 하면, PC의 예를 들어 보면, 수직적 전유적 IT 산업 시스템[51]에서 수평적 협업적 IT 산업 시스템[52]으로의 전이를 들 수 있다. 그리고 정도의 문제이기는 하지만 수직적인 공급체제는 수평적인 IT 산업 시스템으로의 전이가 이루어진 시기에도 여전히 존재한다.[53] 이전의 전유적(專有的) 시스템에서는 상호운용성 개념을 생각할 필요가 없었다. 왜냐하면 상호운용성이 확보되지 않는 독자적인 다른 시스템과 구별되는 시스템을 구축하는 것이 자신들의 사업을 다른 동종 사업을 영위하는 회사들과의 관계에서 구별되도록 하는 경쟁의 원천이 되었기 때문이다.[54] 경쟁법적 관점에서는 이 시기는 서로 표준이 경합하고

사는 어떤 상황에서도 전기를 사용할 수 있다는 신뢰를 할 수는 없었다. 하지만 신뢰성을 갖춘 오늘날의 전기의 경우에는 220볼트의 電氣線에 연결하면 220볼트라는 전압으로 전기가 공급될 것이라는 것을 우리는 거의 확신을 가지고 기대할 수 있다. 이것이 바로 信賴性이다.

51) 1980년대의 IT 산업의 구조는 어느 한 회사가 시스템의 하단에서 상단에 이르는 일련의 과정을 총괄적으로 단독적으로 담당하는 형식을 취하였다. 대표적인 이 시대의 회사들인 IBM이나 NCR 등의 경우를 보면, 이 회사들은 저장장치에서 프로세서와 컴퓨터와 같은 하드웨어와 이를 구동하기 위하여 사용하는 소프트웨어로서 운용체제, 응용프로그램과 솔루션 등을 모두 다 자신의 사업으로 영위하였다.

52) 이러한 변화는 IBM이 PC 시장에 IBM 호환 PC를 생산하면서, 인텔과 Microsoft 등의 회사를 끌어들여 시장을 수평화하면서 강화되었다. Microsoft사와 인텔사로 대표되는 IBM의 소위 IBM 호환 PC(IBM Compatible PC) 프로젝트가 진행됨에 따라, 이러한 전유 모델은 상대적으로 범용 PC에 밀려서 시장에서 도태되어 소멸되게 되는 운명에 처하게 되고, 애플 컴퓨터의 경우에도 매우 심각한 경영적인 어려움에 처하게 되었다. 이러한 PC 업계에서의 수평적인 분화로 인하여 소비자들은 저렴한 가격에 PC에 접근할 수 있게 되었고, PC의 성능 역시도 매우 급속도록 향상될 수 있는 기초가 마련되었다.

53) 애플의 경우에는 독자적인 하드웨어 모델인 애플의 아이북이나 맥킨토시와 같은 PC를 생산하고 있고, 이를 운용하기 위하여 맥 OS라는 운영체제를 가지고 있고, 이러한 맥 OS 위에서 기동하는 일련의 응용프로그램들을 개발하여 사용하고 있다. 다만, 애플의 경우에는 Microsoft와의 협약에 의하여 Microsoft에서도 맥 PC을 위한 프로그램이 개발되기 때문에 이러한 점에서 보면, 1980년대 형의 수직적 체제와는 다소 다르다.

54) 이러한 PC의 범용화에도 불구하고 전유적인 PC나 시스템의 개발이 유지되고 있는 영역이 있고, 이러한 점은 전유적인 시스템이 가지는 장점이 있음을 보여준다. 이러한 영역은 메인

있었던 시기라고 할 수 있으므로 개입이 적당하지 않았던 시기라고 볼 수 있다. 일단 수평적 체제 안에서 각자 독자적으로 개발된 시스템의 통합을 하는 것이 매우 중요한 과제가 되고 있다. 다만 주의할 점은 이러한 수평적인 협업환경이라고 하더라도 내부적인 일군의 업계간의 연합체 내에서는 자신들의 시스템의 성능을 위하여 별도의 규범적인 개입이 없더라도 스스로 제품 사양(specification) 안에서 제품의 설계 또는 이를 위한 개발 도구의 개발 과정에서 상호운용성을 확보하게 될 것이다. 하지만 경쟁법이 관심을 가져야 할 영역은 그 수평적인 체제 외에 존재하는 경쟁자들은 어떻게 할 것인가 하는 문제이다. 이 문제는 수평적 체제 내의 협업을 통하여 표준을 달성하는 경우에 이러한 표준에 대한 사용을 거절하는 시장지배적 사업자에 대하여 어떻게 이를 규제하여 시장에 유효경쟁을 존속할 수 있도록 할 것인가 하는 문제로 요약된다.

2. 상호운용성을 제약하는 경쟁제한행위와 지적재산권 강제실시

상호운용성이 확보되는 경우에 비하여 상호운용성이 확보되지 않는 상황은 소비자를 불편하게 한다. 예를 들어, 어떤 PC와 어떤 프린터를 조합하여도 항상 문제가 없이 사용할 수 있게 된다면,[55] 분명히 소비자들의 선택의 폭이 넓어지게 된다. 그러므로 상호운용성 확보 여부에 대하여 결정권을 가지고 있는 사실상 표준 보유자나 표준보유자의 경우에는 이러한 상호운용성을 확보하지 못하도록 하기 위하여 당해 특허권 등의 지적재산권의 라이선스를 거절함으로써 시장에서 경쟁자가 소비자의 외면을 받도록 함으로써 궁극적으로 시장에서 퇴출시킬 수 있다.[56] 상호운용성을 위한 기술들은 앞서 설명한 것과 같이 대부분 우회가능성

프레임 서버 시장인데, 이러한 메인프레임서버 시장의 경우에는 여전히 전유적인 A부터 Z까지의 개발이 모두 하나의 회사에 의하여 대체적으로 이루어지고 있다. 이러한 전유적인 개발시스템의 가장 큰 강점은 바로 내부적인 정합성이 높게 되고, 전체적인 안목을 가지고 설계를 할 수 있고, 자신의 문제들은 신속하게 내부화하여 해결할 수 있다는 점에서 水平化된 協業環境에서의 시스템에 비하여 안정성과 정합성이 높은 시스템을 설계 운용할 수 있게 된다는 점에서 찾을 수 있다.

55) 별도의 드라이버(driver)를 설치하는가 아니면 운영체제가 스스로 장치를 설치하면, 그 즉시 관련 드라이버를 찾아서 설치가 되도록 하는가 하는 문제와는 다른 맥락에서의 논의이다.

56) 경쟁사업자의 라이선스거절 때문이 아니라, 사업자가 스스로 상호운용성을 확보하지 않기로 할 수 있다. 만일 소비자가 상호운용성을 확보한 기기를 원하는데 기업이 이러한 소비자

및 대체가능성(對替可能性)이 없는 필수기술인 경우가 많다. 상호운용성 확보를 위한 라이선스 제안에 대한 거절은 시장진입을 막고 긍정적인 네트워크 외부성을 제약하여 사회적으로 가능한 소비자후생의 수준을 떨어뜨리며 경쟁을 제한한다. 결국 소비자의 선택을 축소시킨다. 그러므로 상호운용성을 확보하지 못하도록 하는 사실상 표준 보유자 및 표준화기구에 의하여 표준으로 결정된 특허보유자의 상호운용성 확보를 위한 라이선스 요구에 대한 거절은 지적재산권 남용행위로서 경쟁당국에 의하여 통제되어야 한다. 그리고 이러한 경쟁제한적 시장전략을 사용하는 기업에 대하여 경쟁당국이 취할 수 있는 가장 유효한 조치는 상호운용성을 확보하여 주는 것이다. 다만 상호운용성 확보를 위한 개입은 그 시기가 매우 중요하다. 상호운용성 확보를 위한 시정명령(강제실시명령)은 자칫 부적절한 시기에 이루어지면 시장에서의 기술 진보의 방향을 왜곡하거나, 기술혁신을 질식시킬 수 있는 우려가 있는 조치이다. 따라서 경쟁당국이 강제실시명령을 발하려고 하는 경우에는 기술확산과 표준화의 진행정도를 감안하여 개입 여부를 결정하여야 한다.[57]

3. 상호운용성의 확보의 방법

(1) 개 관

상호운용성의 확보의 방법으로는 사적 오더링에 의한 방법과 공적인 규제서의 강제실시가 있다. 사적 오더링에 의하여 상호운용성을 확보할 수 있다면 좋지만 만일 그것이 가능하지 않으면 앞서 보았던 강제실시를 통하여 상호운용성을 확보하여야 한다.

의 수요를 만족시키지 못하면 그러한 기업의 제품은 시장에서 외면당하게 된다. 이러한 예로 적절한 것이 바로 애플의 PC이다. 애플은 공유하지 않는 독자적인 제품군과 이러한 제품군에 대한 다른 사용자들과 공유하지 않는다는 점에서 거의 컬트적인 열광적인 마니아 소비자군, 그리고 기술적인 선도자의 입지를 통하여, 엄청난 지지를 얻었다. 하지만, 시장이 IBM 호환 PC 시장으로 재편되어 가는 과정에서도 시장 확대 보다는 기존의 이러한 열광적인 소비자로 자신의 구매자 층을 유지하였고, 이 과정에서 일부의 소비자들은 애플이 잃게도 되었지만, 스티브 잡스의 귀환 이후 애플이 마이크로소트프에게 일부 기술을 공유하기 전까지 이러한 선택은 계속되었다. 경영성과의 관점에서 애플이 잘못된 판단을 할 수 있을지는 모르지만, 규범적인 관점에서 애플사의 경영판단일 뿐이다.

57) 최승재, “지적재산권법과 경쟁법 간의 조화와 균형에 대한 연구 －상호운용성, 표준 및 라이선스 전략의 예를 중심으로－,” 경쟁법연구, 경쟁법학회(2008.1.), 203-208면.

(2) 사적 오더링에 의한 방법

사적 오더링(Private Ordering)에 의하여 다수의 보완적 특허간의 보완재 문제(complements problem)를 해결할 수 있는 방안으로 특허풀(patent pooling arrangement)에 의한 방법, 상호라이선스(cross-license)[58]에 의한 방법, 그리고 기업 인수 합병에 의한 방법 등이 논의될 수 있다.[59] 이를 크게 대별하면, 특정한 회사가 개별적인 회사의 차원에서 상호운용성을 위한 필요한 인터페이스(interface)를 모두 공개하고, 이러한 인터페이스를 감안하여 자신의 제품을 설계하는 방법으로 이러한 공개된 인터페이스를 다른 회사에서 활용하도록 하여 상호운용성을 획득하도록 하는 방법이 있다. 그렇지 않으면 이러한 인터페이스와 관련된 기술에 대하여 여러 개의 회사가 관련된 특허를 가지고 있는 상황에서 관련된 여러 개의 인터페이스를 하나의 통일된 체제로 가기위하여 공동개발을 하고, 이를 위하여 필요한 지적재산권에 대하여 상호라이선스 방식으로 상호 실시토록 하여 상호운용성을 확보하도록 하는 방법이 있다. 이와 같은 경우는 실제 거래계에서 많이 사용되는 방식으로, 이러한 방식을 통하여 관련시장의 경쟁사업자들은 특허권 등의 지적재산권 분쟁에 대한 부담을 줄이면서 상호운용성을 확보할 수 있다.[60] 이런 점에서

58) 예를 들어, PDP 소송의 경우에도 일본의 후지쓰사와 삼성 에스디아이 간의 분쟁의 경우나 일본의 마쯔시다와 삼성 에스디아이 간의 분쟁 모두 미국에서의 특허소송으로 진행되었지만 전자의 경우에는 이미 상호 라이선스의 형식으로 소송이 모두 종결되었고, 후자의 경우에도 상당 기간 소송이 진행되었지만 종국적으로 상호 라이선스로 귀결될 가능성이 많다고 본다. 왜냐하면, PDP의 경우 내부적으로 PDP 사업을 하는 사업자간의 경쟁을 통하여 1위 사업자가 되고, 시장에서의 시장점유율을 높이는 것도 중요하지만, LCD와의 경쟁이 더욱 중요해지고 있기 때문이었다. 그 이유는 2000년 초만 하더라도 PDP와 LCD 간의 경쟁은 서로 대형사이즈와 소형 사이즈 평판 시장으로 양분하고, 아울러 PDP는 동영상 구현에 유리한 점을 감안하여, 텔레비전 용 평판 패널로, LCD는 모니터용이나 노트북 PC용 평판 패널로 구별되어 있었으나, LCD 기술의 발전으로 인하여 LCD가 대형 사이즈로 그리고 텔레비전용으로 그 기술의 적용범위를 넓혀감에 따라 기존에 서로 다른 기술로 인식되던 이 두 가지의 기술이 점차 동일한 평판 텔레비전 시장을 놓고 경쟁을 하게 되는 양상으로 전개되었던 것이다. 따라서 만일 PDP 진영의 삼성과 후지쓰나 마쯔시다가 소송을 통하여 어느 한쪽이 시장에서 퇴출되거나, 우회설계를 통한 시장 설계를 통하여 시장에서 곤란을 겪는다고 하더라도 이러한 시장 점유율의 변동이 승자에게 귀속될 수 있는 가능성 만큼이나 LCD 업계로 귀속될 가능성이 증가하게 된 것이다. 이러한 점에 기인하여 특허침해소송과 그에 대한 반소로 소송을 진행하기 보다는 양사가 상호 라이선스를 통하여 기술적인 보완을 하고, 오히려 PDP 진영 전체의 시장점유율을 높이는 쪽으로 진행하도록 하는 방향성을 잡게 된 것이다.

59) 박상인, "혁신적 산업에서의 특허와 경쟁정책," LAW & TECHNOLOGY 제3권 제5호(2007.9.), 113-115면.

라이선스 계약은 지적재산권의 유동성을 높임으로써 지적재산권의 가치를 상승시키게 되어 결국 이러한 유인을 통하여 혁신을 위한 연구의 동력이 될 수 있다. 다만 이러한 라이선스 계약형식의 사적 오더링이 이루어질 수 있는 상황이 표준보유자의 표준화된 지적재산권남용행위에서 경쟁제한성을 제거하는 수단으로 사용될 수 있는 경우가 많지는 않은 것으로 보인다.

1) 상호라이선스 계약(cross-license agreement)

경쟁사업자간의 상호라이선스가 최근 증가하고 있다. 최근의 특허소송의 양상이 제품 내의 경쟁 사업자간의 경쟁뿐만 아니라, 표준간 경쟁의 양상을 띠는 경우가 증가함에 따라 소송을 통하여 어느 한쪽이 승소하거나, 패소하는 되는 경우에 경쟁사업자가 사업을 못하게 되는 것이 결코 승소한 사업자의 관점에서도 바람직한 경쟁전략이 되지 못하는 사례가 증가하고 있다. 이러한 상호라이선스는 사적 오더링에 의한 상호운용성의 확보방안으로 매우 중요한 역할을 할 수 있다.[61]

상호라이선스는 경쟁촉진적 면과 경쟁제한적 면이 모두 있다. 공동연구를 위한 상호라이선스의 경우 기술혁신에 기여하여 궁극적으로 소비자 후생의 증대로 귀결되는 장점이 있지만, 공동행위적 성격을 가지고 있어 반경쟁적으로 활용될 소지도 동시에 있다. 이러한 점을 고려하여 '지적재산권의 부당한 행사에 대한 심사지침'(2000.8.30. 제정) 제7조도 지적재산권의 상호실시허락계약과 공동실시허락계약이라는 표제하에서 상호 경쟁적·대체적 관계에 있는 지적재산권자들이 각기 자신이 보유한 지적재산권과 관련하여 상호실시허락계약 또는 공동실시 허락계약을 체결함으로써 경쟁을 제한하는 효과가 발생하는 경우 법 제19조(부당한 공동행위의 금지)의 규정을 적용한다고 규정하고 있다.

2) 특허 그랜트백 계약(patent grant-back agreement)

특허권을 실시한 뒤에 그 이용을 통한 개량기술의 이전을 요구하는 것이 특허 그랜트백 계약이다. 위 "지적재산권의 부당한 행사에 대한 심사지침 '제3조

60) 보완재 문제를 통한 혁신산업에서의 상황에 대하여, 박상인, 상게논문, 109면 이하.

61) 앞서 DRM의 상호운용성을 확보하는 것을 법으로 강제하여 규율하려고 하는 프랑스의 경우와 같이 폐쇄형 DRM 사용을 불법화하는 입법을 하는 것도 경쟁제한적 측면을 최소화하기 위한 수단이 될 수 있을 것이다. 다만 프랑스의 경우 폐쇄형 DRM 사용을 불법화하는 입법은 법원의 위헌판단을 받아 폐기되었다.

제12호는 그랜트 백 계약을 개량기술이전'이라는 표제하에, '산업재산권자가 실시권자로 하여금 계약기술(제품) 등과 관련하여 실시권자가 이룩한 개량기술(제품) 등에 대해 산업재산권자에게 대가없이 소유권 또는 독점실시권을 주도록 하거나 계약기술(제품)과 관련하여 실시권자가 취득한 지식이나 경험 또는 개량기술 등에 대해 산업재산권자에게 일방적으로 보고 또는 통지하도록 하는 경우"를 위법하다고 규정하고 있다.[62] 이러한 그랜트백의 경우에는 보완재 문제를 해결할 수 있는 수단으로 상호운용성 확보를 위한 수단으로 사용될 수 있다. 다만 역시 경쟁사업자의 협조적 행위(collaborative action)의 성질을 가지고 있으므로 반경쟁적으로 사용될 우려가 있다.

제 5 절 SK 멜론 사건에 대한 적용

I. SK 멜론 사건

1. 'SK멜론 사건'의 개요

이 사건에서 SK텔레콤(이하 'SKT') 주식회사는 자사가 운영하는 음원 서비스 사이트인 멜론[63]에 '폐쇄형 DRM[64]'을 적용하고 있었다. 따라서 SKT의 음원제공

---

62) 위 지침 제3조 제12호는 면책사유(Safe harbor)로 '계약기술(제품) 등과 관련하여 실시권자가 이룩한 개량기술(제품) 등에 대해 개량에 소요된 기술개발비 및 예상수익을 포함한 대가를 받고 산업재산권자에게 공동소유권 또는 독점(비독점)실시권을 주는 경우', '계약기술(제품) 등과 관련하여 계약당사자 각자가 이룩한 개량 기술(제품) 등에 대해 계약상대방에게 상호 보고 또는 통지하거나 상호 대등한 조건으로 독점(비독점)실시권을 주는 경우', '산업재산권자가 실시권자로 하여금 실시권자가 계약기술(제품) 등과 관련하여 이룩한 성능 등의 보증을 위해 불가피하여 실시권자가 개량기술(제품) 등을 사용하거나 실시하기 전에 산업재산권자에게 보고 또는 통지하도록 하는 경우' 등을 예로 들고 있다.

63) 애플의 '아이튠스'와 같은 음원제공서비스 사이트임. 애플의 경우에는 DRM이 없는 형태의 음원도 같이 제공한다.

64) 'Digital Right Management'의 약자로 TPM(Technical Protection Measure)라고 불리는 기술

서비스인 멜론 사이트에서 다운로드 받은 음원에 대하여는 폐쇄형 DRM이 적용되어 있으므로, SKT DRM이 적용된 음원들을 다른 기기에서는 재생할 수 없게 되었다(소위 '폐쇄형 DRM' 정책[65]). 이러한 SKT에 대하여 주식회사 AD 이천엔터테인먼트가 유료 음악사이트 운용사업자로서 자신이 운영하고 있는 음악사이트(MAXMP3)에서 다운로드받은 음악을 SKT의 MP3폰으로 들을 수 있도록 SKT가 자신들에게 DRM을 공개하여 줄 것으로 요청하였으나 SKT는 이러한 주식회사 AD 이천엔터테인먼트의 요청을 거절하였다. 이에 2005.9.5. 주식회사 AD 이천엔터테인먼트는 SKT의 이러한 공개 거절 행위가 공정거래법 위반 행위에 해당한다고 공정거래위원회에 신고하여, 이 사건이 시작되었다.

우리 공정거래위원회는 이러한 기술적 보호조치를 경쟁법적 관점에서 소위 기술적 끼워팔기(technology tying)로 파악하여 이미 이동전화시장이나, 휴대용 음악 재생 장치인 MP3P 시장에서 시장지배적인 지위에 있는 사업자가 MP3파일 음원 다운로드시장에 그 시장지배력을 전이한다는 논리를 전개하려고 한 것이다.[66] 이를 위하여 우선 시장획정을 하여야 할 것인바, 우리 법원은 'MP3폰을 디바이스로 하는 이동통신서비스 시장'으로 획정하였던바, 그 관련 지리적 시장은 국내시장으로 정해졌다. 이 획정된 시장에서 원고는 시장지배적 사업자로서 원고의 MP3폰에 원고 고유의 DRM을 탑재함으로서 원고의 MP3폰을 소지하고 있는 소비자들로 하여금 원고가 운영하는 멜론사이트에서 구매한 음악파일만 MP3폰으로 재생할 수 있게 하고 다른 유료사이트에서 구매한 음악의 재생을 어렵게 하였는바, 원고의 이 사건 행위는 관련 시장에서 지배력을 남용하여 별개 상품인 멜론의 MP3 음악파일을 거래상대방인 소비자에게 구입을 강제하는 결과를 초래

적 보호장치와 서로 혼용하여 사용되고 있다. 그러나 서울고등법원은 지적재산권법에 의하여 보호되든 그렇지 않든 모든 종류의 디지털 콘텐츠의 접근을 제한하고 복제 또는 배포를 통제하는 모든 기술수단으로서 텍스트, 그래픽, 오디오, 비디오, 소프트웨어나 그 밖의 디지털의 형식으로 된 콘텐츠가 유통되는 과정에서 권리자가 설정하여 놓은 제한사항이 지켜지도록 하는 것을 의미한다고 정의하고 있으므로 이 정의를 사용하도록 한다. 다만 개념적으로 DRM은 기술적으로 변화진보하고 있는 일련의 기술 등의 묶음을 의미하는 것으로 상위개념으로서의 성격을 가지고 있다고 보았다.

65) 공정거래위원회의 조사 및 심결단계에서나 법원에서의 소송단계에서 SKT는 이를 비즈니스 모델이라고 주장하였다.

66) 한국에서 Microsoft사건에서 공정거래위원회가 사용한 논법이 바로 이것이고, 유럽공동체에서의 논법도 기능통합(integration) 모형과 관련하여서 이와 크게 다르지 않다.

하는 부당한 행위일 뿐만 아니라 부가된 상품인 MP3파일에 대한 소비자의 선택권을 침해하고 소비자가 다른 제품을 접할 기회를 현저히 제약하며 불필요한 비용을 지출하도록 하는 불이익을 초래하는 행위로서 소비자의 이익을 현저히 침해할 우려가 있는 부당한 행위인 동시에 이로써 MP3 파일 다운로드서비스 시장에서 쏠림현상을 가중시키는 행위로서 시장에서의 품질 및 가격 등에 관한 경쟁을 저해하여 경쟁사업자의 사업활동을 곤란하게 하는 행위로 독점규제 및 공정거래에 관한 법률 제3조의2 제1항 제3호, 같은 법 시행령 제5조 제3항 제4호, 앞의 공정거래위원회 고시 IV. 3. 라 (3) 및 위 법률 제3조의2 제1항 제3호를 위반한 것으로 판단하였다.

서울고등법원은 공정거래위원회의 결정을 취소하라는 원고승소판결을 하였다. 그리고 이 사건은 상고되어,[67] 대법원에서 최종적인 판단을 할 것이지만, 지적재산권법의 일부로서 저작권을 보호하는 방법과 관련하여, DRM이 어떻게 설계되어야 지적재산권의 보호라는 목적을 달성하면서도 경쟁을 저해하지 않도록 할 것인가에 대한 질문을 제기하고 있다.

2. 판결의 내용

저작권은 디지털 환경으로 전환됨으로 인하여 기존의 저작권법으로 과연 새로운 과학기술의 발달에 따른 저작권 보호에 대한 우회(circumvention)를 충분히 대응하지 못하고 있다는 비판이 제기되었다. 이에 따라 미국의 경우에서는 DMCA (Digital Millenium Copyright Act)에 의하여 기술적 보호조치의 적용과 그 우회방지조항 (anti-circumvention clause)이 제정되었다. 저작권법도 저작권의 보호를 위한 기술적 보호조치를 입법하였고, 그 대표적인 것이 DRM이다.[68]

서울고등법원은 저작권자의 보호와 폐쇄적 DRM의 경쟁제한성을 형량을 함에 있어 폐쇄적 DRM이 음원의 플랫폼간 호환을 제한하여 저작물의 선택가능성을 좁히고 경쟁을 제한하여 시장봉쇄의 결과를 발생시키고 있으며, 제대로 명시

67) http://www.munhwa.com/news/view.html?no=2008012101031424166002 (2008.12.7. 최종접속)

68) 최승재, "MP3 폰과 관련된 저작권 보호 문제에 대한 소고 —미국의 디지털 밀레니엄 카피라이트 법('DMCA')과 관련된 논의를 중심으로—," IT 기술과 법 I, 홍익대학교 출판부, pp.129-132 참조.

하지도 않은 불법이용조건을 기술적으로 관철시키는 결과 이용자들의 저작물 접근 비용을 증가시키고 있고, 저작물이 공적 영역에 편입되는 것을 방해하여 공적 영역에서 공중이 저작물을 활용하는 것을 방해하는 문제 등이 있다고 판시함으로써 폐쇄적 DRM의 반경쟁적 성격을 인정한다.[69] 한편 폐쇄적 DRM의 이러한 경쟁제한성에도 불구하고, 디지털 음악 산업에서의 수익모델의 변화에 따른 사업자의 수익 확보와 저작권자의 보호를 위해서 불법다운로드를 방지하여야 하고, 이러한 목적을 위하여 DRM을 MP3폰에 탑재하는 것이 정당한 이유가 있다고 보았다.

또 원고가 시장지배적 사업자가 아니라고 하더라도 이와 같은 기술을 적용하여 수익과 저작권 보호를 시행하였을 것이라고 보이며, 만일 어느 사업자가 시장지배적 지위에 있지 아니하고 그 시장이 실질적인 경쟁상태하에 있는 때에도 적용할 수 있는 조치가 문제가 되는 경우에는 그 부당성을 인정할 수 없다고 하였다.[70] 그러므로 SKT가 가장 폐쇄적인 DRM 정책을 가지고 있다고 하더라도 표준화가 강제되지 않은 상황에서 이러한 폐쇄적 DRM 정책을 가지고 있음으로 인한 불편이 현저히 소비자이익을 침해하는 부당한 행위로 불법에 이른다고 보이지는 않는다고 판시하였다.[71]

3. 필수설비이론의 적용과 표준화의 단계

이러한 표준화과정론과 관련하여 표준과 관련된 공정거래위원회의 개입시기와 관련하여 주목하여야 할 사건이 'SK멜론 사건'이다. 우리나라에서 필수설비이론이 지적재산권에 적용될 수 있는가 하는 논란에도 불구하고, 서울고등법원이 이 사건에서 지적재산권에도 필수설비이론이 적용될 수 있음을 인정한 것이다. 물론 'SK멜론 사건'의 판결이 대법원의 판결이 아니라는 점과 필수설비이론의 설시가 유일한 논거는 아니라는 점 등에 비추어 볼 때, 직극직으로 우리 법원이

69) 상게 판결문 42면.

70) 상게 판결문 43면(고등법원은 원고 이외에도 시장지배적지위에 있지 아니한 다른 동종의 이동통신업체나 음악포털사이트업체들도 같은 이유로 거의 대부분 어떤 형태로든 MP3폰 또는 MP3 음악 파일에 독자적인 DRM을 탑재하여 사용하고 있으며, 원칙적으로 이를 타사 업체와 상호 연동하고 있지 않다는 점을 지적하고 있다).

71) 원고들은 불편이 불법이 되는 것은 아니라고 주장한 것에 대한 법원의 답이라고 할 수 있다.

지적재산권에 대하여도 필수설비이론을 적용하고 있다는 취지로 보기는 어렵다는 주장도 가능할 것 같다. 그리고 이 사건은 상호운용성과 관련된 논점도 가지고 있다. 이 사건은 [그림 1]의 표준화과정에서 성장기 초입정도에서 공정거래위원회의 개입이 이루어진 상황이라고 보인다.

그 이유는 다음과 같다. 우선 DRM의 채용이 저작권의 보호를 위하여 반드시 필요한 조치로 인식되는 상황에서 DRM 탑재기술[72] 외에도 파일의 불법 공유나 복제 자체를 막기에는 충분하지 않지만,[73] 사후 저작권자의 인증용으로 사용되는 워터마크(Watermark) 기술,[74] 사후에 불법유통자 추적을 위하여 사용되는 추적용 워터마크(Forensic Watermark) 기술, 콘텐츠 특성에 기반을 둔 콘텐츠 ID별 식별기술인 핑거프린팅(Fingerprinting)[75] 등의 여러 대체적인 기술이 존재하고 있다. 또 우리나라의 현재 DRM에 대한 입법상황에서 정보통신부 주관으로 상호호환이 가능한 기술인 엑심이 개발되어 있을 뿐이고, 원고에게 음악파일의 상호호환을 강제한 법령상의 의무는 없다.[76] 이러한 점들을 종합하여 보면 앞서의 단계에서 DRM 기술은 아직 여러 기술들이 병렬적으로 경쟁하여 전개되고 있는 상황으로 아직 어느 기술도 우월적인 시장지배를 하지 못하고 있는 상황으로 1단

72) 어느 기술까지가 DRM으로 보는 것이 타당한 것인가에 대하여 명확하게 정의된 바는 없는 것으로 보이나, 뒤에서 언급하는 '워터마킹'이나 '핑거프린팅'과의 관계에서 보면, 양자는 전자가 콘텐츠 유통을 위한 보호와 해제의 기술과 절차인 반면, 디지털 워터마킹 기술이나 디지털 핑거프린팅 기술은 원래의 콘텐츠 정보를 그대로 유지하기 때문에 허가되지 않은 사용자로부터 콘텐츠를 보호하는 수단이 아닌 사용자로부터 콘텐츠를 보호하는 수단이 아닌 원래의 저작권자 또는 구매자가 누구였는지를 추적하는 기술이라는 의미에서DRM과 구분된다고 할 것이다.[김기중, "개정 저작권법에서 '저작물의 전송을 차단하는 기술적인 조치'," LAW & TECHNOLOGY 제3권 제2호, 통권 제11호(2007.3.) p.64].

73) 법원은 서울고등법원 2007.10.10.자 2006라1245 결정을 참고결정으로 지적하고 있다(SK 멜론 사건 판결문 46면).

74) '디지털 워터마킹(Digital Watermarking)'이라고 하는 것이 더 타당할 것으로 보이는바, 사진 이미지나 음악 파일과 같은 멀티미디어 콘텐츠에 인간의 시작이나 청각으로 식별이 어렵도록 저작권 정보를 삽입 및 배포하고 저작권 분쟁이 발생하였을 경우 이를 추적하여 저작권을 보호하는 방법을 말한다(김기중, 전게논문, 같은 면).

75) 보통은 '핑거프린팅'이라고만 하나, 특징점 기반 인식 기술에서도 핑거프린팅이라는 동일한 용어가 사용되어 이를 구별하기위하여 사용하는 '디지털 핑거프린팅(Digital Fingerprinting)'을 의미하는 것으로 모든 콘텐츠에 동일한 저작권 정보를 삽입하는 워터마킹기법과 달리 콘텐츠마다 각기 다른 구매자 정보를 삽입함으로써 불법복제 및 유통행위가 발견되었을 때 불법 배포자를 추적하고자 하는 기술을 의미한다(김기중, 상게논문, 같은 면).

76) SK 멜론 사건 판결문 46면.

계가 진행되면서, 제2단계로 넘어가는 정도의 시기가 아닌가 한다.

이러한 1 단계나 2단계 초·중반까지는 특정 사업자의 표준화시도가 있다고 하더라도 기술표준간 경쟁이 치열하기 때문에 공정거래위원회의 개입이 자칫 시장왜곡을 불러올 수 있는 정부의 실패로 귀결될 수 있는 시기이다.

4. DRM 기술의 발달단계

기술적인 관점에서 DRM은 판례에서 적시하고 있는 것과 같이 여러 가지의 대체기술이 존재하고 있다. 디지털 콘텐츠가 생성될 때부터 배포·이용될 때까지 전 과정의 생명주기에 걸쳐 활용되는 소프트웨어와 서비스가 DRM이다. 2007.6. 현황분석보고서에서 의할 때 MP3 다운로드 파일에 적용되는 DRM은 여전히 비호환 이슈가 있다. 음악 포털들의 MP3에 적용된 DRM은 서로 호환되지 않는 다양한 DRM 솔루션들이 존재하고 있고, MP3 콘텐츠들이 다양한 DRM 솔루션을 통해 유통되고 있으며, 사용자들은 서로 다른 콘텐츠 제공자들로부터 제공되는 DRM 콘텐츠를 이용하지 못하고 있다고 한다.77)

한편 음악포털은 관련 기업을 기준으로 3가지 그룹으로 나뉜다. 이동통신사 계열의 음악포털이 첫 번째이다. SKT의 멜론서비스, KTF의 도시락서비스, LGT의 뮤직온서비스 등이 그것이다. 두 번째는 MP3 플레이어 제조업체들의 그것으로 삼성의 Yepp Music Store, 레인콤의 Funcake가 있다. 세 번째는 특정한 기업과 무관한 독립적인 음악포털로 벅스, 맥스, 쥬크온 등이 있다. 미국의 경우 MP3 제조사인 애플의 iTunnes Music Store가 성공적으로 운용되고 있는 것과 달리 우리나라의 경우에는 MP3 제조사의 음악포털이 두각을 나타내지 못하고 있다는 점에서 차이가 있다.78)

이러한 각종의 자료들은 우리나라에서의 DRM 관련 기술발전 및 경쟁의 양상이 아직 충분한 경쟁이 존재하는 초기단계로서 [그림 1]의 2단계 정도로 진화하고 있다는 의미로 읽힌다. MP3P 시장의 성숙도는 3단계의 成熟期이지만 DRM 기술 자체는 아직 3단계로 보기는 어렵다고 생각된다. 이동통신사들의 의도가 폐

77) 이상오, “국내 온라인 음악 DRM 비호환 현황 및 상호 호환을 위한 기술적 접근 현황 분석,” 정보보호학회지 제17권 제3호(2007.6.), 61-69면.

78) 상게논문, 62면.

쇄형 DRM을 사용하여 쏠림현상(tipping)을 통하여 시장경쟁을 봉쇄하려고 하는 것이라고 하더라도 이러한 의도와는 무관하게 시장에서의 경쟁이 여전히 살아있으며 또 하나의 경쟁압력은 DRM을 사용하는 음악파일과 DRM free 음악 파일간에 경쟁이다. 소비자의 선호가 어디로 결정될 것인지 아직은 명확하지 않다. 이 단계의 경쟁당국의 개입은 개입으로 인한 시장왜곡의 우려를 감안하여 이후 단계에서 보다 더 신중하여야 한다.

II. 사실상 표준의 형성과 경쟁당국의 개입시기

사실상 표준이나 표준화기구에 의한 표준보유자의 실시거절의 경우 중에서 사실상 표준의 경우가 조기에 개입할 필요성이 더 크다. 왜냐하면 표준화기구에 의한 표준보유자의 경우에는 표준화기구가 표준으로 결정하는 행위로 인하여 그 시기가 명확하고 사전에 통제할 수 있는 가능성이 있지만 사실상 표준의 경우에는 판단이 명확하지 않고 일단 표준화가 이루어지고 난 뒤에서는 경쟁당국의 강력한 개입이 있다고 하더라도 시장에서의 경쟁자들이 이미 축출되고 난 뒤이기 때문에 경쟁당국이 이러한 사실상 표준화의 과정을 뒤집어서 유효경쟁환경의 조성이 어렵기 때문이다.[79)]

그러나 문제는 무슨 기준으로 사실상 표준을 달성하였다고 볼 것인가에 있다. Microsoft와 같이 PC 운용체제 시장에서 시장 점유율을 90% 이상 기록하고 있는 회사의 경우 윈도우즈라는 운용체제가 사실상의 표준에 이르렀다고 보는 것에 이견이 없을 것이다. 반면, SK 멜론 DRM 사건 서울고등법원이 판시한 바와 같이 SK 멜론의 DRM의 경우에는 여전히 표준경쟁이 치열하게 벌어지고 있기 때문에 사실상의 표준이 되었다고 하기 어려울 것이다.

그런데 문제는 폐쇄적 DRM 기술 자체에 경쟁제한성이 존재한다는 것이다. 그렇다면 점차 표준경쟁에서 패하는 기술이 나오고, 표준이 정립되어 가는 상황에서도 여전히 점차 시장지배력을 확장하고 있는 주도적 기업이 폐쇄적 DRM 기

79) Cecilio Madero Villarejo, "Abuse of a Dominant Position in Information Technology Industries(IT)," European Competition Law Annul (2003), p.546.

술을 채택하고 있다면 어느 순간에는 경쟁당국의 개입이 필요하게 된다. 기술발전과 시장의 발전을 균형적으로 하기 위해서 경쟁당국의 '과도한' 개입은 자제하고 기업의 경쟁과 협의를 통해 시장에서 표준을 획득하도록 하여야 한다는 주장80)은 매우 타당한 주장인 것처럼 보이지만 표준화에서의 경쟁당국의 개입의 문제는 과도한 개입의 문제라기보다 부적절한 시기에 개입하는 것이 문제다. 적기에 시정조치가 이루어지기 위해서는 오히려 경쟁당국이 지속적으로 시장을 감시하고, 표준과 관련된 동향을 살피면서 사실상 표준의 형성 과정에서의 불공정거래행위를 시정하여야 할 필요성이 있다. 이를 위하여 사실상 표준화의 과정에서 제품의 성숙도 및 제품 주기를 지속적으로 파악하여야 한다. 이러한 판단은 현재 시장점유율, 시장점유율의 과거 변화 추이와 새로운 제품의 출시 여부, 경쟁자 수의 변화와 같은 객관적인 지표를 통하여 향후의 변화를 추단하는 방식으로 이루어질 수밖에 없을 것이다. 다만 경쟁자의 수는 경쟁자간의 시장점유율의 분점도를 보아야지 단순히 숫자만을 보게 되면 시장경쟁에 대한 오해를 할 수 있다. 변화의 추이에 대하여 도식화 하여 보면 다음과 같이 할 수 있을 것이다.

[그림 4]

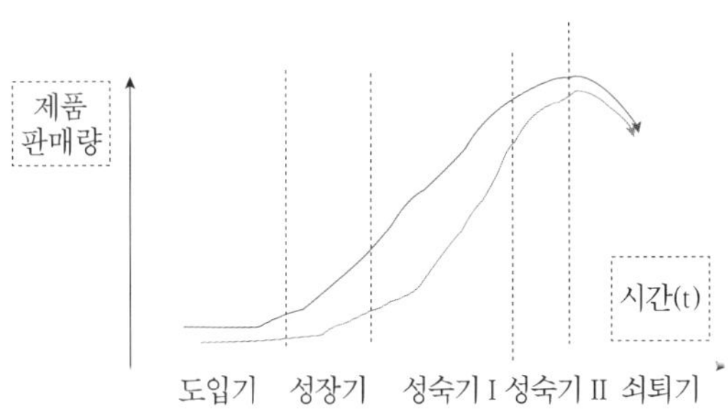

위 그림에서 X축을 시간이고, Y축을 시장 전체에서의 제품의 판매량이며, 점선은 사실상 표준보유자의 제품판매량추이이다. 사실상 표준의 형성은 주로 성숙기. I 이후에 발생하게 될 것이고, 성장기에는 여전히 다수의 표준이 경합을 하고 있는 상황일 것이다. [그림 2]의 인터넷 브라우저 시장에서의 시장점유율 변

80) 정연덕, "디지털 기술의 발전과 이동통신사 음악서비스 DRM의 법적 문제," 창작과 권리 2006년 여름호(제43호) (2006.6.), 62-89면.

화추이도 같은 양상을 보여준다. 초기 시장의 경우에는 시장에서의 경쟁 압력만으로도 별개의 개입이 없이 시장은 자신의 조정 능력으로 승자가 될 기술을 발견하고 있는 상황이다. 따라서 이 상황에서의 경쟁당국의 개입을 적절하지 않다. 사견으로 SK 멜론 사건에서의 서울고등법원의 판단이 타당하다고 보는 이유는 SK 사건의 경우가 성장기 정도에 있는 상황이라고 보기 때문임은 이미 밝힌 바와 같다. 그러나 성숙기에 이르면 제품의 표준이 표준화를 하지 않더라도 사실상 표준의 모습으로 나타난다. 이 경우의 신규 진입은 기존의 사실상 표준 보유자의 기술표준을 사용하지 않고서는 매우 힘들다. 이 상황에서 새로운 표준이 바탕으로 하고 있는 지적재산권에 대한 라이선스를 받는 것은 매우 중요하다. 따라서 이 상황에서의 실시거절이 이루어지게 되면, 이러한 실시거절은 경쟁당국이 경쟁법의 집행을 통하여 시장에서의 경쟁의 유지 또는 촉진을 위하여 라이선스가 이루어지도록 시정명령을 하여야 하는 것이다.

SK 멜론 사건의 처리와 관련하여, 상호운용성을 확보하여 폐쇄형 DRM이 가지고 있는 경쟁제한성을 제거하여야 한다는 주장이 있다.[81] 이 견해는 현재의 DRM 중 폐쇄형 DRM은 애플사나 이동통신사들과 같이 단말기 시장 또는 네트워크 시장에서 지배력을 가지고 있는 회사들로 이 시장에서의 시장지배력을 폐쇄적 DRM을 통하여 콘텐츠 시장으로 확장하려고 하는 것으로 이해하고 있다.[82] DRM기술의 경우 기술발달의 초기에 있다고 판단되며, 여러 가지 표준이 경합하고 있는 상황이어서, 이러한 기술 전개의 방향을 현재 쉽게 가늠하기 어렵다. 여러 기술이 서로 경합하는 상황이어서 어느 기술도 아직 확고한 시장지배력을 가지고 있지 않아 시장지배적 지위에 있는 사업자가 존재하지 않는 경우 경쟁법은 시장에서의 기술간 경쟁의 추이를 살펴봄으로써 기술경쟁을 통한 기술혁신을 도모하여야 한다. 그런데 현재 DRM 분야의 기술과 같이 급속도로 발전하고 있으며, 그 기술은 여러 가지 방향으로 전개되고 있고, 또한 DRM 분야의 신기술은 아직 시장에서 형성되고 있는 상황이다.[83] 그러므로 Microsoft 사건에서의 윈도우즈의 경우와 달리 아직 사실상 표준이 확립되어 있지 않은 DRM의 경우에는 현재의 시장점유율은 미래의 경쟁구도에 대한 매우 제한적 예상을 제공할 뿐이다.

---

81) 백영란, “DRM과 공정경쟁,” 경쟁저널(2008.1.), 60면.

82) 상게논문, 59면.

83) SK 멜론사건 판결문 47면.

이러한 점에서 현재의 시장점유율에 기초하여 SKT에게 상호운용성 확보를 위한 강제실시를 명하는 것은 상호운용성의 관점에서도 적절하지 않다.

표준화과정의 초기에는 표준간 경쟁을 통하여 결정되어지도록 하는 것이 우월한 표준이 살아남도록 하는 표준경쟁을 통한 시장에서의 경쟁촉진 및 기술혁신과 이를 통한 사회적 후생증대효과가 발생한다. 다만 경쟁당국은 사실상 표준의 形成과정을 지속적으로 감시함으로써 지나치게 늦지 않게 경쟁이 가능한 시점에 시장개입을 하여야 한다. 이런 의미에서 제품수명주기이론은 도움을 줄 수 있다고 본다. 경쟁당국이 개입을 결정하는 경우 경쟁당국은 사실상 표준보유자 및 표준화기구에 의하여 표준으로 결정된 특허권자에게 상호운용성 확보를 위한 강제실시를 하여야 할 것인지 여부를 반드시 검토하여야 한다.

제 6 절 소 결

표준화를 하는 것은 거래비용을 절감시키고, 네트워크 효과가 큰 경우에는 상호운용성의 확보를 통하여 네트워크효과의 크기를 키워서 규모의 경제를 달성할 수 있도록 한다는 관점에서 경제적 효율성을 제공한다. 사실상 표준의 경우에는 표준경쟁의 과정에서 관련된 업계가 관여함으로써 시장을 통하여 승자가 결정되는 것이므로 우수성에 의한 경쟁이라는 주장이 나올 수 있고, 국가표준이 아닌 표준화기구에 의한 표준의 경우에는 표준화기구참여자 간에 자율적으로 상호의 이해관계를 조절할 수 있게 됨으로써 이해관계에 대해서 정확하게 모르는 제3의 규제기관이 개입함으로 인하여 발생하게 되는 유인의 왜곡을 피할 수 있게 된다는 장점이 있다. 반면 네트워크 산업에서의 표준화는 산업의 승자독식의 속성으로 인하여 강력한 시장지배력을 부여하고, 경쟁을 저해할 수 있다. 이러한 경쟁저해의 우려는 표준화기구에 의한 표준의 경우 표준으로 결정된 특허권자의 특허기술의 경우에도 마찬가지로 존재한다. 표준화의 경쟁법 관점에서의 명(明)과 암(暗)이다. 특히 표준화가 되면서 상호운용성이 확보되지 않는 경우에는 상호운용성의 장벽으로 인하여 시장에서의 경쟁은 사실상 봉쇄된다. 이러한 점은 이미 마이크로소프트 사건에서 유럽공동체 집행위원회 및 유럽공동체 1심법원이 인정한 바와 같다. 다만 SK멜론 사건의 경우에는 표준화가 아직 이루어지지 않은 상황이고, 여전히 표준경쟁이 이루어지고 있으므로 경쟁당국의 시장개입이 오히려 시장경쟁을 왜곡할 수 있는 상황이라고 생각한다. 이러한 시장개입의 시점에 대한 판단에 제품수명주기이론은 기본적인 판단의 개념 틀을 제공할 수 있다고 본다.

제4장 이하에서는 표준화과정에서 표준보유자의 행위에 대하여 관련된 쟁점을 살펴본다. 표준화과정에서의 경쟁제한성을 고려할 때 사실상 표준의 경우이든, 표준화기구에 의한 표준의 경우이든 경쟁당국의 개입은 유효경쟁의 유지와 독점화기도의 차단을 위하여 불가피하다. 한편으로는 이러한 표준화과정에서 경쟁당국의 개입이 정부실패를 통한 시장왜곡을 일으키지 않도록 하기 위해서는 규율 방향 및 이를 실행하기 위한 가이드라인이 필요하다. 표준화의 장점을 극대화하면서, 동시에 지적재산권을 보호하는 것은 기술혁신을 위해서 매우 중요하다. 한편 시장경쟁을 유지하도록 하는 것도 기술혁신을 위해서 매우 중요한 다른 하나의 측면이다. 표준보유자의 행위 중 단독행위에 대해서는 제4장에서, 공동행위에 대해서는 제5장에서 검토한다.

제4장

표준보유자의 시장지배적 지위남용행위

Abuse of Market Dominant Position by the Standard Holder

제 1 절 논의의 대상

표준보유자가 보유하고 있는 표준화된 특허권의 존재가 시장에서 지배력을 가시는 원천이 되는 경우는 표준보유자의 유형에 따라 특허보유자가 사실상 표준을 형성하여 그 사실상 표준을 기초로 하여 시장지배적 지위에 있게 되는 경우와 표준화기구에 의하여 표준으로 결정되어 그 표준이 시장에서 넓게 받아들여짐에 따라 시장지배적 지위에 있게 되는 경우로 나눌 수 있다.

제4장에서는 표준보유자의 단독행위(single firm conduct)로서 특허권남용행위를 살펴볼 것이다. 그러기 위해서는 시장지배력(market power)에 대한 부분을 살펴보아야 할 것이다. 미국의 경우에는 시장지배력이 없다면 끼워팔기와 같은 행위자체로 경쟁제한적일 수 있는 행위라고 하더라도 단독행위로서 경쟁법이 이러한 행위를 금지할 실익은 없다고 본다.[1)] 반면 우리나라의 경우에는 시장지배적 지위에 있지 않은 사업자의 행위라고 하더라도 공정거래법 제3조의2에 의한 시

1) Tying과 관련된 논문으로는 Craig McLaughlin, "Monopoly Power of Patents and Antitrust Law Collide in Patent Tying: A Presumption of Market Power Should Arise from Forcing Consumer to Purchase an Unpatented Good as a Condition of Using a Patented Good," 48 Orange County law, 38, 40 (2006).

장지배적 지위 남용행위에 대한 규제 이외에 제23조가 불공정거래행위에 대한 규제를 따로 하고 있으므로 여전히 제23조로 규제할 경우가 있을 수 있다는 점에서 다르다. 이러한 차이점을 염두에 두고 시장지배력과 시장지배적 지위에 대한 논의를 제2절에서 할 것이다. 그러나 실제의 사안에서 표준보유자의 경우에는 사실상 표준보유자의 경우에는 개념 자체에서 시장지배력이 있고, 동시에 시장지배적 사업자일 것이고, 표준화기구에 의한 표준보유자의 경우에도 업계표준이나 국제표준의 경우 시장지배력이 있는 경우가 문제가 되는 경우에는 대부분일 것이어서 양자의 구별실익은 실무상 그리 크다고 보이지는 않는다.

표준보유자의 시장지배적 지위남용행위 중 가장 우선적으로 검토하여야 할 부분이 특허실시거절행위이다. 이러한 표준보유자의 실시거절행위를 규율함에 있어 우선 필수특허(indispensible patent)인지 여부의 판단이 필요하다. 표준보유자의 특허권남용행위는 유형의 재화나 용역의 경우와 다른 부분이 있다. 특허권의 경우에는 당해 특허를 사용하는 것이 가장 우월한 기술적 실현이 가능하다고 하더라도 回避設計(design around)를 통하여 다른 기술을 사용하도록 함으로써 제도 자체가 사회적인 비효율이 발생할 수 있음에도 불구하고 특허권자의 보호를 통한 기술혁신의 촉진을 우선적인 과제로 규정하고 있다. 기술혁신법제의 골간을 이루는 특허법의 가치판단은 경쟁법을 통해서 특허권자의 남용행위를 규율하고자 하는 경우에도 지켜져야 한다. 필수특허인지 여부에 대한 판단기준을 마련함에 있어서도 이러한 특허법의 취지는 유지되어야 한다. 문제가 된 특허가 필수특허로 판단되는 경우 적용여부가 문제되는 필수설비이론은 주로 특허실시거절의 경우에 대한 통제수단으로 가치를 가진다. 사실상 표준의 형성의 경우 및 표준화기구에 의한 표준화의 경우 어느 경우이든 필수특허의 실시거절은 경쟁법적 문제를 낳을 수 있다. 특히 사실상 표준의 경우에는 특히 상호운용성 확보가 이루어지지 않는 경우에는 기존시장경쟁자를 시장에서 퇴출시키고, 신규시장진입을 봉쇄하여 시장에서의 경쟁이 완전히 봉쇄될 수 있으므로 실시거절은 강력하게 규제되어야 한다. 이러한 규율에 대해서 제3절에서 논의할 것이다. 표준보유자의 실시거절행위가 위법한 행위로 판단하기 위한 기준을 찾고, 이에 대한 경쟁당국이 시정조치로 강제실시명령하는 것에 대하여 검토할 것이다. 나아가 표준보유자가 과도한 로열티를 요구하는 행위도 실시거절에서 같이 살펴볼 것이다.

사실상 표준보유자 및 표준화기구에 의한 표준보유자는 제4절에서 살펴볼 홀드업 행위를 할 유인이 크다. 왜냐하면 표준의 존재는 매우 강력한 협상력을 제공하기 때문에 이러한 홀드업 행위를 함으로써 수익의 극대화를 이룰 수 있기 때문이다. 그러나 표준보유자의 홀드업 행위는 개별표준보유자 관점에서의 수익극대화가 사회적인 관점에서의 수익극대화와 일치하지 않게 만들어서 시장실패를 유도하게 되기 때문에 경쟁당국에 의한 규율이 필요하다. 사실상 표준보유자의 경우와 표준화기구에 의한 표준보유자의 경우를 나누어서 살펴볼 것이다.

특히 표준화기구에 의한 표준보유자에 대해서는 표준화기구가 표준으로 결정하기 전에 사전적으로 홀드업 행위를 방지하기 위하여 공개의무를 부과하거나, FRAND 조건을 부과한다. 이러한 조건의 경쟁법상 의미와 이러한 조건을 위반하는 경우 경쟁당국이 어떤 조치를 취하여야 할지를 살펴본다

제 2 절 표준보유자와 시장지배력

I. 시장지배력의 존재와 추정

단독행위가 경쟁법 위반이 되는지 여부를 판단함에 있어서 당해 사업자의 시장지배력의 존재는 가장 중요한 요소 중의 하나이다. 특허권남용을 경쟁법의 이론에 기초하여 논리를 전개하려면 시장지배력의 입증이 필요하다. 그러므로 시장지배력을 입증하는 것은 그 남용을 판단하기 위한 출발점이 된다. 미국 연방대법원은 1995년 Antitrust-IP Guideline이 제시된 이후에도 Independent Ink 판결까지 특허권자가 특허권을 보유하고 있다는 사실만으로 특허권이 사용되는 시장에 대한 시장지배력을 가지고 있다고 추정하였다. 왜냐하면 특허권자는 당해 기술에 대한 독점권을 보유하고 있는 자이기 때문이다. 그리고 이러한 직관적인 인식이 항상 틀린 것도 아니다. 매우 단순한 제품이 있고, 그 제품은 특허권 하나만으로도 구현될 수 있다면 당해 특허권의 존재는 특허가 대체될 수도, 우회될 수도 없다는 전제하에서 시장을 독점할 수도 있다. 그러나 특허권이 상품으로 구현되기 위하여 필요로 하는 특허권의 수는 상품의 복잡화 및 융합화에 따라 늘

어나고 있다. 따라서 이러한 기술적인 변화로 인하여 특허권의 존재에 기한 특허보유자의 시장지배력 추정은 한계에 봉착하였다. 그리고 미국 연방대법원도 Independent Ink 판결에서 기존의 특허권의 존재가 시장지배력을 추정한다는 판례를 변경하였다.

먼저 특허권의 존재와 시장지배력의 추정에 대하여 논의를 전개하고, 이어서 이 논의를 표준보유자의 경우로 연장시켜 보고자 한다.

II. 미국에서의 특허권의 존재와 시장지배력의 추정

1. Jefferson Parish Hospital v. Hyde 사건 이전

Morton Salt 사건에 대한 판결이 선고된 지 5년 후 선고된 International Salt Co., v. United States 사건[2]은 특허침해소송에서 특허권남용 항변이 이루어진 사건이 아니라 적극적으로 경쟁법 위반에 기초한 소송을 제기한 사건이다. 사실관계는 Morton Salt 사건과 유사하다.[3]

이 사건에서 미국 법무부는 International Salt Co.사가 Sherman법 제1조를 위반하였다고 주장하였다. 그리고 미국 연방대법원은 International Salt Co.사의 시장지배력(market power)을 살펴보지 않고 특허권자라고 하여 특허 받지 않은 소금을 판매할 권한을 가지고 있는 것은 아니며, 특허권을 보유하였다고 하여 경쟁법 위반을 할 수 있는 권리를 부여받게 되는 것은 아니라고 판시하였다.[4] 연방대법원은 1962년 United States v. Loew's Inc. 사건[5]에서 지적재산권이 관련된 끼워팔기를 인정함에 있어 시장지배력 추정을 명백하게 하였다. 이 사건은 저작권을 가지고 있는 유명한 영화와 그렇지 않은 영화를 끼워 판 사건으로서 연방대법원은 만일 끼워 판 영화가 특허 또는 저작권의 보호를 받는 경우에는 경제적인 관점에서

2) 332 U.S. 392 (1947).

3) 이 사건에서도 International Salt Co.사는 특허를 보유하고 있는 소금정제기계와 소금을 끼워 팔았다. 이 사건에 대한 특허권남용과 관련된 추가적인 논의는 본 논문 제2장 참조.

4) At 395-396.

5) 371 U.S. 38 (1962).

시장지배력은 추정된다고 판시하였다. 연방대법원은 특허권의 보호는 청구범위에 의해서 보호받는 범위 내의 보호를 의미하는 것이지 그 이상의 행위를 하는 경우까지 보호하는 것은 아니라고 보았다.[6)]

2. Jefferson Parish Hospital v. Hyde 사건[7)]과 이후의 전개

1984년 미국 연방대법원은 Jefferson Parish Hospital v. Hyde 사건에서 만일 정부가 어떤 제품에 대하여 특허권이나 이와 유사한 독점권을 부여하였다면 구매자는 다른 판매자로부터는 특허 받은 제품을 구매할 수 없으므로 그 범위에서는 독점권을 가지는 것으로 시장지배력을 추정할 수 있다고 판단하였다. 경쟁법은 특허권자가 특허권을 남용하여 2차 시장에서 장점에 의한 경쟁(competition on the merit)을 제약하는 것을 막아야 한다. 그러므로 특허 받은 제품이 가지고 있는 독점력을 이용하여 특허 받지 않은 2차 제품 시장에서의 경쟁우위를 달성하고자 하는 것은 경쟁법 위반 행위로서 허용되지 않는다. 이 사건을 기점으로 연방대법원은 Independent Ink 사건이 선고되기까지 특허권자의 특허 받은 제품과 특허 받지 않는 제품간의 끼워팔기에 관한 사안의 경우 시장지배력의 추정을 통하여 경쟁법상 당연위법(當然違法)이 된다는 견해를 유지하였다.

1986년 Senza-Gel Corp. v. Seiffhart 사건[8)]은 특허권자가 특허를 라이선스하면서, 특허를 받지 않은 자신의 제품과 같이 구매하도록 하는 끼워팔기를 요구하자, 이러한 끼워팔기 요구를 거절하고 제품을 생산 판매한 사건이다. 이에 대하여 특허권자가 특허침해소송을 제기하였으나 법원이 특허권남용항변을 받아들여 원고패소판결을 하였다. 미국 연방법원들은 위 사건들 외에도 특허권자가 라이선스를 주면서, 재판매가격유지행위(Retail Price Maintenance)가 위법이라고 판단한 사례[9)], 특허를 라이선스 받은 자들이 합의하여, 특허를 사용한 제품의 가격을 정하고, 이러한 특허를 다른 제3자에게는 다시 라이선스를 하지 않기로 하는 합의를 한 사례 등에서 위 사건들에서의 합의가 경쟁법 위반행위라고 판단하였다.[10)]

6) At 45-46.
7) 466 U.S. 2 (1984).
8) 803 F.2d. 661, 231 USPQ 363 (Fed. Cir. 1986).
9) *Ethyl Gasoline Corp. v. U.S.*, 309 U.S. 436 (1940).
10) *Mannington Mills, Inc. v. Congoleum Industries, Inc.*, 610 F.2d 1059, 1073 (3rd Cir. 1979).

반면, 미국 법원은 지역(territorial limitation)이나 용법(field of use)을 규정하는 것은 일반적으로는 위법하지 않다고 판단하였다.[11] 1997년 연방항소법원은 Virginia Panel Corp. v. MAC Panel Corp[12] 사건에서 만일 특허권자에 의해 제조된 것이 아닌 구성부품을 사용한 경우에는 제품보증을 무효로 한다고 위협한 점과 비특허제품의 구입을 조건으로 한 라이선스계약을 제안한 점 등을 들어 특허권자의 행위를 약탈적 행위로서 특허권남용에 해당한다고 항변한 것에 대하여, 특허권자의 행위는 당해 특허권을 확대한 것도 아니고, 또 경쟁제한적인 행위도 아니기 때문에 특허권남용을 구성하지 않는다고 판시하였다.[13]

저작권법 남용과 관련하여 주목할 만한 사건으로 Atari Games Corp. v. Nintendo of America, Inc.,[14] 사건이 있다. 게임 대전이라고 할 수 있는 Nintendo 社와 Atari 간의 다툼은 이미 비디오 게임기 시장에서 지배적인 지위에 있던 Nintendo가 게임 제작 업체들과의 관계에서 저작권을 라이선스 받으면서, 자신만 독점적으로 라이선스를 받고, Atari사나 Sega사 등과 같은 게임회사에게는 라이선스를 주지 않도록 하는 행위가 문제가 된 사안이다. 이 사건에서 Atari는 Nintendo 사의 행위가 저작권남용이라고 주장하였다. 그러나 연방항소법원은 이러한 Atari 社의 주장을 '더러운 손의 원칙(unclean hand doctrine)'에 기초하여 배척하였다. 왜냐하면 Atari도 스스로 그가 비난하고 있는 Nintendo와 같은 방식의 독점적 라이선스 관행을 게임제작사들과의 관계에서 유지하고 있기 때문에 Nintendo 독점적 라이선스 관행을 탓할 위치에 있지 않다고 보았기 때문이다. 따라서 법원은 Atari는 깨끗하지 못한 손에 해당하여 형평법에 기초한 특허권남용이론을 인정할 수 없다고 판시하였다.[15] 결국 이 사건에서 법원은 미국법상 저작권남용이론이 대법원과 연방법원에 의하여 받아들여진 이론이라는 점은 인정하면서도 Atari 역

11) *Continental T.V. Inc. v. GTE Sylvania, Inc.*, 433 U.S. 36 (1977); *Mallinckrodt, Inc. v. Medipart, Inc.* 976 F.2d 700 (Fed. Cir. 1992).

12) 133 F.3d 860, 45 USPQ 2d 1225 (Fed. Cir. 1997).

13) 이 사건 이전에도 연방항소법원은 특허권자로부터 구입하지 않은 특허시스템 중 비특허구성부품의 판매에 대하여도 로열티 지급을 요구한 실시허락계약 조항은 위법하지 않고, 특허권남용도 구성하지 않는다고 판시한 바 있다[*Engel Industries, Inc. v. Lockformer Co.,* 96 F.3d 1398, 40 USPQ 2d 1161 (Fed Cir. 1996)].

14) 897 F.2d 1572, 14 USPQ 2d 1034 (Fed. Cir. 1990).

15) 이 사건과 관련하여, Carl Shapiro, "Antitrust in Network Industries" Speech before ABA and ALI (1996) at 18-19.

시도 Nintendo와 마찬가지의 관행을 보였다는 점을 지적하면서 저작권남용주장을 배척하였다.

3. 특허권의 존재에 기한 시장지배력의 추정의 번복: Illinois Tool Works v. Independent Ink 사건[16)]

(1) 특허권남용과 시장지배력의 추정

경쟁법 위반에 기초하여 특허권남용을 인정함에 있어서 미국 연방대법원은 시장지배력의 존재에 대한 추정을 하는 방식으로 특허권남용 주장자의 입증책임을 완화하였다. 하지만 이러한 미국 연방대법원의 주장은 지속적으로 비판의 대상이 되었다. 앞서의 Jefferson Parish Hospital 사건에서도 O'Connor 대법관은 별개의견(concurring opinion)으로 특허권의 존재만으로 시장지배력을 추정하는 것을 비판하였다.[17)] 그 뒤 Data General 사건에서 Jefferson Parish 사건에서 다수의견을 취하였던 White 대법관과 Blackmun 대법관도 O'Connor 대법관의 견해에 동조하여 기존의 판례에 따라 상고불허결정을 한 다수의견에 반대하는 의견을 내었다. 소수의견은 Jefferson Parish Hospital 판결과 같이 특허권의 존재가 바로 시장지배력을 추정할 수는 없다고 보았다.[18)]

그리고 1995년 지적재산권 가이드라인에서는 특허권의 존재로 시장지배력을 추정해서는 안 된다는 견해를 가이드라인의 내용으로 명기하였다.[19)] 그럼에도 미국 연방대법원의 판례는 Illinois Tool Works v. Independent Ink 판결이 선고되기

---

16) 이 사건에 대한 평석으로는 Tyler J. Gee, "Illinois Tool Works v. Independent Ink; Inking Out limits of the Patent Grant," 41 U. S. F. L. Rev. 261 (2006); 국내 평석으로는 홍대식, "특허상품 끼워팔기 사건에서의 시장지배력 입증: Illinois Tool Works 판결을 중심으로," 경쟁저널(2008.9.).

17) *Jefferson Parish Hospital v. Hyde,* 466 U.S. 2, 32 (1984) Concurring opinion by Justice O'Connor.

18) *Data General Corp. v. Digidyne Corp.*, 473 U.S. 908 (1985).

19) 미국 특허청의 Director인 James Rogan은 2002.6.14. 전미 변호사협회주최의 점심 강연에서 미국 연방거래위원회에 의하여 특허법의 근간이 훼손되는 일이 있어서는 안 된다고 하면서, 그 시장지배력추정의 문제를 언급한다. 그는 이 연설에서 1995년 가이드라인이 특허권의 존재가 경쟁법 집행에 있어서의 시장지배력을 추정하지 않는다는 점을 명시하였다는 사실을 강조한다.
[http://www.uspto.gov/web/offices/com/speeches/remarksbarassn.htm(2009.3.5. 최종접속)].

전까지 특허권의 존재는 시장지배력을 추정한다는 견해를 공식적으로 바꾸지는 않았다.

(2) 대상특허와 사건의 배경

이 사건의 신청인은 Illinois Tool Works사와 그 자회사인 Trident Inc.이다. Illinois Tool Works사는 골판지에 바코드를 인쇄하는 프린트헤드를 생산하는 회사였다. 통상의 잉크젯 기기의 경우에는 잉크탱크에서 소량의 잉크를 점사하는 방식으로 이루어지지만 산업적인 용도로 대규모의 골판지에 인쇄를 하기 위해서는 많은 잉크가 필요하여 잉크 컨테이너에서 많은 양의 잉크를 한꺼번에 프린트 헤드로 옮겨야 했다. 따라서 작은 카트리지를 사용하는 것은 불가능하였다. 소규모가 아닌 대용량의 잉크를 분출하기 위해서는 잉크가 다시 밀려들어오는 것을 방지하기 위하여 고압으로 분사시키는 장치가 필요하였고, 이를 위해서 압력을 조절하는 밸브와 압력을 발생시킬 수 있도록 고안된 잉크저장장치 등의 개발 및 그 운용에 대한 기술이 필요하였다.[20] Illinois Tool Works사는 이러한 기술에 대한 특허를 보유하고 있었고, 이 회사가 보유하던 프린터헤드와 잉크 컨테이너와 관련된 특허 중 문제가 된 특허가 손으로 기동하는 연동펌프를 통하여 잉크를 잉크젯 기기에 공급하는 장치에 대한 미국 특허 5,343,226호[21]였다.

문제가 된 이 건 계쟁 특허는 자회사인 Trident사가 보유하고 있던 특허로 Trident사는 그 자체로 특허기술을 이용하여 제품을 생산하지는 않았고, 레이저 프린터 및 골판지 인쇄용 프린터 헤드 제작을 주된 업으로 하고 있었다. 이 회사는 Independent Ink사가 Trident사를 상대로 Sherman법 위반을 청구원인으로 하는 소송을 처음 California 연방 중앙지방법원에 제기하였을 당시에는 별개의 회사였으나 소제기 후인 1999년 2월 19일 Illinois Tool Works사가 Trident사를 인수하여 Trident사는 Illinois Tool Works사의 완전자회사가 되었다.

---

20) 상세는 U.S. Patent No. 5,343,226.의 명세서의 발명의 상세한 설명 중 기존기술의 설명 참조.

21) U.S. Patent No. 5,343,226. Ink Jet Ink Supply Apparatus. 이하 '226 특허'라고 한다. 이 특허는 기존의 잉크젯 프린터의 산업적 이용과 관련한 기술적인 과제를 극복하여 잉크젯 헤드, 잉크저장장치, 잉크젯헤드에 잉크를 공급하는 장치를 포함한 잉크젯 분사장치에 대한 기술을 그 청구범위로 하고 있었다.

(3) 소송의 경과

1) Trident사의 라이선싱 정책

Trident사와 모회사인 Illinois Tools Work사는 특허된 유압 잉크젯 프린터 헤드와 특허된 잉크 컨테이너, 그리고 특허를 받지 않은 특수 제작된 잉크의 3가지 요소를 조합한 프린트 시스템을 제조하여 판매하고 있었다. Trident사는 주문자표시생산방식(OEM)으로 포장재에 바코드를 인쇄하는 프린터 제조업자들에게 판매하고 있었다. OEM업체들은 잉크를 Trident사로부터만 전적으로 구매하기로 합의하였고, 이러한 합의의 연장선상에서 OEM업체나 그들의 소비자들은 다른 잉크를 리필하여 사용하지 않기로 하였다. 한편 Illinois Tool Works사의 표준라이선스계약서에 의하면 프린터 제조사들은 Illinois Tool Works사로부터 전속적으로 잉크를 구입하는 기간 동안만 Illinois Tool Works사의 특허를 사용할 수 있는 권리를 부여받았다.[22] 이에 따라 소비자들도 Illinois Tool Works사의 잉크 외에 다른 잉크를 사용할 수 없게 되었다. Independent Ink사는 Trident사가 판매하는 잉크와 동일한 화학적 구성을 가진 잉크를 개발하여 판매하였다.

2) 소송의 경과

가. 지방법원의 판단

Trident사는 Independent Ink사를 상대로 하여 캘리포니아 연방중앙지방법원(Central District Court)에 특허침해소송을 제기하였다. 그러나 Trident사의 특허침해소송은 대인관할(personal Jurisdiction)이 없이 제기된 소송이라는 이유로 각하되었다. Independent Ink사는 소각하 직후인 1998년 8월 Trident사의 특허에 대한 비침해 및 무효확인소송을 제기하였다.[23] 이후 청구취지를 변경하여 Trident사의 라이선스 관행이 불법적인 끼워팔기에 해당하여 Sherman법 제1조 위반이라고 주장하면서 경쟁법 위반이라는 점에 대한 청구취지 및 청구원인을 추가하였다.

캘리포니아 연방중앙지방법원은 특허권을 보유하고 있다고 하여 시장지배력을 가지고 있다고 볼 아무런 근거가 없다고 하면서 Independent Ink사가 시장지

---

22) "manufacture, use and sell ... ink jet printing devices supplied by Trident only when used in combination with ink and ink supply systems supplied by Trident." 396 F.3d. 1345 (Fed. Cir. 2005).

23) Independent Ink, Inc. v. Trident, Inc., 210 F.Supp. 2d 1155, 1159 (C.D. Cal. 2002).

배력에 대한 아무런 증거도 제시하지 못하였다는 이유로 Illinois Tool Works사의 약식판결(Summary Judgment) 신청을 인용하였다.[24] 연방지방법원은 이미 Illinois Tool Works사는 2개의 회사가 시장에서 경쟁을 하고 있다는 점을 충분히 입증함으로써 그 추정을 복멸하였으므로 만일 연방 대법원의 판례에 따라 특허권의 존재만으로 시장지배력을 추정한다고 하더라도 결론이 달라지지 않는다고 판시하였다.

나. 연방항소7법원의 판단[25]

연방항소법원은 연방지방법원의 판결을 파기하였다. 연방항소법원은 특허권이나 저작권의 존재가 Sherman법 제1조의 적용을 위하여 요구되는 시장지배력(market power)를 추정한다는 연방대법원의판례에 따라 연방지방법원이 판결하였어야 한다고 판시하였다. 연방대법원의 판례에 따르면 특허권자가 특허제품을 판매하면서 끼워팔기 조건을 부가하는 것은 그 자체로 Sherman법 위반이 되며, 피고로서는 이러한 추정을 번복하기 위하여 전문가 증언이나 기타 신뢰할만한 경제적인 증거를 제시하여야 한다고 판시하였다.[26] 판례법은 끼워팔기는 당연위법(per se illegal)으로 판단하여 왔다. 그러므로 원고가 끼워팔기를 한 사실을 입증하기만 하면 피고는 어떤 증명방법으로도 그 위법성을 부인할 수 없도록 하고 있었다. 그러나 판단기준이 수정된 당연위법(modified per se illegal)원칙으로 변경됨에 따라 특허권자가 시장지배력을 가지고 있다는 점에 대한 입증이 필요하게 되었다. 그러나 연방대법원이 Jefferson Parish Hospital 사건 및 Lowe 사건[27]에서 특허권 등을 이용한 경우 시장지배력은 추정된다고 판시하였기 때문에 이러한 법리를 통하여 Illinois Tool Works사의 시장지배력은 추정되고, 경쟁법 위반도 인정된다고 판시하였다.[28]

항소심에서 피고 Illinois Tool Works사는 Walker Process 사건이 선례가 되어야 한다고 주장하였다.[29] [30] 하지만 연방항소법원은 Walker Process 사건은 반경

24) 연방지방법원은 앞서 Jefferson Parish 사건에서 O'Connor 대법관의 별개의견을 원용하였다.

25) 항소심은 396 F.3d. 1342, 1344 (Fed. Cir. 2005).

26) 396 F.3d. 1342, 1344 (Fed. Cir. 2005).

27) *United States v. Loew's, Inc.*, 371 U.S. 38, 83 S.Ct. 97 (1962).

28) 396 F.3d. at 1345-1346.

29) *Walker Process Equipment, Inc. v. Food Machinery & Chem. Corp.*, 382 U.S. 172, 86 S.Ct. 347

쟁적 특허권의 행사에 대한 사안이 아니라 부적절하게 특허권을 취득한 것이 문제가 된 사건으로서 두 사건은 구별되는 사건이라고 판단하였다.

다. 연방대법원의 판단[31]

이 사건에 대하여 Illinois Tool Works사 등은 연방대법원에 상고허가를 신청하였고, 2005년 6월 20일 연방대법원은 상고를 허가하였다.[32] 이 사건은 경쟁법과 지적재산권법의 관계에서 매우 중요한 사건으로 자리매김하였다. 2006년 연방대법원은 항소심의 판결을 파기·환송하였다. 미국 연방대법원은 표결에 참여하지 않은 Alito대법관을 제외한 대법관 전원일치의견으로 특허권에 의하여 보호되는 제품과 그렇지 않은 제품을 끼워 파는 경우 그것이 경쟁법 위반이라는 이유로 특허권자의 행위가 특허권의 남용으로서 위법한 행위라고 주장하는 자는 특허권자의 시장지배력을 별도로 입증하여야 하는 것으로 판례를 변경하였다.

4. 우리나라에서의 특허보유와 시장지배력의 추정

(1) 공정거래법의 규정태도와 특허권의 경우 공정거래법은 시장지배력(market power)를 보는 것이 아니라, 시장지배적 지위(market dominant position)를 기초로 하는 태도를 취하고 있다. 그리고 시장지배적 지위에 있는 사업자를 판단함에 있어서는 시장점유율, 진입장벽의 존재 및 정도, 경쟁사업자의 상대적 규모와 함께 경쟁사업자간의 공동행위의 가능성, 유사품 및 인접시장의 존재, 시장봉쇄력, 자금력 등을 종합적으로 고려되어야 한다.[33] 특허권의 존재는 기타 종합적인

(1965). at 178. (연방대법원은 Walker Process 사건에서 당연위법의 원칙을 수상에 대하여 시장에 대한 영향 및 경제적인 효과에 대한 분석이 없이 단순한 주장만으로 독점금지법 위반을 인정하는 당연위법의 원칙을 인정하는 것에 부정적으로 보았다).

30) 이 사건과 관련하여 James Gould and James Langenfeld, "Antitrust and Intellectual Property: Landing on the Patent Avenue in the Game of Monopoly," Intellectual Property Law Review vol. 37 (1996) at 447.

31) 126 S.Ct.1462.

32) 미국변호사협회(American Bar Association), 미국 지적재산권법학회(American Intellectual Property Association) 등 여러 기관에서 제출한 법정의견서(Amicus Brief)가 있었고, 저명 교수들도 법정의견서를 제출하였다. Barry Nalebuff, Ian Ayres와 Lawrence Sullivan 등은 Independent Ink 측을 위하여 의견을 제출하였다. 126 S.Ct. 1281 at 5-7 (2006) (No. 04-1329).

고려사항 중의 하나로 고려될 것이다.

그리고 공정거래법은 시장점유율이라는 객관적 기준에 의하여 시장지배적 지위를 추정하고 있다. 공정거래법은 단일사업자를 기준으로 50% 이상의 시장점유율을 가지고 있거나, 3 이하의 사업자의 시장점유율의 합계가 100분의 75 이상이 경우에는 시장지배적 사업자로 추정한다고 규정하고 있다.[34] 따라서 특허권을 보유하고 있다고 하더라도 그 특허권에 기초하여 상업적인 성공을 거두어 법에서 규정한 이상의 시장점유율을 확보하여야 비로소 시장지배적 사업자로 추정된다.

결국 공정거래법상으로는 특허권의 존재는 시장지배적 지위를 판단하기 위한 여러 고려요소 중의 하나다. 종합적인 판단을 함에 있어 특허권을 원천특허(源泉特許 pioneer patent)의 경우와 개량특허(改良特許 improved patent)의 경우로 나누어 검토할 필요가 있다. 원천특허란 당해 기술 분야에서 그 기술을 사용하지 않고는 도저히 기술사상을 구현하는 것이 어려운 특허를 의미한다. 이러한 원천특허도 경우에 따라서는 기술의 진보에 의하여 그 기술 자체가 불필요하게 되거나, 대안기술이라고 볼 수 없었던 기술이 대안으로 제기되는 등의 상황을 맞이하게 되어 다른 특허로 대체되기도 한다. 하지만 원천특허는 특허권으로 보호되는 기간의 제한이 있지만 그 기간 동안은 관문역할을 하면서 기술진입을 통제할 수 있는 수단이 된다.[35] 만일 경쟁법 위반을 주장하는 소송당사자의 소송대리인이

---

33) 권오승, 경제법(제7판), 145-146면.

34) 제4조(시장지배적사업자의 추정) 일정한 거래분야에서 시장점유율이 다음 각 호의 어느 하나에 해당하는 사업자(일정한 거래분야에서 연간 매출액 또는 구매액이 40억원 미만인 사업자는 제외한다)는 제2조(정의) 제7호의 시장지배적 사업자로 추정한다<개정 2007.8.3>.
   1. 1사업자의 시장점유율이 100분의 50 이상
   2. 3 이하의 사업자의 시장점유율의 합계가 100분의 75 이상. 다만, 이 경우에 시장점유율이 100분의 10 미만인 자를 제외한다(전문개정 1999.2.5.).

35) 원천특허의 경우로 집적회로(Integrated Circuit)의 경우를 보면, 1949년 독일 지멘스의 기술자였던 Werner Jacobi가 5개의 트랜지스터를 이용하여 집적회로 유사의 아이디어를 자신의 특허(DE patent 833366)를 통하여 세상에 공개한 이래 집적회로의 아버지로 불리는 Kilby에 의하여 기존의 트랜지스터가 가지고 있던 집적도의 한계를 넘을 수 있는 새로운 개념으로서의 집적회로가 세상에 등장하게 되었다. 그는 1958년 세계 최초로 개념차원이 아니라 작동하는 집적회로를 선보였고, 이러한 공로로 2000년 노벨 물리학상을 수상하였다. Kilby는 전자회로를 소형화하는 기술에 대한 특허(US 3,138,743), 반도체집적장치에 대한 특허(US3,138,747), 소형전자회사를 제조하는 방법에 대한 특허(US3,261,081) 등 다양한 집적회로에 대한 특허를 출원하였다. 물론 그 이후 집적회로기술은 비약적으로 발전하였지만 원천

문제가 되는 특허가 원천특허라는 사실을 입증하게 되면, 이러한 경우에는 시장지배력의 추정을 할 수 있는 중요한 근거가 될 수 있다고 본다. 그러나 대부분의 특허는 원천특허가 아니라 개량특허이다. 원천특허는 그 개수가 적을 뿐만 아니라 경우에 따라서는 원천특허이기 때문에 사용이 되지 않기도 한다.[36] 개량특허의 경우에는 그러한 개량특허를 대체하는 기술이 존재하는 경우가 많다. 따라서 개량특허의 존재만으로 시장지배력이 있다고 추정하기에 적합하지 않다. 특허도 그 성질과 내용에 따라 시장에 대하여 미칠 수 있는 힘이 다르다는 점을 염두에 두어야 한다.

이러한 상이점에 대한 입증을 어떻게 할 것인가 하는 것이 문제가 된다. 우선 시장지배력을 사실상 추정하고, 특허권자에게 시장지배력이 없다는 점을 입증하도록 하는 방법을 생각해 볼 수 있다. 그 반대로 특허권남용의 근거로 경쟁법 위반을 주장하는 자로 하여금 특허권의 존재 이외에 여러 가지 정황증거를 통하여 시장지배력의 존재를 입증하도록 할 수도 있다.

특허권의 대부분이 원천특허로 구성되어 있다고 하면 특허권의 시장지배력의 추정을 인정하여도 오류가 발생할 가능성은 상대적으로 적다. 그러나 개량특허의 경우에는 경쟁법이 특허권 침해를 정당화하는 수단으로 잘못 사용될 수 있다.

하지만 또 하나의 문제는 실무상 어떤 특허가 원천특허인지 아닌지를 판단하기가 매우 어렵다는 점이다. 전자계산기 특허에서 입력장치와 출력장치, 연산장치 및 인터페이스로 구성된다는 점을 특허로 출원하여 등록하거나, 디스플레이를 만드는 방법특허(方法特許 method patent)로 적층(積層 stacking)을 한다는 특허 등의 경우에는 당업자(當業者)라면 그 특허가 원천특허라고 대부분 동의할 수 있을 것이다. 그러나 대부분의 경우 원천특허인지 여부는 정도의 문제이기 때문에 판단이 매우 어렵다.

따라서 공정거래법의 해석상 특허권의 존재가 바로 시장지배적 지위를 추정하는 요소가 되는 것은 아니다. 그러므로 공정거래법상 시장지배적 지위의 증명

특허의 아이디어는 유지되고 있다. 다만 새로운 물질을 채용한 소자의 사용, 새로운 공정기술의 사용 등으로 改良發明에 의하여 기술진보가 이루어지고 있을 뿐이다. 만일 특허보호기간의 제한이 없다면 원천특허는 우회가 되지 않는 특허로서 기술의 패러다임이 바뀌지 않는 한 그 기술사상은 계속 유지된다.

36) 라이선스 전략을 잘못하면 시장에서는 기술의 우수성에도 불구하고 열위적이면서 더 범용적인 라이선스 전략을 사용하는 기술이 채택될 수도 있다는 의미다.

책임의 분배에서 달리 볼 이유가 없다. 따라서 우리나라의 법원의 태도이며 다수설[37]인 법률요건분류설에 의할 때 특허권의 존재는 간접사실을 통한 일응의 추정을 위한 간접사실 중의 하나일 뿐 그 이상의 의미를 가지는 것은 아니라고 할 것이다. 이러한 공정거래법상의 결론은 특허권의 존재 그 자체로 바로 경쟁법상 시장지배력을 추정할 수는 없다는 미국연방대법원의 Illinois Tool Works 사건에서의 결론과 같다.

(2) 표준보유자의 경우

특허권의 존재라는 사실은 법률상 추정규정이 없는 경우에 해당하므로 소송법상의 입증책임분배와 관련하여 사실상 추정을 할 수 있을 것인가를 살펴보아야 할 것이다. 특허권을 보유함으로써 표준기술을 보유하게 된 사업자의 경우에 이를 특허권자와 달리 취급하여 시장지배적 지위를 인정하기 위한 간접사실의 하나가 아닌 사실상 추정을 할 것인가에 대하여 살펴본다.

경쟁법이 보는 것은 상품시장이다. 그런데 하나의 상품은 여러 개의 특허로 구성될 수 있다. 하나의 상품을 구성하는 여러 개의 특허는 원천특허와 개량특허가 있을 수 있고, 병목특허(bottleneck patent)와 보완특허(補完特許)가 있을 수 있다. 이처럼 비록 특허가 있다고 하더라도 그 특허의 성격에 따라 당해 상품에서 차지는 특허의 지위는 다르다. 그러므로 법원은 시장지배적 지위 여부를 판단함에 있어 같은 특허권자라도 그 특허권의 성격이 원천특허인 경우와 개량특허인 경우, 같은 개량특허인 경우에도 기술적인 우회가능성(迂廻可能性) 및 대체가능성(對替可能性)의 존부와 정도가 상이하다. 표준보유자의 경우 특허권자의 경우보다 표준이라는 의미가 이미 시장에서의 기술적인 우회가능성을 원천적으로 배제하였다는 의미를 가지고 있으므로 표준보유자의 경우에는 시장지배적 지위를 인정하기가 매우 용이할 것이다. 그러나 표준의 경우에도 단일표준(single standard)과 복수표준(multi-standard)이 존재할 수 있다. 그리고 복수표준이 아니라고 하더라도 표준화기구에 의한 표준과 업계표준에 따라 차이가 있을 수 있다. 업계표준 간에도 당해 표준화에 참여한 기업들의 면면에 따라서 표준의 지위가 공고한 정도가 다를 수 있다.

37) 학설에 관한 상세는 정선주, "법률요건분류설과 증명책임의 전환," 한국민사소송법학회지 vol.11-2(2007.11.) 한국사법행정학회, 131-151면 참조.

이러한 점들을 종합적으로 고려하여 보면 표준보유자라고 당해 사업자의 라이선스 거절[38]이나 끼워팔기[39] 등의 단독행위가 시장지배적 지위남용행위로 인정하기 위한 첫 단계로서 시장지배적 지위에 있는 사업자로 추정되는 것은 아니다.

다만 단순한 특허권의 존재와는 달리 표준보유자의 경우에는 표준을 뒷받침하는 특허들이 표준화를 통해서 비록 현재 일정한 시장점유율 요건을 충족하지 못했다고 하더라도 표준경쟁의 수준을 살펴보고, 표준이 사실상 표준인지, 표준화기구에 의한 표준인지, 표준화기구에 의한 표준이라면 국제표준인지, 국내표준인지, 업계표준인지, 표준결정기관의 권위와 표준결정방침, 표준이 제품수명주기를 고려할 때 어느 정도의 상황에 있는지, 상호운용성의 확보를 위해서 어느 정도 필요성이 있는지 등을 종합적으로 고려하여 시장지배력을 가지고 있다고 볼 수 있다.

제 3 절 표준보유자의 일방적 실시거절행위

I. 논의의 전개

표준보유자의 일방적 실시거절행위는 공정거래법상 거래거절(去來拒絶, refusal to deal)에 따라 규율될 것이다. 시장지배적 지위남용행위에 해당되는 일방적 실시거절에는 (i) 단순 실시거절(simple refusal to license),[40] (ii) 과도한 조건을 붙임으로

38) 거래거절 사안으로 지적재산권 라이선스 거절에 대한 논점이 있었으며 시장지배적 지위남용과 관련된 최근의 주요 사건으로 대법원 2007.11.22.선고 2002두8626 전원합의체 판결과 지적재산권 라이선스 거절에 대한 평석으로 설민수, "지적재산권 사용계약에 대한 거래거절에 관한 미국과 EU에서의 공정거래법 적용," 저스티스 101호(2007.12.), 한국법학원, 60-107면 참조.

39) 독점규제 및 공정거래에 관한 법률 23조 1항 3호 끼워팔기 사안이기는 하지만 끼워팔기 사안으로는 대법원 2006.5.26.선고 2004두3014 판결 및 이 사건에 대한 평석으로 이황 불공정거래행위 중 끼워팔기의 성립요건 대법원판례해설 61호(2006 상반기) (2006.12.) 법원도서관 307-333면 참조.

40) 예를 들어 *Intergraph Corp. v. Intel Corp.* 3 F. Supp. 2d. 1255 (N.D. Ala. 1998), vacated,

써 사실상 실시를 거절하는 조건부 실시거절(conditional refusal to license), (iii) 선착순에 의하여 일정한 실시수량을 정하여 라이선스를 주고, 그 이후에는 라이선스를 거절하는 경우 등 다양한 유형이 있을 수 있다. 그리고 이와 같은 다양한 유형의 라이선스거절행위가 존재하기 때문에 미국 법원은 이 문제를 해결하기 위해서 여러 가지 심사들을 사용해왔다.[41] 특허권자에게 경쟁법의 적용을 거의 면제시켜 주는 것에서 시작해서,[42] 특허권자의 라이선스거절에 대해서 적법성을 추정해준 사례,[43] 그리고 특허권자의 라이선스거절에 대해서 적법성을 추정해주면서도 주관적인 요소들을 감안하여 그 추정을 번복할 수 있도록 한 사안,[44] 필수설비이론을 통해서 지적재산권의 실시거절을 제어하려고 한 사안[45] 등 다양한 유형의 시도가 있었다. 이러한 특허권자의 실시거절에 대한 법리는 그대로 표준보유자의 라이선스 거절에도 적용될 수 있을 것이다. 그 외 정책문서에 대한 표준보유자의 특허라이선스 거절에 대한 통제는 이와 별도로 이루어질 것이다.

라이선스 거절의 유형은 특허권자의 특허권남용행위의 가장 기본적인 행위태양이라고 할 수 있다. 단순한 라이선스 거절과 조건부 라이선스 거절 중 위법한 라이선스 거절의 대부분을 차지하는 것이 조건부 라이선스 거절이다. 이 조건부 라이선스 거절은 끼워팔기와 같은 유형의 행위도 포섭할 수 있다. 왜냐하면 끼워팔기를 분해해보면 라이선스를 받고자 하는 자가 자신이 구매하고 싶지 않거나 라이선스 받고 싶지 않은 제품의 구매를 할 것을 조건으로 하여 만일 그러한 조건을 받아들이지 않으면 라이선스를 받지 못하게 되는 경우로 볼 수 있기 때문이다.[46]

---

195 F.3d. 1346, 1367 (Fed. Cir. 1999).

41) Michael A. Carrier, "Refusal to License Intellectual Property After TRINKO," Duke Law Rev. Vol.55 (2006) pp.1191-1201.

42) *In re Independent Service Irganizations Antitrust Litigation*(Xerox), 203 F.3d. 1322 (Fed, Cir. 2000).

43) *Data General Crop. v. Grumman Systems Support Crop,* 203 F.3d. at 1327 (1994). 이러한 Grumman 사건의 태도는 이후에도 Telecom Technical Services Inc. v. Rohm Co., 388 F3d. 820, 827 (11th Cri. 2004) 등에서도 인용되고 있다.

44) *Image Technical Services, Inc. v. Eastman Kodak Co.* 125 F.3d. 1195 (9th Cir. 1997), 504 U.S. 451, 486 (1992).

45) *Intergraph Corp. v. Intel Corp.* 3 F. Supp. 2d. 1255 (N.D. Ala. 1998), vacated, 195 F.3d. 1346, 1367 (Fed. Cir. 1999).

46) 예를 들어 마이크로소프트가 윈도우즈에 인터넷 익스플로러라는 자사의 웹브라우저를 같이

표준보유자의 실시거절 문제를 검토함에 있어서 우선 실시거절법리에 대하여 많은 논의가 축적되어 있는 미국의 경우를 검토하여 보고, 이 법리들을 우리 공정거래법 및 특허법의 관련 규정에 비추어 어떤 부분을 받아들이고, 어떤 부분을 독자적으로 판단해야 할 것인지에 대하여 살펴보고자 한다.[47] 이러한 실시거절의 법리를 기초로 하여 표준보유자의 실시거절 문제에 있어서는 어떤 점을 추가적으로 고려해야 할 것인지를 검토하는 순서로 논의를 전개할 것이다.

II. 실시거절법리

1. 라이선스거절권능과 지적재산권의 가치

기업들은 특허전략을 특허라이선스를 통하여 수익을 발생시키는 전략('licensing-out 전략'이라고 함)과 상대방이 특허침해주장을 하는 경우 이를 상호실시(cross license) 등을 통하여 로열티를 없애거나 지급하여야 할 로열티를 최소화하기 위한 전략('licensing-in 전략'이라고 함)을 사용한다. 이러한 전략의 조합을 통하여 최소의 로열티를 부담하고, 최대의 로열티 수입을 올려 기업의 수익을 극대화할 수 있는 조합을 찾아내려고 하는 것이다. 결국 특허침해소송도 로열티 수익을

라이선스 받지 않으면 윈도우즈를 라이선스하여 주지 않겠다고 제안하는 경우를 보면 끼워팔기가 조건부 라이선스 거절로 이해될 수 있음을 알 수 있다.

47) 공정거래법상 거래거절법리에 대한 논문으로는 김두진, "시장지배적 지위의 남용," 비교사법. 제14권 제1호 통권 제36호(2007년 3월), pp.219-260; 박상인, "시장지배적지위남용행위에 대한 경제분석들; 최근 유럽과 미국의 논의를 중심으로," 경쟁저널. 제140호(2008년 9월) pp.52-69; 서혜숙, "공정거래법상 단독의 거래거절에 관한 소고," 변호사. 제36권(2006), pp.107-126; 설민수, "지적재산권 사용계약에 대한 거래거절에 관한 미국과 EU에서의 공정거래법 적용," 저스티스 통권 제101호(2007년 12월), pp.60-107; 이황, "공정거래법상 단독의 위반행위 규제의 체계: 시장지배적 지위 남용행위로서의 거래거절행위의 위법성, 그 본질과 판단기준," 사법 5호, 사법발전재단(2008년 9월), pp.201-263; 李奉儀, "공정거래법상 妨害濫用의 위법성 판단기준: 거래거절을 중심으로," 법조 제52권 제10호 통권 제565호(2003.10.), pp.119-146; 이봉의, "포스코판결과 방해남용의 향방" 경쟁저널 제140호(2008년 9월), pp.10-23; 이재형, "거래거절규제의 법리와 경제분석," 정책연구시리즈 2005-12, 한국개발연구원(2005) 등이 있음.

증대시키기 위한 수단으로 사용되고, 부수적으로 경쟁자가 시장에서 공세적인 마케팅을 하지 못하게 하면서 가치사슬내의 경쟁자의 거래선들에게 경쟁자와의 거래가 특허침해소송으로 위험한 거래가 된다는 점을 알림으로써 전체적인 유통채널에 타격을 주기 위하여 사용되기도 한다.[48] 이러한 실시전략에 중요한 부분은 (i) 누구에게 라이선스를 줄 것인가, (ii) 로열티를 얼마나 받을 것인가, (iii) 어느 정도의 기간 동안 라이선스를 줄 것인가 하는 것 등이다. 기업들은 이러한 요소들에 다양한 변용을 가하여 여러 가지 실시전략을 설계하고 사용한다.

라이선스의 거절은 이러한 실시전략의 수립과 실제의 협상에 있어서 특허권 등의 가치극대화를 달성하여 최대한의 로열티를 받기 위한 중요한 수단이다. 이러한 특허협상을 통한 로열티의 극대화를 추구할 수 있는 권리는 사적자치의 원칙(private autonomie) 및 배타권인 특허권의 속성에 의하여 뒷받침되고 있다. 민법상 체약강제(Kontrazierungszwang)[49]가 매우 제한적으로만 인정되고 있는 것도 시장경제체계에서 사적자치의 원칙이 가지는 중요성을 반영한 것이지만 지적재산권의 온전한 가치유지에도 도움이 된다.

라이선스 협상시 실시거절이라는 수단이 없을 경우의 지적재산권의 가치저하는 협상력(bargaining power)이라는 틀로 설명이 될 수 있다. 특허권자가 라이선스를 하는 것은 강제되어 있고, 특허권자는 오로지 로열티를 얼마나 받을 것인가에 대해서만 협상할 수 있다면 특허권자가 협상에서 협상결렬을 위협하는 전략을 사용할 수 없게 됨으로 인해서 받을 수 있는 로열티는 감소하게 될 가능성이 많다.

이와 구별하여야 할 것으로 특정상품 개발을 위한 특허로드맵에서 원천특허를 보유하고 있는 사업자의 경우나 우회나 대체가 가능하지 않은 표준을 보유하고 있는 경우에는 홀드업 행위를 할 수 있는 바, 만일 경쟁당국이 강제실시를 명하여 홀드업 행위를 하지 못하게 하면 이러한 자들도 받을 수 있는 로열티가

---

48) 미건의료기 사건도 이런 관점에서 볼 수 있는바, 이 사건에 대한 평석으로 홍대식, "공정거래법과 지적재산권법: 공정거래법 위반의 주장과 지적재산권 침해금지소송," 민사판례연구 (2009.2.).

49) 이러한 체약강제의 전형적인 사례는 공항에 항공사가 취항하려고 하는 경우 유일한 공항이 당해 항공사 소속의 비행기의 이착륙 등을 위한 공항 사용 계약의 체결을 거절할 수 있는가와 관련하여, 체결하는 것 외에는 다른 선택을 할 수 없는 체약의무가 존재하는 체약강제가 이루어진다고 설명하는 경우이다.

감소하므로 자신들이 보유하고 특허의 가치가 감소하였다고 주장할 것이다. 이러한 주장을 받아들일지는 시장전체의 관점에서 소비자후생에 미치는 영향을 종합적으로 고려하여 판단하여야 한다.

2. 미국의 경우

(1) 특허권자의 일반적 실시의무의 부존재

미국법의 연원이 되는 보통법(common law)의 기본적인 이념은 계약의 자유(freedom of contract)와 재산권의 보장이다. 미국 연방대법원은 '로크너 사건'[50)]에서 소위 '로크너 원칙'을 적용하면서, 계약의 자유의 원칙을 강조한다. 계약 자유에 대한 강조는 독점을 형성하거나 유지할 목적이 없는 한 Sherman법은 사기업이 누구와 거래할 것인지를 결정함에 있어서 가지는 고유한 재량권을 제한하지 않는다는 소위 '콜게이트(Colgate) 원칙'[51)]으로 표현되고 있다.[52)]

필수설비이론을 통하여 거래거절을 위법화함으로써 거래강제를 인정하게 되면 사적자치의 원칙을 제약하게 된다. 그러므로 양자는 긴장관계를 가지고 있으며 사적자치(私的自治)는 거래강제의 제한원리로서 기능한다. 미국 법원은 '로크너 판결'에서 볼 수 있는 것처럼, 연방주의에 대한 제한과 행정부나 사법부의 지나친 시장에 대한 개입을 항상 우려하고 있으며, 사적 자치를 강조하여 왔다. 그런 관점에서 필수설비이론의 적용은 사적자치의 원리를 과도하게 침해할 우려가 있다고 생각될 수 있고, 따라서 이러한 필수설비이론이 아닌 다른 방법으로 경쟁제

50) *Lochner v. New York*, 198 U.S. 45 (1905), 이 사건에서 연방대법원은 '계약의 자유(Right to free contract)'가 수정 헌법 제14조에 의한 적법 절차 원칙의 중요한 한 내용으로 헌법상 보장된다는 사실을 명확히 하였다.

51) *United States v. Colgate & Co.*, 250 U.S.300 (1919); *United States v. Colgate & CO.*, E.D.Va. 253 Fed 522 (1918) 이 사건에 대한 평석으로는 'Monopolies- Sherman Act and Clayton Act-Refusing to Sell to Customers who refuse to sell', Yale Law Journal Vol.28 No.5 (1919.3.) p.505-506. 이 사건에서 '콜게이트사'는 자신이 정한 판매가격 이하로 판매하는 사업자에 대하여 판매를 거절하였다.

52) 거래거절 쟁점 이외에도 '콜게이트 사건'은 '리진 사건' 이전의 판례였던, '닥터 마일즈 사건'의 당연위법의 원칙이 가져올 수 있는 가혹함을 완화하기 위한 재판매가격 유지행위에 대한 예외를 제시하고 있었다. 이에 대한 평석으로는 Erich M. Fabricius, "The Death of Discount Online Retailing? Resale Price Maintenance After Leegin v. PSKS," North Carolina Journal of Law & Tech (2008.1.8.).

한적 거래거절을 Sherman법 제1조 및 제2조에 의하여 합리적으로 규율할 수 있다면 그러한 방법이 더 우월한 방법으로 이해될 것이다.

Sherman법 제2조는 독점력을 보유한 사업자가 "시장지배력의 의도적인 획득 및 유지행위"를 독점력의 남용행위로서 금지한다. Sherman법 제2조의 적용에 있어 대다수 미국 판례는 행위자의 의도(intent)라는 요건을 중시하면서 문제된 행위의 경위나 거래관계의 성질 등 전반적인 정황을 함께 고려하여 행위자의 의도를 증명하는 방식을 취해왔다. 필수설비이론은 독점사업자의 반경쟁적 행위 중 거래거절과 관련된 것으로서, 경쟁에 필수적인 설비를 보유한 독점사업자가 그 설비의 제공이 충분히 가능함에도 불구하고 경쟁사업자에 대하여 동 설비의 제공을 거절하는 경우 Sherman법 제2조에 위반된다고 보는 이론이다. 지적재산권의 관점에서 특허권자 등의 지적재산권자들은 일반적 실시의무를 부담하지 않는 것이 원칙이다. 따라서 특허권자는 라이선스를 원하는 모든 자들에게 라이선스를 하여야 하는 것은 아니다.[53)]

특허권자에게 라이선스를 강제할 것인가 하는 문제가 발생하는 이유는 특허법은 승자독식구조(勝者獨食構造)를 가지고 있고, 특허권자만이 당해 기술에 대해서 배타적 독점권을 가지고 있기 때문이다. 그런데 같은 독점권을 부여하는 경우라고 하더라도 상표권의 경우에는 강제로 타인이 상표를 사용하도록 하는 것은 고려되지 않는다. 그 이유는 상표의 경우에는 식별력(識別力)을 부여하는 것이 요체이기 때문에 만일 상표의 사용을 강제하게 되면 상표권은 식별력이라는 권리의 본지를 상실하게 되기 때문이다. 이와 비교하여 저작권의 경우에는 같은 내용의 저작물에 대해서 두 명의 저작권자가 양립할 수 있다. 따라서 저작권의 경우에는 특허권에 비하여 독점력이라는 관점에서 취약하다고 할 수 있다.

미국 연방대법원은 앞에서 본 Continental Paper Bag Company 사건에서 이러한 점을 확인한 바 있다.[54)] 미국 의회도 앞서 본 바와 같이 특허법 제271조 (d)(4)[55)]를 개정하여 "특허권자는 자신의 특허권을 실시하지 않거나[56)] 실시요청을

---

53) Herbert Hovenkamp, The Antitrust Enterprise, Harvard University Press (2005) p.268.

54) 미국 연방대법원도 저작권 침해를 이유로 한 가처분의 경우에는 저작권 침해가 인정되는 사안에서도 공익적인 이유로 하여 가처분을 받아들이지 않은 사건도 있다. Campbell v. Acuff-Rose Music Co., 510 U.S. 569, 578 (1994). 다만 가처분을 받아들이지 않았다는 것일 뿐 손해배상은 여전히 인정하고 있다. 관련하여 항소법원의 사안으로는 *Abend v. MCA, Inc.*, 863 F2d 1465, 1479 (9th Cir. 1988) 참조.

거절한다고 하여 그것이 권리남용으로 간주되지 않는다"라고 규정하였다.[57] 이러한 규정은 비록 직접적으로 특허권자에게 실시거절이 일반적으로 경쟁법의 적용을 배제하는 것으로 보지는 않지만 특허권남용의 판단에 경쟁법상의 판단이 실제로는 개입되는 점을 고려하면 이 조항의 도입을 통하여 특허권자의 실시거절이 특허권남용으로 판단될 여지는 상당히 줄어들었다. 따라서 실시협상을 하였으나 라이선스를 어느 누구에게도 허여하지 않고 독자적으로만 사업을 하는 경우 다른 사업자가 그 특허를 사용할 수 있도록 라이선스를 해주지 않는다는 그 사실만으로 경쟁법 위반을 주장하거나, 무단히 특허를 사용하여 특허침해소송을 당하자 특허권남용 항변을 하는 경우 특허권자에게 일반적 실시의무가 존재하는 것은 아니므로 그 자체만으로는 특허권남용을 인정하기는 어렵다.

(2) 예외적인 경우

1) Kodak 사건

예외적으로 특허권자가 라이선스를 하는 것이 의무화되는 경우가 있는가 하는 쟁점과 관련하여 검토하여야 할 사안이 Kodak 판결[58]이다. 1997년에 선고된 Kodak 사건에서 법원은 Kodak이 복사기 시장에서의 시장지배력을 사후서비스 시장인 복사기 수리 및 부품공급시장에 진이하고자 한다고 하면서 그 진이의 방법으로 특허권 및 저작권의 라이선스 거절을 들었다. 미국 법의 전개에서 Kodak

---

55) 35 U.S.C. §271(d)(4).

56) 실시하지 않았다는 점은 지적재산권법 내부에서도 저작권의 경우에는 미실시하는 것이 저작권의 성격에 비추어 크게 문제가 되지 않는 반면 상표권의 경우에는 상업적으로 사용하지 않는 상표를 오로지 타인의 사용을 방해할 목적으로만 등록하도록 하는 것은 입법목적상 제한할 필요가 있으므로 상표법은 상표로서 보호받기 위하여는 상업적인 사용을 할 것을 요구한다. 상표법 제2조 제1호는 '"상표"라 함은 상품을 생산・가공・증명 또는 판매하는 것을 업으로 영위하는 자가 자기의 업무에 관련된 상품을 타인의 상품과 식별되도록 하기 위하여 사용하는 다음 각 목의 어느 하나에 해당하는 것(이하 "표장"이라 한다)을 말한다'고 규정하고 있으며, 제3조에서는 상표등록을 받기 위하여는 사용을 요건으로 한다(상표법 제3조 '국내에서 상표를 사용하는 자 또는 사용하고자 하는 자는 자기의 상표를 등록받을 수 있다.').

57) Herbert Hovenkamp, Mark D. Janis & Mark A. Lamley, "Unilateral Refusal to License in the US," IP and Antitrust Principles Applied to Intellectual Property Law," Aspen Law & Business (2004).

58) *Image Technical Services, Inc. v. Eastman Kodak Co.*, 125 F.3d 1195 (9th Cir. 1997) (이하 'Kodak 사건'이라고 한다).

사건은 매우 이례적인 사안이다.[59)]

이 사건에서 제9항소법원은 Sherman법에 기초하여 지적재산권의 실시거절 행위가 위법하다고 판시하였다. 'Kodak 사건'의 원고 '이미지 테크니컬 서비스 社(이하 '이미지 테크')'는 Kodak의 복사기 등을 취급하면서 서비스를 제공하는 독립된 서비스회사[60)]로서 1987년 Kodak사를 상대로 하여 독점금지법 소송을 제기하였다. 청구원인은 Kodak이 '이미지테크 등'에 부품의 공급을 제한함으로써 Kodak과의 Kodak복사기 서비스와 관련된 경쟁이 제한되었다는 것으로 Sherman법 제1조와 제2조를 법적 기초로 하였다. Kodak사가 자신이 시장지배적 지위에 있는 복사기 시장에서의 지배력을 이용하여, 복사기 서비스 시장에까지 시장지배력을 전이시키려 함으로써 독점화기도(attempt to monopolize)를 하였다는 것이 Sherman법 제2조 위반의 논리였다.

지방법원은 Kodak사의 승소를 인정하는 약식판결을 하였던 반면, 항소법원은 이러한 지방법원의 약식판결을 뒤집었다. 1991년 Kodak의 상고신청을 받아들여서 상고를 허가한 연방대법원은 Kodak의 패소를 판시한 연방항소법원의 판결을 유지하였다.[61)]

Kodak사건에서 Sherman법에 기초하여 지적재산권의 실시거절행위가 위법하다고 판시한 다수의견에 대하여 Scalia 대법관 등 3인은 반대의견에서 이 사건의 핵심은 주상품 시장에서 독점력을 가지고 있는지, Kodak이 주상품시장에서의 독점력에 기초하여 부상품시장인 복사기에 대한 서비스 시장[파생적인 후속시장(derivative aftermarket)]으로 시장지배력을 전이하려고 한 행위가 비난받을 행위인지 아닌지가 사건의 실체법적 쟁점이라고 지적하면서, 다수의견이 이러한 쟁점들에 대해서 제대로 판단하지 않았다고 비판하였다.

> 당연위법원칙이 적용되는 상황은 피고의 행위가 주는 친경쟁적인 혜택과 반경쟁적인 비용간의 형량에 있어서, 논리적으로 또 경험적으로 경쟁을 제한하게 된다는 점에 대하여 재고할 가치가 없다는 점이 명확하여 이러한 형량을 하는 것이 시간 낭비라고 판단될 경우이다.[62)]

---

59) Hovenkamp, *op cit*, p.269.

60) 이를 약칭하여 ISO(Independent Service Organization)이라고 판결문에서는 칭하고 있으나, 본고에서는 약칭하여 '이미지 테크 등'이라고 한다.

61) *Eastman Kodak Co.*, v. *Image Technical Services, Inc.*, 504 U.S. 451 (1992).

소수의견은 이 사건은 특허권자가 단지 주상품시장의 가격을 올리기 위하여 끼워팔기를 한 것인지 아니면, 부상품시장에서 경쟁을 제한하기 위하여 끼워팔기를 한 것인지를 구별하여 취급하여야 하는데 다수의견은 이러한 구별을 전혀 하지 않았다고 다수의견을 비판한다. 이어 소수의견은 복사기 시장은 브랜드간 경쟁(inter-brand competition)이 매우 치열한 시장이어서 후속시장에서의 이와 같은 거래거절 행위를 별도로 검토할 필요도 없다고 보아, 항소법원의 판결을 파기하여야 한다고 결론을 내렸다.

2) Xerox 사건

이러한 Kodak사건과 대비되는 사건이 Xerox 사건[63]이다. 이 사건도 마찬가지로 복사기와 그 부품과 관련된 사안으로서 Kodak 사건과 유사한 사실관계에서 특허권과 저작권의 라이선스를 거절하였다. 이 사건에서 Xerox는 복사기 제조와 관련된 많은 특허를 소유하고 있었고, 복사기 및 그 소모품과 관련 서비스를 제공하고 있는 회사였다. Xerox사는 1987년 복사기의 부품을 독립적인 복사기 판매자[64]들에게 그들이 최종 복사기 구매자가 아닌 경우에는 판매하지 않기로 하는 정책을 수립하였다. 1989년 Xerox는 현장 최종 소비자 인증 프로그램(on-site end-user verification program)을 운용하게 된다. 이 프로그램의 목표는 실제로는 ISO들이 구매한 부품이 실제로 Xerox사의 복사기를 수리하기 위하여 사용되었는지를 확인하기 위한 것이었다. 이 사건은 이러한 ISO 중의 하나였던, CSU L.L.C.가 1994년 Xerox사와 다른 ISO간의 소송에서 빠져나와서, 별도로 Xerox사를 상대로 Xerox의 행위는 특허받은 부품들을 이용하여, ISO들을 시장에서 축출하기 위한 것으로 Sherman법을 위반한 것이라고 주장하였다. 이에 대하여 Xerox는 반소로 특허 및 저작권 침해소송을 제기하면서, 자신들의 특허실시거절행위는 정당한 것으로서 특허법 등에 의하여 보호받는 행위라고 주장하였다.

---

62) 소수의견은 *Arizona v. Maricopa County Medical Society*, 457 U.S. 332, 350,351 (1982) 사건을 참고 판결로 들고 있다.

63) *SCM Corp. v. Xerox Corp.* 645 F.2d 1195, 1203-05 (2d Cir. 1981); 이 사건에 대한 소개로는 이기종, "거래거절과 지적재산권: In re Independent Serv. Orgs. Antitrust Litig(Xerox 판결)," 공정경쟁 제95호(2003.7.).

64) 사건에서는 ISO(Independent Service Organization)이라고 불린다. 이하에서도 약칭하여 'ISO'라고 한다.

연방지방법원은 만일 그러한 특허나 저작권이 적법하게 취득된 것이라면, 그러한 특허권이나 저작권의 실시거절행위는 경쟁법상으로는 배제적 남용행위의 유형인 거래거절에 해당하지 않는다고 하면서 피고 Xerox사측의 주장을 받아들였다. 그리고 이러한 법리는 하나 이상의 시장을 걸치는 경우에도 동일하다고 판단하였다.

연방제2항소법원은 연방제9항소법원의 Kodak 사건에서의 판단과 달리 특허권자인 Xerox의 실시거절을 합법으로 보았다. 특허법이 특허권자에게 부여한 배타적 권리인 특허권을 경쟁법이 제한하는 것은 원칙적으로 허용되지 않는다고 본 것이다. 하지만 연방제2항소법원도 예외적인 상황에서는 특허권자라도 경쟁법의 규율을 받게 된다고 하면서, 이런 예외적인 상황을 3가지로 유형화한다. 연방항소법원은 (i) 특허권자가 특허침해소송을 제기하였으나, 문제가 된 특허가 취득과정에서 기망적 행위에 의하여 취득된 것임이 드러난 경우,[65] (ii) 특허권자의 특허침해소송이 경쟁사업자의 사업활동을 방해하기 위한 목적으로 이루어진 남용적 소송(sham litigation)인 경우,[66] (iii) 특허권자가 다른 시장에서 독점화를 위하여 불법적인 끼워팔기를 하고 있는 경우에 이러한 끼워팔기를 실현하기 위해서 거래거절을 하는 것은 특허권자의 특허권의 행사라고 하더라도 정당한 권리행사라고 볼 수 없다고 하였다.

연방제2항소법원은 Xerox사건에서 Kodak 사건의 경우 불법적인 끼워팔기 주장이 당사자들에 의하여 이루어졌고, 이러한 불법적인 끼워팔기가 존재하였기 때문에, 특허권자가 자신이 허여 받은 특허권의 범위 이상으로 자신의 권리를 확대하려고 하여서는 안 된다는 논리가 적용될 수 있었던 사안으로 규정하였다. 나아가 연방제2항소법원은 Xerox 사건의 경우 당사자인 CSU가 이러한 끼워팔기 주장을 하지 않았다는 점을 지적하였다. 또한 연방제2항소법원은 저작권의 경우에도 저작권의 행사는 합리적으로 이루어진 것으로 추정되며[67], 저작권행사가 경쟁

---

65) 이러한 詐欺的 特許 取得에 대한 리딩 케이스로 '*Walker Process Equipment, Inc., v. Food Machinery & Chemical Corp.*, 382 U.S. 172, 177 (1965)' 사건이 있다.

66) 이와 관련하여, *Eastern R.R. Presidents Conference v. Noerr motor Freight, Inc.,* 365 U.S. 127, 144 (1961) 참조; 市場支配的地位濫用行爲審査基準 IV. 3. 다. 6.에서도 이런 기망적 소송의 경우인 '다른 사업자의 행위가 자기의 특허권을 侵害하지 않는다는 사실을 알면서도 다른 사업자의 경쟁능력을 침해하기 위하여 다른 사업자를 상대로 특허권침해의 訴訟을 提起하는 행위'를 위법행위로 규정하고 있다.

67) *Data General Corp. v. Gruman Systems Support Corp.* 36 F.3d 1147 (1994).

법 위반이라고 주장하려는 자는 저작권의 행사는 합리적인 행사라는 추정을 복멸하여야 한다고 판시하였다.

(3) 실시지속의무와 한계

미국 연방대법원은 1985년 Aspen Skiing 사건[68]에서 필수설비이론을 적용하여, Sherman법 제2조 위반을 인정한 항소심의 판결을 유지하여 필수설비이론을 인정하면서[69] 이미 지속적인 거래관계를 맺고 있었던 경우에는 거래관계를 계속할 의무(continue to deal)를 부과하였다. 이 사건에서 필수설비이론을 적용한 항소심의 판단이 과연 타당한 것인지에 대하여 필수설비이론을 적용하지 않더라도 거래거절을 해결할 수 있지 않았나 하는 반대의견이 있었다. Posner 판사는 Olympia Equip. Leasing 사건[70]에서 위의 Aspen Skiing 사건에서 기존의 거래관계를 계속할 의무가 경쟁자의 경우에는 적용이 없다고 하여 Aspen Skiing 사건에서의 연방대법원의 태도와 배치되는 판결을 하였다. 제6항소법원도 Miller Instituform v. Instituform of North America에서 위의 제7항소법원의 태도에 동조하는 판결을 한다.[71]

---

68) *Aspen Skiing Co., v. Aspen Highlands Skiing Corp.,* 105 S.Ct. 2847 (1985)[Aspen 지역에 3개의 스키활강시설을 가지고 있던 스키社(Ski Co.)가 1개의 활강시설을 가지고 있던 하이랜드(Highlands)에 대하여 활강시설의 공동이용을 내용으로 하는 티켓(all-aspen-ticket)의 판매를 허용하고 있다가 일정 기간 이후에 거절한 이 사안은 필수설비이론을 미국 연방대법원이 인정한 사안].

69) 엄밀히 말하자면, 연방대법원은 필수시설 이론에 대하여는 전혀 언급하지 아니한 채 위 사건의 피고 스키장이 위 계약에 참가하지 않은 것은 이익추구라는 목적에 있는 것이 아니라 지역 내 경쟁기업인 원고에 타격을 주기 위한 목적이 인정된다고 판시함으로써 판단을 유보하였다고 보는 것이 타당한 사건이며, 이렇게 보는 것이 뒤의 Verizon 사건에서의 연방대법원의 설시와의 일관성을 찾을 수 있다.

70) *Olympia Equip. Leasing v. Western Union Telegraph*, 797 F.2d 370 (7th Cir. 1986).

71) *Miller Instituform v. Instituform of North America,* 830 F.2d. 606 (6th Cir. 1986) [이 사안은 직접적으로 전속적 특허라이선스계약을 통하여 라이선스를 받은 후 다시 서브라이선스를 주어서 사업을 하도록 하던 사업자가 서브라이선스를 종료시키고, 직접적으로 사업을 하려고 하자 실시계약을 종료시킨 사안에서 이러한 라이선스를 종료시킨 행위가 거래거절에 해당하여 경쟁법 위반이 되는 것이 아니라고 판시하였음].

3. 우리나라의 경우

(1) 특허권자의 일반적 라이선스 의무의 부존재

사적자치의 원칙에 대한 제한 중에서 계약 상대방 결정의 자유를 박탈하거나 수축시키게 되면 협상력의 관점에서 약화가 이루어지고, 협상의 과정에서 지적재산권의 실시나 양도를 통하여 획득할 수 있는 수익은 감소하게 된다. 이를 통한 지적재산권 가치의 감소를 '희석화(稀釋化 dilution)'라고 한다. 헌법적인 관점에서 지적재산권의 형성적 법률유보(形成的法律留保)로서의 성격을 감안하면 지적재산권제도의 본질을 형해화(形骸化)하는 것이 아닌 한 헌법 제37조에 따른 권리제한은 가능하다. 따라서 시장에서의 유효경쟁을 촉진하기 위한 보충적인 수단으로서 특허권자의 라이선스거절권능을 박탈하는 것을 의미하는 강제실시를 제한적이고 예외적으로만 허용하는 것은 특허권의 본질을 형해화하는 것은 아니므로 우리 헌법상으로도 허용된다고 할 것이다.

지적재산권의 부당한 행사에 대한 심사지침 제3조 제17호 전단은 어떠한 산업재산에 대하여 실시허락을 받고자 하는 자가 불공정거래행위에 해당하는 사항을 수용하지 않는다는 것을 이유로 실시허락을 거절하는 경우를 위법한 지적재산권 실시거절로 보고 있다. 이 경우는 조건부 라이선스계약에서 부가된 조건이 불공정한 경우가 문제가 되는 사안으로서 부가된 조건의 해석의 문제가 된다. 한편 지적재산권의 부당한 행사에 대한 심사지침 제3조 제17호 후단은 어떤 상품이나 용역의 제공에 필수적인 산업재산에 대하여 실시허락을 받고자 하는 자가 상당기간 합리적인 조건을 제시하면서 실시허락을 받기 위해 노력했음에도 불구하고 실시허락을 거절함으로써 다른 사업자의 시장진입을 차단시키는 경우라고 규정하고 있다.

일반적 실시의무를 부과하는 것은 특허권의 가치 및 존재의의를 몰각할 우려가 있으므로 특허권자에게 라이선스를 일반적으로 강제하여서는 안 된다. 그러므로 위 심사지침 제3조 제17호 후단은 사실상 표준의 경우 상호운용성 확보를 위한 라이선스의 거절과 표준화기구에 의하여 특정한 특허기술이 표준으로 채택된 경우 표준보유자가 표준화기구에 대하여 FRAND 조건으로 라이선스를 하기로 약정을 하고도 이를 위반하는 경우 등으로 한정하여 적용하여야 한다.

지적재산권자의 재산권에 대하여 희생을 요구하는 것은 예외적으로 공익상의 요구가 특허권자의 희생을 감수하도록 해야 할 정도로 큰 경우에만 인정해야 한다. 따라서 일반적으로는 특허권자의 권리행사를 제약하면서 이면에 무임승차를 부추길 수 있는 특허권자의 일반적 라이선스의무는 존재하지 않는다고 보는 것이 타당하다.[72] 따라서 특허권자의 라이선스를 할 것인가 여부의 자유는 특허권자나 저작권자의 지적재산권 가치감소[73]를 인용해야 할 정도로 시장에서의 경쟁저해를 통한 사회적 후생감소가 발생하는 예외적인 상황에서 영(0)으로 수축하여 라이선스의무를 하는 것만이 합법적인 것으로 판단된다(예외적 강제실시권의 인정).

예외적인 강제실시의 필요성에 대한 입증은 기존의 입증책임의 분배원칙을 고려하면 공정거래위원회에 입증책임이 있다고 하여야 할 것이다. 이러한 결론은 Xerox 사건에서의 미국 연방항소법원의 결론과 같다.

(2) 시장지배적 사업자의 실시거절과 적용법조

실시거절행위는 공정거래법 제3조의2 및 동 시행령 제5조 제3항 제3호에 해당될 수 있고, 동시에 법 제23조 및 동 시행령 제36조의 거래거절에 해당될 수 있다. 또 이 점에 관해서는 앞서 살펴본 공정거래위원회의 「시장지배적 지위남용행위 심사기준」 IV. 3. 다 (1)항, (4)항과 지적재산권의 부당한 행사에 대한 심사지침 제3조 17호 후단의 규성이 있다. 지적재산권의 부당한 행사에 대한 심사지침 제3조 17호 후단은 어떠한 상품이나 용역의 제공에 필수적인 산업재산에 대하여 실시허락을 받고자 하는 자가 상당기간 합리적인 조건을 제시하면서 실시허락을 받기 위해 노력했음에도 불구하고 실시허락을 거절함으로써 다른 사업자의 시장진입을 차단시키는 경우를 위법행위로 규정하고 있다.

---

72) 앞서 제3장에서의 판례 외에도 미국의 경우 일반적으로는 지적재산권자의 실시거절은 위법하지 않음이 원칙이다. *Data General Corp. v. Grumman Sys. Support Corp.*, 36 F.3d 1147, 1187 (1st Cir. 1994); 35 U.S.C. §271(d).

73) 그런데, 사적자치가 민법에 의하여든 아니면 경쟁법에 의하여든 이렇게 체약강제가 되어 체약체결의 자유가 제한이 되는 경우에 지적재산권의 가치에는 부정적인 영향을 준다. 지적재산권의 가치의 평가에 대하여는 시장평가법(Market Approach), 원가 접근법(Cost Approach), 소득접근법(Income Approach) 등이 있지만 어떠한 평가법에 의하여도 정확한 가치를 평가하는 것은 거의 불가능하고, 추산된 가치, 흔히 볼파크 평가(ballpark valuation)라고 불리는 정도의 답을 제시할 수 있을 뿐이지만 협상에서 라이선스 거절을 할 수 없다면 협상력이 저하되어 실제 로열티 금액이 감소할 것이라는 것은 직관적으로 분명하다고 보인다. 이에 대한 설명으로는 최승재, "IT 기술과 법," 98-101면.

이러한 규정태도로 볼 때 표준보유자가 당해 표준을 이용한 상품의 개발 및 판매에 있어서 필수적인 특허를 라이선스하여 주지 않을 경우 이러한 필수요소 제공거절행위는 시장지배적 지위 남용행위(제3조의2) 조항과 불공정거래행위금지(제23조) 조항에 모두 해당될 수 있어 이들 조항간의 경합이나 모순·충돌이 생길 여지가 있다. 따라서 각 금지유형에 있어 거래거절행위와 관련한 필수설비법리가 적용될 수 있는가에 관하여 검토할 필요가 있다.[74]

이 문제를 논의함에 있어서 우선 제3조의2와 제23조의 관계를 어떻게 볼 것인가를 볼 필요가 있다. 양 조문의 관계에 대해서 다수설 및 포스코 판결[75]의 소수의견은 공정거래법 제3조의2와 제23조의 관계에 대하여 시장지배적 지위를 사업자가 가지는 일종의 특수 신분으로 이해하여, 불공정거래행위와의 관계에서 제3조의2와 중복적으로 적용되는 경우에는 이를 일반법과 특별법의 관계로 보아 시장지배적 사업자의 행위에 대해서는 우선적으로 제3조의2가 적용되고, 그 밖의 사업자에 대하여는 제23조가 적용된다고 보았다.[76] 이에 반하여 이 판결의 다수의견은 공정거래법 제3조의2와 제23조를 서로 별개의 요건으로 이해한다. 포스코 판결의 다수의견은 포스코의 거래거절이 공정거래법 제3조의2의 사업활동 방해로 인정할 것인가의 문제는 제23조 제1항 제1호에서 규정하고 있는 불공정거래행위의 성립여부와는 상관없이 독자적으로 판단되어야 한다고 보았다.[77]

---

74) 양 규정의 관계에 대한 문헌으로는 강우찬, "공정거래법 제3조의2(시장지배적 지위남용금지)와 제23조(불공정거래행위금지)의 관계에 관한 연구: 규범의 중복현상을 중심으로," 사법논집 제44집(2007), 1-89면.

75) 대법원 2007.11.22.선고 2002두8626 전원합의체 판결(이하 '포스코 판결'이라고 한다). 이 판결에 대한 평석으로는 이봉의, "포스코판결과 방해남용의 향방" 경쟁저널 제140호(2008. 9.)와 이황, "공정거래법상 단독의 위반행위 규제의 체계: 시장지배적 지위 남용행위로서의 거래거절행위의 위법성, 그 본질과 판단기준," 사법 5호, 사법발전재단(2008.9.)이 대표적이다.

76) 권오승, 전게서, 283면; 정호열, 경제법(2008), 174면; 이봉의, "불공정거래행위의 위법성," 공정거래와 법치(2004), 662-664면. 단독의 거래거절의 관점에서도 양자의 관계는 같은 의미로 이해가 되어야 하며, 독점규제의 관점에서 경쟁제한性의 판단이 시장지배적 사업자가 지위남용을 한 사실이 인정되면 필요하지 않다는 결론에 이르게 될 것이다(「포스코 사건」의 '박시환 대법관'의 소수의견).

77) 이러한 입장을 지지하는 견해에 의하면, 시장지배력 남용행위와 불공정거래행위가 시장지배적 사업자인지 여부라는 신분의 차이에 따른 일반법과 특별법의 관계라고 한다면 이러한 견해는 시장지배력 남용 규제의 본질에 반하는 것이라고 본다. 이 견해는 공정거래법 제3조의2와 제23조와의 관계에서 제3조의2는 소위 효과 중심 접근법(effect based approach)의 적용을, 제23조는 소위 형식 중심 접근법(form based approach)의 적용을 하여야 한다고 주장

다수설에 따라 양자를 특별관계(特別關係)에 있는 것으로 보면, 제3조의2는 신분범(身分犯)적 지위에 있게 된다. 따라서 표준보유자가 시장지배적 지위를 가지고 있는 경우에 그 지위의 남용행위가 있을 경우에는 공정거래법 제3조의2가 적용된다. 따라서 시장지배적 지위에 있는 사업자의 경우에는 제3조의2가 적용되는 한 공정거래법 제23조가 적용될 여지는 없다. 그리고 이러한 표준보유자의 특허권 등의 실시거절행위를 통한 경쟁제한행위는 궁극적으로 강제실시에 의하여 교정될 수 있을 것이다.

III. 특허권의 강제실시와 필수요소의 판단기준

1. 「시장지배적 지위남용행위 심사기준」[78]의 규정[79]

「시장지배적 지위남용행위 심사기준」 IV. 3. 다 (1)항은 정당한 이유 없이 다른 사업자의 상품 또는 용역의 생산・공급・판매에 필수적인 요소의 사용 또는 집근을 거절・중단하거나 제한하는 행위(영 제5조 제3항 제3호)에서의 '필수적인 요소[이하 '필수요소'(必須要素)라 한다]'는 네트워크, 기간설비 등 유・무형의 요소를 포함한다고 하면서, ㉠ 당해 요소를 사용하지 않고서는 상품이나 용역의 생산・공급 또는 판매가 사실상 불가능하여 일정한 거래분야에 참여할 수 없거나, 당해 거래분야에서 피할 수 없는 중대한 경쟁열위상태가 지속될 것, ㉡ 특정 사업자가 당해 요소를 독점적으로 소유 또는 통제하고 있을 것, ㉢ 당해 요소를 사용하거나 이에 접근하려는 자가 당해 요소를 재생산하거나 다른 요소로 대체하는 것이 사실

한다(황창식, "공정거래법상 시장지배력 남용 규제의 해석 및 집행상의 문제점 －불공정거래행위 규제와의 법적용 관계를 중심으로－," 경제법판례연구회 발표자료, 2008.3.27.).

78) 2002.5.16. 개정 공정거래위원회 고시 제2002-6호.

79) 「시장지배적 지위남용행위 심사기준」은 모두에서 "2001.3.26. '독점규제 및 공정거래에 관한 법률' 시행령 개정으로 필수요소의 사용 또는 접근거부행위가 「시장지배적 지위남용행위」의 한 유형으로 규정됨에 따라 필수요소의 요건, 제공대상 등 필수요소에 대한 구체적 기준을 제시함으로써 법집행의 투명성과 예측가능성을 제고하고, 필수요소 보유자의 법위반을 사전에 예방하고자 2002.5.16자로 「시장지배적 지위남용행위 심사기준」을 개정 고시(공정거래위원회 고시 제2002-6호) 하였습니다"라고 규정개정취지를 설명하고 있다.

상·법률상[80] 또는 경제적으로 불가능할 것을 필수요소판단의 3가지 기준으로 제시한다.

이에 대하여 이러한 필수요소에 해당함에도 불구하고 그 필수요소의 사용을 거절하거나 중단하거나 제한하는 행위를 정당화할 수 있는 경우로 ㉠ 필수요소를 제공하는 사업자의 투자에 대한 정당한 보상이 현저히 저해되는 경우[81], ㉡ 기존 사용자에 대한 제공량을 현저히 감소시키지 않고서는 필수요소의 제공이 불가능한 경우, ㉢ 필수요소를 제공함으로써 기존에 제공되고 있는 서비스의 질이 현저히 저하될 우려가 있는 경우, ㉣ 기술표준에의 불합치 등으로 인해 필수요소를 제공하는 것이 기술적으로 불가능한 경우, ㉤ 서비스 이용고객의 생명 또는 신체상의 안전에 위험을 초래할 우려가 있는 경우를 들고 있다. 다만 정당화 사유의 존재는 강제실시를 부정하기 위한 소극적 요건으로서 이를 주장하는 자가 입증하여야 할 것이다.

2. 서울 고등법원의 필수설비 판단기준[82]

서울고등법원은 필수설비이론을 가지고 SKT의 DRM이 필수설비에 해당하는 것인지 여부에 대하여 살펴보면서, 필수적 설비에 해당하기 위한 기준으로 위「시장지배적 지위남용행위 심사기준」IV. 3. 다 (1)항, (4)항의 기준인 당해 요소를 사용하지 않고서는 상품이나 용역의 생산 공급 또는 판매가 사실상 불가능하여 일정한 거래분야에 참여할 수 없거나, 당해 거래분야에서 피할 수 없는 중대한 경쟁 열위상태가 지속되어야 하고('必須性'), 특정사업자가 당해 요소를 독점적으로 소유 또는 통제하고 있어야 하며('統制性'), 당해 요소를 사용하거나 이에 접근하려는 자가 당해 요소를 재생산하거나 다른 요소로 대체하는 것이 사실상 법률상 또는 경제적으로 불가능하여야 하며('對替可能性'), 예외적으로 필수요소를 제

80) DRM의 경우에는 기술적으로 폐쇄적 DRM을 회피하는 것은 가능할 것으로 보여서 우회설계를 하는 것은 가능할 것이나, 문제는 이 경우에는 저작권법상 기술적 보호조치의 우회행위(circumvention)가 되어서 법적으로 문제가 될 수 있으므로 기술적으로 불가능하다기 보다는 법적으로 문제가 되어 우회가 법적으로 제한되는 경우이다.

81) 심사기준은 단서를 두어 "다만, 경쟁의 확대로 인한 이익의 감소는 정당한 보상의 저해로 보지 아니한다"고 규정하고 있다.

82) 서울고등법원 2007.12.27선고 2007누8623 판결.

공하는 사업자에게 정당한 이유가 있는 경우에는 필수설비에서 제외하는 것이라고 하는 기준을 설정하였다.

위 사건에서 법원은 SKT DRM이 위 법령상의 필수적 설비에 해당한다고 보기 어려워서, 원고의 SKT DRM 공동사용 거절은 거래상 지위를 남용한 행위라고 볼 수 없다고 판시하였다. DRM은 그 자체로 여러 개의 특허권 및 저작권으로 보호되는 기술의 집합체이므로 만일 법원이 필수설비라고 인정하였으면 실제적인 모습은 특허권 및 저작권의 실시강제라는 모습으로 되었을 것이다. 그러므로 이 판결은 지적재산권도 필수설비로 볼 수 있다는 점을 인정한 취지의 판결로 이해될 수 있다.

3. 미국과 유럽공동체의 지적재산권 강제실시와 필수설비 판단기준

(1) 미국의 경우

1) MCI 기준

필수설비이론의 적용을 위한 요건은 1983년 연방 제7항소법원의 소위 MCI 판결[83]을 통해서 비로소 구체화되었다. MCI 판결에서 연방 제7항소법원은 (i) 독점사업자에 의한 설비의 통제, (ii) 설비가 경쟁사업자에게 필수적인 것일 것, (iii) 설비를 경쟁사업자가 복제 및 대체하는 것이 법률상 또는 사실상 불가능할 것, (iv) 경쟁사업자에 대한 설비의 제공이 가능함에도 이를 거절하는 경우[84] 위법한 거래거절이 되는 것으로 보았고, 이 기주는 거래거절 사안에서의 필수설비이론을 적용하기 위한 틀로 사용되었다.[85]

---

83) *MCI Communications v. American Tel. & Tel. Co.*, 708 F.2d 1081, 1132-33 (7th Cir. 1983).

84) (1) control of the essential facility by a monopolist; (2) a competitor's inability practically or reasonably to duplicate the essential facility; (3) the denial of the use of the facility to a competitor; and (4) the feasibility of providing the facility to competitors (*MCI Communications*, 708 F.2d at 1132-33).

85) 이 판결의 연장선상에 있는 판결로 *Intergraph Corp. v. Intel Corp.*, 195 F.3d 1346, 1356, 1357 (Fed. Cir. 1999); *Carribbean Broad. Sys., Ltd. v. Cable & Wireless PLC*, 148 F.3d 1080, 1088 (D.C. Cir. 1998); *Ideal Dairy Farms, Inc. v. John Labatt, Ltd.*, 90 F.3d 737, 748 (3d Cir. 1996); *City of Anaheim v. S. Cal. Edison Co.*, 955 F.2d 1373, 1380 (9th Cir. 1992); *Laurel Sand & Gravel, Inc. v. CSX Transp., Inc.*, 924 F.2d 539, 544 (4th Cir. 1991); *Delaware & Hudson Ry. Co. v. Consol. Rail Corp.*, 902 F.2d 174, 179 (2d Cir. 1990); *Advanced*

이러한 필수설비이론은 거래거절과 관련된 거의 대부분의 사안에서 미국 법원이 고려한 원칙이라고 보는 견해도 있다.[86] 그러나 이러한 견해에 의하더라도 필수설비이론은 지적재산권이 '필수성(必須性)' 요건을 만족시키는 경우가 그리 많지 않을 것이기 때문에 지적재산권의 경우에는 매우 제한적으로만 적용될 수 있다고 한다.[87]

2) MCI 판결 이후의 전개

텍사스 연방 남부 지방법원은 David L. Aldridge Co. v. Microsoft Corp. 판결[88]에서 필수설비에 해당하기 위해서는 (i) 자연독점, (ii) 법률상 복제가 금지된 설비, (iii) 정부보조에 의한 것으로서 사인에 의해서는 현실적으로 구축될 수 없는 설비, 그리고 (iv) 지리적 관련시장 내에서 유일한 설비 중 하나에 속해야 한다고 하여 필수설비로 인정되기 위한 일응의 범주를 규정하기도 하였다.

미국 판례에서 볼 수 있는 필수설비이론을 적용한 사안들을 거의 대부분 수직적으로 계열화된 회사가 어떤 설비에 대하여 독점적인 지배를 하고 있고, 이러한 지배력을 이용하여 하부시장(downstream market)이나 인접시장(adjacent market)에서 시장지배력을 강화하여 독점화를 하려고 하는 경우였다.

3) MCI 기준의 검토

미국의 MCI 판결은 지적재산권의 필수성을 판단함에 있어서는 그다지 유용하지 않다. 왜냐하면 지적재산권은 독점사업자에 의한 설비의 통제라는 요건과 관련하여 법 자체가 독점적인 지위를 부여하고 있어 당해 지적재산권에 대한 통

Health-Care Servs., Inc. v. Radford Cmty. Hosp., 910 F.2d 139, 150-51 (4th Cir. 1990); *City of Malden v. Union Elec. Co.*, 887 F.2d 157, 160 (8th Cir. 1989); *Ferguson v. Greater Pocatello Chamber of Commerce, Inc.*, 848 F.2d 976, 983 (9th Cir. 1988); *McKenzie v. Mercy Hosp.*, 854 F.2d 365, 370 (10th Cir. 1988), *overruled on other grounds*, 117 F.3d 1137 (10th Cir. 1997); *Int'l Audiotext Network, Inc. v. American Tel. & Tel. Co.*, 893 F. Supp. 1207, 1213 (S.D.N.Y. 1994); *Servicetrends, Inc. v. Siemens Med. Sys., Inc.*, 870 F. Supp. 1042, 1055 (N.D. Ga. 1994); *Sunshine Cellular v. Vanguard Cellular Systems, Inc.*, 810 F. Supp. 486, 497 (S.D.N.Y. 1992); *Data General Corp. v. Grumman Sys. Support Corp.*, 761 F. Supp. 185, 192 (D. Mass. 1991).

86) Robert Pitofsky, "Essential Facility Doctrine Under the United States Anti-trust Law," (Available at http://www.ftc.gov/os/comments/intelpropertycomments/pitofskyrobert.pdf).

87) *Id.* at. 25.

88) *David L. Aldridge Co. v. Microsoft Corp.*, 995 F.Supp. 728, 754 (S.D.Tex. 1998).

제는 당연히 제도의 본질에서 도출되는 것으로 의미가 없는 요건이고, 두 번째의 설비가 경쟁사업자에게 필수적인 것일 것이라는 요건은 의미가 있는 요건이나 지적재산권의 존재 자체로 바로 필수성이 도출되는 것은 아니며, 세 번째의 설비를 경쟁사업자가 복제 및 대체하는 것이 법률상 또는 사실상 불가능할 것이라는 요건과 관련하여 특허법은 발명의 공개의 대가로 법률상 이에 대한 복제를 불허하고 있으므로 이는 법률상 불가능한 것이며, 오로지 의미 있는 요건은 대체가능한 지적재산권의 존재뿐이다. 마지막으로 4번째 요건인 경쟁사업자에 대한 설비의 제공이 가능함에도 이를 거절하였을 것이라는 요건은 특허가 비경합성, 비배제성이라는 특성을 가지고 있으므로 항상 구비되는 요건이다.

게다가 미국은 전통적으로 1790년 특허법제정이래 지적재산권의 가치를 우선시해 온 국가이다. 그리고 미국 법원은 필수설비를 근거로 한 지적재산권의 강제실시에 대하여 특허권자나 저작권자가 법률상 보호되는 권리보호의 범위를 넘지 않는 경우에는 라이선스를 거절하는 것이 독점화를 추구하는 경우에도 Sherman법 위반으로 보지 않는다.[89] 이러한 점에서 미국의 기준은 필수설비이론을 통해서 필수적 지적재산권의 실시거절 행위를 공정거래법 위반으로 규율하고자 할 때 판단기준으로 참고하기에는 한계가 있다.

(2) 유럽공동체의 경우

1) 유럽공동체 조약 제82조와 필수설비이론

유럽에서의 필수설비이론은 유럽공동체 조약 제82조(b)에 기초한 것으로 지적재산권과 관련한 일련의 사건들이 발생하기 이전에는 상대적으로 정리되어 있는 이론이었다.[90] 유럽에서의 필수설비이론은 다음과 같이 정리될 수 있다.[91]

---

89) *Berkey Photo, Inc. v. Eastman Kodak, Co.,* 603 F2d. 263, 281 (2nd Cir. 1979) *cert. denied,* 444 U.S. 1093 (1980) [이 사건에서 원고는 Kodak이 오로지 Kodak으로부터 구입한 기계로만 현상할 수 있는 필름을 새로 개발하여 시장에서 퇴출될 위험에 처했으며 Kodak은 새로운 필름과 이와 결합된 현상기를 가지고 시장을 독점화하려고 한다고 주장하였으나 이러한 주장은 받아들여지지 않았다]; *Data Gen. v. Grumman Sys. Support,* 36 F.3d 1147,1187 (1st Cir. 1994)도 같은 취지의 판결이다. 이런 점에서 *Intergraph Co. v. Intel Co. Ltd.,* 3 F.Supp. 2d. 1255 (N. D. Ala. 1998); 125 F.3d. 1195 (9th Cir. 1997) 사건은 예외적인 사건이다.

90) 이에 비하여 미국의 Areeda가 필수설비이론은 너무 불명확하고 아무런 기준으로서의 역할을 하지 못하는 이론이라고 비판한다[Phillip Areeda, “Essential Facilities: An Epithet in Need of Limiting Principles,” 58 Antitrust L.J. 841 (1990)].

(i) 문제가 된 사업자가 2차 시장에서의 사업자들의 사업을 영위하기위하여 필수적인 상품 또는 용역의 공급과 관련된 시장에서 시장지배적인 지위에 있다.

(ii) 문제가 된 필수적인 상품 또는 용역은 경쟁자가 스스로 생산하거나 또는 만족할 만한 대체재(satisfactory substitute)가 존재하지 않는다.

(iii) 객관적으로 경쟁자가 2차 시장에서 사업을 영위하기 위하여 필수적인 상품 또는 용역을 사용할 수밖에 없다.

(iv) 시장지배적 사업자의 필수적인 상품 또는 용역의 제공 거부가 2차 시장에서 경쟁을 완화시키고, 새로운 재화나 용역의 출현을 막는다.

(v) 2차 시장에서 상당한 수준의 경쟁이 존재하고 있어야 한다. 만일 필수적인 상품 또는 용역의 제공을 강제하는 것이 경쟁을 촉진하기보다 새로운 설비에 대한 투자의지를 꺾어서는 안 된다.

(vi) 거래를 거절하는 데 정당화 사유가 없다.

(vii) 유럽공동체 집행위원회가 첫 번째 거래를 강제함에 있어 적정한 대가를 산정하지는 않는다.

(viii) 만일 지적재산권이 문제가 되는 경우에는 특허권 등의 통상적인 행사나 행사거절에서 발생하는 것 보다 훨씬 심각한 반경쟁적 효과가 발생하여야 한다.

유럽공동체에서는 지적재산권이라고 하여 필수설비가 되지 않는 것은 아니라고 본다.[92] 필수설비이론은 유럽공동체나 독일에 있어서 시장지배적 사업자의 남용규제에 도입되었다.[93] 유럽공동체의 경우가 미국보다 필수설비이론의 적용에 관대한 것은 미국에 비하여 여러 기업들이 공기업의 민영화를 통해 오늘날의 지위가 된 경우가 많다는 점과 유럽공동체 시장의 통합에 있어서 지적재산권보호가 장애물이 된다는 부정적인 인식에 기인한 것으로 생각된다. 따라서 유럽공동체에서는 상대적으로 필수설비이론에 대하여 관대하다.[94]

---

91) John Temple Lang, "Essential Facility Doctrine; IP Rights and European Competition Law" at Antitrust, Patent and Copyright, Edward Elgar (2004), pp.61-62.

92) Advocate General Jacobs in case C-7/97 *Bronner v. Mediaset* [1998] ECR I-7791 at 7806-7807.

93) 독일의 비록 GWB 제19조 제1항 제4호에 '시장지배적사업자의 지위남용'의 한 유형으로 필수설비법리를 기초로 한 "망 및 인프라시설"에 대한 접근거절유형을 도입하였다.

2) 지적재산권의 실시거절과 필수설비이론

위의 Oscar Bronner 사건에서 필수설비의 판단기준으로 복제 및 대체불가능성이 제시된 후 지적재산권 이슈는 이후에 Magill 사건[95]과 IMS Health 사건[96]에

---

94) 유럽에서의 향후 전개와 관련하여 (i) 유럽시장의 통합이라는 목적달성을 위하여 규제산업의 민영화가 절실한 상황에서 산업규제법 수준에서 필수설비이론의 도입의 현실적 필요성이 상존하고, (ii) 민영화된 산업에서 경쟁의 도입을 확대하고 유지하는데 있어 필수설비이론의 보편적 적용의 필요성이 예상되며, (iii) 정책집행당국의 필수설비이론의 적용에 대한 적극적 입장이 계속되고, (iv) 미국과 달리 지적재산권 부분까지 필수설비이론을 적용하고 있는 점 등에 비추어 유럽의 경우에는 애초 일반 경쟁법상 거래거절을 설명하는 이론으로 출발한 필수설비법리가 오히려 통신, 전기 등 규제산업에 있어서 민영화 및 자유화의 정책원리 및 수단으로 개별화하는 추세에 더하여 유럽공동시장의 통합이라는 정책목표와 결합하여 경쟁법상 필수설비법리가 필수설비에 대한 사전적 규제를 대신할 것이라고 한다[D.G. Goyder, EC Competition Law, 4th ed. Oxford Univ. Press (2003) p.350].

95) *Radio Telefis Eireann (RTE) and Independent Television Publications Ltd (ITP) v. Commission*, 1995 E.C.R. I-743, [1995] 4 C.M.L.R. 718, [1995] 1 CEC 400 (이 사건의 다른 일방 당사자인 Magill의 이름을 따 Magill 사건으로 불린다. RTE, ITV, BBC가 북아일랜드 및 아일랜드에 방송권을 독점하면서 동시에 자사의 주간 방송일정에 대하여 저작권을 가지고 있었다. 세 회사는 각자 자신의 방송가이드를 발간하는 동시에 신문에 매일 공짜로 자신의 방송일정을 제공했다. 1985년 Magill이 위 3사의 저작권 사용승낙을 받아 통합 방송가이드를 발간했는데 저작권 사용승낙은 발간 당일의 방송프로그램, 그 주 금용일과 토요일의 프로그램이나 토요일과 일요일의 프로그램, 그리고 다음 주 방송의 하이라이트 소개까지가 허용되었다. 초기 위 저작권 사용계약에 따라 수개 월간 방송가이드가 제작되다가 당사자 사이에 분쟁이 발생했고, 20주간 방송가이드 출간이 중단되었다. 1986년 다시 Magill은 방송가이드를 출간했는데 저작권 계약과는 다르게 전체주간 방송일정이 담겨 있었다. 3개 회사는 Magill을 상대로 저작권을 기반으로 한 발간금지 명령을 아일랜드 및 북아일랜드 법원에 구했고, 위 명령이 받아들여져 항고 상태에서 Magill은 위 방송사들을 공정거래위원회에 고발했는데 위원회가 이를 받아들여 방송3사에게 프로그램 정보를 Magill에게 제공하라고 명령한다. 이에 대하여 방송 3사가 이의를 제기한 사건에서 유럽공동체 1심법원(Court of First Instance)은 Volvo 사건을 인용하면서 이 사건은 Volvo가 언급한 예외적 사항에 해당한다고 판단하고 방송3사가 자신들의 기존 방송가이드를 보호하기 위하여 Magill이 만든 통합 방송가이드의 출현을 방해하기 위해 저작권을 행사하므로 이는 파생시장의 독점을 유지하기 위해 저작권을 사용한 경우로 유럽공동체 조약 제82조 위반이 된다고 판시하였다. 이 사건의 항소심에서 유럽공동체 최고법원은 저작권의 행사는 예외적 상황(exceptional circumstance)에서 유럽공동체 조약 제82조 위반이 될 수 있다고 판시한 뒤, Magill 사건에서는 이러한 예외적 상황이 존재한다고 판시했다. 유럽공동체 최고법원은 예외적 상황으로 ① 방송 3사의 거래거절로 과거의 제품과는 다른 새로운 제품의 시장 출현이 방해 받았고, ② 방송 3사가 자신의 방송가이드를 발간하거나 공짜로 신문에 제공하는 행위는 거래거절의 정당한 사유가 되지 못하며, ③ 방송 3사가 저작권을 이용하여 후속시장을 자신들을 위하여 독점하면서, 모든 경쟁을 억눌렀으며, ④ 방송3사의 프로그램 정보가 Magill의 방송가이드 발행을 위해서는 필수적이라는 점을 들었다).

서 본격적으로 검토된다.

가. IMS Health 기준 IMS Health 사건에서 유럽공동체 최고법원의 선결문제에 대한 답변은 매우 중요한 몇 가지 선례적인 가치가 있는 판단을 하고 있다. 독일법원이 유럽공동체 최고법원에 요구한 선결문제(先決問題) 중의 하나는 공동저작권자가 있을 때 저작권이 유럽공동체 조약 제82조 위반 판단에 영향을 미치는가 하는 문제였다. 유럽공동체 최고법원은 지적재산권 보유자의 라이선스 거절이 잠재적 수요가 존재하는 신제품의 출현을 제약하여 소비자 이익을 침해하는 예외적인 상황에서는 지적재산권도 필수설비에 해당될 수 있다고 본다.

유럽공동체 최고법원은 이 사건에서 문제가 된 데이터베이스를 만드는데 다수의 제약회사가 참여하고, 이에 따라 사용자들의 노력과 각종 자원이 이미 위 데이터베이스에 투자된 점을 중시했다. 따라서 Bronner 판결의 기준에 따라 위 데이터베이스의 1860 블록구조라는 저작권에 의하여 보호되는 데이터베이스라는 지적재산권이 필수설비인지 여부는 경쟁자가 경제적으로 실현가능성이 있는 대안을 만들 수 있는지(對替可能性)에 달려 있다고 보았다.[97]

IMS Health 판결 이전에 유럽공동체 최고법원은 Magill 사건에서 지적재산권 행사가 ① 소비자의 수요가 존재할 새로운 상품의 출현을 막아야 하며, ② 다른 사업상의 정당한 목적이 없어야 하며, ③ 거래거절이 후속시장에서의 모든 경쟁을 소멸시키는 경우에는 지적재산권 행사가 유럽공동체 조약 제82조 위반이 된다고 판시하였다. 그러면서 유럽공동체 최고법원은 위 조건이 모두 충족된 경우에 한하여 유럽공동체 조약 제82조 위반이 된다고 보았다.

유럽공동체 최고법원은 IMS Health 사건에서는 ① 대상 기술은 2차 시장(secondary market)에서 필수적인 기술(indispensable technology)이어야 하고, ② 공급거절은 2차 시장에서 소비자 요구에 의한 새로운 제품이 출시되지 못하게 하여야 하며, ③ 공급 거절은 "모든 경쟁(all competition)"을 없애야 하고, ④ 기술의 공급거절이 객관적으로 정당화(objectively justifiable)되지 못하여야 한다는 4가지 기준을 지적재산권의 강제실시를 위한 요건으로 제시하였다.

---

96) *IMS Health GmbH & Co. OHG v. NDC Health GmbH & Co. KG.*, ECJ [2004] 4 CMLR 1534.

97) 대체가능성의 존부는 독일법원의 사실판단의 문제이다.

나. 유럽공동체 1심법원의 판단(2007): Microsoft 사건[98] (가)사건의 경과

유럽공동체 집행위원회에서 4개의 쟁점 중 상호운용성과 관련된 쟁점은 SunMicrosystems社가 Microsoft에 요구하였던 정보 중의 일부로서 특허권 및 상표권에 의하여 보호되고 있던 액티브 디렉토리(Active Directory) 기술에 대한 강제실시요청이었다. 나머지는 정보들도 Microsoft의 영업비밀 등의 형식으로 보호되고 있었다.

사건의 발단은 1998년 SunMicrosystem는 자신과 경쟁하고 있던 Microsoft의 PC OS 소프트웨어인 Windows 2000과 자사의 서버 운영체제인 Solaris의 상호운용성을 확보하기 위하여 PC 운영체제 내부의 워크그룹(work group)에 대한 통신 프로토콜 등에 대한 정보의 제공을 요구하자, Microsoft가 정보공개를 거부한 사건이었다. SunMicrosystems는 Microsoft의 실시거절행위를 유럽공동체 조약 제82조 위반을 이유로 하여 유럽공동체 집행위원회에 제소하였다.

2004년 유럽공동체 집행위원회는 Microsoft의 PC 소프트웨어 시장의 지배적 지위와 Microsoft가 선 마이크로시스템즈社와 경쟁하는 Server 시장에서의 지위가 강한 상호연관성을 가지고 있다고 판단하였다. 이미 PC용 운영체제(Operating System) 시장에서 시장지배적인 지위를 가지고 있는 Microsoft가 워크 그룹 서버 등과 같이 소형 서버시장에서 PC 사용자들과 연결해 공동 작업을 할 수 있도록 하는 프로토콜 등을 제공하지 않으면 소형서버시장의 경쟁자인 SunMicrosystems는 PC 운영체제와의 상호운용성을 확보하지 못해서 결국 서버시장에서 퇴출되고 PC 시장에서의 Microsoft의 시장지배력은 소형서버시장으로 전이될 것이라고 보았다. 따라서 Microsoft는 SunMicrosystems와 같은 직접적 경쟁자라도 적절한 로열티율로 라이선스를 하여야 한다고 판단하였다.[99]

(가) Microsoft 사건에서의 지적재산권 강제실시의 요건

유럽공동체 1심법원은 이 사건에서 이행감시위원회와 관련된 하나의 논점을

98) Case T-201/04 R, Microsoft Corp. v. Comm'n of the European Cmtys [유럽공동체 1심법원은 집행정지 사건에서 위원회 결정에 일부 논리적 문제가 있음을 어느 정도 인정하면서도 이로 인한 손해가 회복불가능한 손해가 아니라는 이유로 집행정지 신청을 기각했다. 그리고 2007.9.17. 역사적인 유럽공동체 1심법원의 선고가 있었고, Microsoft의 청구는 감독위원회(monitoring committee)에 대한 쟁점을 제외한 모든 쟁점에 대하여 기각되었다].

99) 이 부분에 대하 상세한 설명은 최승재, "Microsoft유럽공동체 사건 판결에 대한 연구," 정보법학회(2008.1.) 참조.

제외하고는 유럽공동체 집행위원회의 결정 내용이 타당하다고 판시하였다. 법적으로 가장 중요한 부분은 기존의 IMS Health 사건과의 관계에서 경쟁법의 관점에서 지적재산권에 대한 강제실시를 경쟁당국이 명령하기 위한 요건에 대한 설시이다. 유럽공동체 1심법원은 이러한 IMS Health 사건의 판단기준 중 모든 경쟁(all competition)이라는 요건을 완화하여 경쟁사업자인 SunMicrosystems社에 기술을 제공하여야 한다고 판시하였다.[100] 유럽공동체 1심법원은 대상 기술은 필수적인 기술이어야 하며, 공급거절은 2차 시장에서 소비자 요구에 의한 예상되는 새로운 제품(hypothetical new product)이 출시되지 못하게 하여야 하고, 공급 거절은 유효경쟁(effective competition)을 없앨 우려가 있다면 그러한 실시거절이 객관적으로 정당화되지 못하는 한 위법한 실시거절이 된다고 보았다.[101] 유럽공동체 1심법원은 이 사건에서 명시적으로 지적재산권이 필수설비인지 여부에 대한 논의를 하는 대신 대상 기술이 필수적인 기술(indispensible technology)인가만 검토하고 있다. 이러한 유럽 공동체 1심법원의 태도는 매우 현명하고 타당하다. 왜냐하면 유럽공동체 1심법원이 필수설비 이론을 가지고 설명하려고 하였으면 필수설비이론이 가지고 있는 기존의 틀에 지적재산권을 맞추었어야 하였을 것이므로, 그 경우 Microsoft사로부터 필수설비이론이 지적재산권에도 적용이 될 것인가와 같은 불필요한 논쟁을 불러일으킬 수 있었을 것이기 때문이다.[102]

4. 검 토

(1) 필수요소의 판단과 정당한 이유의 존재

미국은 지적재산권의 강제실시에 부정적이고, 유럽은 상대적으로 긍정적이다. 우리는 어떤 기준을 채택하여야 할까. 공정거래법은 2004년 법개정을 통해서

100) 이러한 판단에 대한 반대 견해로는 Thomas Vinje, "European Union law on interoperability; What was the impact of the EU Court of First Instance's Microsoft Judgment?," 경제법 판례연구 11월 발표자료(이 발표에서 마이크로소프트의 반대진영에서 활동하였던 Thomas Vinje 변호사는 이 사건은 기존의 맥길 사건이나, IMS Health 사건의 판례의 연장선상에 있고, 별도의 특이한 법리를 설시한 것이 없다고 주장한다).

101) Microsoft 사건 유럽공동체 1심법원 판결문 Paragraph 563.

102) 법무부 독점금지국 담당 차관보인 Benett은 선고 당일 바로 유럽공동체 1심법원의 판결은 기술혁신을 저해할 것이라고 비판하였다.
http://ushttp://useu.usmission.gov/Dossiers/Antitrust/Sep1707_Barnett_Microsoft.asp (2009.5.5. 최종접속).

필수설비법리를 대폭 도입하였다.[103] 공정거래법 제3조의2 제1항은 시장지배적 사업자가 다른 사업자의 활동을 부당하게 방해하는 행위를 사업활동 방해남용으로(제3호), 새로운 경쟁사업자의 참가를 부당하게 방해하는 행위를 신규진입 방해남용으로(제4호) 규정하고 그 구체적인 남용행위의 유형 및 기준은 대통령령으로 정하도록 하고 있는바, 이러한 방해남용유형을 구체화한 독점규제법 시행령 제5조는 사업활동 방해남용[104]과 신규진입 방해남용[105] 유형으로 각각 필수요소에 대한 접근거절조항을 새로이 규정하였다.[106] 이러한 공정거래법의 태도는 미국이나 유럽 그리고 독일에 있어서 필수설비에 대한 접근거절의 문제를 독점사업자나 시장지배적 사업자의 거래거절의 문제로 다루는 것과 부합된다.

지적재산권을 필수설비로 보아서 강제실시를 시킬 수 있는가 하는 점에 대하여 우리나라에서의 선행연구[107]에서는 필수설비조항의 도입 이전부터 공정거래위원회가 통상적인 지적재산권의 남용에 해당될 수 있는 라이선스거절행위뿐만 아니라 상품이나 용역의 제공에 필수적인 지적재산권에 대한 실시허락의 거부도 불공정거래행위로서 부당한 거래거절로 보고 있는 점에 비추어 미국이나 유럽 및 독일[108]과는 달리 공정거래위원회는 필수설비의 개념에 지적재산권도 포함할 가능성이 높다고 전망한 바 있다.[109]

서울고등법원은 SK멜론 판결[110]에서 필수설비논의를 하면서, DRM (DRM를

103) 상세는 김권회, 전게논문, 164-224면 참조.

104) 제3항 제3호(정당한 이유 없이 다른 사업자의 상품 또는 용역의 생산·공급·판매에 필수적인 요소의 사용 또는 거절, 중단하거나 제한하는 행위).

105) 제4항 제3호(정당한 이유 없이 새로운 경쟁사업자의 상품 또는 용역의 생산·공급·판매에 필수적인 요소의 사용 또는 접근을 거절하거나 제한하는 행위).

106) 입법이전의 거래거절에 대한 일반론으로는 심재한, '단독의 거래거절행위', 상사판례연구 13집(2002), 373-400면 참조.

107) 김권회, 전게논문, 200-201면.

108) 독일은 GWB(Gesetz gegen Wettbewerbsbeschränkungen) 제19조 제4항 제4호의 입법과정에서 망 또는 인프라설비로 국한시킴으로써 필수설비이론이 지적재산권에 적용될 가능성을 입법적으로 차단하였다.

109) 김권회의 전게논문에서 유럽공동체가 지적재산권에 대한 필수설비이론의 인정에 부정적일 것이라고 하였지만, 유럽공동체의 태도는 2007.9.17. 선고된 Microsoft에 대한 유럽공동체 1심법원은 유럽공동체 집행위원회의 결정을 그대로 받아들여 SunMicrosystems에 대한 상호운용성 확보를 위한 강제실시를 명하였다는 점에서 필수설비에 대하여 긍정적이라고 보는 것이 타당하다.

110) 서울고등법원은 SK멜론 판결에서 공정거래위원회의 「시장지배적 지위남용행위 심사지침」이 규정한 내용을 수용하였다. 이 사건은 DRM의 실시라는 것이 표면적인 문제이지만

실행하기 위한 특허기술)을 필수설비라고 볼 수 없다는 논증을 하고 있다.[111] 하지만 이론적으로 생각할 점이 있다. 서울고등법원은 필수요소를 제공하는 사업자에게 정당한 이유가 있는 경우에는 필수설비가 아니라고 본다. 그러나 필수설비는 설비의 객관적인 상태를 말하는 것이지 필수설비보유자의 행동에 초점을 맞추는 것이 아니다. 이는 필수설비이론이 공정거래법상의 다른 도구개념들과 구별되는 점이다. 공정거래법상의 대부분의 도구개념들은 행위를 관찰하고, 그 행위에서 위법성을 도출한다. 그러나 필수설비이론은 사업자의 행위에 중점을 두는 것이 아니라 사업자가 보유하고 있는 자원에 초점을 둔다. 따라서 필수설비보유자의 행위에 정당화사유가 존재하는가 하는 점은 경쟁제한성 판단의 형량요소일 뿐 정당화사유가 존재한다고 하여 필수설비인지 여부가 달라지는 것은 아니다. 따라서 서울고등법원의 판단은 이점에서 타당하지 않다. 다만 정당화요건이 존재하면, 실시거절의 경우 강제실시를 할 수 없게 될 것이다.

(2) 특허의 속성 및 필수성 요소와 대체가능성 요소의 관계

특허는 속성상 차단특허, 보완특허, 경쟁(代替)특허, 무관특허로 구분될 수 있다. 우선 차단특허(blocking patents)가 있다. 첫 번째 유형이 차단특허이다. 차단특허는 원천특허와 개량특허와의 관계에서 발생한다. 이때 후자인 개량특허가 바로 차단특허(blocking patent)가 된다.[112]

두 번째 유형이 보완특허(complementary patents)이다. 보완특허는 경제학적 의미의 보완재와 같은 개념으로 상호 상대방의 특허가 없으면 유용하지 않은 특허

DRM에는 많은 특허권이 출원 · 등록되어 있어서 이에 대한 사용권의 부여는 특허권에 대한 묵시적 실시를 의미하기 때문에 특허권 등의 강제실시가 쟁점이 되었던 사건이다. 이러한 서울고등법원의 판결을 볼 때 선행연구의 전망은 타당하였다고 본다.

111) 전게 SK멜론 사건 판결문, 48면 참고.

112) 이러한 遮斷特許는 기술혁신의 과정에서 자연스럽게 등장하는 특허로서 이러한 遮斷特許의 예로는 라이트 형제의 비행기 날개를 들 수 있다. 라이트 형제(Wright brothers)가 말똥가지 새의 움직임을 보고 비행기 날개모형을 발명하고, 라이트 형제는 자신들의 발명을 특허로 출원하였고, 이들의 발명은 특허로 등록되었다. 이후 Glenn Curtis 등이 비행기의 보조날개(flap)를 이용하는 改良特許를 등록하였다. 이후 실제 비행기날개에는 라이트 형제의 특허보다는 Curtis의 특허가 더 많이 사용되었다. 이 경우 Curtis의 날개에 대한 특허를 실시하기 위해서는 라이트 형제의 특허를 실시하여야 하며, 반면 라이트형제의 경우도 Curtis의 실시허락 없이는 Curtis 특허를 실시할 수 없으므로 서로 遮斷特許로서의 지위에 있게 되는 것이다(이 '라이트 형제'의 예는 정연덕, 전게논문, 17-18면 참조).

를 의미한다.[113] 다만 이러한 보완관계에 있는 특허도 이용저촉관계에 있는 차단특허와 같이 신제품의 생산을 차단하기 위한 목적으로도 사용될 수 있다.[114] 이 경우에는 보완특허와 병행실시되어야 가치가 증대된다.

다음으로 경쟁관계 또는 대체관계에 있는 특허(competing patents; substitutional patents)가 있다. 이 경우에는 이러한 특허가 상호 시장에서 경쟁하는 제품이나 방법에 대한 특허이면서도, 기존의 특허제품과 완전히 신규의 제품이나 방법에 대한 특허이거나 이용저촉관계에 있는 특허와 달리 기존의 특허를 침해하지 않고서 제품을 개량하는 경우의 특허를 말한다.[115]

마지막 유형으로 상호 무관한 특허(unrelated patents; independent patents)가 있을 수 있다. 이러한 특허에 대해서는 경쟁법상 별도의 논의는 필요 없을 것이다.

개념적으로 대체가 가능하면 필수적이라고 할 수 없다. 필수적이라는 것은 그 요소를 사용하지 않고 동일한 목적을 달성하는 우회로가 존재하지 않으며, 대체가능한 다른 대안도 존재하지 않아야 한다. 두 요건 모두 구비되어야 필수적인 것이 되지만, 반대로 어느 한 요건이라도 구비되지 않으면 필수적이라고 볼 수 없다. 「시장지배적 지위남용행위 심사기준」 IV. 3. 다 (1)항. ㈎에서 말하는 바가 우회가능성이라고 할 것이다. 법원은 필수성이라고 하였으나, 개념적으로 필수성은 우회가능성과 대체가능성을 모두 포섭하는 상위개념이다.

우회가능성에 대하여 보자면, 특허권의 경우 비록 그것이 특허기술보다 기술적으로 열등한 기술이라고 하더라도 특허청구범위에 저촉되지 않도록 하면서 같은 종류의 상품을 관련시장에 출시하도록 회피설계(回避設計, design around)를 할 수 있는 경우가 있다. 회피설계를 통하여 그 기술을 사용하지 않고도 같은 종류의 상품을 관련시장에 출시할 수 있는지가 우회가능성의 문제라고 정의한다. 특허권의 우회설계를 통하여 일정한 요소를 제거하는 설계를 할 수 있는가 하는

113) 예컨대 전구는 진공유리부분과 필라멘트부분으로 구성되는바, 이 경우 진공유리부분에 대한 특허와 필라멘트부분에 대한 특허는 서로 보완적인 관계에 있는 특허이다[Steven Carlson, "Patent Pools and the Antitrust Dilemma," 16 Yale J. on Reg. 359, 360 (1999)].

114) 에디슨이 그랬던 것처럼 필라멘트에 사용될 수 있는 대부분의 특허를 모두 출원하여 등록하는 경우 이러한 필라멘트를 사용하지 않으면서 다른 경쟁기업이 제조하는 개량된 필라멘트의 생산을 차단하기 위하여 사용하는 경우를 예로 들 수 있다(Robert P. Merges & Richard R. Nelson, "On the Complex Economics of Patent Scope," 90 Columbia L. Review 839, 1990 pp.885-886).

115) Carlson, *op. cit.*, pp. 361-365.

점이 회피가능성 문제이다.

특허법상 Pennwalt rule이라고도 하는 전요소주의(全要素主義 all element rule)에 의하여 A+B+C+D라는 요소로 구성되어 있는 특허의 경우 이 모든 구성요소를 구비하지 않는 경우에는 특허침해가 되지 않는다.[116] 이러한 특허 법리에 기초하여 특허침해 문제가 발생할 경우 쉽게 회피설계를 할 수 있다면 이러한 회피설계가 가능한데도 불구하고 여전히 침해를 한다면 이러한 경우까지 경쟁법이 라이선스를 강제하여서는 안 된다. 필수특허가 되기 위해서는 회피설계를 통한 우회가능성이 없어야 한다. 경우에 따라서는 당해 기술이나 단계를 생략하고도 상품화하여 관련 시장에서 상품을 출시할 수 있다면 역시 우회가능한 기술이다.

「시장지배적 지위남용행위 심사기준」 IV. 3. 다 (1)항. ㈐에서 말하는 바가 대체가능성이다. 동일한 기술과업을 달성할 수 있는 대체재로서 대체기술이 존재하는 경우에는 필수성을 인정할 수 없다. 이러한 결론은 만일 열등한 기술이라도 다른 기술이나 망이 있으면 우월한 기술의 보유자에게 그 사용을 강제할 수 없다는 유럽공동체 최고법원의 Oscar Bronner 사건[117]에서의 판시와 같다. 1998년

---

116) *Pennwalt Corporation, Plaintiff-Appellee, v. Durand-Wayland, Inc., Defendant; Sunkist Growers, Inc., Non-Party Appellant.*, 708 F.2d 492 (9th Cir. 1983).

117) Oscar Bronner GmbH & Co. KG v. Mediaprint Zeitungs-und Zeitschriftenverlag GmbH & Co. KG, 1998 E.C.R. I-7817, [1999] 4 C.M.L.R. 112. (Oscar Bronner 사건은 Austria 신문시장을 관련 시장으로 한다. 이 사건의 원고인 Bronner는 발행부수로는 3.6%, 광고수입으로는 6%에 해당하는 시장점유율을 가진 신생 일간신문사로 급성장 중이었다. 반면, 피고 Media Prints는 발행부수로는 46.8%, 광고수입으로는 42%의 시장점유율을 보이고 있었으며 Austria 내부에서 유일하게 조간신문을 집에 배달하는 배송망을 갖추고 있었다. Bronner가 신청한 위 배송망을 통한 신문보급을 Media Prints가 거부하자 Bronner는 위 행위가 유럽공동체 조약 제82조 위반이라고 제소했다. 이에 대하여 유럽공동체 최고법원은 Media Prints가 가정 내 배송망 시장에서 지배적 지위를 갖추고 있음을 인정하면서도, ① 그 거래거절행위가 그러한 서비스를 요구하는 쪽 입장에서 일간신문 시장 내의 모든 경쟁을 소멸시켜야 하며, ② 거절행위가 객관적으로 정당화 될 수 없는 것이어야 하며, ③ 문제된 서비스가 현재나 잠재적인 代替財가 없어 사업운영에 필수불가결하여야 한다고 판시하면서, 이 사건에서는 신문 배급에 덜 효과적이지만 다른 대체수단이 존재하며, Bronner 자신이 자신의 배급망을 만드는데 아무런 법적, 물리적 제약이 없다는 이유로 위 요건을 충족시키지 못한다고 판시하여 위 청구를 부정하였다. 특히 이 사건에서 Advocate General이었던 Jacobs는 위 배급망을 건설하는 것이 적은 신문부수로 인하여 경제적으로 사업성이 없는가가 문제가 아니라 경제적 실현가능성이 아예 없어 다른 제3자가 이와 같은 산업에 진입할 가능성이 아예 없어야 한다는 입장을 표시하면서 代替財의 기준이 주관적이 아닌 객관적 기준이 되어야한다는 입장을 표시하면서, 거래상대방 선택의 자유는 각 회원국에서 기본적으로 인정된

의 Oscar Bronner 판결은 신문 배송망의 필수성이 문제가 된 사안으로 유럽공동체 최고법원은 필수설비는 열위적인 대체물조차도 전혀 존재하지 않아서 설비접근을 원하는 사업자의 경쟁을 위하여 없어서는 안 되는 경우를 의미한다고 하면서, 복제가능성(Duplizierbarkeit)과 대체가능성(Substitutierbarkeit)이라는 두 가지 요건을 필수설비로 인정되기 위한 기준을 제시하였다.[118)]

이상에서 살펴본 바와 같이 대체가능성 개념은 우회가능성과 달리 기술간의 우열을 고려하지 않고, 오로지 대체가능한 기술이 있는가 하는 점만을 보는 것이다. 그러므로 대체가능성이 있다고 해도 상업적인 관점에서는 열위에 있는 기술일 수 있으므로 경쟁 열위에 있을 수 있다.

(3) 필수설비이론의 표준에 대한 적용

앞서 본 바와 같이 미국에서는 지적재산권자의 권리행사에 대해서 필수설비이론을 적용하는 것에 대해서는 득보다 실이 많다는 견해가 상당하다.[119)] 부정적

자유이고, 이러한 기본원칙에 대한 침해는 신중한 판단을 요구하며, 이러한 판단에 이를 때에는 장기적으로 각 사업자의 사업에 대한 투자유인을 고려해야 하며, 너무 쉽게 시설의 공유를 허용할 경우 시설투자의 과소화를 불러 올 수 있으며, 단지 선행시장에서 지배적 지위에 있다는 이유만으로 후속시장에 대하여 거래거절이 당연히 지배적 지위의 남용에 해당하지는 않는다고 판시하면서, 그 참조판례로 미국의 MCI 사건이나, Otter Tail 사건 등을 언급하면서, 이 사건의 판결이 MCI의 5가지 요건 심사와 유사한 필수설비이론의 이론적인 기초에 의하여 판단을 하였다).

118) 이 판결 이전 거래거절이 시장지배적 지위의 남용이 되는 경우에 대하여 유럽공동체 최고법원의 기본적인 입장은 대체로 기존 공급행위의 철회나 새로운 거래의 거절(first refusal to deal)이 시장지배적 지위의 남용에 해당하기 위해서는 거래의 계속이 경쟁의 지속을 위해서 꼭 필요한 경우이거나 물리적 시설이 반드시 필요한 경우였다. 유럽공동체 최고법원의 관련 판결로는 *H. Sea Containers v. Stena Link,* Commission Decision 94/19/EC, 1994 O.J. (L 015) 8; *Régie des Télégraphes et Téléphones v. GB-Inno-BM S.A,* 1991 E.C.R. I-5941, [1994] 1 C.M.L.R. 117.; *Aéroports de Paris v. Commission,* 2002 E.C.R. I-9297 등이 있다(Korah, *op cit*, pp.204-216).

119) John Simpson and Abraham Wickelgren, "Bundled Discounts, Leverage Theory, and Downstream Competition," Am Law Econ Rev. (2007): Choi, Jay Pil & Stefanadis, Christodoulos, "Tying, Investment, and the Dynamic Leverage Theory," RAND Journal of Economics, The RAND Corporation, vol. 32(1) (2001) pages 52-71; Joseph Farrell & Paul Klemperer, "Co-ordination and Lock-in: Competition with Switching Costs and Network Effects," Economics Papers 2006-W07 Economics Group, Nuffield College, University of Oxford (2006); AREEDA & HOVENKAMP, *Id.* at 771.; 표준과 관련하여 Gruber, H. and F. Verboven, "The evolution of markets under entry and standards regulation in the case of

인 견해는 지적재산권을 필수설비로 인정하면 지적재산권의 혁신유발 효과를 질식시키게 된다고 주장한다.[120] 또 다른 부정론으로 지적재산권의 성격이 필수설비이론과 부합되지 않는다는 견해도 있다. 이 견해에 의하면 필수설비이론은 강제적인 공유와 강제실시를 내용으로 함에 비하여 지적재산권은 배타적인 행사를 본질적인 내용으로 하고 있어, 특허권 등의 행사에 대한 배타권이 강하게 보장될수록 특허권의 가치가 높아지는 성격을 가지고 있다는 점을 지적한다. 따라서 필수설비이면 강제적인 공유가 되어야 한다는 주장은 결국 가치가 높은 특허일수록 공유가 되어야 한다는 논법이 되어 필수설비이론을 지적재산권에 적용하면 지적재산권의 본질적인 내용이 훼손되므로 필수설비이론은 지적재산권에는 적용될 수 없다고 주장한다.[121]

지적재산권을 필수설비로 볼 수 없다는 견해는 필수설비를 공공재(public goods)적 성격이 강한 설비, 자연독점성이 강해 시장실패가 우려되는 설비, 오랫동안 국가나 공공주체의 투자에 의하여 제공되어온 설비 기타 망 등의 경우로 한정하여야 한다고 본다.[122] 그리고 법원도 Intel 사건의 항소심에서 연방항소법원은 Intel의 마이크로프로세서 기술 및 이를 뒷받침하는 특허를 필수설비로 본 지방법원의 판결을 파기하였고[123], Microsoft가 운영체제의 일부로 포함시킨 디스크 캐싱 프로그램(disk caching program)과 이를 뒷받침하는 특허를 필수설비로 보지 않았다.[124]

하지만 미국 법원도 망(網)의 경우에는 그것이 도로망이건, 전기공급망이건 필수설비이론을 명시적으로 또는 묵시적으로 이미 적용하고 있었다.[125] 실제 필

---

global mobile telecommunications," International Journal of Industrial Organization 19: 1189-1212 (2001).

120) AREEDA & HOVENKAMP, *Id.* at 771.

121) Abbott B. Lipsky, Jr. & J. Gregory Sidak, "Essential Facilities," 51 STAN. L. REV. 1193 (1999), p.1219.

122) Phillip Areeda, *op cit* at 841. 같은 취지의 견해로 Robert Pitofsky, Donna Patterson & Jonathan Hooks, "The Essential Facilities Doctrine Under U.S. Antitrust Law," 70 ANTITRUST L.J. 443 (2002).

123) *Intergarph Corp v. Intel Corp.* 195 F.3d. 1346 at 1358.

124) *David L. Aldridge Co. v. Microsoft Corp.,* 995 F.Supp. 728 (S.D.Tex 1998).

125) 다만 망의 존재와 관련하여 필수설비이론이 적용된 것으로 말해지는 사건 중에 *Associated Press v. U.S.* 326 U.S. 1, 65 S.Ct. 1416(1945) [미국 내의 대부분의 신문사를 회원으로 두고 있던 AP 통신사가 회원사를 위하여 수집한 뉴스를 비회원사에게 제공하지 못하도록 하는

수설비이론이 미국에서 최초로 논의되는 사건인 Terminal Railroad Association 판결[126]에서는 미시시피 강을 가로지는 철교를 필수설비로 보았고, 1973년의 Otter Tail 판결[127]에서의 전기전송망, MCI 사건에서는 장거리 전화 연결을 위한 로칼 교환 설비를 필수설비로 보았다. 미국의 경우 필수설비이론의 필요성과 적용범위와 관련된 논란은 미국 연방대법원이 2004년 Verizon Communication Inc. v. Trinko 판결(이하 'Verizon 판결')을 선고함으로써 어느 정도 해소되었다.[128] Verizon 판결에도 불구하고 여전히 지적재산권의 실시거절에 대한 미국 연방법원의 태도는 명확하지 않은 점이 있다. 왜냐하면 이 사건은 지적재산권의 실시거절을 정면

정관을 제정 · 시행한 행위에 대하여 Sherman법 제1조 및 제2조에 위반된다고 판시하였던 사건] 및 유사한 사건으로 지역신문이 99%의 지역 내의 일간신문시장을 장악하고 있던 경우에 Sherman법 제2조 위반을 인정한 사안으로 *Lorain Journal v. U.S.* 342 U.S. 143, 72 S.Ct. 181 (1951)의 경우에는 굳이 말하자면 신문보급망이라고 볼 수 있을 것이다.

126) *U.S. v. Terminal Railroad Association,* 244 U.S. 383, 32 S.Ct. 507 (1912) [이 사건은 세인트루이스시 철로를 소유하고 있던 대부분의 철도회사들로 구성된 피고조합 Terminal Railroad Association이 미시시피강을 건널 수 있는 2개의 철도교 모두와 이에 연결된 선로시설, 창고 및 터미널과 배를 통한 운반을 위한 선착장을 모두 취득하여 운영하게 되어 다른 모든 도강시설에 대한 통제 독점함으로써, 어떤 철도회사도 피고조합이 지배하고 있는 설비를 이용하지 않고는 세인트루이스를 통과하거나 그 도시에 진입하는 것이 불가능하게 된 사안이었다. 연방대법원은 피고조합의 이러한 일련의 행위가 Sherman법 제1조에 위반된다고 판단한 사건이다].

127) 410 U.S. 366 (1973) [미국 연방대법원은 Minnesota주 등 5개 주의 중소도시의 91%가 넘는 도시에 전기를 공급하는 소매시장에서의 독점공급자로서 해당 지역 내 송전선을 모두 독점하고 있던 Otter Tail이 지방전기판매회사(municipal distribution system)에 대하여 자사의 전기공급을 거부함은 물론 다른 전기공급회사로부터 공급되는 전기를 자사의 송전선로를 이용하여 수용가의 배전선로까지 연결해 주는 탁송(wheeling)까지도 거부한 사안에서 연방대법원은 Sherman법 제2조의 독점화금지에 위반된다고 판단하였다].

128) *Verizon Communications Inc., v. Law Offices of Curtis V. Trinko,* LLP, 540 U.S. 398 (2004). [이 사건은 1996년 미국통신법(Telecommunication Act of 1996)의 강제규정에 따라 기존 지역전화사업자인 Verizon은 신규 경쟁사업자인 AT&T와의 협정을 맺어 규제기관이 정한 조건에 따라 자신의 전화망에 AT&T가 접속하도록 한 상황에서 AT&T의 고객인 Trinko 법률사무소가 Verizon이 AT&T에 대하여 접속에 있어 차별한다며 제기한 소송이다. 이 사건의 항소심은 필수설비이론에 근거하여 Sherman법 제2조 위반을 인정하였으나 연방대법원이 이러한 항소심의 판결을 파기하였다. 연방대법원은 필수설비이론을 종래 연방대법원이 인정한 바가 없으며, 이를 인정하거나 부정할 필요를 느끼지 못한다고 전제한 후, 가사 그러한 필수설비이론을 적용한다고 하여도 "필수설비이론을 적용하기 위한 불가결한 요건은 필수설비에 대한 접근이 불가능하다는 것이므로, 접근이 존재하는 경우 필수설비이론은 적용될 여지가 없으며, 규제기관이 설비의 공동사용을 강제하고 그 범위와 조건을 규율할 효율적 권한이 있는 경우 필수설비 주장은 받아들일 수 없다고 판시함].

으로 다룬 사건은 아니기 때문이다.[129] 이 판결은 적어도 미국 Sherman법상 독점화행위로서의 거래거절과 관련하여 필수설비이론을 독자적 법리로서 인정할 필요성이 매우 제한적임을 확인한 판결이라고 보인다. 그리고 망의 경우 필수설비로 인정될 경우 거절의 정당화사유는 독점자가 입증하여야 한다고 본다.[130] 그러나 연방대법원이 이 판결을 통하여 보여준 태도는 미국에서 특허권자의 라이선스 거절행위는 존중될 것이며 거의 절대적인 면책을 부여할 것이라는 점을 선언한 것이라고 보는 견해도 있다. 이 견해에 의하면 향후 지적재산권자의 라이선스 거절행위를 경쟁법 위반으로 주장하는 것이 미국 법원에서 받아들여지는 매우 어려울 것이다.[131]

이런 상황에서 미국 법원이 표준보유자의 특허 라이선스 거절행위라고 하여 갑자기 매우 완화된 강제실시기준을 제시할 것으로 보이지는 않는다. 지적재산권은 일반적으로 공공재적인 성격을 가지고 있지 않다. 가장 공공성이 높다고 보이는 의약품 특허권도 강제실시를 하는 것에 부정적인 것이 미국 법원의 태도이다.[132] 이러한 특허권자의 권리보호의 필요성은 표준기술이라고 하여 다르지 않다.

표준화기구에 의한 표준의 경우 정책문서에서 약정한 FRAND 조건위반이나 표준화기구를 기망하여 표준화된 특허의 라이선스를 거절하는 경우에는 계약법 및 독점금지법에 의한 규율을 할 수 있을 것이다.

사실상 표준보유자가 표준이 된 기술에 대한 지적재산권의 라이선스를 거절

---

129) Carrier, *op cit,* at 1209.

130) Carrier, *id,* at 1208.; 이원우 교수는 이 판결을 통신시장에서 공정거래법의 적용을 배제한 판결이라고 이해하는 것으로 보이나 이는 타당하지 않다고 보인다(이원우, "우리나라 통신시장에 있어서 전문통신규제기관과 일반경쟁규제기관의 권한중복 및 개선방안," 이원우 편, "정보통신법 연구 I —통신시장에 있어서 전문규제기관과 일반경쟁규제기관의 관계—," 2008. 5.). 연방대법원이 통신규제당국인 FCC(Federal Communication Commission)의 권한이 FTC (Fair Trade Commission)의 권한에 우선한다는 취지의 판시를 한 것은 아니라는 점을 유의할 필요가 있다고 본다. 이 사건에서는 통신규제법에 의하여 필수설비에의 접근이 강제되고 있는 상황에서 다시 경쟁법을 적용하여 강제할 아무런 실질적인 실익이 없었던 사안이었기 때문에 이와 같은 판결을 하게 되었을 뿐이다. 이러한 통신규제와 같은 필수설비에의 접근이 보장되어 있지 않은 여타의 망의 경우에는 여전히 필수설비이론이 적용가능하다고 본다.

131) Carrier, *id,* at 1209.

132) 우리 특허청의 글리벡 사건에서의 결론도 이와 같다. 의약품특허의 강제실시에 대해서는 이익희, "특허발명의 강제실시제도 —공중보건문제 해결을 위한 제도개선을 중심으로—," 지식재산21(2005.1.); 권소영, "의약품 특허의 강제실시에 대한 연구," 경북대학교 법학석사 학위논문(2009.2.).

함으로써 경쟁자의 시장진입을 봉쇄하려고 하는 경우에는 미국에서도 독점금지법에 의한 규율이 가능할 것이다. 특히 단순 라이선스 거절이 아닌 끼워팔기를 시도할 수도 있고, 이를 통해서 시장지배력을 전이하려고 하려고 하는 경우와 같은 조건부 라이선스 거절의 경우에는 필수설비이론을 사실상 적용한 것과 같은 결론이 될 것이다.[133]

유럽공동체는 IMS Health 판결 및 Microsoft 판결에 의해서 요구되는 일정한 요건만 구비되면 필수설비이론을 지적재산권에 대해서도 적용할 수 있다고 보고 있으므로 사실상 표준의 경우에는 강제실시를 명령함으로써 사실상 표준보유자의 경쟁제한행위를 제한할 수 있다. 따라서 표준화기구에 의한 표준보유자의 경우에 대한 결론은 미국의 경우보다 용이하게 경쟁법을 통한 강제실시를 당해 표준을 필수설비로 봐서 명령할 수 있을 것이다.[134]

우리나라의 경우 공정거래위원회의 「시장지배적 지위남용행위 심사기준」은 필수설비라는 용어대신 필수요소라는 용어를 사용하고 있다. 그 이유는 만일 필수설비라고 할 경우 설비(facility) 개념에 지적재산권과 같은 무형재(intangible goods)가 포함될 수 있을 것인가 하는 논란을 피하기 위한 것으로 보인다. 이러한 심사기준의 태도에 비추어 볼 때 지적재산권도 필수요소로 볼 수 있다는 것이 공정거래위원회의 태도라고 판단된다. 그렇다면 공정거래법상 강제실시는 유럽의 경우와 유사하게 이루어질 가능성이 높다고 본다. 다만 실제 공정거래법에 의하여 표준보유자에게 강제실시를 명령하기 위해서는 다른 법령과의 관계에서 검토할 점이 있다. 이에 대해서는 항을 바꾸어 IV에서 검토한다.

133) AREEDA & HOVENKAMP 교수의 책에서는 단순 라이선스 거절에 비하여 조건부 라이선스의 거절은 셔먼법 제1조나 클레이튼법 제3조를 위반할 가능성이 많다고 설명하면서 이 둘을 구별하여 취급하여야 한다고 본다[AREEDA & HOVENKAMP, Antitrust Law, 709a, (2nd ed. 2002)] at 219-220.

134) 현재 유럽공동체 지역에서 Qualcomm사에 대한 조사가 진행 중이며, 그 주요쟁점 중의 하나가 표준화기구에 의한 표준보유자인 Qualcomm의 특허권남용이다. 향후 조사경과를 보면 구체적인 사안을 통해서 유럽공동체의 태도를 확인할 수 있을 것이다.

IV. 표준보유자의 실시거절행위와 강제실시

1. 필수특허 등의 강제실시기준의 적용

(1) 표준보유자의 특허의 필수요소성

상품화를 위한 기술표준의 형성을 위해서 여러 국가에 걸쳐있는 수천 개의 특허들을 표준에 묶어 넣어야 한다. 표준에 포함시킬 것인가 하는 점에 있어서 가장 중요한 판단이 필수적인 특허인가에 있다. 물론 표준에 포함되는 기술은 특허에 의해서 보호되지 않는 경우도 있다. 그러나 오늘날 대부분의 중요한 기술들은 특허에 의해서 보호되고 있으며, 경우에 따라서는 특허에 의해서 보호되는 기술을 사용하는 것이 유일한 대안일 수 있다. 이와 같은 경우 이러한 특허를 필수특허(essential patent)이라고 한다.[135] 그런데 문제는 필수특허의 판단이 쉽지 않다는 것이다. 기술적인 우회가 불가능하다는 의미는 기술적인 대안이 없다는 의미(technical feasibility)와 기술적인 대안이 경제적으로 실현하기 어렵다(economic feasibility)는 두 가지 의미를 가진다.[136] 실무상 필수적인 특허인지는 당해 특허를 사용하여 생산할 제품의 특허 로드맵(Patent road map)상 전체적인 시각에서 판단된다. 다만 어떤 기술이 업계에서 널리 쓰이고, 상업적으로 성공하였다고 하여 그 성공을 기초한 특허가 항상 당해 시장에 진입하기 위한 필수 특허가 되는 것은 아니다.[137]

필수특허라는 용어가 사용되므로, 바로 필수설비이론을 연상할 수 있다. 그

135) Rudi Bekkers, Eric Iversen & Knut Blind, "Patent Pools and Non-assertion agreements; coordination mechanisms for multi-party IPR Holders in standardization," Paper for EASST conference (2006) p.2.

136) *Id.*

137) 상업적 성공(commercial success)을 하였다는 것은 미국 및 우리 판례법상 상업적 성공이 있을 경우 특허의 유·무효가 다투어지는 경우 특허의 진보성이 있음을 입증하기 위한 2차적 고려요소로서의 기능을 한다[*Continental Can Company USA, Inc. v. Monsanto Co.,* 948 F.2d. 1264, 20 USPQ2d 1746 (Fed. Cir. 1991)]. 다만 이러한 상업적인 성공이 진보성의 판단의 근거가 되기 위해서는 상업적 성공과 특허청구된 발명간에 인과관계가 존재하여야 한다[*In re Huang,* 100 F.3d. 135, 40 USPQ2d 1685 (Fed, Cir. 1996)].

러나 그 이론은 그 자체로는 하나의 아이디어를 제공할 뿐, 명확하고 통일적인 기준을 제공하는 것은 아니다. 또 '필수설비'라는 용어를 입법하더라도 당장 필수성(essentiality)이라는 용어가 명확성을 가지고 있는 것도 아니다. 따라서 하위입법을 통하여 명확하게 하는 것이 필요하다.[138] 서울고등법원의 SK멜론판결에서 적시한 실무상 기준이 되는 「시장지배적 지위남용행위 심사기준」은 필수성(必須性), 통제성(統制性), 대체가능성(對替可能性)을 필수요소 판단의 근거로 하고 있다.

이 기준에 의하면 사실상 표준보유자는 특허권자로서 당해 특허를 소유하고 통제하는 자이므로, 통제성 요건은 쉽게 인정된다. 그러나 문제는 필수성과 대체가능성이다. 일단 문제는 두 판단기술 중에서 필수성이 대체가능성의 상위개념이 아닌가 하는 의문이 있다. 사실상 표준의 경우 기술적으로는 대체할 수 있는 기술이 존재할 수 있으나 경제적으로 다른 기술을 통하여 경쟁을 하는 것이 어렵기 때문에 위 기준에 의하면 대체가능하지 않고, 시장에서 압도적 시장점유율 등으로 표준으로 정착되었으므로 이 사실상 표준을 채용하지 않고는 관련시장에서의 경쟁열위는 해소될 수 없으므로 필수기술로 인정될 것이다.

표준화기구에 의하여 표준으로 결정된 특허권자는 사실상 표준보유자와는 달리 여러 개의 표준이 표준화기구에 의하여 결정되어 표준간 경합이 있을 수 있다. 따라서 복수표준이 존재하는 경우에는 대체기술이 존재하는 경우이므로 필수요소로 인정하기 어렵고, 단일표준이라고 하더라도 표준으로 결정되지 않은 기술들이 여전히 존재하면서 경쟁하고 있어서 시장에서의 지배력이 상당하지 않을 수 있기 때문에 이 경우에는 추가적으로 시장상황을 살펴서 경쟁이 가능한지 여부에 따라 필수요소인지 여부를 판단하여야 한다. 특히 후자의 경우에는 표준으로 결정되고 나면 시장에서 급속한 쏠림현상이 발생할 수 있기 때문에 제3장에서 보았던 기술발전단계와 관련된 점을 같이 고려하여야 한다.

(2) 2차 시장에서의 경쟁제한요건과 직접적 경쟁자에 대한 라이선스의 강제

1) 문제의 소재 공정거래위원회의 「시장지배적 지위남용행위 심사기준」이 제

138) 예를 들어 독점규제 및 공정거래에 관한 법률 시행령 제5조 제3항 제3호(정당한 이유 없이 다른 사업자의 상품 또는 용역의 생산, 공급, 판매에 필수적인 요소의 사용 또는 접근을 거절, 중단하거나 제한하는 행위) 및 제4항 제3호(정당한 이유 없이 새로운 경쟁사업자의 상품 또는 용역의 생산, 공급, 판매에 필수적인 요소의 사용 또는 접근을 거절하거나 제한하는 행위) 등에서 필수적이라는 용어가 입법화되었다.

시하는 3요소 중에는 당해 요소가 관련시장에서 직접적인 경쟁자에게도 라이선스가 강제되어야 하는 것인지에 대하여는 명시적인 규정을 두고 있지 않고 있다. 필수설비를 이용하여 2차 시장으로의 경쟁력을 전이(leverage)하는 경우에만 강제실시를 할 것인지 아니면 직접적으로 같은 시장에서 경쟁하는 경쟁사업자에게 강제실시를 할 것인가의 문제가 있다.

공정거래위원회의 심사기준의 문언에 의하면 당해 요소가 특정 산업에서의 경쟁열위를 피하기 위하여 대체가능하지 않은 요소라면 직접적인 경쟁자에게도 특허권의 실시가 강제되는 것으로 해석할 수 있다. 그러나 특허권의 강제실시(compulsory license)는 당해 특허권의 재산권으로서의 가치 보장 및 강제실시가 이루어질 경우 희석화의 정도와 강제실시를 통하여 경쟁을 촉진함으로 사회가 얻을 수 있는 소비자후생 증대효과를 비교·형량하여 결정되어야 한다. 그렇지 않으면 경쟁사업자에게 무임승차(無賃乘車)하도록 하는 것을 강제하게 되어 지적재산권이 피하려고 하는 무임승차자의 배제라는 목적이 침탈되어 특허제도의 존재의의를 몰각시킬 수 있다. Posner 판사가 Olympia Equip. Leasing 사건에서 경쟁법은 경쟁을 보호하는 것이지 경쟁자를 보호하려고 하는 것이 아니라는 미국 연방대법원의 판결[139]의 취지를 확인하면서 시장에서 독점력을 가지고 있는 사업자라고 하더라도 경쟁자에게 자신의 특허를 라이선스하여야 할 일반적인 의무를 부담하는 것은 아니라고 판시한 것도 이러한 점을 우려한 것이라고 본다.[140] 그러므로 경쟁자에 대한 강제실시는 장점에 의한 경쟁을 유지하고, 특허권자에게 혁신의욕을 유지하기 위해서는 매우 예외적인 경우로 제한되어야 한다.[141]

2) 상호운용성 확보를 위한 직접 경쟁자에 대한 강제실시

예외적으로 경쟁당국은 직접적인 경쟁자에 대해서도 상호운용성의 확보를 위해서는 표준보유자에게 강제실시를 명령하여야 한다. 2007년 유럽공동체 1심법원이 Microsoft 사건에서 문제 삼았던 통신프로토콜은 기술의 속성상 회피설계를 할 수도 없고, 대체기술이 존재하지도 않는 대표적인 기술이므로 필수기술이다. 따라서 이 경우에는 사실상 표준보유자의 상호운용을 위한 프로토콜 실시거절이

139) *rown Shoe Co. v. United States,* 370 US. 294, 320 (1962).
140) 797 F.2d 370 (7th Cir. 1986).
141) Villarejo, *op cit*, pp.527-546.

바로 당해시장에서의 경쟁을 상호운용을 위한 프로토콜의 속성상 원천적으로 봉쇄하여 버리기 때문에 이를 방치하면 시장은 사실상 표준보유자에게 표준에 고착화되며, 사실상 표준 보유자는 홀드업 행위를 할 수 있게 된다. 사실상 표준보유자는 단순 특허권자로서는 누릴 수 없는 당해기술의 독점이 아닌 상품시장의 독점을 통해 장기적 독점이윤을 시장봉쇄를 통해서 얻을 수 있게 된다. 그러므로 정당화사유가 없다면 라이선스를 강제하는 것이 옳았다. 그리고 유럽공동체 집행위원회는 적절한 판단을 하였다.

공정거래법의 운용도 원칙적으로 특허권자는 관련시장에서 직접적으로 경쟁하는 경쟁의 사업자에게는 라이선스의 거절할 수 있음이 원칙이나, 예외적으로 상호운용성 확보를 위한 경우에는 관련시장에서 직접적으로 경쟁하는 경쟁의 사업자에게도 강제실시가 가능하다고 보아야 한다.

(3) 실시거절과 정당화사유의 항변[142)]

정당화사유의 존재는 소극요건으로 이를 주장하는 자가 입증하여야 하는 항변사유이다. 「시장지배적 지위남용행위 심사기준」은 5가지 정당화사유를 인정하고 있다. 대법원도 포스코의 공급거절사건에서 경영상 정당화사유를 긍정하고 있다.[143)] 유럽공동체 최고법원의 IMS Health 사건 및 1심법원의 Microsoft 사건도 합리의 원칙의 적용에 있어 형량사유로 정당화사유가 고려되었다. 미국 연방항소법원은 Kodak 사건에서 경영판단이라는 주장을 받아들였다. 다만 경영상 정당화사유(business justification) 또는 경영판단이라는 주장을 받아주게 되는 경우 라이선스를 거절하는 사업자가 실제로 의도하고 있는 시장지배적 지위남용행위를 감추기 위한 방편으로 사용될 수 있어 인정에 있어서 경영전략과 경쟁법상 정당화사유는 구별되어야 한다.

1) 주관적 의도의 고려

경영상 정당화사유 판단을 함에 있어 주관적인 행위의도를 고려할 것인가의

---

142) 'Business Justification'을 경영판단이라고 번역하는 것에 대하여, 이미 상법상 널리 사용되는 용어인 'Business Judgment Rule'과의 혼동의 우려로 인하여 피하려고 '경영상 정당화사유'로 번역하였다.

143) 대법원 2007.11.22.선고 2002두8626 전원합의체 판결.

문제가 있다. Kodak 사건에서 연방 제9항소법원은 주관적 의도 심사(subjective intent standard)[144]에 기초하여 Kodak의 특허 받은 부품과 저작권에 의하여 보호받는 매뉴얼의 거래거절의 위법성을 판단하였다. 연방항소법원은 Kodak이 특허받은 부품과 특허받지 않은 부품을 모두 판매하기를 거절하면서 명분으로 내세운 경영판단요소(business justifications)들은 타당한 것처럼 보이나, 실상은 모두 구실에 불과하다고 하면서, 주관적인 의사를 정황에 의하여 간취하여 판단하여야 한다고 판시하였다.[145]

이러한 Kodak 사건에서의 법원에 태도에 대해서는 주관적 요소를 고려하게 될 경우, 이익의 극대화를 위하여 경쟁자를 배제할 목적으로 라이선스를 거절한 것인지 연구 개발을 위한 수익을 확보하기 위하여 라이선스를 거절한 것인지가 명확하지 않게 되어 양자 모두가 위법하게 판단될 수 있게 되어 구별의 실익이 없게 되므로 동기나 주관적인 의사와 같은 요소가 아닌 객관적으로 드러난 사실에 기초하여 경제적인 분석을 통하여 경쟁저해성을 판단하도록 한다는 비판론이 있다.[146]

대법원은 "포스코 사건에서 공정거래법 제3조의2 제1항 제3호의 시장지배적 사업자의 지위남용행위로서의 거래거절의 부당성은 독과점적 시장에서의 경쟁촉진이라는 입법목적에 맞추어 해석하여야 할 것이므로, 시장지배적 사업자가 개별거래의 상대방인 특정 사업자에 대한 부당한 의도나 목적을 가지고 거래거절을 한 모든 경우 또는 그 거래거절로 인하여 특정 사업자가 사업활동에 곤란을 겪게 되었다거나 곤란을 겪게 될 우려가 발생하였다는 것과 같이 특정 사업자가 불이익을 입게 되었다는 사정만으로는 그 부당성을 인정하기에 부족하고, 그 중에서도 특히 시장에서의 독점을 유지·강화할 의도나 목적, 즉 시장에서의 자유로운 경쟁을 제한함으로써 인위적으로 시장질서에 영향을 가하려는 의도나 목적을 갖고, 객관적으로도 그러한 경쟁제한의 효과가 생길 만한 우려가 있는 행위로

144) 125 F.3d, at 1219 (9th Cir. 1997) (소위 Kodak II).

145) 이에 대비하여 Xerox 사건의 경우 연방항소법원은 특허권자는 다른 사람을 배제할 수 있는 법상 권리자이며, 이러한 정당한 특허권의 행사의 경우에는 경쟁법상 책임을 부담하지 않는다고 판시하였다.

146) Douglas Melamed & Ali M Stoppelwerth, "The CSU Case: Facts, Formalism and the Intersection of Antitrust and Intellectual Property Law," 10 Geo. Mason L. Rev. 407, 426, 427 (2002).

평가될 수 있는 행위로서의 성질을 갖는 거래거절행위를 하였을 때에 그 부당성이 인정될 수 있다"라고 하여 부당성의 판단에서까지 의도나 목적이 요구된다고 하고 있다.[147)]

그리고 대법원은 이러한 의도나 목적의 입증책임을 시장지배적 사업자의 거래거절행위가 그 지위남용행위에 해당한다고 주장하는 피고에게 부담시키고 있다. 따라서 이러한 대법원의 태도에 의하면 거래거절행위가 그 지위남용행위에 해당한다고 주장하는 자는 그 거래거절이 상품의 가격상승, 산출량 감소, 혁신저해, 유력한 경쟁사업자의 수의 감소, 다양성 감소 등과 같은 경쟁제한의 효과가 생길 만한 우려가 있는 행위로서 그에 대한 의도와 목적이 있었다는 점을 입증하여야 한다.

대법원은 위 사건에서 만일 거래거절행위로 인하여 현실적으로 경쟁제한효과가 나타났음이 입증된 경우에는 그 행위 당시에 경쟁제한을 초래할 우려가 있었고 또한 그에 대한 의도나 목적이 있었음을 사실상 추정할 수 있다 할 것이지만, 그렇지 않은 경우에는 거래거절의 경위 및 동기, 거래거절행위의 태양, 관련시장의 특성, 거래거절로 인하여 그 거래상대방이 입은 불이익의 정도, 관련시장에서의 가격 및 산출량의 변화 여부, 혁신 저해 및 다양성 감소 여부 등 여러 사정을 종합적으로 고려하여 거래거절행위가 위에서 본 경쟁제한의 효과가 생길 만한 우려가 있는 행위로서 그에 대한 의도나 목적이 있었는지를 판단하여야 한다고 판시하여 마치 시장지배적 사업자의 거래거절행위를 마치 형법상의 목적범과 유사하게 이해하고 해석하고 있는 것으로 보인다.

이러한 대법원의 태도는 어떤 목적이나 의도를 가지고 경쟁제한적인 행위를 한 것인가 하는 것은 시장에서의 경쟁을 형성하고 유지하는 것을 입법목적으로 하는 경쟁법 관점에서 행위의 위법성을 판단함에 있어서 고려할 요소가 아니다. 다만, 책임단계에서 시정명령의 내용이나 과징금 액수의 산정에서는 고려될 수 있는 사항이며, 동시에 공정거래법 위반죄로 형사처벌을 하는 경우에는 주관적 구성요건은 될 것이다.

---

147) 이점에 대한 상세는 이 황, "공정거래법상 단독의 위반행위 규제의 체계: 시장지배적 지위남용행위로서의 거래거절행위의 위법성, 그 본질과 판단기준," 사법 5호, 사법발전재단(2008.9.).

2) 표준보유자의 실시거절과 정당화사유

사실상 표준보유자도 정당화사유를 주장하면서 실시거절이 위법하지 않다는 주장을 할 수 있다. 다만 미국의 경우 Kodak 사건에서는 정당화사유로 보았기 때문에 정당화사유의 존재를 주장하는 자가 입증하여야 하는 반면, 대법원의 포스코 판결에서는 공정거래법 위반임을 주장하는 자가 경쟁제한적 의도를 주장하고 입증하여야 한다고 하였으므로 간접사실들을 통해 이를 주장 · 입증하여야 할 것이다.

그러나 사실상 표준보유자의 경우에는 실시거절이 미치는 경쟁제한성이 일반 특허권자의 경우보다 더 크기 때문에 상대적으로 정당화사유를 인정받을 수 있는 여지는 적다고 본다. Microsoft 사건에서 유럽공동체 1심 법원이 정당화사유의 부존재를 요건으로 하면서도 이 부분에 대한 상세한 판단을 하지 않은 것은 일반 특허권자에 비하여 상대적으로 제약되는 사실상 표준보유자의 정당화사유의 인정가능성을 고려한 것이라고 생각한다.

한편 표준화기구에 의한 표준보유자의 경우에도 정당화사유의 존재를 주장할 수 없는 것은 아니다. 그러나 표준화기구에 의한 표준보유자의 경우에는 정책문서에 라이선스에 대한 조건들이 있으므로 이러한 조건들에 의해서 라이선스를 하여야 한다. 따라서 표준화기구에 의한 표준보유자의 경우에는 정당화사유의 존재를 주장할 수 있는 여지는 정책문서의 내용에 따라서 상이할 수 있으나 통상의 경우 사실상 표준보유자의 경우보다 더 제약된다.

2. 라이선스거절에 대한 구제수단으로서 강제실시

(1) 강제실시제도

강제실시는 특허권자의 실시와 관련된 의사에 반하여 제3자에게 법률의 규정에 기초하여 그 실시를 법원이나 행정기관이 명하는 방식으로 실시하는 법정실시의 일종이다. 특허법에서 의도하는 재정실시제도는 특허 등 지적재산권을 담당하는 주무관청이나 특허심판원과 같은 특허심판기관에서 그 실시를 명하도록 하는 제도를 의미하는 것으로 강제실시의 광범위한 규제 태양을 다 포섭할 수는 없다. 결국 재정실시제도는 강제실시제도의 부분집합으로 이해하는 것이 타당하며, 강제실시는 경쟁당국이 시장에서의 경쟁 유지, 촉진, 회복을 위하여 명하는 시정조치로서의 강제실시를 포함한다.

(2) 특허법에 의한 강제실시

1) 강제실시제도의 의의와 구별개념

가. 의 의

특허의 실시와 관련하여, 특허권자는 발명을 스스로 실시하거나 또는 타인으로 하여금 실시하게 하는 것이 특허권 실시의 원칙적인 모습이다. 그런데 예외적으로 발명의 실시가 산업상의 필요가 있음에도 불구하고 실시를 하지 않거나 실시를 허여하지 않는 경우 또는 실시를 하였다고 하더라도 이러한 실시가 목적을 달성하기에 적절하지 않기나 불충분한 경우 충분한 실시가 이루어질 수 있도록 하기 위한 적절한 법적 수단을 강구함으로써 특허법의 목적인 산업발달 등에 기여할 수 있다. 이러한 목적을 위하여 입법된 제도가 특허법상 강제실시제도이다.[148)]

특허법은 제107조(재정실시) 등의 조문을 두어 강제실시를 규정하고 있다.[149)] 일본 특허법도 불실시의 경우(제83조), 이용발명의 경우, 공공의 이익을 위해 특히 필요한 경우로 나누어 규정하고 있다.[150)]

나. 특허법에 의한 강제실시의 한계(해석론)

미국의 특허법 남용 법리는 특허침해소송에서 특허권자의 특허권 행사가 남용이라고 판단되면 그 특허의 집행을 금지하도록 하는 제도인 반면, 강제실시권은 집행의 금지에서 멈추지 않고 그 실시에까지 이르도록 하는 제도라는 점에서 양자는 구별된다.[151)] 이러한 효과면의 차이에서 볼 때 표준보유자의 라이선스거절에 대하여 특허권남용을 주장하여 특허침해소송을 하지 못하도록 하는 것도 유효한 수단이지만 강제실시제도가 상대적으로 발본색원적인 수단임을 알 수 있다.

---

148) 정상조, "특허발명의 강제실시," 서울대학교 법학 제40권 제1호(1999), 280면; 吉藤行朔, YOU ME 특허법률사무소 譯, "특허법개설," 第13版(2005), 13面.

149) 우리법상 강제실시제도의 상세에 대하여는 정상조, 상게논문, 284-296면 참조.

150) 일본 특허법 제83조와 관련된 문제로서 실제로 일본에서 평성 10년 현재 발동된 예는 없다고 한다. 일본에서 평성 10년 9월 1일까지 재정청구건수는 재정청구를 위한 사전협의허가청구를 포함하여 총 12건으로 여기에는 실용신안법 제22조나 의장법 제33조에 의한 재정청구를 포함하고 있으며, 이러한 사건들은 모두 화해, 취하 또는 기간되어 재정이 이루어진 예는 없다고 한다(吉藤行朔, 前揭書, 616-617面).

151) 국내 학설은 강제실시제도와 동일한 효과를 인정하고 있어서, 강제실시제도와는 별도로 특허권남용을 인정하는 것인지 아니면, 특허법상 강제실시제도의 기능이 특허권남용규제에 있음을 단순히 설명하는 것인지 의심케하고 있다는 견해가 있다[정상조, 지적재산권법. 홍문사(2004), 196-197면].

그러나 특허법상 강제실시제도를 라이선스거절에 대한 구제수단으로 사용하는 것은 해석론상 한계가 있다. 특허법상 강제실시제도 중 경쟁법과 관련될 수 있는 공공의 이익을 위해 강제실시의 경우 일본에서는 국민의 생명 · 건강 · 재산의 보전 · 공공시설의 건설 등 국민 생활에 직접 관계하는 소위 공공적 산업부분에 속하며, 해당발명을 긴급히 그리고 널리 실시할 필요성이 높은 경우에 허용된다고 보았다.[152] 이러한 일본의 제한적인 해석태도보다 우리나라 특허법상의 '공공의 이익'의 해석은 일본의 협소한 해석보다 더 협의로 이루어진다.[153]

이러한 현재의 특허법 해석론을 볼 때 국민의 생명권을 위해서도 강제실시를 하지 않고 있는데, 시장에서의 유효경쟁을 형성, 유지하기 위한 목적으로 특허권을 강제실시하는 것이 가능하다고 해석하기는 어렵다.[154] 따라서 특허법상 강제실시제도는 라이선스 거절에 대한 구제수단으로 사용하는 것은 어렵다. 또 하나의 문제는 공정거래법위반을 이유로 하여 특허법에 기초한 공익상 필요를 인정하여 강제실시를 하려면 특허심판원이 공정거래법 위반여부를 판단하여야 하는데, 이 역시 현재의 법제상 정부조직내의 권한의 배분과 특허심판원의 전문성의 문제로 인하여 타당하지 않다.

152) 吉藤行朔, 前揭書, 618면.

153) 백혈병 치료제인 글리벡에 대한 특허법 제107조 제1항 제3호에 기초한 강제실시청구사건에서 국민의 건강 · 보건 · 생명권과 관련된 의약품특허의 강제실시를 청구한 사안에서 특허청은 2003.2. 통상실시권을 허여하지 않았다. 특허청은 강제실시를 허용할 경우 발명자에게 독점적 이익을 인정하여 일반 공중의 발명의식을 고취하고, 기술개발과 산업발전을 촉진하고자 하는 특허제도의 기본취지가 크게 훼손된다는 점, 만성골수성 백혈병 환자에게는 보험이 적용되어 실제 부담액이 보건부고시 책정 약가의 10%에 불과한 점, 글리벡의 공급이 정상적으로 이루어지고 있다는 점 등을 들어 통상실시권 설정 재정청구를 기각하였다[이수연, "다국적 제약회사의 지적재산권 보호 對 국민건강권 보장에 대한 갈등 -글리벡 사건을 중심으로-," 사회복지연구, vol 23(2004), 151면; 이익희, "특허발명의 강제실시제도 -공중보건문제 해결을 위한 제도개선을 중심으로-," 지식재산21(2005.1.), 171면 이하].

154) 이러한 태도에 대한 비판적인 견해로는 박성호, "생명공학특허에 있어서의 인권문제," 과학기술법연구 제13집 제2호, 49-78면 및 신혜은, "유전공학 관련 발명의 특허성과 그 효율적 보호방안에 관한 연구," 고려대학교 대학원 법학과 박사학위논문(2006.12.), 243면 참조; 하지만 이러한 견해들도 생명공학특허와 같이 생명권과 직결되는 경우에 대하여 강제실시권으로서의 재정실시가 이루어져야 한다는 취지이지, 일반적인 지적재산권 남용 상황에서 재정실시가 이루어져야 한다는 취지는 아니다.

다. 입 법 론

앞에서 본 특허법에 의한 강제실시의 한계를 고려하면, 공정거래위원회의 강제실시를 하도록 하면서 특허청과 협의를 하도록 하는 시스템이 필요하다. 공정거래위원회에 의한 지적재산권의 강제실시사례는 아직 존재하지 않는 것으로 보인다. 유럽공동체의 경우에도 논란 끝에 유럽공동체 집행위원회가 Microsoft 사건에서 강제실시를 명하였고, 유럽공동체 1심법원은 2007.9. 이러한 유럽공동체 집행위원회의 결정을 지지하였다. 이로써 유럽공동체에서는 지적재산권과 관련된 경쟁법 집행을 위한 중요한 시정조치 내용의 하나로 강제실시를 명하는 것이 인정된다는 것이 확인되었다.

유럽공동체 차원에서 만일 이러한 강제실시를 특허법에 의하여 하려고 하는 경우에는, 공동체지침 816/2006[155]에서 규정하고 있는 바에 의하여 강제실시권이 허여될 수 있다. 하지만 이 지침은 의약품에 대한 강제실시를 규정하는 것이므로 그 이외의 경우에는 개별 국가를 상대로 하여, 각국의 개별법에 의하여 강제실시를 개별적으로 요청하여야 한다. 제2장에서 본 바와 같이 미국의 경우 특허법상 강제실시제도가 존재하지 않음에도 미국 법원이 특허권남용법리를 통하여 경쟁법 위반을 이유로 특허권침해금지청구를 받아들이지 않는 방법으로 지적재산권 남용을 규율하면서, 한편 미국 연방거래위원회는 합병조건으로 경쟁기업에 대한 특허권 등의 강제실시를 명한 사례가 있는 등 미국과 유럽에서는 경쟁당국에 의한 강제실시가 이루어지고 있다.[156]

공정거래위원회가 강제실시를 명하는 경우 통상실시권을 허여할 것이므로 등록원부에의 기재와 같은 절차는 불필요하다고 하더라도 향후 공정거래위원회에 의한 강제실시를 적절히 활용하기 위해서는 이러한 강제실시를 함에 있어 최종적인 결정은 공정거래위원회가 하더라도 특허청에 의견을 조회하거나 기술적인 내용에 대한 협조를 구하는 절차를 법령에 규정화할 필요가 있다.

현행 공정거래법 제5조는 시장지배적 지위남용에 관한 제3조의2위반의 경우 공정거래위원회로 하여금 第3條의2(市場支配的地位의 濫用禁止)의 規定에 위반하는

155) Regulation (EC) No 816/2006 of the European Parliament and of the Council of 17 May 2006 on compulsory licensing of patents relating to the manufacture of pharmaceutical products for export to countries with public health problems

156) Ciba-Geigy와 Sandoz 간의 합병과 Monsanto의 DeKalb Genetics Corp.사의 인수 사건이 있음(정상조, 전게논문, 270면).

행위가 있을 때에는 당해 시장지배적 사업자에 대하여 가격의 인하, 당해 행위의 중지, 시정명령을 받은 사실의 공표 기타 시정을 위한 필요한 조치를 명할 수 있도록 규정하고 있는바, 제5조에서 규정하는 기타 시정을 위한 필요한 조치의 내용으로 해석상으로도 포섭될 수 있을 것으로 보이나, 우리 법원이 위의 일반규정으로 특허제도의 관계에서 강제실시를 명하는 것에 부정적으로 볼 수 있으므로 입법적으로 '지적재산권의 실시강제'를 명문화하는 것을 고려할 필요가 있다.

만일 공정거래법 제23조가 적용되는 불공정거래행위인 경우 제24조는 공정거래위원회는 제23조(불공정거래행위의 금지) 제1항의 규정에 위반하는 행위가 있을 때에는 당해사업자에 대하여 당해 불공정거래행위의 중지, 계약조항의 삭제, 시정명령을 받은 사실의 공표 기타 시정을 위한 필요한 조치를 명할 수 있다고 규정하고 있으므로 역시 기타 시정을 위한 필요한 조치의 내용으로 해석상으로도 포섭될 수 있을 것으로 보이나, 법원이 위의 일반규정으로 특허제도의 관계에서 강제실시를 명하는 것에 부정적으로 볼 수 있으므로 입법적으로 '지적재산권의 실시강제'를 명문화하는 것을 고려할 필요가 있다. 나아가 부당한 공동행위의 경우 강제실시를 명하기 위해서도 동일한 입법이 필요하다.

또 공정거래위원회의 현행의 '지적재산권의 부당한 행사에 대한 심사지침' 외에 강제실시의 집행을 위한 지침을 새로 제정하여 특허청과의 공조와 관련된 사항을 규정하거나, 아니면 현행의 지침을 개정하면서, 강제실시와 관련된 특허청과의 공조와 관련된 사항을 규정하여야 한다.

한편 이러한 강제실시권 관련 입법에 있어서 항상 유의하여야 할 점이 국제조약과의 정합성이다. 우리 특허법이 특허발명의 불실시에 따른 규제조치로서 재정실시를 규정하는 것은 파리조약 제5조에 기초한 것이다.[157] 특히 국제무역에 끼치는 영향이 고려되어 각국의 입법은 조약과의 조화가 반드시 고려되어야 한다. 지적재산권법은 가장 국제적 조화가 많이 이루어진 법역 중의 하나이다.[158] 지적재산권과 반드시 고려되어야 할 조약이 TRIPs이다. 이 조약 제31조는 회원

---

157) 파리조약 제5조A(2)(3)에서는 "각 회원국은 불실시와 같은 특허에 의하여 부여되는 배타적 권리의 행사로부터 발생할 수 있는 남용을 방지하기 위하여 강제실시권의 부여를 규정하는 입법조치를 할 수 있으며, 강제실시권의 부여가 그러한 남용을 방지하기에 충분하지 아니한 경우에는 특허의 몰수 또는 철회를 규정할 수 있다고 규정하고 있다.

158) 이러한 조약으로 '파리조약(Paris Convention)'이나 'Patent Cooperation Treaty(PCT) 조약'이 있다.

국으로 하여금 강제실시권을 허여할 수 있는 경우를 규정하고 있어, 완전히 금지하고 있지 않다.[159] 각국은 강제실시에 대한 입법을 이 조항에 따라 할 수 있는 입법재량을 가지고 있다.[160] TRIPs가 특허권의 남용뿐만 아니라, 국가 긴급 사태나 공적인 비상업적 사용을 위한 강제실시가 가능하도록 하여 범위를 더 넓게 인정하고 있다는 점에서 위와 같은 공정거래법 및 지침을 개정한다고 하더라도 TRIPs위반이 되지는 않을 것으로 본다.

(3) 공정거래법에 의한 강제실시

1) 사실상 표준을 사용하고자 하는 입장에서는 당해 특허를 사적인 협상을 통해 라이선스를 받으면 좋겠지만 라이선스를 거절할 경우 경쟁당국에 이러한 사실상 표준이 되고 있는 특허 등의 실시를 강제하여 줄 것을 구할 수 있어야 한다. 이 경우 시장에서의 경쟁을 봉쇄(foreclosure)하는 사실상 표준보유자의 행위를 제거하는 방법은 적극적인 라이선스의 강제가 될 것이다.

이러한 유형의 사실상 표준보유자의 지적재산권 남용행위는 표준을 이루는 특허의 실시를 거절하여 결국 표준을 사용하지 못하도록 하거나 추후 무단히 사용할 경우 특허침해소송이나 특허침해금지가처분소송을 제기하는 방식으로 높은 실시료를 받아내려고 하는 방식으로 이루어 질 것이다. 이에 대하여 상대방은 경쟁법에 기초하여 특허권남용항변을 할 수 있을 것이고, 적극적으로 경쟁당국에 경쟁법위반을 신고하거나 진정할 수 있을 것이다. 후자의 경우 위의 해석론으로 현행 공정거래법 제5조 또는 제24조에 규정된 '기타 시정을 위한 필요한 조치'로 강제실시를 해석하여 공정거래위원회가 강제실시를 명하는 것을 생각하여 볼 수 있으나 앞서와 같은 해석론상 한계를 고려하면 입법을 통하여 강제실시를 명확하게 한 후 명문의 규정에 의하여 강제실시를 명령하는 것이 바람직하다고 본다.

---

159) TRIPs 협상 당시 선진국들은 사유규제방식(ground approach)를 주장하였고, 개도국들은 조건규제방식(condition approach)을 주장하였고, 현재의 제31조는 개도국의 입장이 반영된 것이다.

160) TRIPs가 파리조약과 구별되는 점은 (i) 특허권의 남용뿐만 아니라, 국가 긴급 사태나 공적인 비상업적 사용을 위한 강제실시가 가능하도록 하여 범위를 더 넓게 인정하고 있다는 점, (ii) 권리자에 대한 명확한 보상규정을 두고 있다는 점, (iii) 改良特許의 침해에 대한 특별규정을 두고 있다는 점 등이다.

2) 강제실시와 위법성의 정도

공정거래위원회에 의한 강제실시와 관련하여, 소극적으로 금지명령을 하는 것과 적극적 작위명령을 시정명령으로 사용하는 경우 위법성 차원에서 서로 구별된다는 견해가 있다.[161] 공정거래위원회가 "끼워팔지 말라"는 금지명령 형식의 시정명령을 하는 경우와 "강제 실시하라"는 적극적 작위명령 형식의 시정명령을 하는 경우 공정위가 후자의 경우 더 큰 위법성을 발견하여야 한다는 견해이다.

어떤 형식의 시정명령을 발령할 것인가 하는 것은 당해 시장실패를 가장 적절하게 제어할 수 있는 수단인지 여부에 대한 문제이지 위법성의 문제는 아니라고 본다. 다만 구별의 실익은 헌법상의 과잉금지원칙의 한 내용으로서의 최소침해의 원칙을 생각한다면 단순히 아무런 추가 비용 없이 부작위로만 족한 경우에는 공정거래위원회가 경쟁법을 집행함에 있어서 시정조치를 발할 때 단순한 금지만으로도 경쟁저해 상황의 시정이 가능하다면 이러한 부작위 명령을 발하는 것을 선택하여야 하여야 하고, 적극적으로 수범자의 부담으로 어떤 특정한 행위를 명령하여서는 안 된다는 점(보충성)에 있다고 본다.

3) 강제실시와 로열티의 결정

강제실시제도는 시장실패를 교정하기 위한 수단이다. 따라서 강제실시가 되는 경우라도 로열티 지급 의무까지 면제되는 것은 아니다. 그러므로 로열티를 지급하도록 하여야 할 것인데 문제는 경쟁당국이 로열티를 결정할 것인가 하는 점이다.

이 점에 대하여는 유럽공동체 집행위원회도 Microsoft 사건에서 로열티를 결정하지는 않았다. 이는 합리적인 것으로 보이는데, 왜냐하면 만일 경쟁당국이 로열티를 결정할 경우 우선 부적절한 로열티를 결정하여 어느 일방에게 불로소득을 줄 우려가 있고, 두 번째로 로열티 자체에 대한 분쟁을 야기하여 경쟁당국이 새로운 분쟁의 직접당사자가 될 수 있기 때문이다. 결국 이러한 점을 생각하면 공정거래위원회도 유럽공동체 집행위원회와 같이 사실상 표준보유자나 표준화기구에 의하여 표준으로 결정된 특허보유자에게 라이선스를 원하는 자와 합의를

161) 황창식 변호사는 적극적인 명령을 하는 경우에는 좀 더 고도의 위법성이 필요하다고 한다. (황창식, "공정거래법상 시장지배력 남용 규제의 해석 및 집행상의 문제점 －불공정거래행위 규제와의 법적용 관계를 중심으로－," 경제법판례연구회 발표자료, 2008.3.27.).

하도록 하고 만일 제시된 로열티가 과도하면 과도한 로열티 설정행위에 대한 제재를 하는 방법으로 적정한 로열티를 확보하여야 할 것이다.

3. 라이선스에 대한 블록면제(block exemption)

(1) 유럽공동체의 라이선스에 대한 경쟁법상 규제 면제

유럽공동체의 경우 지적재산권의 라이선스와 관련하여 규율을 시작한 것은 1962년 '특허[162] 라이선스에 대한 통지(Notice on Patent Licenses)'로 거슬러 올라간다. 이전에는 유럽공동체에서 특허의 라이선스는 일반적으로 유럽공동체 조약 제81조를 위반하지 않는 것으로 이해되고 있었다. 그러다가, 1984년 7월 23일 유럽공동체는 규정 2349/84(EEC Regulation 2349/84)를 제정하였다. 이 규정은 특허실시조약에 대하여 조약 제85조 3항을 적용하는 것과 관련된 규정이었고, 이어 88년 11월 30일 제정된 규정 556/89(EEC Regulation 556/89)는 노하우 라이선스에 대한 규율을 담고 있었다.[163] 이러한 유럽공동체에서의 라이선스에 대한 경쟁법적인 규율의 증가에 따라 논쟁이 발생하게 된 분야가 바로 블록 면제(block exemption)이다. 당해 기술을 사용한 제품의 시장 점유율이 일정한 수준 이하인 경우에는 경쟁법의 적용을 면제하자는 이 논의가 진행되었다. 이러한 논의 끝에 1996년 4월 1일 등장한 것이 바로 규정 240/96(EEC Regulation 240/96)[164]이다. 유럽공동체는 규정 240/96에서 블록 면제를 나누어서, 각 흰색 목록(white list), 흑색 목록(black list), 회색 목록(grey list)로 구분하였다. 흰색은 통상 경쟁제한성이 없는 경우이고, 흑색은 경쟁제한성이 인정되어 금지되는 형태의 실시계약이며, 회색의 경우에는 일단 경쟁제한성이 있다고 판단되지만, 이에 대하여 사업자가 이의를 제기할 수 있도록 허용한 유형의 라이선스로 구별하고 있다. 이 규정은 지적재산권의 중요성이 강조되던 시점에 그 유통에 대하여 명확성을 높여줌으로서 기술

162) 여기서의 특허는 '특허', '실용신안(utility patent)', '반도체 회로설계(semiconductor topographies)', '종묘(plant breeders)'를 포함한다.

163) Duncan Curley, "Intellectual Property Licences and Technology Transfer," Chandos Publishing pp.25-26.

164) COMMISSION REGULATION (EC) No 240/96 of 31 January 1996 on the application of Article 85 (3) of the Treaty to certain categories of technology transfer agreements (Text with EEA relevance).

의 라이선스와 양도 등을 통한 유통을 활성화하였다는 점에서 긍정적인 평가가 가능하였지만, 반면 그 대상이 특허와 노하우에 국한되어 지적재산권 중에서도 중요한 저작권과 같은 경우에는 적용범위 밖에 있었다는 점에서 한계가 있다.[165] 따라서 소프트웨어와 같은 경우 저작권적 보호와 관련하여서 소프트웨어 라이선스를 면제 받아 경쟁법적 우려를 제거하기 위하여는 유럽공동체 집행위원회에 개별 면제(individual exemption)를 받는 방법 외에는 없게 되었다. 또한 240/96은 양자 계약만을 규율하고 있으며, 다자계약의 경우에는 적용이 없고, 아울러 실시계약의 형식을 취하고 있지만, 그 실질이 판매계약(distribution agreement)[166]인 경우나, 프랜차이즈 계약(franchise agreement)[167]인 경우 등에는 역시 적용이 없는 것으로 규정하였다. 또한 특허나 노하우의 양도를 규정하면서도 구성을 전속적 라이선스와 같이 하는 경우에는 실제로는 경쟁을 제한할 수 있으므로 이런 경우에도 조약 제81조 제1항의 적용을 면제 받지 못한다. 반면, 특허권의 전용실시권(專用實施權, exclusive license)[168]을 양도하는 경우나, 재(再) 라이선스(sub-license)의 경우에도 규정 240/96의 적용을 받을 수 있다. 2001년 12월 유럽공동체는 규정 240/96에 대한 평가보고서를 채택하였다.[169]

(2) Nungesser 사건

블록면제와 관련된 사건으로 유럽공동체 최고법원의 Nungesser 사건[170]이 있다. 이 사건은 아이젤(Eisele)씨와 INRA[171]는 사이에 체결된 기술이전계약이 문제가 된 사건이다. 아이젤씨는 독일에서의 변형 옥수수의 종묘(種苗)권을 양도받으

---

165) Duncan Curley, *Id* p.27.

166) 실무에서 판매계약을 체결하면서, 제조업체가 판매상과 라이선스계약을 체결하게 되는 경우가 있다. 소프트웨어 업체들의 경우에도 이와 같은 계약을 체결하기도 하고, 하드웨어 업체의 경우에도 통상 대리점 계약이라고 하여 계약을 체결하지만, 기술지원계약과 같은 계약안에 라이선스와 판매관련 사항을 포괄되어 있는 경우도 있다.

167) 실무상 프랜차이즈 계약의 경우에도 예를 들어 제빵기술 등에 대한 이전 또는 라이선스가 필요한 경우 실제로는 프랜차이즈계약인데 기술실시계약으로 체결되면서, 프랜차이즈 조건이 포함되는 형식을 취하게 될 수 있다.

168) 우리 특허법의 개념으로는 엄밀히 말하자면 계약내용에 따라 전속적 통상실시권일 수도 있고, 전용실시권일 수도 있다.

169) Brussels, 20. 12. 2001, COM (2001) 786 final.

170) L.C. Nungesser KG and Kurt Eisele v. Commission [1982] ECR 2015.

171) 'Institut National de la Recherche Agronomique'의 약어.

면서, 독일 내의 독점적인 생산, 씨의 독일 내에서의 독점 판매, 독일 내의 수입을 사전의 그의 동의 없이는 하지 못하도록 하는 계약을 체결하였다. 법원은 만일 개방된 전속적 라이선스(open exclusive license)나 양도의 경우에는 지적재산권의 소유자는 동일한 지역에서 다른 제3자에게 라이선스를 허여하지 않도록 하거나, 스스로가 경쟁을 하지 않도록 할 의무를 부담하고, 반면 절대적인 지역적인 보호가 붙은 전속적 라이선스(exclusive licence with absolute territorial protection)나 양도의 경우에는 특정한 지역에서 병행수입이나 다른 지역에서 당해 지역으로의 수입 등 일체의 당해 지역에서의 경쟁을 제거하여야 하는 의무를 부담한다.[172] 유럽공동체 최고법원은 후자의 경우에는 전자와 달리 조약 제81조 제1항을 위반하는 것으로 보았다.[173] 이러한 법리에 기초하여, 유럽최고법원은 원고의 이 사건 라이선스는 폐쇄형 라이선스로 경쟁법에 위반된다고 판시하였다. 이에 대하여 원고가 자신이 체결한 라이선스계약은 블록 면제에 해당한다고 주장하였으나 유럽공동체 최고법원은 생산이나 판매, 기술진보를 위한 어떤 경우에도 필요불가결한 내용이라고 볼 수 없으므로, 면제는 적용이 없다고 판시하였다.

(3) '지적재산권의 부당한 행사에 대한 심사지침' 개정필요성

우리나라의 경우에도 2000.8.30. 제정된 공정거래위원회 규칙인 '지적재산권의 부당한 행사에 대한 심사지침'에서 위법한 지적재산권행사와 참고사항으로 위법성이 없다고 보는 경우를 열거하고 있다. 하지만 현재의 심사지침은 용어에서도 '의장권'이 의장법이 디자인보호법으로 개정 후 '디자인권'으로 변경된 사항을 포함한 그 간의 지적재산권법의 개정사항을 반영하고 못하고 있는 점, 표현도 '무체재산권'이나 '산업재산권', '지적재산권' 등의 용어를 혼용하고 있는 등 정돈이 필요하다는 점, 그 규율 내용도 지속적으로 새롭게 등장하는 실시전략을 반영하고 대응하고 있지 못하고 있다는 점 등을 볼 때 유럽공동체와 같은 블록면제와 같은 규정 대상의 상세화를 위한 개정이 필요하다.

---

172) 이러한 라이선스를 '개방형 라이선스(open license)'에 대칭되는 개념으로 '폐쇄형 라이선스(closed license)'라고 한다.

173) Grundig 사건에서의 유럽최고법원의 판결 참조(관련하여, 유럽공동체에서의 국내법과 조약과의 관계에 대한 논문으로는 Lawrence F. Ebb, "The Grundig-Costen Case Revisited; Judicial Harmonization of National Law and Treaty Law in the Common Market," University of Pennsylvania Law Review, Vl. 115, No. 6 (Apr., 1967), pp.855-889.

V. 표준보유자의 과도한 로열티의 요구

1. 문제의 소재

경쟁법은 시장에서 기업들이 한계비용에 기초한 가격설정을 하도록 규율하려고 한다.174) 하지만 지적재산권법은 경쟁법과 달리 이러한 한계비용 등에 대한 규율에는 관심이 없다. 특허법이건 저작권법이건 간에 지적재산권법이 관심을 가지고 있는 것은 일정한 기간을 정하여 독점적인 권리를 부여함으로써 발명자나 창작자가 발명과 창작을 더 왕성하게 할 수 있도록 하는 것을 그 목적으로 하고 있을 뿐이다. 지적재산권자가 로열티를 받는 수준은 시장에서 결정되는 것이며, 지적재산권자가 만일 과도한 로열티를 요구하면 回避設計를 하여 다른 대체적인 기술을 사용하여 제품화되거나 시장에 당해 특허를 사용한 제품이 나오지 않게 될 것이다.

통상 기업들은 특정한 제품을 기획하면서, 그러한 제품을 출시하는 경우에 기업의 특허부서에서는 필요한 기술의 로드맵을 만들게 된다. 이러한 기술 로드맵의 작성을 위하여 선행기술의 조사를 한다. 조사된 선행기술의 목록에 회피하는 것이 거의 불가능한 원천특허가 있다면 경우에 따라서는 상품화를 포기하기도 한다. 반면 원천특허보유자는 해당 시장의 상황을 주시하면서 성숙기 시장에서 고율의 로열티를 요구할 수 있다.

그러나 원천특허보유자라고 하여 무제한의 로열티를 받을 수는 없다. 원천발명는 통상 협상력 면에서 우월한 지위에 있지만 표준간 경쟁이나 제품간 경쟁이 있는 경우에는 시장지배력은 제한적일 수밖에 없다. 또 실시협상의 상대방이 개량발명을 사용하여 상호라이선스를 할 수 있는 경우에도 협상력은 제약된다. 개량발명은 원천발명이 가지고 있는 부족함을 보완하거나, 효과 등을 개선하는 것을 그 내용으로 하는 특허로서 이러한 개량발명은 특허전략이라는 관점에서는 통상 방어적인 특허로 출원되는 경우가 많다.175) 특히 시장에서 추종자 전략(追從

174) David McGowan, "Regulating Competition in the Information Age: Computer Software as an Essential Facility under the Sherman Act," Hastings Comm. & Ent. L.J. 771 (1996).

者 戰略)을 취하는 회사의 경우에는 기존에 최초진입자(first mover)를 포함한 선진입자들이 보유하고 있는 특허가 원천특허에 가까운 경우가 많이 있을 것이므로, 이러한 선진입자의 특허에 대하여 개량발명을 통하여 개량특허를 보유함으로써 방어특허로 사용하는 경우가 많다. 이러한 방어특허의 존재로 인하여 특허권자의 로열티 협상력은 제한된다.

하지만 시장과 함께 제품수명주기상 지속적으로 관련시장에서 경쟁자들과 같이 성장하면서 표준기술로 결정된 사실상 표준으로 결정된 특허보유자와 표준화기구에 의한 표준보유자의 경우에는 표준이 가지는 시장지배력을 활용하여 일반적인 특허권자에 비하여 더 강력한 협상력을 가질 수 있다. 특히 사실상 표준보유자의 경우에는 홀드업 행위를 할 수 있는 힘이 있는데도 표준화기구에 의한 표준보유자와 달리 계약법상으로도 아무런 사전 제어장치를 할 수 없어 홀드업 행위를 통한 과도한 로열티 수취가능성이 표준화기구에 의한 표준보유자의 경우보다 더 높다.

그러나 표준보유자는 홀드업 행위를 하기 위해서 단순 라이선스 거절을 하는 것은 경쟁당국에서 상대적으로 용이하게 주목을 받을 수 있으므로 이를 피하기 위해서 정당화 사유를 찾아서 거절을 하려고 한다. 이런 경우 가장 합리적인 사유로 보일 수 있는 것이 로열티 협상을 하려고 하였으나 실패하였다는 것이 될 것이다. 따라서 실시거절을 논하려면 반드시 과도한 로열티를 요구하여 라이선스를 받지 못하도록 하거나 홀드업 행위를 하는 경우를 포함하여 검토하여야 한다.

2. 가격남용에 대한 비교법적 고찰

(1) 통상적으로 어느 국가나 존재하는 가격 남용에 대한 규제는 착취남용의 한 형태인 약탈적 가격설정행위(predatory pricing)이다. 반면 과도한 가격설정행위(excessive pricing)에 대해서는 입법례나 실무례가 나뉜다. 왜냐하면 물가상승을 억제하는 물가정책은 개별적인 산업을 담당하는 규제기관(sector-specific regulator)이 담당하는 것이 보통이기 때문이다.[176] 그리고 이와 같은 접근법이 가지는 장점은

175) Mark A. Lemley, "The Economics of Improvement in Intellectual Property Law," 75 Tex. L Rev. 989, 992 (1997).

해당 산업을 담당하는 정부기관은 경쟁당국과 달리 해당 산업을 지속적으로 살펴볼 수 있으므로 가격 통제와 같은 지속적인 관찰이 필요한 경우에 적합한 구조를 가지고 있다는 점에 있다. 하지만 그렇다고 이러한 점이 경쟁당국이 과도한 가격을 받는 행위를 통제하는 것을 막아야 할 이유가 되지는 않는다.

바로 이러한 점에서 표준보유자의 과도한 로열티 요구행위에 대한 경쟁법적 규제를 검토하기 위한 전제로 과도한 가격 설정 행위에 대한 미국과 유럽공동체의 시각을 비교하여 본다.

(2) 비교법적 검토

1) 미 국

미국법이 바탕을 둔 보통법의 전통에서는 독점에 대한 규제는 국영기업이나 공공기관에서 연원한 경우나 준 공공적 성격을 띠고 있는 독점에 대한 규제 외에 별도로 독점을 규제하지는 않았다.[177] Sherman법을 발의한 Sherman의원 자신은 Sherman법이 새로운 법이 아닌 영국의 보통법에서 연원한 법이라고 하였지만, 실제로는 당시 팽배하였던 독점 기업들의 독점력과 규모의 증대로 인한 사회적인 폐해의 시정이라는 시대적인 과제를 해결하기 위한 법이었다. 그럼에도 불구하고 Standard Oil 사건의 판결문에서 알 수 있는 것처럼 여전히 미국 연방대법원은 개인들의 사적 자치에 의한 계약에 대한 신뢰와 이에 기초한 계약이 독점을 막는 궁극적인 수단이 되리라는 생각을 버렸던 것은 아니다.[178] 따라서 입법목적은 신규 진입자들이 장점에 의한 경쟁을 하는 것을 막는 진입장벽을 제거하고, 거대 기업들이 정치력을 형성하는 것을 방지하기 위하여 당시 성행하였던 트러스트 들을 규제하여야 할 필요에 맞추어 지게 된다.[179]

---

176) Damien Geradin, "The Necessary Limits to the Control of Excessive Prices by Competition Authorities －A view from Europe－," Tilburg University Legal Studies Working Paper Series (2007.10.).

177) 보통법적 전통에 대하여는 W. Letwin, "The English Common Law Concerning Monopolies," 21 U.Chi. L. Rev. 355 (1954) 참조.

178) *Standard Oil Co. v. United States,* 221 U.S. 1 (1911).

179) Lawrence A. Sullivan & Wolfgang Fikentscher, "On the Growth of the Antitrust Idea," 19 Berkelley J. of Int'l L. 197 (1998); 이에 대하여 효율이 당시에 목적이었다는 주장으로는 Robert Bork, "Legislative Intent and the Policy of the Sherman Act," 9 J.L & Econ. 7 (1966) 참조. 이에 대하여 반대하는 견해로는 Herbert Hovenkamp, "Federal Antitrust Policy;

Sherman법은 가격규제가 아닌 어떻게 경쟁을 유지하는가 하는 프로세스에 초점이 있었다. 미국 연방대법원도 1987년 사안에서도 선박용선료가 지나치게 비싸서 위법하다는 주장에 대하여, 합리적인 용선료라는 것이 지나치게 많은 불확실성을 가지고 있고, 만일 기준을 정립할 수 있다고 하더라도 이러한 기준이 의심의 여지가 없이 합리적인 단일의 가격을 제시할 수 있는 것이 아니라고 하면서 이러한 주장을 배척하였다.[180] 1927년 사건에서도 미국 연방대법원은 오늘의 합리적인 가격이 내일의 비합리적인 가격이 될 수 있다고 판시하면서 역시 과도가격 규제에 대하여는 부정적인 태도를 취하였다.[181]

50여 년 뒤의 판결에서 미국을 대표하는 판사 중의 한사람인 Learned Hand 판사가 작성한 Alcoa 사건의 판결문을 보면, 그는 오히려 높은 가격을 설정할 수 있도록 하는 유인이 기업들로 하여금 경쟁을 하고, 신규 투자를 하고, 그를 통하여 비교 우위를 가져서, 그러한 우위를 통하여 그 과실을 즐길 수 있도록 하는 시장 경제의 유인이라고 생각하였다.[182] 이러한 시각은 현재까지도 여전히 이어져 오는 것으로 보이며, 현대의 관점에서도 고가의 가격을 설정하면 다른 경쟁자들이 시장에서 저가 경쟁을 하는 방법으로 대항하여 올 수 있는 여지를 주게 되므로 시장이 제대로 기능하는 한 결국은 다시 시장 균형 상태로 복귀하게 되리라는 믿음이 미국에시의 생각의 바팅을 이루고 있다고 본다. 터니의 지적처럼 미국적인 시각은 독점 가격을 규제하도록 하는 것은 법원으로 하여금 공공요금관리기관의 역할을 하도록 하는 것이다.[183] 따라서 시장의 자정작용에 대한 신뢰와 정부의 간섭의 최소화라는 두 가지의 생각이 종합된 미국에서는 경쟁당국의 가격 통제에 대해서는 매우 부정적이다.

2) 유럽공동체

유럽공동체 집행위원회는 유럽시간으로 2006.7.12. Microsoft 사건에서 선 마이크로시스템즈에 대한 로열티가 과도하다고 하면서, 이는 집행위원회의 시정명

---

the Law of Competition and its Practice," 2nd ed. West Group 1999, pp.48-49.

180) *United States v. Trans-Missouri Freight Assn.*, 166 U.S. 290 (1897).

181) *United States v. Trenton Potteries Co.,* 273 U.S. 392 (1927).

182) *United States v. ALCOA* 148 F.2d 416 (2nd Cir. 1945).

183) Donald Turner, "The Scope of Antitrust and Other Economic Regulatory Policies," 82 Harv. L. Rev. 1207 (1969).

령을 적절하게 이행하지 못했다고 판단하여 3억 5730만 달러 상당의 이행강제금을 부과하였다.[184] 이 사건에서 집행위원회는 상호운용성의 확보를 하기 위하여 Microsoft가 자신의 지적재산권에 의하여 지지되는 기술에 대한 실시권을 선 마이크로시스템즈에 합리적인 조건으로 허여하도록 하는 명령을 하였었다.

이 사건 이전에도 유럽공동체는 과도한 가격에 대한 규제를 하여 왔다. 공동체 조약 자체에서도 제82조 (a)에 시장 지배적 기업이 '직접적이나 간접적으로 부당한 구매 또는 판매가격을 설정하는 행위'를 금지한다고 규정하고 있다. 이 조항의 해석과 관련하여, 유럽공동체에서는 1971년 Sirena 사건에서 이 조항은 독점기업이 독점가격 설정행위는 경쟁제한성이 있는가 하는 점에 대한 입증이 필요 없이 바로 위 조항 위반된다는 판결이 선고되었다.[185] 유럽공동체 최고법원은 1976년 제너럴 모터스 사건에서 벨기에 국경을 통과하는 차량의 검수를 담당한 제너럴 모터스가 과도한 서비스료(Service Charge)를 받았다고 판단한 집행위원회의 결정의 적법성을 판단하였다. 유럽공동체 최고법원은 이 건이 사건화 되자 받았던 수수료의 일부를 반환한 제너럴 모터스의 행위 등에 비추어 보면 부과된 가격이 당해 서비스의 경제적 가치에 비하여 과도한 것이라는 점에 대한 집행위원회의 판단이 정당하다고 판시함으로서 과도한 가격설정행위에 대한 경쟁당국의 규제를 긍정하였다.[186]

United Brands 사건[187]을 통하여 시장지배적 사업자는 자신의 시장 지배력을 이용하여 자신이 받을 수 있는 가격의 전부를 받아냄으로써 시장에서의 배분적 효율성을 저해하는 행위를 하여서는 안 된다는 특별한 의무를 부과 받게 된다.[188] 결국 시장에서의 경쟁저해성과 상관없이 유럽에서는 과도한 가격설정을 통한 시장지배적 사업자의 독점적 이득의 향유는 소비자후생의 저해를 가지고 온다는 인식을 가지고 있는 것이다.[189] 또한 유럽공동체 조약 제2조는 유럽공동체의 조화로운 경제발전, 지속적이면서도 균형적인 확장, 생활수준의 향상과 회

184) 전자신문 2006.7.13.자 참조.

185) Case 40/70 *Sirena v. Eda* (1971) CMLR 260.

186) [t]he imposition of a price which is excessive in relation to the economic value of the service provided (General Motors case, paragraph 12).

187) *United Brands v. Commission,* 27/76 [1978] ECR 207, Rn 235-267.

188) 이 사건을 포함한 유럽의 시각에 대한 미국측의 비판론으로는 Robert M. Unger, "The Critical Legal Studies Movement," 96 Harv. L. Rev. 561 (1983).

189) Valentine Korah, Competition Law of the European Community, Hart Publishing (2002) p.29.

원국 간의 긴밀한 관계의 확보 등을 도모하는 것을 그 목적으로 한다고 규정하고 있다. 유럽공동체 최고법원의 판결문에 등장하는 공동체 통합의 촉진이라는 유럽공동체 경쟁법의 또 하나의 중요한 목적을 감안하면, 유럽공동체는 효율적이면서, 자유로운 시장이라는 관점에 더하여 또 하나의 중요한 목적인 단일하고, 통합된 유럽 공동체 시장의 형성과 이를 통한 정치적 사회적 통합이라는 과업을 달성하고자 하며, 이를 위하여 시장지배적 사업자라고 하여 그 지위를 이용하여 과도한 가격을 설정하는 행위는 유럽공동체 조약의 입법취지를 위반하는 것으로 보는 것이다.[190)]

3. 표준보유자의 과도한 로열티 요구행위

(1) 관련규정

사실상 표준보유자의 과도한 로열티 요구에 대한 시장지배적 지위남용의 문제와 표준화기구에서 표준으로 결정된 특허권자의 특허라이선스의 경우 라이선스 조건의 합리성 및 공정성의 판단의 문제와 연결되는 쟁점이다. 이러한 점에 대하여 공정거래법은 시장지배적 지위남용행위의 한 유형으로 제3조의2 제1항 제1호는 가격남용행위로 규정하고 있다. 이에 의하면 부당한 가격형성이란 시장지배적 사업자가 상품의 가격이나 용역의 대가를 부당하게 결정, 유지 또는 변경하는 행위를 말하는 것이다. 이를 받아 시행령 제5조 제1항은 정당한 이유 없이 상품의 가격이나 용역의 대가를 수급의 변동이나 공급에 필요한 비용의 변동에 비하여 현저하게 상승시키거나 근소하게 하락시키는 경우를 말한다.

(2) 사 례

BC 카드 사건[191)]에서와 같이 현금서비스 수수료율, 할부수수료율 및 연체이자율을 인상한 뒤 자금조달금리와 연체율, 대손율이 상당한 기간에 걸처 하락하

---

190) David J Gerber, "The Transformation of European Community Competition Law?," Harvard International Law Journal 97 (1994), pp101-103.

191) 공정거래위원회 의결 2001.3.28. 2001-040 및 이에 대한 서울고등법원 2003.5.27.선고 2001누215193 판결. 다만 서울고등법원은 BC카드 회원사들이 단일한 시장지배적 사업자가 아니라는 이유로 원고의 청구를 인용한 사안으로 가격남용에 대한 판단은 없었다.

는 것처럼 서로 다른 방향으로 움직이는 경우가 아닌 한 가격남용의 불공정성의 판단은 어렵다. 공정거래위원회가 1999년 1월 현대자동차가 3종의 차량에 대하여 3%에서 4.4%까지 기아자동차가 5종의 차량에 대하여 3.1.%에서 11.3%까지 가격인상을 한 점에 대하여 남용에 해당한다고 하면서, 그 근거로 수출시장과의 비교에서 가격인상이 수출시장의 경우에는 없었고, 비용변동폭과 생산자 물가지수 등에 비하여 가격인상 폭이 컸다는 점을 근거로 들었지만 이에 대하여는 적어도 3%의 인상에 대해서까지 남용으로 인정한 것은 의문의 여지가 있다는 반론이 있다.[192] 유럽공동체의 경우 'United Brands 사건'에서 문제를 삼은 경우에도 결국은 주요 경쟁업체와 7%의 가격차이가 있다는 점만으로 불공정가격결정으로 볼 수 없다고 판시하였다.[193]

(3) 표준보유자에 대한 강제실시와 로열티의 합리성 및 공정성

로열티가 과도하지 않다는 것은 로열티 수준이 합리적이고 공정하다는 의미로 볼 수 있을 것이다.[194] 표준보유자는 자신의 협상력에 기초하여 자신이 받을 수 있는 로열티의 최대한을 받으려고 할 것이다. 표준보유자가 자신의 특허를 실시함에 있어서 받을 수 있는 로열티의 상한이 협상력에 의해서 결정되는 것은 여타의 다른 가격협상과 다를 것이 없다.

표준보유자가 협상력에 기초하여 받을 수 있는 로열티의 최대한은 시장에서는 대체재가 존재하는가와 존재한다면 시장진입을 위한 기술적 진입장벽(entry barrier)을 높은가 하는 두 가지 점에 의하여 제약된다. 만일 대체재가 존재하고, 기술적 진입장벽이 낮을 경우에는 표준보유자가 로열티를 과도하게 요구하는 경우 협상의 상대방은 대상 표준을 사용하기 위해서 표준보유자의 필수특허를 라이선스 받는 대신 대체기술을 이용하거나, 回避設計를 통하여 다른 기술을 이용함으로써 표준보유자의 과도한 로열티 요구를 거절할 수 있다. 그러므로 이런 시장 상황에서는 지적재산권자가 실제로 수령할 수 로열티수준은 시장이 결정할 수 있고, 시장에 맡기는 것이 옳다.[195]

---

192) 홍명수, 경제법론 I, 125-126면.

193) *United Brands Co. v. Commission* (27/76) [1978] ECR 207, [1978] 1 CMLR 429.

194) 비차별성도 하나의 요소로 볼 수 있을 것이다. Damien Geradin, "Pricing abuses by essential patent holders in a standard-setting context; A View from Europe," seminar paper for June 4-5 2008 University of Virginia (2008) at 8.

미국 연방대법원도 Verizon 사건에서 단순히 독점력을 보유하고 있으며 이러한 독점력을 이용하여 가격설정을 하였다는 점만으로는 위법한 행위를 한 것이라고 할 수 없다고 보았다. 독점자가 독점력을 행사하여 가격설정을 하는 것은 자유시장경제의 본질적인 모습이라고 본 것이다. 미국 연방대법원은 독점력을 가진 사업자의 단순한 독점가격설정행위와 이에 따른 독점이윤은 시장에서의 혁신을 조성하기 위한 중요한 원천이 되며, 경제발전의 원동력이 된다고 보았다. 따라서 독점력의 보유는 별도의 반경쟁적 행위가 수반되지 않는 한 위법한 것으로 판단되지 않는다는 것이 미국 연방대법원의 독점적 가격설정행위에 대한 태도이다.[196)]

하지만 사실상 표준으로 정립된 특허권자와 표준화기구에 의하여 표준으로 결정된 특허의 보유자의 경우에는 시장이 가격메커니즘(pricing mechanism)을 적절하게 발휘할 수 없는 시장실패가 발생할 수 있다. 이 경우에는 경쟁당국이 로열티의 합리성 및 공정성에 대한 개입이 필요하다.[197)] 미국과 달리 가격남용을 문제삼고 있는 유럽공동체의 경우 가격남용의 문제는 조약 제82조 적용문제가 된다. 그리고 2가지 유형의 문제가 발생할 수 있다. 하나는 가격차별(price discrimination)의 문제이고, 다른 하나는 약탈적 가격설정의 문제이다.[198)]

1) 가격차별

우선 가격차별의 문제를 본다. 특허 라이선스에 있어서 가격차별의 문제, 다시 말해 로열티가 실시의 상대방에 따라 서로 상이하게 결정되는 것은 매우 흔히 발생하는 현상이다. 왜냐하면 로열티의 결정은 당해 기술 자체의 가치에도 연동되지만, 라이선스를 받는 상대방이 보유하고 있는 특허 포트폴리오, 상호실시(cross-license)를 하는지 여부 등의 다양한 요소에 의해서 결정되기 때문이다.[199)] 그러므로 이 문제를 제대로 정의하는 것이 필요하다. 문제는 서로 동일하거나 거의 동일한 상황에 있는 실시를 받고자 하는 자들에게 특허권자가 서로 다른 로열티를 받고자 하는 경우이다.[200)]

---

195) *Id.,* at 13.

196) *Verizon Communications, Inc. v. Law Office of Curtis V. Trinko, LLP*, 540 U.S. 682 (2004).

197) Geradin,*op cit,* at 8.

198) *Id.* at 8-18.

199) *Id.* at 9.

誘因構造라는 관점에서는 이 문제는 다시 2가지로 세분될 수 있다. 하나는 수직적으로 계열화되어 있는 지적재산권 보유자의 경우와 그렇지 않은 경우이다. 전자의 경우에는 지적재산권보유자가 상부시장 및 하부시장 양쪽에서 모두 활발하게 시장에서 활동을 하고 있는 경우를 말한다. 후자는 잔여개념으로 정의될 수 있다. 그런데 후자의 경우에는 라이선스를 주면서 로열티를 차별할 유인이 존재하지 않는다. 왜냐하면 상부시장에 있는 특허권자의 입장에서는 오히려 치열한 하부시장에서의 경쟁이 보통은 시장에서의 생산량을 증가시키기 때문이다. 시장에서의 생산량증가는 결국 로열티 수입의 증가로 이어진다.[201]

하지만 수직적으로 계열화되어 있는 지적재산권 보유자의 경우에는 가격차별을 할 유인이 있다. 상부시장(upstream market)에서 특허권을 보유하고 있는 자는 자신이 경쟁하고 있는 하부시장(downstream market)에서의 경쟁자들에 대해서 경쟁우위에 서기 위해서 하부시장의 경쟁자들간에 서로 다른 로열티를 책정함으로써 시장에서의 경쟁을 제한하거나 일부 경쟁자들의 경쟁을 봉쇄하고, 당해 시장에서의 시장지배력을 강화할 수 있다는 견해가 있다.[202] 이 이론은 FRAND 조건에 비차별성 조건을 포함시키는 중요한 이론적인 논거가 된다. FRAND 조건의 비차별성 요건은 라이선스를 허여 받은 자들 간에 차별을 금지하는 것을 목적으로 하는 조항이라고 정의된다. 달리 말하자면 하부시장에서의 차별적 라이선스를 통한 시장봉쇄(市場封鎖)를 방지하기 위한 조항으로 정의될 수 있다.[203]

실제 독일의 사안인 독일철도사건(Deutsche Bahn case)에서 독일철도가 자신의 자회사로 항구에서의 콘테이너 운송을 담당하는 회사와 유사한 사업을 하는 비계열사간에 철도서비스운임을 서로 차별한 사안에서 유럽공동체 1심법원은 독일철도가 공동체 조약 제82조 (c)를 위반하였다고 판단한 바 있다.[204] 하지만 문제는 이런 지적재산권이 문제되지 않은 사안에서의 예를 지적재산권 사안에 적용하기 위해서는 특정한 상품에 대한 증분비용(增分費用, incremental cost)을 계산하는

200) *Id.*

201) *Id.* (실무상 로열티의 액은 매출을 기준으로 하기 때문에 매출양의 증가를 막을 유인이 특허권자에게는 없는 경우가 보통이다).

202) Daniel G. Swanson & William J. Baumol, "Reasonable and Non-discriminatory Royalties, Standard Selection, and Control of Market Power," 73 ALJ 1 (2005).

203) *Id.*

204) CFI, Deutshce Bahn AG v. Commission, T-229/94 ECR [1997] II-1689 at para. 93.

것이 어렵다는 문제점이 있다.[205)]

2) 약탈적 가격설정

표준과 관련된 라이선스시에 있어서 로열티 과다 문제의 핵심은 표준보유자가 특허권 중에서 표준으로 포함된 특허권에 대해서 특허권의 내재가치(內在價値, intrinsic value)에 비하여 과도한 로열티를 받게 된다는 비판에 있다.[206)] 표준화된 특허권자의 경우 이들은 사전적(ex ante)으로 자신들의 특허의 가치를 알 수 있는 지위에 있다는 전제를 하면, 이러한 표준화된 필수적인 특허의 보유자들은 사후적인 표준화과정을 통해서 협상력을 강화시키고, 내재적 가치 이상의 로열티를 수령하게 된다는 것이 주장의 요지이다. 이러한 주장을 사후적 기회주의이론(事後的 機會主義理論, ex post opportunism theory)이라고 한다.[207)]

그러나 이 이론에 대해서는 표준화과정에서 일방적으로 특허권자가 유리한 지위를 취하는 것이 실제로 어렵다는 비판이 있다.[208)] 첫째 표준화과정은 여러 이해관계인들이 협의를 하는 과정이기 때문에 이 과정에서 협상력을 높여서 자신의 내재적 가치 이상의 표준화를 통한 가치 증분을 모두 특허권자가 가져가는 것은 현저히 어렵다는 비판이 있다. 둘째 특허권자라고 하더라도 만일 대체적인 기술이 존재하는 경우에는 대체기술을 의식하여야 하기 때문에 무작정 로열티를 높이기만 할 수는 없다는 점도 중요한 비판이 된다.[209)]

또한 내재적 가치에 기초해서 약탈적 가격인지 여부를 판단하는 것은 내재적 가치의 결정이 어렵다는 기본적인 문제점도 가지고 있다. 따라서 가격과 비용을 비교하는 방법이 대안으로 제시될 수 있다. 유럽공동체 최고법원은 과도가격설정행위(excessive pricing)에서 과잉(excessive)라는 용어의 의미는 제품의 판매가(selling price)와 생산원가(生産原價)를 비교하여 알 수 있는 이익(margin)을 고려하여 객관적으로 판단되어야 한다고 판시한 바 있다.[210)]

---

205) Geradin, *supra note* 448. at 11.

206) *Id.*

207) Doug Lichtman, "Patent Holdouts in the Standard Setting process," University of Chicago, Law and Economics Olin Working Paper no. 292 (2006).

208) Geradin, *supra note.* at 13.

209) *Id.*

210) United Brands Company et United Brands Continentaal BV contre Commission, 27/76 91978] ECR-207 at para. 250-251.

이때 사용되는 비용의 정의에 대해서 과도한 로열티의 판단기준은 지적재산권자가 한계비용(marginal cost)을 현저히 초과하는 로열티를 요구하는지 여부로 판단하여야 한다는 견해가 있다.[211] 이 견해는 필수설비의 경우에 경쟁당국이 목적으로 하여야 할 가격은 한계비용과 일치되도록 하여야 한다고 주장한다.[212] 특허권의 본질이 기술공개에 대한 보상이라면, 특허권자가 과도한 로열티란 사회적으로 허용하려는 지대(rent) 이상의 보상을 의미한다.[213] 그러나 특허권를 포함한 지적재산권은 공정거래위원회에게 사업자의 비용지출이나 이윤획득에 대한 자료를 제공하여도[214] 가격결정의 적절성의 판단이 쉽지 않다는 점이 문제이다. 왜냐하면 유형물과 달리 원가개념이 주로 연구개발비로 계상된 항목일 것인바, 이러한 사용된 연구개발비와 지적재산권의가치가 일치하지 않기 때문이다.[215]

이러한 점을 감안하면 공정거래위원회는 비교가능한 실시사례가 있으면 이러한 실시사례와 비교하여 차별적인 로열티의 요구인지 여부를 볼 것이고, 최초 실시의 경우라면 결국 시장의 관점에서 경쟁사업자가 필수요소인 사실상 표준보유자나 표준화기구에 의하여 표준으로 결정된 특허권자의 특허를 라이선스 받은 이후 유효한 경쟁을 할 수 있는 수준인가 하는 경쟁사업자 관점에서 접근할 수밖에 없다.

공정거래위원회가 합리적이고 공정한 로열티를 아는 것은 사실상 불가능하므로 사실상 표준보유자나 표준화기구에 의하여 표준으로 결정된 특허보유자에게 라이선스를 원하는 자와 합의를 하도록 하고 만일 표준보유자가 제시한 로열티가 현저하게 높은 수준이라고 판단되는 경우에만 과징금 등의 다른 제재를 통하여 적절한 로열티를 확보하도록 하는 것이 타당하다. 표준화기구에 의하여 표

211) David McGowan, "Network and Invention in Antitrust and Intellectual Property," 24 J. Corp. L. 485, 485 (1999).

212) David McGowan, "Regulating Competition in the Information Age: Computer Software as an Essential Facility under the Sherman Act," 18 Hastings Comm. & Ent. L.J. 771 (1996).

213) Louis Kaplow, "The Patent-Antitrust Intersection: A Reappraisal," 97 Harv. L. Rev. 1813, 1817 (1984).

214) 홍명수 교수는 공정거래위원회가 가격남용 판단을 제대로 하기 위해서는 비용 분석 등에 대한 절차상 보완 및 가격남용 판단을 위한 다양한 분석방식과 비용지출 및 이윤획득에 대한 자료에 대한 접근가능성이 확보되어야 한다고 지적한다(홍명수, 전게서, 125-126면).

215) 이에 대해서 Excessive 하다는 것과 Fair 하다는 것은 서로 구별되는 개념이므로 Excessive하다는 판단이 내려지더라도 다시 공정성(Fairness)에 대한 판단이 법원에 의해서 이루어져야 한다는 주장이 있다(Geradin, *supra note.* at 15).

준으로 결정된 특허의 보유자의 경우는 FRAND 조건의 해석과 관련하여 합리적이고 공정한 수준의 로열티를 표준기술사용자로부터 받도록 제어한다.

4. 표준화기구에 의한 표준보유자의 과도한 로열티 요구행위와 정책문서

(1) 정책문서(policy document)의 역할

표준보유자의 실시거절에 대해서는 앞에서 본 것과 같이 특허권자의 실시거절에 대한 법리가 적용될 수 있다. 오히려 표준보유자의 경우 표준의 종류 및 성격에 따라서 정도는 상이하지만 사실상 표준의 경우와 같이 시장지배력이 높은 경우에는 강제실시를 시킬 필요성이 더 높기 때문에 경쟁법을 적용하여 사실상 표준보유자의 표준이 된 기술을 강제적으로 실시하도록 함으로써 시장진입을 봉쇄하는 표준보유자의 시장전략을 제약하고 시장에서의 경쟁을 촉진하는 역할을 경쟁당국이 수행하여야 한다. 표준보유자의 과도한 로열티 요구행위를 제어하기 위한 유용한 수단 중이 하나가 바로 정책문서를 통한 제어이다.

(2) 의무위반과 경쟁법의 적용

표준보유자의 실시거질 문제에 있어서는 경쟁법 적용의 문세 외에 더해서 정책문서와 관련된 문제가 논의되어야 한다. 대부분의 정책문서들은 표준화된 특허의 라이선스와 관련된 사항을 규정하고 있다.[216] 표준화에 관여된 당사자들은

---

216) 예를 들어 ITU의 경우를 보면 특허권과 관련하여 다음과 같은 정책을 가지고 있음을 천명하고 있다.

1 The ITU Telecommunication Standardization Bureau (TSB), the ITU Radiocommunication Bureau (BR) and the offices of the CEOs of ISO and IEC are not in a position to give authoritative or comprehensive information about evidence, validity or scope of patents or similar rights, but it is desirable that the fullest available information should be disclosed. Therefore, any party participating in the work of ITU, ISO or IEC should, from the outset, draw the attention of the Director of ITU-TSB, the Director of ITU-BR, or the offices of the CEOs of ISO or IEC, respectively, to any known patent or to any known pending patent application, either their own or of other organizations, although ITU, ISO or IEC are unable to verify the validity of any such information.

2. If a Recommendation | Deliverable is developed and such information as referred to in paragraph 1 has been disclosed, three different situations may arise:

2.1 The patent holder is willing to negotiate licences free of charge with other parties on

합의된 조건에 따라서 라이선스를 받을 수 있고, 만일 라이선스를 거절하면 당해 정책문서에 기초하여 그 이행을 구할 수 있다. 물론 이러한 정책문서에 기초한 소송이나 구제수단과는 별도로 경쟁법 위반을 이유로 하여 표준화된 기술에 대한 특허권자의 라이선스 거절행위를 다툴 수 있다.

정책문서에 의한 통제의 한계는 정책문서를 계약서라고 볼 수 있기 때문에 이러한 정책문서에 당사자가 아닌 제3자에 대한 라이선스 거절의 문제는 여전히 생긴다는 것이다. 표준화된 기술의 보유자가 정책문서에 당사자가 아닌 제3자에 대하여 라이선스를 거절하는 것은 표준의 성격에 따라서 다르겠지만 표준화기구를 통한 표준의 경우나 업계표준의 경우 실질적으로 당해 표준이 시장진입의 애로가 되는 표준으로 필수기술(essential technology)라면 앞에서 설명한 경쟁법에 기초한 실시를 강제하는 방법으로 문제를 해결하여야 할 것이다.

(3) 의무위반과 계약법의 적용

표준화기구에 의한 표준보유자의 남용행위에 대해서는 경쟁법에 의한 해결이 아니라 계약법에 의한 해결이 더 바람직하다는 주장이 있다.217) 미국의 경우 표준화기구가 특허의 공개를 요구하는 경우 표준화과정에서 정책문서가 요구하는 특허공개의무위반의 처리에 대해서 위반이 연방민사소송규칙(Federal Rule of Civil Procedure) 제9조 (b)의 요건을 충족시킬 수 있다면 이 경우 보통법상 사기방

---

a non-discriminatory basis on reasonable terms and conditions. Such negotiations are left to the parties concerned and are performed outside ITU-T/ITU-R/ISO/IEC.

2.2 The patent holder is willing to negotiate licences with other parties on a non-discriminatory basis on reasonable terms and conditions. Such negotiations are left to the parties concerned and are performed outside ITU-T/ITU-R/ISO/IEC.

2.3 The patent holder is not willing to comply with the provisions of either paragraph 2.1 or paragraph 2.2; in such case, the Recommendation | Deliverable shall not include provisions depending on the patent.

3. Whatever case applies (2.1, 2.2 or 2.3), the patent holder has to provide a written statement to be filed at ITU-TSB, ITU-BR or the offices of the CEOs of ISO or IEC, respectively, using the appropriate "Patent Statement and Licensing Declaration" form. This statement must not include additional provisions, conditions, or any other exclusion clauses in excess of what is provided for each case in the corresponding boxes of the form.

[(http://www.itu.int/ITU-T/dbase/patent/patent-policy.html) 2009.3.4. 최종접속].

217) Thomas F. Cotter, "Patent Holdup, Patent Remedies, and Antitrust Reponses," Legal Studies Research Paper Series Research Paper No. 08-30 (2008) at 51.

지규정이 적용될 수 있으므로 이 경우에는 독점금지법의 적용이 필요하지 않다고 이해하는 견해이다.[218] 연방항소법원은 Qualcomm 사건에서 표준화과정에서 지적재산권 공개의무 위반에 대해서 계약위반문제를 해소할 수 있다고 판단하였다.[219] 연방항소법원은 표준화기구가 규정한 정책문서를 위반한 것이 당해 특허가 집행되지 않을 것이라고 신뢰한 표준기술 이용자에 대한 허위표시(misrepresentation)를 구성하거나, 보통법상 사기를 구성하게 되면 당해 특허가 집행이 될 수 없게 된다고 보았다. 이 경우에는 금반언의 원칙(equitable estoppel doctrine)에 의해서 당해 특허의 집행을 제한할 수도 있다.[220]

이러한 이론구성을 하는 이유로 가장 중요한 것이 실제 경쟁법 위반이 아닌데도 불구하고 경쟁법 위반으로 판단할 우려(false positive)이다. 정책문서는 그 판단이 명확하지 않은 경우가 많은데 만일 경쟁법을 적용하는 경우 이러한 경쟁법 執行과정에서 법관이나 배심원들이 이해를 잘못해서 실제 경쟁법 위반이 아님에도 불구하고 경쟁법위반으로 판단하여 잘못된 제재를 과할 우려가 높다는 것이다. 경쟁법위반의 경우에는 이로 인한 제재의 수위가 계약법 위반의 경우보다 매우 과중하다. 그리고 이러한 과중한 제재는 억지력(deterrence)이라는 이름으로 정당화되고 있지만, 이러한 억지력은 역으로 매우 과중한 제재가 될 수 있는 위험이 있다고 해석될 수 있는 것이다.

또한 억지력에 대해서도 의문이 제기된다. 억지력을 위하여 경쟁법은 3배 배상(treble damage)과 같은 손해배상에서의 배상액의 증액을 하고 있다. 그러나 대부분의 경우 특허권을 공개하지 않는 것은 실제 비밀리에 이루어지는 경우는 없기 때문에 단지 공개의무만을 부과하고, 이를 표준화기구가 확인하지 않은 경우까지 3배 배상을 인정하기는 어렵다고 주장한다.[221] 이 견해에 의하면 경쟁법과 같은 수단이 아닌 계약법의 적용을 통하여 정밀하게 제어하는 것이 훨씬 효과적인 구제수단이라고 본다.[222]

계약법이 특허권자의 사기적인 행위에 대해서 더 효과적인 구제수단이 된다

---

218) *Id.*

219) *Broadcom v. Qualcomm*, 501 F.3d. at 315.

220) *Id.*

221) Bruce H. Kobayashi & Joshua D. Wright, "Federalism, Substantive Preemption, and Limits of Antitrust: An Application ot Patent Holdup," (2008), at 32-33.

222) *Id.* at 38-44.

는 점에 대해서는 몇 가지 논점이 있다. 우선 계약법이 훨씬 경쟁법에 비하여 법관에게 더 친근한 구제수단이기는 하지만 미국 계약법에 의할 경우 표준화기구의 공개의무를 규정한 정책문서 위반을 문제 삼기 위한 소송의 당사자적격은 회원사가 아닌 표준사용기업의 경우에는 주워지지 않는다는 점에서 구제수단의 한계가 있지 않는가 하는 점이 문제로 제기된다.[223] 이러한 점을 고려하면 직접적인 계약의 당사자가 아닌 비회원사들을 보호하기 위한 경쟁당국의 개입이 필요하다는 주장이 가능하다.[224] 실제로 미국 연방거래위원회도 이러한 주장을 한 바 있다. 경쟁당국의 개입이 필요하다는 논자들은 표준화기구의 정책문서가 우선되어야 한다고 하더라도 계약법상의 집행만으로는 여전히 흠결이 있다는 점을 강조한다. 왜냐하면 특허권자들이 표준화기구의 내부규범인 정책문서에 동의한다고 하더라도 계약위반에 대한 책임을 부담하도록 하는 것만으로는 표준화기구의 구성원이 아니면서도 이러한 계약의 이행을 신뢰한 자들에 대한 신뢰를 보호할 수 있는 장치가 없기 때문에 계약위반으로 인한 사회적인 비용이 전부 내부화되지 않기 때문이다.[225] 더구나 이러한 주장을 하는 논자들은 단순히 집행을 하지 못하도록 하는 것에 그치는 계약법상의 금반언의 원칙이나 사기규정은 매우 약한 강제수단으로 이 정도로는 사회적인 최적의 억지력보다 적은 억지력만 사회에 제공하는 것이 된다고 본다.[226] 이에 대한 재반론으로는 연방거래위원회가 Rambus 사건에서 보여준 것처럼 특허권자에게 특허를 별도의 로열티를 받지 않고 라이선스를 받도록 하는 것과 같은 구제수단을 사용하거나[227] 또는 가처분을 인용하는 것은 과도한 억지력(over-deterrence)을 제공하여 사회적인 비효율을 야기한다는 것이다.

---

223) *Id.* at 32-33, 43-44.

224) Lemley, *op cit,* at 1917, 1927.

225) *Id.*

226) *Id.*

227) *In re matter of Rambus, Inc.,* Docket No. 9302, Opinion of the Commission on Remedy 16-25 (Fed. 5.2007).

VI. 정 리

시장경쟁에서 경쟁우위(competitive advantage)를 가지기 위하여 할 수 있는 주요한 방법 중의 하나가 기술적인 우위를 통한 차별화 전략이며, 이러한 차별화의 욕구가 바로 혁신유인(incentive to innovate)을 제공한다. 미국적인 시각에서 어느 한 경쟁법의 혁신 저해 가능성을 줄이기 위하여 원칙적으로 경영자의 탁월한 경영적인 기술개발전략이나 기술적인 우위에 기초한 제품의 우위에 바탕을 둔 시장에서의 우월적인 지위를 비난하도록 허용되어서는 안 된다.[228] 바로 이런 의미에서 필수설비이론이 지적재산권자의 경쟁우위를 패배자들이 빼앗기 위한 수단으로 활용되어서기 안 된다는 주장이 이러한 미국적인 시각을 대변한다.[229]

오늘날 기업들은 매우 다양한 방법으로 전략적 사업활동을 영위하고 있고, 그 과정에서 다른 사업자들과 계약을 체결하고 거래를 하기도 하지만, 매우 다양한 이유에서 계약의 체결을 거절하거나 계약상대방을 결정하고, 계약조건을 흥정하기도 한다. 그런 과정에서 경쟁을 해치는 거래거절에 대하여는 이를 위법한 것으로 보아 시정조치함으로써 경쟁을 회복시켜야겠지만, 경쟁제한적인 의도나 목적이 전혀 없거나 불분명한 전략적 사업활동에 관하여도 다른 사업자를 다소 불리하게 한다는 이유만으로 경쟁 제한을 규제 대상으로 삼는 법률에 위반된 것으로 처분한다면 이는 그 규제를 경쟁의 보호가 아닌 경쟁자의 보호를 위한 규제로 만들 우려가 있을 뿐 아니라, 기업의 사업활동을 부당하게 위축시켜 결과적으로는 경쟁력 있는 사업자 위주로 시장이 재편되는 시장경제의 본래적 효율성을 저해하게 될 위험성이 있다.[230]

표준보유자의 경우에도 특허법상 특허권자에게 인정된 라이선스를 거절할 수 있는 권한을 가지고 있음을 존중하여 일반적으로 실시의무를 부담하는 것은 아니다. 다만 「시장지배적 지위남용행위 심사기준」에 의할 때 필수기술로서 관련

228) *United States v Grinnell Corp,* 384 US 563 (1966).

229) Paul D. Marquardt & Mark Leddy, "The Essential Facilities Doctrineand Intellectual Property Rights; a Response to Pitofsky, Patterson and Hooks," 70 Antitrust L J. 847 (2003).

230) 대법원 2007.11.22.선고 2002두8626 전원합의체 판결.

시장에서의 경쟁에 필수요소가 되는 경우에는 2차 시장에서의 경쟁이 제한되는 경우 예외적으로 강제실시를 공정거래위원회가 명하여야 하지만, 예외적으로 상호호환성 확보를 위한 경우와 이미 기존에 라이선스를 주고 있는 경우에는 강제실시를 직접적인 경쟁자의 경우에도 하도록 하는 것이 옳다. 다만 후자의 경우는 특허권자 등의 홀드업 행위에 대해서는 제3절에서 보기로 한다.

사실상 표준의 경우 개념에서 시장지배력을 가지고 있는 사업자로서 그 표준기술은 우리 심사기준상의 법적 또는 사실상 제한에 의한 것이 아니더라도 경제적 제한에 의하여 경쟁에 필수적인 요소가 된다. 다만 이 경우에는 공정거래위원회 시장에서의 기술혁신에 심각한 위해를 가할 수 있으므로, 기술발전의 단계를 고려하여 위와 같은 강제실시를 하여 시장에서의 경쟁을 촉진시킬 수 있다. 다만 이를 위해서 입법적인 보완이 필요하다고 본다. 강제실시의 경우 로열티는 공정거래위원회가 결정하는 것은 적절하지 않다. 유럽공동체 집행위원회와 같이 당사자로 하여금 결정하게 하고, 불공정한 경우 이를 제재하는 방법으로 규율하는 것이 타당하다.

제 4 절 표준보유자의 홀드업(holdup) 행위

I. 홀드업 행위의 의의

1. 의 의

'홀드업'이란, 두 당사자가 있는 게임에서 두 당사자가 서로 협력하는 것은 파레토 개선(Pareto improvement)을 이룰 수 있음에도, 이러한 협력을 하지 않기로 의사결정을 하는 상황을 설명하기 위하여 사용하는 용어이다.[231] 그 이유는 그와 같은 협력의 결과가 결국 상대방의 협상력 증가로 이어져서, 상대방의 수익 증가

231) Joseph Farrell et al, "Standard Setting, Patents and Hold-up," 74 Antitrust Law Journal, 603, 608, 617 (2007) at 603-604.

와 자신의 수익 감소로 연결될 수 있기 때문이다. 이러한 지적재산권이 표준화과정에서 표준의 일부로 포함되어 표준을 구성하는 여러 가지 기술 중의 하나가 되고, 이 기술이 대체가능한 기술이 없는 상황이 되면, 이러한 기술을 가지고 있는 특허권자는 라이선스를 거절함으로써 소위 홀드업 행위를 할 수 있다.

이러한 홀드업 행위의 문제는 두 개의 상호영향을 주는 두 개의 행위와 관련된다. 그 중 하나는 가처분을 하겠다고 위협(injunction threat)하는 것이고, 나머지 하나는 로열티 스태킹(royalty stacking)을 하는 것이다.[232] 가처분위협의 문제는 이베이 사건을 통하여 연방대법원이 연방항소법원의 자동적 금지명령 대신 전통적인 4요소 심사로 복귀함으로써 상당부분 해소되었다. 그러나 로열티 스택킹의 문제는 여전히 남게 된다. 로열티 스택킹은 하나의 제품이 여러 개의 특허를 침해하는 경우에 발생하는 문제이다. 하나의 제품이 여러 개의 특허를 침해하는 경우 제품을 생산하는 자는 여러 특허권자에게 로열티를 지불하여야 하는 상황이 되는데, 경우에 따라서는 합쳐진 로열티의 금액이 커져서 생산을 포기하여야 하는 상황에 이르게 되기도 한다. 이러한 로열티 스택킹은 특허 홀드업 행위가 가지고 오는 문제를 더욱 키우게 된다.[233]

표준보유자의 홀드업 행위는 반드시 표준화기구에서만 발생하는 것은 아니다. 사실상 표준의 경우 표준화과정에서 표준기술로 형성되는 기술의 보유자가 초기에는 기술을 사용하도록 하다가 일단 표준화가 되거나, 상당한 표준화 단계에 이르러 이러한 기술을 사용하던 시장참여자들의 사용을 하지 못하도록 라이선스를 거절하는 경우에도 발생할 수 있다. 이 경우에는 대체기술이 있다고 해도 경쟁자들은 바꾸는 것이 많은 전환비용(轉換費用, switching cost)이 발생하게 되므로 바꿀 수 없게 된다. 따라서 표준보유자가 고율의 로열티를 받을 수 있는 수단으로 홀드업 행위를 할 수 있게 된다.

2. 홀드업 행위의 문제점

홀드업 행위가 규제되어야 하는 이유는 이러한 행위를 방치하게 되면 사회

232) Mark A. Lemley & Carl Shapiro, "Patent Holdup and Royalty Stacking," Texas law Review Vol. 85 (2007) at 1992.

233) *Id.* at 1993.

적인 기술혁신의 많은 부분을 차지하는 개량발명을 통한 혁신을 저해하기 때문이다. 이러한 홀드업 행위는 비공유지의 비극(非共有地의 悲劇, tragedy of anti-commons) 문제를 야기한다.[234] 개별적인 표준보유자의 입장에서는 자신이 보유한 특허를 최대한 이용하여 받아낼 수 있는 최대한의 로열티를 받아내고 싶을 것이다. 그렇게 하려면 자신의 기술을 사용하는 자들을 자신의 기술에 고착되도록 하여야 한다. 그렇게 되면 일단 표준보유자의 기술에 고착화된 사용자들은 전환비용 때문에 그렇지 않은 경우보다 많은 비용을 부담하여야 한다. 한편 개량발명을 하여 시장에 진입하려고 하는 후발사업자들의 경우에는 선발사업자가 표준화된 기술을 사용하면서 과도한 로열티를 요구하는 상황에서는 그 기술을 사용하여 상품화할 경우 수익성이 떨어지게 될 것이므로 그 분야의 개량기술을 연구하고, 관련 제품을 개발할 유인이 떨어지게 된다.

결국 사회적으로는 당해 자원을 적게 사용하는(under-utilization) 非共有地의 悲劇이 발생한다. 문제는 이러한 非共有地의 悲劇 문제는 관련된 특허권의 수가 많아질수록 발생할 가능성이 더욱 많아진다는 것이다.[235] 그런데 Shapiro가 적절하게 지적한 것과 같이 오늘날 우리의 기술혁신은 대부분의 경우 누적적 혁신(cumulative innovation)이고, 관련된 기술의 수가 많다. 그래서 Shapiro의 표현과 같이 특허덤불(patent thicket)을 헤치고 항해를 하여야 비로소 상품화할 수 있다.[236] 그리고 특허덤불을 헤치는 과정에서 가장 문제가 되는 것은 시점(timing)의 문제이다. 만일 대표적 생산자가 충분한 시간을 가지고 기존의 특허를 예견하고 이를 피할 수 있다면 홀드업 행위라는 문제가 발생할 여지가 적다. 그러나 이미 많은 생산설비를 갖추고 있는 경우 갑자기 나타난 특허가 있을 경우에는 대표적 생산자는 매우 불리한 협상포지션에 처하게 된다. 왜냐하면 표준보유자가 특허권을 이용한 홀드업 행위를 할 수 있기 때문이다.[237] 그러므로 표준화기구의 경우에는 이러한 갑자기 나타나는 특허를 막기 위한 노력을 한다. 반면 사실상 표준의 경우에는 이러한 방지행위를 할 수 있는 제3의 기구가 없다. 사실상 표준의 경우가

234) Rudi Bekkers et al, *op cit*, p.5.

235) *Id.*

236) Shapiro, Carl, "Navigating the Patent Thicket: Cross Licenses, Patent Pools, and Standard-Setting," (March 2001). Available at SSRN: (http://ssrn.com/abstract=273550or DOI: 10.2139/ssrn.273550), at. 6.

237) *Id.* at 7.

홀드업 행위가 발생하면 더욱 큰 문제가 될 수 있는 이유가 여기에 있다.

이러한 점을 감안하면 오늘날의 상황은 매우 非共有地의 悲劇가 발생할 가능성이 높은 상황임을 알 수 있다. 경쟁당국이 시장의 실패를 유발할 홀드업 행위를 규제하지 않으면 안 되는 이유가 여기에 있다. 만일 이러한 상황을 경쟁당국이 방치하게 되면 시장에서 혁신은 줄어들고 감소된 혁신은 궁극적으로 소비자후생의 감소로 귀결된다. 이러한 점을 인식하였기 때문에 미국 법무부와 연방거래위원회는 홀드업 행위를 방지하기 위한 조치를 취할 필요가 있다는 점을 2007년 공동보고서에서 분명하게 하고 있다.[238]

3. 특허권자의 홀드업 행위 상황

(1) 표준화기구와 홀드업 행위의 전제

특허보유자가 표준화기구의 표준결정과정을 활용하여 홀드업 행위를 하기 위해서는 우선 특정 제품군에서 특정기능의 구현을 위해서 A라는 기술 외에는 표준화기구가 채택할 수 있는 대체기술이 없어서 표준결정 당시의 시점에서 표준화를 하기 위해서는 표준화기구는 A기술(특허에 의해서 보호되는)을 표준으로 채택할 수밖에 없어야 한다. 만일 대체기술이 존재하는 경우에는 낭해 기술에 대한 특허권을 가지고 있는 자가 홀드업 행위를 만들 수가 없다. 왜냐하면, 특허권자가 홀드업 행위를 하려고 하면 표준화기구는 다른 기술을 복수로 채택하거나, 기술을 변경하면 되기 때문이다. 두 번째는 대체기술이 존재하지 않는다고 하더라도 시장에서의 장기적인 관점에서 신규기술의 진입이 용이하고, 새로운 표준간 선택 또는 표준간 이동이 비용을 거의 들이지 않거나 감내할 수 있을 정도의 비용을 들이고 이동할 수 있다면 역시 특허권자의 홀드업 행위는 성공하기 쉽지 않다. 시장의 진입장벽(entry barrier)이 상당한 정도로 존재하여야 한다. 신규설비의 증설을 위한 비용이나 사용자들이 일정한 기술에 고착(lock-in)되어 있어 많은 전환비용이 소요되는 경우를 예로 들 수 있다.

Qualcomm 사건[239]에서 독점금지법 위반이 문제가 된 사건의 경우가 이러한

---

238) U.S. DEP'T OF JUSTICE & FED. TRADE COMM'N, ANTITRUST ENFORCEMENT & INTELLECTUAL PROPERTY RIGHTS: PROMOTING INNOVATION AND COMPETITION at. 33-57 (2007), *available at* <http://www.usdoj.gov/atr/public/hearings/ip/ 222655.pdf>.

전제조건들이 잘 구비된 경우로 보인다. 대상 특허가 문제가 되는 무선통신시장에는 GSM, GPRS, EDGE, 2G CDMA, 3G CDMA, UMTS(Universal Mobile Telephone System) 등으로 불리는 여러 종류의 기술들이 경합하고 있었다.[240] 2세대 이동통신단말기 기술에서 Qualcomm은 CDMA 기술과 관련된 1,400여개의 특허권을 보유하고 있었고, 이들 상당수의 특허는 CDMA 시스템과 Chipset을 제조하기 위해 필수적인 것으로 평가된다.[241] Qualcomm은 세계 CDMA Chipset의 약 90%를 판매하는 독점적 지위를 가지고 있는 회사로서, UMTS 표준을 위해 필수적인 특허권도 보유하고 있었고, 또한 UMTS 표준에 따라 작동하는 UMTS Chipset을 생산하고 있었다.[242] 한편 Broadcom[243]은 Qualcomm이 제작한 UMTS Chipset과 경쟁할 Chipset을 개발해 왔는데, 그러한 Chipset을 제조하기 위해

---

239) Qualcomm 사건은 여러 개의 사건들의 집합이다. 특허침해 사건은 *Qualcomm Inc. v. Broadcom Corp.,* 05-CV-1958-B(BLM) U.S. District Court of Southern District of California, 31 Dec. 2007이고, 서면법 위반 등의 독점금지법 위반 여부가 문제가 된 사건은 *Broadcom Corp. v. Qualcomm Inc.* No. 3: 05-cv-03350-MLC-JJH, District of New Jersey, 31 Aug. 2006. 사건(District) 및 *Broadcom Corp. v. Qualcomm Inc.* No. 06-4292, United States Court of Appeals for the 3rd Cir., 4 Sep. 2007. (Appeal) 등이 여러 개의 사건이 있다. Qualcomm Inc.와 Broadcom Corp. 간의 분쟁은 2009년 4월 27일 양사가 합의를 함으로써 종결되었다. Qualcomm사는 Broadcom에게 8억 9천 1백만 달러를 4년간에 걸쳐서 지급하고, 대신 양 당사자는 현재 계속 중인 모든 소송을 중단하기로 합의하였다고 보도되었다(전자신문 2009.4.29.자 참조).

240) 여기서 2G, 3G 등으로 표현하는 부분은 소위 세대(Generation)라고 불리는 것이다. 흔히 기술적인 진보의 단계를 나누어서 세대라고 표현한다. 1세대는 아날로그 기술을 기반으로 하는 무선통신기술이었다. 그 다음이 2세대(2G)로써 디지털 기술을 기반으로 한 것이다. 주요 2세대 기술은 두 개로 나뉘는데 Global System for Mobility ("GSM")과 Code Division Multiple Access ("CDMA")으로 구분된다. 이 두 기술방식은 서로 호환 또는 상호운용이 불가능하기 때문에 미국의 경우 각 업체별로 각각 다른 방식을 사용하는데, CINGULAR WIRELESS와 T-MOBILE은 GSM 방식을 사용하고, VERIZON 및 SPRINT는 CDMA 방식을 사용하였다.

241) 오승한, "미국 경쟁당국의 특허권 행사에 대한 경쟁법 집행 사례," 행정법연구 제18호 (2006), 5-6면.

242) 기술과 관련된 사항은 <http://www.umtsworld.com/units/history.htm> 참조.

243) Broadcom CORPORATION(이하 'Broadcom')은 브로드밴드 커뮤니케이션과 음성, 비디오, 데이터 서비스의 네트워킹을 가능케 하는 고집적화된 반도체 제조 기업이다. Broadcom은 디지털, 아날로그, 라디오 프리퀀시(RF), 마이크로프로세서 및 디지털 시그널 프로세싱(DSP) 기술을 아우르는 완벽한 시스템-온-칩(SoC) 솔루션과 관련된 하드웨어/소프트웨어 시스템-레벨 어플리케이션의 디자인을 개발 및 공급한다.
<http://www.broadcom.com/company/factsheet.php?source=top> 2009.5.20. 최종접속.

Broadcom이 반드시 필요로 하는 필수적인 특허권을 Qualcomm이 통제하고 있었다.

무선시스템의 경우에는 상호운용성의 확보가 매우 중요한 것이 하나의 무선통신사업자가 망을 포함한 무선중계기 등의 기반설비를 구축하기 위해서는 수십억 달러 이상의 투자가 요구되고, 일단 투자가 진행되고 나면, 이러한 투자는 매몰비용(埋沒費用, sunk cost)이 되어, 다른 시스템으로의 전환비용이 엄청나게 소요되어, 실제적인 전환이 거의 불가능한 상황에 이르게 되기 때문에 표준화가 매우 필요하다. 2세대 이후 무선통신기술은 2.5세대라고 불리는 패킷 디지털 무선통신기술을 거쳐서, 3세대로 불리는 브로드밴드 디지털 세대로 진보한다. 3세대 이동통신을 상용화하기 위해서도 상호운용성의 확보를 위해서 표준화가 필요하였다. 전형적으로 표준화가 필요한 상황을 고려하면 특허권에 의해서 보호되는 기술의 경우에도 표준화기구에서 필수적인 경우에는 표준화 대상기술이 될 수 있기 때문에 특허권자의 홀드업 행위가 우려되는 상황이었다.[244]

실제 뉴저지 연방지방법원에서의 소송에서 Qualcomm이 이러한 상황을 활용하여 침해를 유도(inducement)한 것이 아닌가 하는 점이 문제가 되었다.[245] Broadcom은 Qualcomm이 표준화기구로 하여금 자신들의 특허가 표준기술이 되도록 하기 위해서 허위 약속을 하고, 이러한 약속이 지켜질 것이라고 믿은 표준화기구로 하여금 자신의 특허가 표준기술이 되도록 유인하여 표준화기술로 결정히도록 하였다고 주장하였다.[246] Broadcom은 특허권자가 자신이 보유한 특허를 표준화기구의 결정을 통하여 기술표준이 되도록 유도하고 이후 표준화기구에 약속(commitment)한 사항을 위반하여 Broadcom을 상대로 특허침해소송을 제기한 것이 Qualcomm이 홀드업 행위를 한 예로 보아 독점금지법 위반으로 보아야 한다고 주장한 것이다. 이에 대해서 법원은 Qualcomm의 행위가 표준결정에 영향을 주었다고 볼 수 있는 점도 인정되나, 최종적으로 표준을 결정한 것은 표준화기구지 Qualcomm이 아니며 이러한 유도행위 주장은 다른 청구원인이 될 수 있을지는 몰라도 독점금지법 위반주장의 기초로 사용될 수는 없다고 판단하였다.[247]

만일 대체기술의 부존재 및 상당한 진입장벽의 존재라는 전제조건이 구비되

---

244) First Amended Complaint at 2-3. Broadcom Corp. v. Qualcomm Inc., C.A. No. 05-3350 (D.N.J. 2005).

245) *Broadcom Corp. v. Qualcomm Inc.*, 2006 WL 2528545 (D.N.J. Aug. 31 2006), at. 21.

246) *Id.*

247) *Id.*

는 경우에 공개의무의 부과나 FRAND 조건의 부과와 같은 조건을 부담시키지 않고 표준화기구에 표준으로 특정 기술을 채택하는 경우에 그 기술은 표준으로 결정되면 로열티를 제조업의 경우라면 생산중단점까지 높일 수 있는 협상력이 생기게 된다. 특허권자가 성공적으로 홀드업 행위를 할 수 있게 되는 것이다. 이러한 특허권자의 홀드업 행위를 방지하기 위해서 표준화기구들은 가능하면 특허권에 의해서 제한되는 기술을 표준기술로 채택하지 않으려고 노력한다.[248] 그리고 만일 특허기술을 표준으로 채택하는 경우에도 표준기술의 실시를 통하여 이용자들의 자유로운 접근을 보장하기 위해서 특허권자에게 표준과 관련된 기술의 공개의무를 부과하고, FRAND 조건을 부과한다.[249]

Rambus 사건이나 Qualcomm 사건에서 양사는 모두 표준화기구에 기망적인 수단(deceptive device)을 사용하여 자신들의 특허가 표준기술이 되도록 함으로써 홀드업 행위가 가능한 상황을 만든 뒤에 한 뒤에 표준기술의 사용자들에게 고율의 로열티를 요구하고, 이런 요구를 관철하기 위해서 특허침해소송을 제기하는 방법으로 홀드업 행위를 하려고 시도하였다. 이러한 홀드업 행위는 지적재산권법 및 계약법으로 해결하는 방법이 있을 것이다. 그리고 이러한 해결방법과 병행하여 경쟁법이 개입하여 시장에 대한 경쟁제한성을 제거하여야 한다. 왜냐하면 이러한 행위를 방치하게 되면, 표준보유자들이 특허법이 허용하는 것 이상의 부당한 경제적 이익을 자신들의 정책문서 위반행위로 인하여 얻는 것을 방치하는 것이 된다. 이 상황은 원특허권자가 개량특허권자간의 협상(improver-original patentee bargaining situation)이 이루어지는 상황으로 설명될 수 있다.[250] 만일 어느 한 회사

---

248) *Rambus Inc. v. Infineon Technology AG et al*, 01-1449-1583, -1604,-1641, 02-1174, -1192, Unit ed States Court of Appeal for the Federal Circuit Jan. 28. 2003 at. 21. 이 사건에서 법원은 문제가 된 표준화기구에 대해서 Rambus사가 公開義務(duty to disclose)를 부담하고 있는지 여부를 확인하기 위해서 JEDEC의 라이선스 정책(JEP)을 검토하였다. 이 사건에서 증인으로 출석한 JEDEC의 법무팀장이었던 Kelly는 법정에서 JEDEC은 EP-3-F, EP-7-A, JEP-21-I라는 3개의 정책을 사용하고 있었으며, 이 정책들은 특허公開義務를 규정하고 있다고 증언하였다. 다만 1993년 전에는 정책에 특허에 의해서 보호되는 기술이 있을 경우에 표준으로 결정하지 않기로 하는 정책은 없었고, 이 부분에 대해서 표준결정위원회가 특허로 보호되는 기술의 경우에는 표준으로 채택하지 가능한 않도록 하기 위해서 필요한 기술을 점검하는 의무를 부담하도록 한 것은 1993년 이후의 정책문서에 포함된 내용이라고 하였다.

249) 이러한 예로 W3C Patent Framework (Feb. 5.2004). <http://www.w3.org/Consortium/Patent-Policy-20040205/> 참조.

250) Cotter, *op cit* at. 21.

가 다른 회사의 기술에 크게 의존하게 있는 경우로서 일단 투자가 이루어지고 난 뒤에는 이러한 의존도를 이용하여 전체적인 수익을 극대화할 수 있는 협상력이 생기게 된다. 이를 Mergers와 Nelson은 원특허와 개량특허가 조합된 이후에 발생하게 되는 전체적인 수익의 현금흐름을 분배하는 문제로 이해한다.[251] 원특허권자는 홀드업 행위를 통해서 개량특허의 존재로 인하여 발생하게 된 많은 수익을 자신의 수익으로 귀속시킴으로써 후속 개량발명에 대한 유인을 감소시킨다.[252] 이러한 이익은 결국 시장봉쇄를 통하여 얻은 이익이므로 경쟁당국이 이를 방치해서는 안 된다.

만일 원특허권자가 가지고 있는 특허권의 가치가 100불이라고 하자. 그리고 개량발명에 의해서도 100불의 가치가 발생하였다고 하자. 그리고 이 상황에서 改良特許를 보유하고 있는 자가 원특허권의 사용을 위해서 원특허권자와 협상을 시작하려고 한다. 이 상황에서 개량특허권자는 원특허권자에게 자신이 발생시킨 가치증분 중 50불에 대한 수익을 귀속시키기로 합의를 하면 총 150불의 가치가 원특허권자에게 귀속된다. 반면 개량발명자의 경우에는 100불의 가치증분을 발생시키기고도 50불에 대한 수익만 얻게 된다. 이러한 상황은 개량발명에 대한 유인을 감소시키는 작용을 한다. 그러나 이 상황은 분명 가치판단의 문제가 개입된다. 우리가 개량발명과 원발명 중에서 원발명자에 대한 더 많은 보상을 주고, 더 강력을 보호를 주기로 정책적인 결정을 하게 되면, 이 경우 원발명자가 아닌 개량발명자의 유인이 다소 훼손되더라도 사회적으로 감내할 수 있는 수준에서의 개량발명이 이루어질 수 있을 것으로 판단할 수 있을 것이다.[253]

그러나 이 문제는 정도의 문제이다. 만일 원특허권자가 90불을 가지겠다고 하면 어떻게 판단하여야 할까. 또는 같은 50%을 가지고 간다고 하더라도 만일 개량특허권자의 기여가 900불이고, 원특허권자의 기여는 100불에 불과한 경우와 같이 개량특허권자의 기여가 현저하게 높은 경우에는 어떻게 볼 것인가.[254] 그리고 로열티 협상은 서로 합의가 되어야 종결되는 것이므로 만일 개량발명자가 이

251) Roberts P. Mergers & Richard Nelson, “On the Complex Economics of Patent Scope,” 90 Colum. L. Rev. 839, 856-66 (1990).

252) Cotter, *op cit*, at. 18.

253) *Id.*

254) *Id.* at. 19에서는 이러한 경우 450불을 원특허권자가 가지고 가지는 것은 不勞所得(windfall)에 해당한다고 판단하고 있다.

러한 비율이나 금액의 로열티를 지불하지 않겠다고 하는 경우에는 협상이 교착상태(膠着狀態, deadlock)에 빠져서 결렬될 수 있다.[255] 만일 특허권의 활용이 사회적 후생의 증대를 위하여 필요한 상황이고, 이러한 특허권의 실시가 이러한 공익상의 요구를 충족시킬 수 있다면, 이러한 대치상태에서의 문제를 해결하려면 결국 강제실시를 염두에 두어야 할 것이다.[256]

(2) 사실상 표준과 표준보유자의 홀드업 행위

사실상 표준과 관련된 사건이 Microsoft 사건에서 SunMicrosystems에 대한 프로토콜 라이선스 거절과 관련된 사안이다. 초기 생태계구축과정에서는 라이선스를 주다가 시간이 지나면서 생태계가 구축되고, 시장에서 사실상 표준이 되면서 시장지배력을 갖게 되자 라이선스 거절을 한 것으로 SunMicrosystems는 Microsoft의 기술표준에 고착화된 것이다. 그런데 여기서 고려되어야 하는 것은 원특허권자에게 어떻게 이익을 극대화할 것인가 하는 문제가 아닌 원특허권자나 기술표준보유자의 이익과 후행하는 개량특허권자 또는 기술표준의 사용자간의 이익을 어떻게 분배하는가 하는 것이 중요하다. 왜냐하면 기술혁신은 후행하는 경쟁자들에 의하여 발생하는 경우가 많고, 이러한 후행하는 경쟁자들의 기술혁신이 정지된 그 자리에서 원특허권자가 기술표준보유자의 혁신유인도 상당히 감소하거나 소멸할 것이기 때문이다.[257]

(3) 제품화를 위한 복수특허덤불의 존재와 홀드업

홀드업은 위와 같은 표준보유자에 의해서만 발생하는 것은 아니다. 오늘날 많은 경우 하나의 상품을 제조하기 위해서는 복수의 특허가 필요하다. 다시 말해 복수의 특허권자들의 동의를 거쳐야 시장에 상품이 등장할 수 있게 되는 것이다. 따라서 최근에는 많은 제품들은 하나 또는 수개의 특허덤불(patent thicket or patent ambush)을 피해서야만 제품화될 수 있다. 그런데 만일 특허덤불이 표준의 일부로 포함되어 있을 경우 이러한 표준을 사용하는 소비재를 생산하는 생산자로서는 생산비의 증가를 자신이 전부 부담하지는 않을 것이다. 오히려 증가된 생산비의

---

255) *Id.*

256) Joseph Farrell et al, *supra note* 485 at. 610, 622-623. 이 논문에서 Farrell은 강제실시의 판단에 있어서 動態的 效率性(dynamic efficiency)이 고려되어야 한다고 주장한다.

257) *Id.* 610.

일부 또는 전부를 소비자에게 전가(pass-on)시키려고 할 것이다.[258)]

이처럼 복수의 특허의 존재로 인하여 대부분의 특허권을 사용하여 제품을 생산하는 업체들은 서로에게 어떤 부품에서건 특허를 침해하였을 가능성이 있고 이러한 가능성은 협상을 통하여 서로 상호실시(cross-license)를 하도록 하는 유인으로 작용한다.[259)] 이 경우에도 양당사자들이 이러한 라이선스 협상 과정에서 원특허권자가 홀드업 행위를 하게 되는 경우 최종소비재의 가격에 과도한 로열티가 포함되어 판매가의 상승이 일어나고, 그래서 소비자가 더 높은 가격에 구매하게 되는 가격으로의 전가되어 결국 소비자후생의 감소로 귀결된다. 이러한 소비자후생의 감소는 경쟁당국이 이러한 상황에서 개입하여야 할 필요성을 설명하기 위한 논거로 사용될 수 있다.

어떤 제품의 일부 부품에 대하여 「시장지배적 지위남용행위 심사기준」에서 제시하고 있는 필수요소의 기준처럼 우회할 수도 없고, 대체가능한 기술도 없는 경우(필수요소인 경우)에 이런 병목특허(bottle-neck patent)를 보유한 특허권자가 이러한 특허를 이용하여 제품을 생산할 의사가 없으면서도 이를 실시하거나 양도를 하여 달라는 요구에 대하여 실시나 양도를 하지 않겠다고 하거나, 비합리적으로 높은 로열티나 양도가액을 요구할 수 있으며, 복수 특허 상황하에서의 특허권자가 비합리적으로 높은 로열티나 양도가액을 요구할 수 있다. 이러한 홀드업 행위를 방치하게 되면 소비자후생의 감소로 이어지게 되므로 경쟁당국은 시장실패(市場失敗)의 한 유형으로서 이러한 원특허권자의 홀드업 행위를 제한하여야 하는 것이다.[260)]

---

258) Cotter, *op cit*, at. 20.

259) 예를 들어 LCD(Liquid Crystal Display)를 생각하여 보면 액정을 포함한 패널부, 모듈, 영상회로부, 캐비넷, 튜니, LDI 등 다양한 부분들로 구성되어 있다. 이중 2007.8.6. 샤프에 의하여 제기된 삼성전자와 샤프와의 소송샤프가 보유한 상기 소송에 포함된 5건의 특허는 다음과 같다. (i) USP4,649,383: Driving method for improving contrast ratio of LCD. (ii) USP5,760,855: Guard wiring to prevent static-induced damage to LCD. (iii) USP6,052,162: Formation of electrode so as to improve display quality of LCD. (iv) USP7,027,024: Driving device for improving display quality of LCD. (v) USP7,057,689: LCD having optical film for achieving wide viewing angle by compensating a phase difference. 주로 모듈부에 대한 것이었지만, (v) USP7,057,689: LCD having optical film for achieving wide viewing angle by compensating a phase difference. 특허는 필름을 성막하여 부착하는 기술에 대한 특허이다. 이에 대하여 삼성전자도 샤프사가 삼성전자의 4건의 특허를 침해하였다고 델라웨어주 웰밍턴 법원에 소송을 제기하였다(전자신문 2008.8.11.2자). 2009.6.25. 삼성은 샤프에 대한 미국 ITC(International Trade Commission)에서의 소송에서 승소하였다(매일경제신문 2009.6.25.자).

4. 표준보유자의 홀드업 행위와 시장실패 가능성

(1) 표준보유자의 홀드업 행위와 부동산소유권자의 홀드업 행위의 비교

표준보유자의 홀드업 행위를 복수의 토지소유권자들이 존재하는 상황에서 복수의 토지소유권자들로부터 동의를 얻어서 개발사업을 진행하는 부동산개발업자(developer)가 직면하는 토지소유권자 등의 홀드업 행위인 부동산 알박기 문제[261]와 비교해보면 표준보유자의 홀드업 행위가 부동산소유권자의 홀드업 행위의 경우보다 시장실패로 귀결될 가능성이 크다는 점과 경쟁법 개입의 필요성을 알 수 있다.

부동산 알박기의 경우 우리 법은 형법 제349조 상의 부당이득죄와 민법 제104조에 의한 계약의 무효라는 2가지의 수단을 가지고 있었고, 아울러 주택법[262]에 의한 규율을 별도로 가지고 있었다. 부동산 알박기에 대하여 헌법재판소는 형법 제349조가 법률조항이 사인 간의 계약의 자유를 합리적 근거 없이 필요이상으로 지나치게 제한한다거나 사적자치의 원칙에 위반된다고도 할 수 없어 위헌이 아니라고 결정하였다.[263] 부동산 알박기는 형사처벌까지 하는 방법으로 규제되고 있다. 한편 표준보유자의 홀드업 행위는 지적재산권의 행사이지만 경쟁법에 의하여 규제된다.

---

260) Lemley & Shapiro, *op cit* at 1992.

261) 특정한 지역의 부동산 보유자가 이와 같이 고가의 가격을 제시하면서 그 가격으로만 매입하겠다고 하면 부동산개발업자가 할 수 있는 대응방안이 무엇이 있을까. (i) 사전적으로 당해 부동산을 미리 조사하여 소유권의 현황을 살피고, (ii) 당해 소유권자들을 일일이 접촉하여 매각의사를 확인하고, (iii) 매각의사를 가진 소유자들만을 대상으로 부동산개발을 하게 되면 이러한 문제를 사전적으로 해소할 수 있을 것이다. 그런데 이와 같은 방안의 문제는 사전적으로 많은 거래비용이 소요된다는 것과 부동산개발이 이루어지게 하기 위하여 사전적으로 질문하였을 때 거짓말을 하는 것을 어떻게 방지할 것인가 하는 문제가 있을 것이다. 후자의 문제는 서약(covenant)을 하도록 함으로써 해소할 수 있을 것이나 사전적인 거래비용이 높다. 이러한 부동산 개발업자를 소위 '알박기' 문제라고 한다.

262) 주택법 제18조의2 제1항 및 주택법 제16조 제2항 제1호.

263) 이러한 헌법재판소 2006.7.27.선고 2005헌바19 사건의 다수의견에 대해서는 권성 재판관 및 주선회 재판관은 부당이득죄의 구성요건의 해당 여부가 모두 법관의 판단에 맡겨질 수 밖에 없으므로 개개 사안에 따라 법관에 의한 자의적인 해석이 가능해질 소지가 있고, 수사기관으로서도 객관적이고 구속적인 해석 및 집행의 기준을 제공받지 못하므로 자의적 · 선별적인 법집행에로 이끌리기 쉬워 이 사건 법률조항은 죄형법정주의의 명확성의 원칙에 위반된다고 보았다(헌법재판소 2006.7.27.선고 2005헌바19).

1) 거래비용의 차이

독점금지법은 사회적 총비용(social aggregate cost)을 줄이는 것을 목적으로 한다. 독점금지법이 염두에 두는 사회적 총비용은 사실 사회적 후생을 증대시키는 행위인데도 독점금지법위반이라고 판단할 수 있는 위험(false positives)과 그 반대의 비용(false negatives), 그리고 행정비용(administrative cost) 등의 비용을 최소화하는 것을 목적으로 달성하여야 한다.[264] 특허의 경우가 부동산과 결정적으로 차이가 나는 점은 사전적인 거래비용이 부동산에 비하여 훨씬 높다는 점이다. 우리의 경우에는 부동산공부가 미국에 비하여 매우 잘 구비되어 있으므로 사전적인 거래비용을 줄이는 수단이 된다.[265]

이와 비교하여 특허의 경우 각국 특허청에 특허등록원부에 등재되어 있고, 최근에는 특허의 출원과 등록도 전자적인 방법으로 이루어져 이러한 데이터베이스에의 접근이 훨씬 용이해졌다. 그러나 특허검색프로그램을 통하여 검색하는 방법으로 특허를 사전에 검색하여 볼 수 있지만 EPO, USPTO, JPO 등 주요국으로서 특허검색이 가능한 국가가 전 세계 모든 국가는 아니고, 더구나 특허의 존부와 특허권자를 파악하는 것은 많은 비용이 소모된다.[266]

사전적인 권리관계의 파악에 많은 비용이 소요된다는 점 외에도 특허는 부동산과 달리 (i) 제품의 판매대상이 진 세계적이고, (ii) 부동산이라는 단일하고 균질한 대상을 상대로 하는 것이 아니라, 관련되는 다양한 부분에 응용이 가능한

264) 이는 비용경제학적 관점에서의 접근으로 본고에서는 독점금지법 설계 및 집행에 있어서 고려하여야 할 요소 중의 하나라고 본다. John E. Lopatka & William H. Page, "Monopolization, Innovation, and Consumer Welfare," 69 Geo. Washington L. Rev. 367, 387 (2001).

265) 앞서 대법원 2005.4.15.선고 2004도1246 사건에서 대법원은 부당이득죄의 성립을 부정하면서 "위 법의 목적이 국토의 이용·개발·보전을 위한 계획의 수립 및 집행 등에 관하여 필요한 사항을 정함으로써 공공복리의 증진과 국민의 삶의 질을 향상하게 하는 것이고, 이를 위하여 주거지역과 그에 따른 용적률을 세분화한 것으로서 이러한 법령의 변경으로 인하여 피해자 조합이 받는 불이익은 재건축 사업을 추진함에 있어서 일반적으로 조합 측이 부담하여야 할 위험부담에 해당한다고 할 것"이라고 본 점에서 보는 것과 같이 사후적으로 「국토의 계획 및 이용에 관한 법률」 및 같은 법 시행령의 시행으로 용적율과 관련하여 개발사업의 수익성이 떨어지게 되었을 뿐 애초부터 해당부동산을 취득하려고 한 것은 아니라는 점을 논거로 사용하였다.

266) 이러한 이유로 하여 Microsoft와 같은 회사의 경우에도 제품 출시 전에 모든 국가에서 특허권의 사전검색을 수행하지는 못한다.

기술을 대상으로 한다는 점에서도 구별된다. 따라서 사전적으로 문제를 해결하고 싶어서 많은 비용을 사업화를 위한 사전정비를 위하여 사용하여도 매복한 특허권자의 기습적인 공격을 당할 가능성이 높다. 매우 단순하여 보이는 제품도 실제로는 매우 많은 수의 부동산 소유권자가 존재하는 것과 같은 부동산개발사업의 예와 같이 많은 특허권에 의한 제한이 있는 경우가 많다.

그러므로 권리보유자의 홀드업 행위는 특허권자의 경우가 부동산의 경우보다 더 용이하다. 다시 말해 시장실패가 발생할 가능성이 높으므로 경쟁법이 개입할 필요성이 높다.

2) 가치평가(valuation)의 문제

설사 모든 특허권과 특허권자를 다 파악한다고 하더라도 여전히 문제는 남는다. 왜냐하면 특허권의 정확한 가치를 평가하여 공정한 시장가격(fair market price)을 제시하는 것이 어렵다는 점이다. 사실 부동산의 경우에도 공정한 시장가치라는 것을 발견하는 것은 어렵다.[267] 부동산은 상대적으로 유체물로서 눈에 보이는 물건임에도 평가의 문제가 가장 크게 대두되는 세법의 경우 부동산의 감정평가액을 보충적 평가방법에 의한 공정한 시장가치라고 인정하고 있지만[268] 이러한 감정평가액의 적정성에 대하여 끊임없이 논란이 이루어지고 있다. 그런데 특허권의 경우에는 평가가 더욱 어렵다. 특허권의 평가기법은 將來豫想現金 흐름을 기준으로 하는 방법을 필두로 하여 여러 가지 있다.[269] 하지만 이러한 방법 중 어느 방법도 우월적으로 설득력을 가지는 방법은 없고, 상황에 따라 다르며 더구나 복수의 특허가 존재하는 경우에 어느 특허가 어느 정도의 기여를 하는

267) 헌법재판소의 소수의견은 2005헌바19 사건에서 지적한 어느 정도가 정당한 이익이고 어느 정도로 이익을 많이 얻어야 현저하게 부당한 이익을 얻은 것인지 그 기준을 예측하기 어렵[다]는 점을 적시하고 있다. 특허권 및 다른 여타의 지적재산권의 평가에 이르게 되면 더욱 어려워진다. 따라서 이러한 점을 종합하면 법원이나 검찰이 특정한 지적재산권 소유자를 이러한 부당이득죄의 법리에 따라 처리하는 것은 현실적으로 불가능하다고 본다.

268) 대법원 2008.2.1.선고 2004두1834 판결(증여세부과처분취소); 동지의 대법원 판결례로는 대법원 2004.3.12.선고 2002두10377 판결, 대법원 2003.10.16.선고 2001두5682 판결(공2003하, 2193), 대법원 1991.4.12.선고 90누8459 판결, 대법원 1996.8.23.선고 95누13821 판결(공1996하, 2905); 대법원 1993.4.13.선고 92누8897 판결(공1993하, 2098), 대법원 1995.5.26.선고 94누15325 판결(공2000하, 1547), 대법원 1997.7.22.선고 96누18038 판결(공2003상, 1003), 대법원 2003.5.30.선고 2001두6029 판결(공1979, 11858) 등.

269) 최승재, "IT 기술과 법 1," 168-171면.

것인가 하는 것에 대한 평가는 기여분 판단의 곤란이라는 문제가 추가적으로 부가되게 되므로 인하여 논의를 더욱 어렵게 한다.[270] 이러한 특허권에 대한 가치평가의 곤란은 표준보유자가 특허를 이용하여 홀드업 행위를 하기 위한 좋은 환경을 제공한다.

(2) 소프트웨어 관련 특허를 특별히 취급할 것인지 여부

소프트웨어 관련 특허를 경우와 다른 특허의 경우와 구별하여 소프트웨어 관련 특허에 대해서는 제품개발에 관련된 특허의 검색이 용이하므로 실시허락을 받지 않고 특허기술을 사용한 자에 대해 특허권을 보유한 특허권자가 고율의 로열티를 교섭이 이루어지지 않았다고 하더라도 권리남용에 해당하지 않을 것이라는 주장이 있다.[271]

그러나 특허의 검색이 용이하다는 점이 권리의 존재를 발견하기 위한 사전적 거래비용이 상대적으로 적다는 보여줄 뿐 권리남용의 성부와는 관련성이 거의 없다고 판단된다. 표준보유자와 관련해서 보면, 특허의 검색이 용이해도 필수적인 특허를 보유한 자의 홀드업 행위가능성을 소멸시키는 것이 아니다. 우선 여전히 특허권자는 자신의 특허가 전체적인 특허의 로드 맵에 비추어 평가 받을 수 있는 지위를 고려하여 협상력을 과도하게 행사할 가능성이 존재하고, 표준보유자의 경우에는 이러한 지위남용을 통한 시장봉쇄 의도가 극대화될 수 있는 경우라는 점은 소프트웨어 특허라고 해서 다를 것이 없다.

둘째 소프트웨어 관련 특허라고 특정하여 지적하고 있는 부분도 타당성에 의문이 있다. 소프트웨어 관련 특허가 알고리즘이나 플로우차트 등의 형식을 빌어 특허로 인정되는 등 다소 특이한 면이 있지만, 이러한 차이가 LCD나 반도체의 그것에 비하여 공정거래법이 취급을 달리할 정도의 차이가 있는 것은 아니며,

---

270) 바로 이러한 이유로 해서 여러 가지 모델들이 제시되고 있다. 이 중에서 효율적 요소 가격 이론(Efficient Component Pricing Rule)이 공정성의 판단을 위한 이론으로 제시되지만 아직 이 이론은 완결적인 이론이라고 보기는 어렵다고 판단된다. David J. Salant, "Formulas for Fair, Reasonable and Non-discriminatory Royalty Determination," MPRA Paper no. 8569 (2007).

271) 김기영, 전게논문, 98면(김기영 판사는 박사학위논문에서 윤진수 교수의 논문을 인용하면서 이러한 원리는 악의의 무단점유자가 타인의 토지를 시효취득 할 수 없는 것과 유사하다고 설명하고 있다.; 윤진수, "권리남용 금지의 경제적 분석," 재산법1 민법논고 I, 박영사(2007), 105-107면 참조.

그 외 매체항 등으로 청구한 소프트웨어 특허의 경우에는 여타의 특허와 차별성이 상대적으로 적어서 굳이 소프트웨어 특허라고 하여 이를 구별할 실익은 없다.

따라서 특허권남용의 가능성에 산업별의 특성이 고려될 가능성은 있지만 그 가능성이 공정거래법상 취급을 달리할 정도의 차이는 아니라고 보는 것이 옳다. 그러므로 소프트웨어 관련 표준보유자가 자신의 특허를 이용하여 홀드업 행위를 한다고 해서 이를 달리 취급할 이유는 없다.

II. 표준보유자의 홀드업 행위와 시장지배적 지위남용

1. 사실상 표준보유자의 홀드업 행위와 시장지배적 지위남용

표준화는 상호운용성의 확보에 있어서 매우 유용한 수단으로 굳이 경쟁법의 개입을 통하지 않더라도 지적재산권의 영역에서 상호운용성을 확보하는 것을 가능하게 하여 주는 유용한 수단이다.[272] 표준화를 통해서 보완재나 부품을 서로 다른 공급자로부터 구입할 수 있게 됨으로써 소비자들의 선택가능성을 넓히고, 소비자의 편익을 증대시키면서 한편으로 생산원가를 낮출 수 있게 되어 생산효율성을 달성할 수 있게 한다.[273] 어떤 방식이건 간에 표준화에 성공하여 이러한 표준을 업계에서 일반적으로 사용하게 되면, 이러한 표준의 사용을 통하여 상호운용성[274]이 확보될 수 있을 것이므로, 이러한 상호운용성의 확보를 위한 수단으로 기술표준의 제정은 매우 유용한 수단이 될 수 있다.[275] 이러한 상호운용성의 확보를 통한 소비자후생의 증대는 한편으로 추가적인 혁신의 촉진과 경쟁 촉진

272) Damien Geradin, "Pricing abuses by essential patent holders in a standard-setting context:: A view from Europe," Seminar paper for the conference June 4-5, 2008 at University of Virginia (2008) at. 4.

273) *Id.*

274) *Id.* [Geradin은 제품호환성(product compatibility)와 기가간 상호운용성(device interoperability)이라는 표현으로 상호운용성과 호환성을 구별하고 있다.]

275) 표준화가 네트워크를 통한 가치 창조가 중요한 수단이 되는 이유로 제품의 상호운용성을 높일 수 있기 때문이라는 점에 대하여는 DOJ/ FTC Joint Report에서도 인정하고 있다. DOJ/FTC Joint Report p.6-7

이라는 면에서도 긍정적인 효과가 있다.[276] 기술표준화를 통하여 표준이 형성되면 추가적인 혁신을 염두에 두는 기술개발자들은 연구 및 개발을 위하여 낭비하게 되는 시간과 시장진입에 실패할 위험을 줄일 수 있게 된다.

하지만 표준화기구에 의한 표준이건, 사실상 표준이건 시장에서의 경쟁에 부정적인 영향을 미칠 가능성은 상존한다. 구축된 사실상 표준은 일단 형성되고 나면 네트워크 효과가 크게 나타나는 IT 산업을 중심으로 한 신경제산업의 경우에는 상호운용성 및 상호호환성의 존재가 사실상 표준에 대한 의존성을 절대적으로 만들어서 경쟁당국의 개입이 없이는 시장경쟁이 봉쇄된다.[277] 유럽공동체 집행위원회도 바로 이러한 점에 포착하여 Microsoft,[278] Rambus,[279] Qualcomm[280] 등의 회사들이 집행위원회의 조사를 받고 시정조치를 하였다.

다만 도량형표준과 달리 기술표준은 국가나 표준화기구에서 표준으로 결정한다고 해서 바로 널리 사용되는 것을 담보하지 않고 시장에서의 참여자들의 선택에 의해서 생명력이 정해진다.[281] 이런 면에서 사실상 표준의 시장지배력이 표준화기구에 의하여 결정된 표준보다 클 수 있다. 왜냐하면 사실상 표준의 지위에 오른 뒤에 상호운용성 확보를 위한 지적재산권 라이선스를 거절하면 그 상대방을 시장에서 도태시킬 수 있기 때문이다. 따라서 상호운용성 확보를 위한 지적재

---

276) 예를 들어 Microsoft도 윈도우즈 API(Application Programming Interface)를 일반에 공개하여 자신과 상호운용성이 확보되는 소위 자신의 소프트웨어 생태계(ecosystem)를 구축하여 이 생태계를 통하여 윈도우즈가 사실상 표준(de facto standard)이 될 수 있도록 하였다. 이러한 Microsoft의 공개 API 정책에 의하여 많은 프로그래머들은 단지 이미 제공 받은 API를 활용함으로써 기반이 되는 기술에 대한 별도의 추가적인 노력을 하지 않고도 쉽게 새로운 응용을 할 수 있게 된다. Microsoft의 API도 계속 새로운 버전이 나온다. WIn16, Win32, Win32 for 64-bit Windows 등이 지속적으로 개발되어 프로그래머들에게 제공되고 있다.

277) Villarejo, *op cit*, pp.523-525.

278) Case T-201/04. Microsoft v. European Commission, [2005] ECR II-1491. IP/07/1567, "Antitrust: Commission ensures compliance with 2004 decision against Microsoft," 22 Oct. 2007.

279) Rambus는 유럽에서 Dynamic Random Access Memory(DRAM)에 대한 로열티가 불합리한 것이라는 이유로 해서 유럽공동체조약 제82조를 위반하였다는 점이 문제가 되었다. Memo/07/330. "Commission confirms sending Statement of Objections to Rambus" Brussels, 23 Aug. 2007.

280) Memo/07/389, "Commission initiates formal proceedings against Qualcomm," 1 Oct. 2007.

281) ISO 표준인 TCP/IP 표준의 경우가 대표적인 ISO 표준임에도 시장에서 널리 사용되지 못한 예라고 할 것임.

산권 라이선스를 거절행위의 경쟁저해성의 정도는 네트워크 효과가 큰 기술시장(technology market)에서 더 크다.[282)]

사실상 표준형성과정에서 사실상 표준을 형성하고자 하는 자는 산업 내에서의 주요 시장관여자들이 표준으로 형성하는 경우나 표준화기구에 의한 표준의 경우와는 달리 시장 내의 어떤 의사결정기구에 의한 결정이 아니라 자발적인 동조세력을 규합을 통하여, 이를 달리 풀어 소위 기술 생태계(生態界, ecosystem)의 조성을 통하여 표준을 형성하여야 하므로 이 과정에서는 가능한 우호적인 실시정책을 사용한다. 일단 일정한 규모의 생태계가 조성되면 네트워크 효과로 인하여 시장에서의 지배력은 기하급수적으로 증대된다.[283)]

표준화과정에서는 지속적으로 업그레이드를 시키면서도 계속 새로운 버전과의 상호운용성을 확보하여 주다가 생태계가 홀드업되고 자신의 기술이 사실상 표준의 지위에 오른 이후 갑자기 기존의 우호적인 실시정책을 유지할 필요가 없게 되었으므로 자신의 특허권 등을 주장하면서 선별적 라이선스(selective license)나 실시거절(refusal to license) 등으로의 실시정책 전환을 천명하고 사실상 표준으로 형성된 기술을 사용하지 못하도록 하는 경우에는 사실상 표준 보유자의 지적재산권 남용행위이다. 사실상 표준으로 된 상황에서는 시장참여자이 사실상 표준보유자에게 고착화(lock-in)되어 있는 상황이므로 이러한 사실상 표준보유자의 실시정책 변경은 시장참여자의 시장에서의 유효경쟁을 봉쇄된다. 동시에 추가적인 시장 내 혁신을 봉쇄하는 기능을 한다.[284)]

이 상황에서는 사실상 표준 보유자가 특정 버전에서부터 상호운용성 및 상

282) 이러한 생각에 대한 반대의견도 있다. 이들은 기술시장의 경우에는 아무리 적은 경쟁기술이 존재한다고 하더라도 그 기술이 代替財인 경우 매우 활발한 경쟁을 유발한다고 본다. 따라서 이러한 경우에는 현재 특정한 기술이 시장점유율의 관점에서 높은 시장점유율을 가지고 있다고 하더라도 그것이 바로 시장지배력을 인정할 수는 없다고 본다[Daniel G. Swanson & William J. Baumol, "Reasonable and Nondiscriminatory Royalties, Standard Selection, and Control of Market Power," 73 Antitrust Law Journal 1 (2005)].

283) 실제로 많은 IT 업체들은 이러한 과정을 거쳐 자신의 기술을 시장에 지배적인 기술로 만들어 사실상 표준을 형성한다. 소프트웨어의 경우 지속적으로 업그레이드를 시키는 과정에서 기존의 버전과의 호환성을 확보하기 위한 조치를 취하게 되는데 이전버전의 경우에는 무상으로 상호운용성 확보를 위한 프로토콜이나 API, SDK(Software Development Kit)를 제공한다.

284) David J. Teece & Edward F. Sherry, "Standard Setting and Antitrust," 87 Minnesota Law Review, 1913 (2003) at 1929.

호호환성(相互互換性)을 확보하도록 조치를 취하지 않고, 라이선스를 거절하거나 고율의 로열티를 요구하면, 기존에 이러한 생태계 안에서 이를 전제로 사업을 영위하던 사업자들은 특정 기술이 사실상 표준된 상황이므로 새로운 기술을 개발한다고 하더라도 기술적인 격차를 극복하는 것도 어렵고 시장에서 소비자들이 이미 특정기술에 고착화(lock-in)된 상황이므로 신규진입도 어렵게 되어 결국 라이선스를 받지 못한 사업자들은 홀드업 상황을 극복하지 못하고 시장에서 퇴출된다. 대표적인 사실상 표준보유자의 지위 남용방식이다.

공정거래법상 시장지배적 사업자의 지위남용행위로 포섭할 수 있다. 우리 공정거래위원회도 Microsoft사에 대하여 끼워팔기에 대한 판단만을 하였지만 유럽공동체 집행위원회의 경우에는 특허에 의하여 보호되는 사실상 표준보유자인 Microsoft의 프로토콜 라이선스 거절행위에 대하여 실시강제(compulsory license)를 명한 바 있고, 이러한 결정이 유럽공동체 1심법원에 의하여 지지된 사실은 앞에서 본 바와 같다. Microsoft 사건이 유럽공동체에서 논의된 쟁점대로 우리나라에서 문제가 되었다면 앞서 제2절에서 본 라이선스 거절에 대한 처리에서 본 것과 같이 시장지배적 지위남용행위에 대한 공정거래법 제3조의2 및 시행령 제5조, 「시장지배적 지위남용행위 심사기준」 IV. 3.다. (1)항 및 (4)항에 의하여 처리될 것이다.

2. 표준화기구에서 결정한 표준보유자의 홀드업 행위와 시장지배적 지위남용행위

(1) 표준화기구에서의 홀드업 행위와 유인구조(誘因構造)

IT 산업의 경우 표준의 책정은 사실상 표준에 의하여 이루어지는 경우도 많지만 표준화기구에 의하여 책정되는 표준이 그 수에 있어서는 더 많다. 이유는 여러 가지로 설명될 수 있다. 사실상 표준의 경우에는 위와 같은 사실상 표준 형성 후의 홀드업 이슈가 발생할 수 있다는 점에 대하여 시장참가자들이 이미 알고 있기 때문에 특정한 사업자의 표준 독점을 허용하지 않아야 한다는 공감대가 쉽게 형성된다. 둘째, 국제적으로 사용되는 IT 표준의 경우 이해관계자들의 공동협의체 의하여 만들어지지 않으면 상당한 시장지배력을 가지고 있는 기업이 아니라면 시장에서 사실상 표준을 형성하는 것이 어렵고 가능하다고 하더라도 시간이 오래 걸린다. 그런데 문제는 IT 산업의 경우에는 제품의 수명주기가 짧게 끝나는 경우가 많아서 오랜 시간이 걸린다는 이야기는 시장성을 상실할 수 있는 있다는 이야기가 될 수 있다. 이러한 점으로 인하여 동종업계의 경쟁자들이 참여하는 이해관계자들로 구성된 표준화기구에서의 표준결정이 빈번하게 논의되고 이루어지는 것이다.

그런데 이러한 표준화기구에서의 경우에도 표준결정과정에서 표준화기구를 이용하여 자신의 특허가 표준기술이 될 수 있도록 채택과정에서 유인행위를 하고 결국 표준으로 채택되도록 함으로써 관련시장을 독점하고자 하는 유인이 표준화대상이 되는 특허권자에게 존재한다.

(2) 표준화기구가 표준보유자의 홀드업 행위를 막기 위한 수단

표준화기구의 입장에서는 자신의 기술을 표준기술로 채택되도록 한 이후에 표준보유자가 된 특허권자의 홀드업 행위를 함으로써 협상력을 높여 수익을 얻고자 하는 목적으로 표준화의 대상이 되는 자신의 기술이 특허에 의해 보호되고 있다는 사실을 은닉하거나 속이는 방법의 기망행위를 방지하지 못한다면 점차 더 적은 수의 사업자들이 표준화기구에 참여하려고 하게 되어 결국 표준이 실패로 돌아가데 되므로 이러한 표준화대상기술보유자의 기망행위를 방지하는 것은 매우 중요한 과제이다. 그러므로 사전적 라이선스 조건(ex-ante licensing terms)을 결정하여 표준화과정에 참여하는 회원사들로 하여금 이러한 조건에 동의하도록 하는 것이다.[285] 표준화기구는 다자계약을 통하여 회원사들간의 행위준칙(code of conduct)을 정한다. 이러한 표준화기구회원사들의 행위준칙이 정책문서이다. 표준화기구는 정책문서를 작성함에 있어 회원사들이 자신들이 보유한 표준으로 채택된 기술에 일부로 포함된 특허권을 포함한 지적재산권을 사용하여 홀드업 행위를 하는 것을 방지하기 위하여 공개의무와 FRAND 또는 RAND 조건에 의한 라이선스를 하는 것 등의 조건을 반영한다.[286] 만일 홀드업 행위를 적절하게 제어하지 못하면 표준화가 지지부진해지거나, 시장에서 채택되지 못하는 기술만이 표준

285) Damien Geradin, "Standardization and technological innovation: Some reflections on ex-ante licensing, FRAND, and the proper means to reward innovators," Conference on Intellectual Property and Competition Law Brussel (June 8 2006) pp.5-11.

286) Mark A. Lemley, "Intellectual Property Rights and Standard Setting Organizations," 90 Calf. L. Rev. 1889, 1904-1906 (2002).

화되는 逆選擇의 問題(adverse selection problem)에 직면하게 된다.[287]

이러한 정책문서의 내용에도 불구하고, 표준의 대상이 되는 특허기술을 보유하고 있는 자는 자신의 특허권 등이 표준이 되거나, 표준의 핵심기술이 되도록 한 후에 이러한 기술을 통하여 시장 참여자들을 홀드업 행위를 통해서 고착화함으로써 시장에서의 독점적인 지위에 이르고, 독점이윤을 추구할 가능성이 상존한다.

1) 특허공개정책(Open Access Policy)

바로 이러한 誘因이 존재하기 때문에 표준화기구에서는 특허공개정책을 채택하여 특허권이 수반되는 폐쇄적인 기술이 공적 표준(public standard)으로 채택되지 않도록 하기 위한 노력을 하지만 필수적인 특허의 경우에는 어쩔 수 없이 채택을 하여야 한다. 이를 위해서 필요한 것이 이러한 특허를 인식하기 위하여 공개하도록 요구하는 것과 공개된 특허에 접근하도록 하는 방법이 필요하다.[288]

IMT2000표준[289]과 관련한 정책문서에서도 표준화되는 기술에 대한 특허권자가 표준화 이후에 홀드업 행위를 할 수 없도록 하기 위하여 관련된 특허 및 출원중인 특허를 공개하도록 요구하고 있다.[290] Qulacomm 사건의 JVT(Joint Video Team)의 경우에도 ITU와 ISO가 상위 표준화기구로서 이 두 표준화기구의 규약을 따랐다. 이들 표준화기구의 정책문서에 의하면 참여기업들은 표준화 제안과 관련된 지적재산권 정보를 가능한 빨리 공개하도록 요구받고 있다.[291]

---

287) Joel M. Wallace, "Rambus v. F.T.C. in the Context of Standard-Setting Organization, Antitrust, and the Patent Hold-Up Problem," (2006) at 1.

288) Ridi Bekkers et al., *op cit,* 2.3. p.5.

289) IMT2000은 International Mobile Telecommunications-2000의 약자로 ITU가 3세대 무선통신을 위하여 제정하였던 세계 표준이다<http://www.itu.int/ITU-D/imt-2000/DocumentsIMT2000/Est-Growth.pdf.>.

290) 정보통신기술에 있어서 중요한 國際표준화기구중의 하나인 ITU(international Telecommunication Union)은 특허정책(patent policy) 제1조에서 "ITU는 특허권이나 유사한 권리의 범위 및 타당성 등에 대해 납득가능한 정보를 제공할 수 있는 위치는 아니지만 모든 정보는 활용가능한 것이 바람직하다고 본다. 그러므로 표준勸告를 위해 제안서를 제출하는 Radiocommunication Sector Member는 비록 무선통신국 이사회(Director of the Radiocommunication bureau)가 특허권에 대한 타당성을 검증할 수 없다고 하더라도 자사 또는 타사의 공표된 특허나 공표되지 않은 특허권의 적용을 통지하여야 한다"라고 규정한다. 정책문서의 상세한 내용에 대하여는 박진현 · 서무정, "IMT 2000의 지적재산권(IPR) 분쟁과 의미 — Qualcomm과 에릭슨의 IPR 분쟁을 중심으로," 정보통신정책 제11권 7호 통권 239호 (1999), 24면.

291) ITU-T와 ISO/IEC IPR policy, members/experts are encouraged to disclose as soon as

이러한 표준화기구의 참여자들에 대한 특허의 존재여부, 특허가 존재하는 경우 공개의 요구를 통한 공개의무(duty to speak) 등에 대한 서약을 요구하는 것은 만일에 있을지 모르는 특허권자의 존재와 특허권자의 홀드업 가능성을 사전적으로 방지하는 1차적인 보호막 역할을 한다.

2) FRAND 조건의 요구

특허를 공개하여 접근하도록 하는 방법으로는 무상 로열티 라이선스 정책(royalty free licensing policy)과 RAND나 FRAND 라이선싱 정책(RAND or FRAND licens ing policy)이 사용된다.[292] 이중 전자의 방법은 표준화기구의 라이선스 정책이나 정부의 구매정책에 반영되었다. 무상 로열티 라이선스 정책은 네덜란드 정부가 공개소프트웨어(open source software)의 구매시에 최초로 적용했으며,[293] 이러한 정책은 유럽공동체 상호운용성 지침(European Interoperability Framework)에도 반영되었다.[294]

반면 표준화의 대상이 되는 기술이 특허에 의하여 제한을 받지 않는 기술이 되면 특허를 사용한 홀드업 문제는 발생하지 않을 것이고, 이와 관련된 특허공개 요구 정책이나 FRAND조건도 필요하지 않을 것이다. 하지만 표준은 단순히 표준으로 제정되었다는 것 자체가 중요하기 보다는 실제 산업계에서 많이 활용되어야 하는 것으로 표준화 당시에 존재하는 가장 우수한 기술은 아니라도, 가장 보편화될 수 있으면서 기술적으로 어느 정도의 우수성(quality of technology)을 가진 기술이어야 한다. 따라서 어느 기술이 이러한 속성을 가지고 있을 경우 특허에 의하여 보호되는 기술이라고 산업에서의 기술표준으로 제정할 필요성이 있을 수 있다.[295]

따라서 이러한 경우에는 표준으로 제정되고 난 뒤에 표준이라는 지위를 이용하여 라이선스를 함에 있어 과도한 로열티(excessive royalty)를 요구하고, 만일 이러한 요구가 수용되지 않으면 특허침해소송을 제기하여 관철시키는 유의 특허권자의 홀드업 행위가 예견되는 사항이므로 이를 막기 위해서 특허권에 의하여 보호

---

possible IPR information (of their own or anyone else's) associated with any standardization proposal (of their own or anyone else's). Such information should be provided on a best effort basis.

292) Ridi Bekkers et al., *op cit,* 2.3. p.6.

293) http://www.ossos.nl/index.jsp?alias.

294) CompTIA, "White Paper European Interoperability Framework," ICT Industry Recommendations, Brussels, op te vragen via (2004).

295) Wallace, *op cit*, pp.4-5.

되는 기술의 경우에는 사전에 표준화과정에서 특허권자에게 표준에 포함된 특허에 의하여 보호되는 기술 또는 표준화과정에서는 공개되지 않았으나 뒤에 밝혀진 특허가 존재하는 경우 이러한 특허의 라이선스에 대한 사전적인 확약을 받을 필요가 있다. 이러한 사전적인 실시조건(ex ante license term)이 바로 FRAND조건이다.[296] 이 조건은 ETSI(European Tele-communication Standard Institute)에서 최초로 표준화기구내의 라이선스 조건으로 채택되었다.[297]

IMT2000과 관련된 ITU의 정책문서에도 이러한 FRAND조건을 찾아볼 수 있다. 제2조는 다음과 같이 규정한다.[298]

> [제2조] 만일 ITU의 표준권고가 제정되고, 제1조에서 언급된 특허에 관한 정보가 밝혀진다면, 다음의 3가지 사례가 발생할 수 있다.
>
> 2.1. 특허권 보유자가 자산가 가진 권리를 포기한다. 따라서 표준권고는 특별한 조건이나 로열티 지급 의무 없이 모두에게 접근가능하다.
>
> 2.2. 특허권의 권리를 포기할 의사가 없는 특허권 보유자는 합리적인 조건 하에서 관련 당사자와 비파별적인 관점에서 실시협상을 할 수 있다. 그러나 협상은 관련된 당사자간에 개별적으로 ITU 외에서 진행되어야 한다.
>
> 2.3. 2.1.이나 2.2.의 어떤 조항에 따라지 않는 특허권 보유자에 대해서는 어떤 ITU 표준권고도 성립하지 않는다.

실시조건에 대한 사전적인 확약의 대상은 위와 같은 FRAND조건에 대한 확약에 그치지 않고, 더 나아가 표준결정 후에 부과될 최고 로열티 액수와 총매출(total sales)을 기준으로 할 것인지 순매출(net sales)을 기준으로 할 것인지와 같은 로열티 베이스의 문제나 로열티 베이스의 몇 퍼센트를 부과할 것인지 로열티율에 대한 사항까지 사전에 약속을 하도록 하고 이를 공개하거나 하는 방법으로 제약을 하기도 한다.[299]

(3) 표준화기구결정 표준보유자의 홀드업 행위양태

홀드업 행위는 매우 큰 이익을 줄 수 있으므로 위와 같은 정책문서에서의 특허

296) 이와 관련된 사례들에 대해서 Carl Shapiro, *op cit*, pp.24-25.
297) Ridi Bekkers et al., *op cit,* pp.7-8.
298) CompTIA, White Paper *op cit*,. p.26.
299) *Id.*

공개요구에도 불구하고 이를 위반할 인센티브가 있다. 그렇기 때문에 표준화기구에서는 이러한 표준보유자의 홀드업 행위를 표준화가 이루어지기 전에 사전적으로 방지하기 위한 장치들을 고안하여 정책문서에 포함시킨다. 그 중요한 것이 공개의무와 FRAND 조건이다.

표준화의 대상인 특허에 의해서 보호되는 기술을 보유한 자가 (i) 표준화기구의 표준화활동에 참가하면서 자신의 이익을 위해서 공개의무를 위반하여 자신의 특허권 보유사실을 은닉하고, 표준이 결정된 이후에 이를 활용하여 사용자에게 특허소송을 등의 방법으로 특허권을 행사하려고 하는 경우,[300] (ii) 공개의무 위반과 같은 부작위 행위가 아니라 특허권 존재 자체를 숨기지는 않지만 표준결정 전에 표준화기구에서 위와 같이 요구한 FRAND 조건을 동의하고도 표준결정 후 특정한 사업자에 대한 라이선스를 거절하거나 과도한 로열티를 요구하는 경우가 가장 문제가 된다.[301] 전자는 공개의무 위반의 문제이고, 후자는 FRAND 조건 위반의 문제이다.

III. 표준보유자의 홀드업 행위 방지장치 위반과 경쟁법의 적용

1. 공개의무(duty to disclose; duty to speak) 위반과 경쟁법

(1) 공개의무

1) 정책문서의 규정

표준화기구에 의해서 표준으로 결정하는 경우 표준기술을 특허로 보유하고

300) H.264표준은 이 사건에서 문제가 된 104 및 767 특허의 발명자 중의 한 사람의 증언 및 기타 정황증거를 종합하면, Qualcomm사는 자신이 특허로 출원등록한 기술이 HDTV 관련 압축기술로 사용될 것이라는 것을 알고 있었고, 그럼에도 의도적으로 이러한 특허의 존재를 숨기고, 다른 참여자들이 H.264 표준을 채택함으로써, 자신들의 104 및 767 특허를 침해하도록 하고, 필수적인 기술의 라이선스를 할 수 있는 기회를 얻으려고 했음이 드러났다 (Qualcomm 사건 판결문 19-20면의 발명자 Lee Choung의 증언).

301) *Broadcom Corp. v. Qualcomm Inc.* (*Broadcom II*), 501 F.3d 297, 314 (3d Cir. 2007) at 315-318.

있는 표준보유자는 홀드업 행위를 할 수 있기 때문에 대부분의 표준화기구는 정책문서에 명문으로 구성원 및 전문가들로 하여금 반드시 자신의 보유 지적재산권 현황을 공개하도록 요구하고 있다.[302)]

2) 공개의무 위반의 판단기준

공개의무 위반의 판단기준과 관련하여, 특허사건의 1심법원이었던 동부 버지니아 연방지방법원은 참고가 된다. 동부 버지니아 연방지방법원은 기망행위로 판단되기 위하여 5가지 요건을 구비하여야 된다고 보았다.[303)] (i) 자신이 공개하여야 할 의무 있는 사항에 대하여 의도적으로 허위의 사실을 개시하거나, 숨기는 행위, (ii) 그러한 사실이 중요한 사실일 것, (iii) 이러한 행위가 의도적으로 그리고 지득한 상태에서 이루어질 것, (iv) 오인을 유도할 의사를 가질 것, (v) 상대방이 이러한 행위에 대하여 신뢰할 것이라는 요건이 구비되어야 한다고 보았다.[304)] 특허사건의 1심법원이었던 동부 버지니아 연방지방법원에서 배심원들은 거의 모든 청구취지에 대하여 피고 Infineon사의 주장을 받아들여 원고청구를 기각하였

302) Rambus 사건에서 문제가 된 JEDEC의 정책문서에도 이러한 公開義務를 요구되고 있었다. JEDEC의 정책(policy)과 실무관행상 회원사들은 JEDEC의 표준과 관련될 수 있는 특허 및 출원중인 특허를 공개하여야 하며, JEDEC의 회원사들은 당해 기술이 표준의 일부로 포함할 것인가에 대한 표결을 하기 전(before members voted to adopt a standard that would incorporate those technologies)에 RAND 조건으로 자신의 특허를 라이선스 할 것이 요구된다[In re Matter of Rambus (F.T.C. 2002, 2006, 2007 Docket No. 9302)]. JEDEC(Joint Electron Device Engineering Counsil)은 미국전자공업협회(EIA)의 下部組織으로, 제조업체와 사용자 단체가 합동으로 집적 회로(IC) 등 전자 장치의 통일 규격을 심의, 책정하는 기구. 여기에서 책정되는 규격이 國際표준이 되므로 JEDEC은 이 분야의 國際표준화기구이다. <http://terms.naver.com/item.nhn?dirId=2&docId=6108> 최종접속 2007.11.12.

303) *Rambus, Inc. v. Infineon Techs. AG,* 164 F. Supp2d (E. D. Va. 2001).

304) 이러한 보통법상의 사기(common law fraud) 판단의 기준에 의할 때, Rambus사의 행위는 SDRAM의 경우 자신이 특허를 보유하고 있다는 중요한 사실을 이미 Rambus사에서 참석한 임직원들이 JEDEC의 경우 이러한 특허를 공개하여야 하는 것이 JEDEC의 경우에는 관행으로 정립되어 있음을 당시의 회의록, JEDEC의 정책에 대해서는 Infineon사가 입증하였다. 그리고 Rambus사의 내부 직원의 이메일을 통하여 Rambus사가 의도적으로 특허를 숨기고, 이후에 특허소송을 제기하려고 하는 의도가 있었음도 입증되었다. 그리고 Infineon사로서는 이러한 JEDEC의 정책 등을 감안하여 볼 때 Rambus사와 같은 JEDEC의 회원사가 특허소송을 제기하리라고 기대하는 것은 어렵다는 점을 법원은 인정하여 결국 Rambus사의 행위는 위의 각 요건에 모두 구비되는 행위라고 판단하였다[*Rambus, Inc. v. Infineon Techs. AG,* 164 F. Supp2d (E. D. Va. 2001)].

다. 연방지방법원의 판결은 상급심에서 파기되어 최종적으로 미국 연방대법원에서도 Rambus사의 전부승소로 끝났다.[305] 그러나 연방대법원은 Rambus사의 특허침해소송에서 승소한 이유는 피고 Infineon사의 항변의 기초가 되는 정책문서인 JEDEC의 정책상 공개의무의 불명확성과 JEDEC의 경우와 같이 공개에 대한 기준이 명확하지 않은 상황에서도 일반적으로 표준화기구에 참여하고자 하는 회사들에게 자신이 보유한 특허 등의 지적재산권의 공개의무를 부과하는 경우에는 이러한 표준화를 위한 기구에 참여하는 것에 대한 현저한 우려를 가지게 하여 이러한 표준화를 위한 기구에의 참여를 저조하게 할 우려가 있다는 냉각효과(冷却效果; chilling effect)에서 찾았다. 따라서 기준이 변경된 것은 아니다.[306]

이러한 동부 버지니아 연방지방법원의 기준은 우리나라에서도 공개의무 위반 후특허권자가 제기한 특허침해소송이 특허권 남용인지 여부를 판단하기 위한 기준으로 사용할 수 있다고 본다.

3) 공개의무 위반의 효과

공개의무를 위반하여 공개하지 않은 것 자체는 정책문서에 따른 약정을 위반한 것으로 계약의 문제이고, 이에 대한 처리는 표준화기구의 내부규약에 따라 처리하면 된다. 왜냐하면 단순한 정책문서상의 공개의무를 이행하지 않았다는 것만으로는 경쟁법 위반을 인정하기 위한 요건들이 구비되지 않기 때문이다.[307]

경쟁당국은 경쟁법을 통해서 특허권자가 공개의무 위반을 통해서 특허권의 존재를 모른 표준화기구가 특허권이 없는 것으로 생각하도록 하여 표준으로 결정되도록 한 뒤 특허침해소송을 제기하는 등의 방법으로 홀드업 행위를 하는 등의 별도의 경쟁제한적 행위를 하는 경우를 규율한다. 이러한 추가적인 행위를 통해서 자신의 표준화된 기술에 고착된 경쟁자들로부터 고율의 로열티를 받거나 표준사용자들의 실시요구를 거절함으로써 경쟁자가 시장에서 퇴출시키려고 하는

---

305) *Infineon Techs. AG, v. Rambus, Inc.*, 124 S.Ct. 227 (2003).

306) *Id*.

307) 이 점은 뒤에서 보는 FRAND 조건 위반의 경우와 구별된다고 생각한다. Rambus 사건에서도 연방거래위원회는 Rambus의 公開義務위반행위, JEDEC의 DRAM 표준결정행위, Rambus의 독점적 지위의 형성간의 인과관계(causation)의 입증이 이루어졌다는 점을 강조한다. 연방거래위원회는 만일 이러한 인과관계의 연계(link)를 부정하게 되면 Rambsu에게 홀드업 행위로부터의 도피처(shelter from hold-up)를 제공하게 된다고 하였다[Opinoin of FTC In re matter of Rambus, (F.T.C. 2004, Docket No. 9302)].

경우 발생할 것이다.[308)]

이 경우 경쟁당국의 개입은 과징금의 부과와 같은 간접강제 또는 궁극적으로 강제실시명령이 될 것이다. 강제실시에 대한 기본적인 이해는 사실상 표준 보유자의 실시거절의 경우와 마찬가지이다. 시장에서 독점적인 지위가 표준화과정에서 그것도 기만적인 방법을 통하여 자신의 관련되는 특허를 숨겨서 발생한 경우라면, 경쟁당국은 시장개입을 통하여 특허권의 효력을 부인하지는 않으면서도 경쟁법에 따른 시정조치를 함으로써 경쟁제한상황을 교정하여야 한다.[309)]

4) 경쟁당국의 개입과 표준화에 대한 냉각효과

제3장에서 본 것과 같이 표준화는 아울러 상호운용성의 확보를 포함한 친경쟁적인 면이 있으며, 특히 IT 산업과 같이 수많은 특허들이 하나의 상품에 사용되어야 하는 상황에서 표준화가 없으면 서로 간의 특허소송으로 제품화가 어려울 가능성도 배제할 수 없다. 표준화는 경쟁자들간의 협조적 행동이기는 하지만, 이러한 행동이 가지는 소비자 후생의 증진과 기술혁신에의 촉진에 기여하는 측면이 큰 경우가 많다.[310)]

Rambus는 만일 연방거래위원회가 적극적으로 공개의무를 위반하고 형성된 표준보유자의 특허권행사를 독점금지법 위반으로 보는 경우 표준화 참여에 대한 냉각효과가 발생할 것이라고 주장하였다. Rambus사의 주장은 만일 경쟁당국이 표준화기구 내의 문제에 관여하여 강제실시를 명하게 되면, 향후 특허보유자들은 굳이 표준화기구에 참가하려고 하지 않을 것이므로 이 경우 기술 표준화가 사회적으로 끼치는 긍정적인 점인 생산 효율성의 증대, 호환성 확보를 통한 네트워크 효과와 이를 통한 소비자 후생의 증대 등의 장점을 상실하게 될 것이라고 요약

308) *Id.*

309) *Id.* para 39-43. [Rambus 사건에서 연방거래위원회는 Rambus가 사실은 자신들의 특허를 1990년대 초반에 사실상 표준으로 만들기 위해서 노력하였으나 가시적인 성과를 거두지 못하자 1991년 JEDEC의 회원사가 되어 표준화 活動에 참여하였다는 점을 지적한다. 그리고 JC-42.3표준화그룹을 통해 최초의 SDRM 표준화에 성공하였고, Rambus의 입장에서는 만일 표준화기구에 의한 표준화가 성공하면 이를 통해서, 실패하면 사실상 표준을 추구함으로써 자신의 특허를 표준으로 정착하려고 하는 의도를 가지고 있었기 때문에 특허은닉을 통한 기망(欺罔)행위가 이러한 의도에 기초하여 이루어진 것이라고 보았다.]

310) Rudi Bekkers, *op cit,* p.4.

될 수 있다.[311)]

이러한 Rambus사의 주장에 대하여 연방거래위원회는 이를 배척하지 않으면서도, 오히려 이를 이용하여, Rambus사의 행위와 같은 기망적인 행위를 방지하여야 표준화기구에 대한 자발적인 참여가 촉진된다고 판단하였다.[312)] 만일 표준화기구 내의 기망행위를 그대로 방치하는 경우에는 오히려 표준화기구에 참여함으로써 표준으로 채택될 특허보유자만이 독점적인 이윤을 누리게 되고, 다른 참여자들은 홀드업 되어서 고율의 로열티를 억지로 부담하는 상황이 된다면 표준화기구에 참여할 유인(誘因)이 없어진다.[313)]

표준화기구회원사의 기망행위를 방지하지 못하게 되어 관련 산업의 주요 사업자들이 표준화기구에 참여하지 않으려고 하는 것이 오히려 표준화를 냉각시키게 될 것이라는 연방거래위원회의 주장은 타당하다. 그러나 과도한 경쟁당국의 개입도 잘못된 개입(false positive)의 누적으로 냉각효과를 일으킬 수 있다. 그러므로 경쟁당국이나 법원은 냉각효과에 대한 주장이 있을 경우 구체적인 사정을 살펴서, 개별적이고 종합적으로 실질적인 냉각효과 발생가능성이 있는지를 살펴보아야 할 것이다.

(2) 공개의무 위반과 경쟁법 집행을 통한 시정

1) Qualcomm 사건

공개의무 위반과 관련된 대표적인 사건이 Qualcomm사건이다. 이 사건에서 Qualcomm은 자신의 특정한 지적재산권을 의도적으로 숨기고 표준으로 결정된 후 자신의 특허권을 행사하는 행위에서 표준결정 후의 특허권의 행사가 미국 독점금지법을 위반한 특허권의 남용이 되는지 여부가 문제되었다.

2001년 말 2개의 표준화기구인 ITU-T(International Telecommunication Union Telecommunication)의 표준화분과(Standardization Sector)와 ISO의 MPEG(Moving Picture Experts Group)분과는 JVT라는 하위(下位)표준화기구를 만들었다. 이 JVT의 목표는 제한된 대역폭이나 저장용량하에서 기술적으로 서로 정렬되고, 완전히 상호연동

---

311) Complaint of Rambus, Rambus Inc. v. Federal Trade Commission, 318 F.3d. 1081 re FTC order in 2002 & *Rambus Inc. v. Federal Trade Commission,* ___F.3d.____, 2008 WL 1795594 (D.C.Cir. 2008) re FTC order in 2006.

312) *In re matter of Rambus,* (F.T.C. 2004, Docket No. 9302).

313) Wallace, *op cit*, at 5-6.

될 수 있는 효율적인 기술표준(aligned and fully interoperable standard)을 만드는 것이었다. JVT는 이 기술표준을 통하여 다양한 플랫폼 상에서 그리고 서로 다른 기기하에서도 완전히 상호운용성을 확보할 수 있도록 하려고 하였다.

Qualcomm은 2003년 5월 채택된 H.264표준이 결정되기 전인 2002년 1월에 이미 MPEG/JVT/JPEG 등의 미팅에 자사의 직원들이 참가하고 있었고,[314] 그리고 이 때 Qualcomm의 임직원들은 자신들이 표준화와 관련되는 특허들을 공개하여야 하는 점에 대하여 이미 알고 있었다.[315] 그럼에도 Qualcomm은 자신들의 관련 특허를 공개하지 않았다.

2005.10.14. Qualcomm사는 자신들의 104특허[316]와 767특허[317]를 Broadcom가 침해하였다는 이유로 특허침해소송을 Broadcom을 상대로 제기하였다. 배심원들은 2007년 1월에 열린 배심원 평의에서 각 Qualcomm사의 특허들이 진보성이 인정되나, 이 특허들은 각 부정 행위(inequitable conduct)에 의하여 등록된 것으로 집행될 수 없다고 하는 의견을 내었다. 이에 법원은 Qualcomm의 특허소송의 원인된 이 특허들이 결국 H.264 표준으로 채택되었던바, 이러한 표준화의 과정에서 이미 합동비디오팀(Joint Video Team)이라는 표준화기구에 의하여 표준화하는 과정에서 유예(waiver)를 한 특허로서 집행이 되지 않아야 한다고 판단하였다.[318] 그리고 Broadcom이 명확한 증거의 법칙(clear and convincing evidence rule)에 의하여 이러한 Qualcomm의 특허유예사실을 입증하여야 한다고 판시하였다.[319] 2007.8.7. 캘리포니아 연방남부지방법원은 Qualcomm이 Broadcom 사를 상대로 제기한 특허침해소송에서 Qualcomm의 특허가 집행불가능(unenforceable)하다고 판시하여 Broadcom의 승소판결을 하였다.[320]

특허소송과 별개로 Broadcom은 Qualcomm이 상대로 의도적으로 사적인 표준화기구를 기망함으로써 자신의 기술이 표준으로 채택되게 함으로써 시장에서의

314) Second Amended Complaint, Broadcom Corp. v. Qualcomm Inc., No. 05-3350, 2007 WL 4910067 (D.N.J. Nov. 2.2007).
315) *Id.* (Qualcomm의 직원이었던 Silberger가 다른 직원인 Mr. Yun에게 보낸 이메일).
316) U.S Patent No. 5,452,104.
317) U.S Patent No. 5,576,767.
318) *Refac int'l, Ltd v Lotus Dev. Corp.*, 81 F.3d 1576, 1581,1585 (Fed. Cir. 1996).
319) *Id.*
320) *Qualcomm Inc. v. Broadcom Corp.,* No.05-CV-1958 B. 2007 WL 2296441 at 34 (S.D. Cal. Aug. 7.2007).

잠재적 경쟁자들을 약탈하고 무선전화시장의 주요부품시장을 독점화하려고 하였다고 주장하였다.[321] 따라서 Broadcom은 Qualcomm이 셔먼법 제1조 및 제2조, 클레이튼법 제3조 및 제7조를 위반하였다고 주장하였다. 1심법원은 Broadcom의 청구를 기각하였다. 항소심 법원은 Qualcomm이 독점화를 유지(maintenance of monopoly)하려고 하였다는 점에 대해서는 당사자적격이 없다는 이유로 기각하고, 클레이튼법 제7조에 대해서는 손해요건(antitrust injury)이 흠결되었다는 이유로 기각하였다.

2) Rambus 사건

Rambus 사건의 경우도 이러한 공개의무를 위반한 사안이었다.[322] Rambus社는 반도체 업계의 분쟁의 중심에 2000년 이후 계속 있었다. Rambus사는 인피니언社와 일전을 벌렸고, 삼성전자와 하이닉스와도 특허소송을 하였다. 결국 Rambus 사건도 공개의무를 위반한 후 표준결정 후에 표준기술에 고착된 표준기술 사용자들에게 특허침해소송을 통하여 고율의 로열티 수입을 얻고자 한 사건이다.

연방거래위원회는 2002년 Rambus사가 특허침해소송에서 승소한 것과 별도로 2002.6.18. 지방법원의 판결이 있은 후에, 독자적인 조사를 시작하였다.[323] 연방거래위원회는 연방거래위원회법에게 불공정한 경쟁방법(unfair method of competition) 및 불공정하거나 기만적인 거래관행(unfair or deceptive acts of practice)의 판단에 대한 광범위한 재량을 부여하고 있는 연방거래위원회법(FTC Act) 제5조[324] 위반을 이유로 한 소송을 제기하였다.[325] 연방거래위원회는 표준화기구에 참여하면서도 자신이 보유한 특허가 기술표준이 되도록 하고는 뒤에 특허소송을 제기한 Rambus사의 행위에 대하여, 이러한 행위가 연방거래위원회법 제5조에 위반된다고 판단하였다.[326]

Rambus의 시장전략은 규격화된 메모리 반도체의 인터페이스 표준을 유지하는 것이었다. 왜냐하면 Rambus의 기술은 인터페이스부에 기술적인 장점이 있었

321) *Broadcom Corp. v. Qualcomm Inc.,* 2006 WL 2528545 (D.N.J. Aug. 31. 2006)., *aff'd in part and rev'd in part*, 501 F.3d. 297 (3d Cir. 2007).

322) 318 F.3d at 1096-1102.; *Rambus, Inc. v. Infineon Techs. AG, 318 F.3d 1081* (Fed. Cir. 2003) cert. denied, 124 S.Ct. 227 (2003).

323) 이 사건의 진행에 대하여는 <http://www.ftc.gov/os/adjpro/d9302/index.shtm.>.

324) 15 U.S.C. § 45(a)(1) (2000).

325) *In re Matter of Rambus,* (F.T.C. 2002 Docket No. 9302).

326) *Id.*

기 때문이다. 이러한 전략을 유지하기 위하여 Rambus는 자신의 기술을 라이선스 할 때 개량기술을 사용할 수 없도록 하였고, 만일 개량기술이 개발되면 이 기술을 Rambus에게 무상으로 라이선스 하도록 하였다. 반면 Rambus사는 자신이 무상으로 라이선스 받은 기술을 다시 라이선스(sublicnse) 할 수 있는 권리를 보유하였다. 이러한 시장전략을 강화하기 위한 수단으로 자신들의 특허를 표준화기구를 통하여 표준으로 채택되도록 하려고 하였다는 것이 연방거래위원회의 주장이었다. 그리고 연방거래위원회는 표준화과정에서 Rambus가 자신의 특허를 완전히 공개하지 않았다고 보았다. Rambus사는 기만적인 행위와 관행에 의하여 Rambus 사는 DRAM 시장 및 4개의 관련시장[327)]에서 독점력을 취득하였고, 이러한 Rambus사의 행위는 독점화를 하겠다는 의도에 기초한 것으로서, Rambus사는 이러한 독점력을 통하여 시장에서 비합리적인 거래의 제한을 하려고 시도하였다고 보았기 때문이다.[328)] 연방거래위원회의 제소에 대하여 행정판사(ALJ)는 Rambus사의 약식판결(summary judgment) 신청을 기각하고, 2004.2.24. 판결을 선고하였다. 행정판사는 연방거래위원회의 청구를 모두 기각하였다. 그 이유로 연방거래위원회가 소장에서 적시한 사항에 대한 입증이 제대로 되지 않았음을 이유로 하였다. 행정판사는 Rambus가 관련시장에서 시장지배력을 가지고 있다는 사실은 인정되나, 표준화기구를 활용하여 관련시장에서 불법적인 독점력을 유지하려고 하였다는 사실을 인정할 증거는 없다고 보았다.

행정판사는 연방거래위원회가 Rambus가 JEDEC의 표준화 과정에 참여하면서 자신들이 보유한 특허를 알리지 않았고, 표준화가 진행되도록 함으로써 최종적으로 결정되는 표준이 자신들의 특허와 일치하도록 함으로써 시장에서의 경쟁을 제거하려고 하였다고 주장한 점에 대해서[329)] 단순히 표준화과정에 참여하였다고 하여 바로 표준화과정에의 참여가 특허출원과정에서의 비밀로 보장하여주는 법적인 보장까지 제거하여 공개하도록 하는 것은 아니며, 연방거래위원회가 Rambus가 표준화과정에 참여하였다는 것 이상의 증거를 제시하였어야 함에도 이를 하지 않았기 때문에 Rambus가 경쟁자를 배제하려고 하였다는 연방거래위원회

---

327) (i) latency technology market, (ii) burst length technology market, (iii) clock synchronization technology market, (iv) data acceleration technology market.

328) FTC Complaint; In re Matter of Rambus (F.T.C. 2002 Docket No. 9302).

329) *Id.* at 2, 43, 44-46, 77.

의 주장을 배척한다고 하였다.[330] 나아가 행정판사는 자신이 인정한 사실관계에 의하면 Rambus사는 최소한 자신이 JEDEC의 회원사일 때에는 자신의 특허에 대한 공개의무를 다하였고, 이러한 JEDEC의 정책상의 필수적인 특허에 대한 조기의 자발적인 공개의무와 관련하여 Rambus사의 행위는 신의칙(duty of good-faith)를 위반한 것이라고 볼 수 없어, 법상의 요건인 기만적 행위 또는 거래관행이라고 판단할 수 없다고 보았다. 또 JEDEC은 Rambus의 행위에도 불구하고 Rambus의 특허에 고착된 것이 아니라고 보았다. 대체적인 기술이 있음에도 Rambus의 특허를 사용하는 것은 Rambus의 특허를 사용하는 것이 높은 로열티에도 불구하고 비용 대비 성능(cost/performance terms)이 우수하기 때문이라고 보았다.[331] 연방거래위원회는 이 사건을 2004.3.1. 전원회의(The full Federal Commission)에 회부하였다. 장고를 거듭하던 연방거래위원회는 2006.7.31. 마침내 Rambus사에 대하여 연방거래위원회법 제5조 위반 심결을 하였고 2007.2.2. 이 결정은 최종적으로 확정되었다.[332] 연방거래위원회는 이 사건의 결정에서 연방거래위원회의 특허와 독점금지법간의 관계에 대한 이해를 분명하게 밝힌다. 연방거래위원회는 특허 그 자체는 독점을 형성하는 것이 아니며 오히려 양자가 모두 혁신을 촉진하고, 소비자의 후생을 증대시키는 것을 법의 목적으로 하고 있다고 보았다. 따라서 Rambus사가 주장하는 것과 같이 특허법과 독점규제법은 본질적으로 상호 긴장관계에 놓여있으므로, 이러한 긴장관계하에서 연방거래위원회는 Rambus사의 행위가 연방거래위원회법 제5조 위반이라고 판단되려면 명확한 증거의 법칙이 아닌 연방거래위원회법 제7조에 따른 우월한 증거의 원칙(rule of preponderance of evidence)에 의한 입증을 하는 것으로 족하다고 보았다.[333] 또 하나 연방거래위원회는 Rambus사의 만일 위원회가 자신들의 행위가 연방거래위원회법 제5조 위반이라고 판단하게 되는 경우, 이러한 판단은 표준화기구에 대한 참여를 제한하게 되는 효과(chilling effect)를 가지고 올 것이라는 주장에 대하여, 전혀 이러한 주장을 뒷받침할 증거를 발견하지 못하였다고 하면서, 오히려 만일 Rambus사의 기만적인 행위를 방치할 경우 상호 협조적인 표준화기구의 본질에 비추어 이러한 표준화기구에의 참

330) Decision by ALJ para. 14-16.; In re Matter of Rambus (F.T.C. 2002 Docket No. 9302).

331) Decision by ALJ para. 30-31.

332) *In re matter of Rambus, Inc.* Docket No. 9302.

333) *Id,* pp.22-23.

여가 제한받게 될 것이라고 판단한다. 따라서 이러한 현상을 방지하기 위해서는 표준화기구가 참여하는 회원들이 기만적인 수단을 사용하지 않는다는 것에 대하여 확신을 심어줄 수 있어야 한다고 판단한다.[334] 이러한 판단에 기초하여 보면, Rambus사의 행위는 Sherman법 제2조 및 연방거래위원회법 제5조 위반의 문제가 있게 되는바, Sherman법 제2조의 경우에는 이러한 행위가 성립하기 위하여 당해 회사가 관련시장에서의 독점력을 가지고 있어야 하며, 이러한 독점력의 의도적인 취득이나 유지해위가 우월한 상품(superior product), 사업적 탁월함(business acumen), 또는 역사적인 우연(historic accident)에 의하여 발생한 것이 아니어야 한다는 두 개의 요건이 구비되어야 한다.[335] 연방거래위원회는 이런 여러 증거를 종합하여 Rambus사의 기술이 표준으로 결정되어 독점적인 지위에 있게 된 것은 Rambus사의 기망행위에 기초한 것으로서,[336] Rambus사는 기망행위를 통해서 취득한 독점력을 이용하여 4개의 관련시장에서 배제적 남용행위(exclusionary conduct)를 하였다고 판단하였다. 바로 이와 같은 기만적인 은닉행위로 인하여 표준화기구인 JEDEC은 적절한 로열티 수준을 결정할 수 있는 기회를 상실하게 되었다고 판단하였다. 그러면서, Rambus사가 자신들의 기술이 표준으로 된 것은 자신들의 기술이 우월하였기 때문이지, 자신들이 설사 특허 사실을 숨겼다고 하더라도 이러한 사실이 표준이 되도록 한 것은 아니라는 주장 및 자신들의 기술에 JEDEC 및 다른 회원사들이 고착화된 것이 아니라는 주장을 하자, 이에 대하여는 이러한 사실을 입증하지 못하였다는 하여 그러한 주장을 배척하였다. 그러나 합리적인 범위에서의 로열티를 수령하는 것을 막지는 않았다.[337] 로열티에 대한 사항은 추후 2007.2.2. 최종명령에서 규정되었는데, 이에 따르면 Rambus사는 최종명령이 발령된 날로부터 30일 이내에 이해관계인들에게 전 세계적인, 비독점실시권(worldwide, non-exclusive license)을 관련 미국 특허법에 따라 허여하여야 한다. 이 경우에 로열티[338]는 SDRAM(0.25%), DDR SDRAM(0.5%), Non-DRAM 제품 중에서 JEDEC의

334) *Id,* pp.24-25.

335) *United States v. Grinnell Corp.*, 384 U.S. 563, 570-571 (1966).

336) *In re matter of Rambus, Inc.* Docket No. 9302, *op. cit,* pp.63-64에 의하면, 1995년 당시 LG 반도체, 삼성전자, NEC 등의 반도체 업체들은 Rambus사의 기술이 공개된 기술로서 기술료가 없을 것으로 생각하였고, 1999년 HP의 경우에도 Rambus사의 기술의 경우에는 JEDEC에 의하여 공개된 것으로 그 외에 Rambus사가 주장하는 것과 같이 특허가 있을 것으로 생각하지 않았다고 한다.

337) *Id,* pp.119-120.

SDRAM 표준에 부합하는 제품(0.5%)과 Non-DRAM 제품 중에서 JEDEC의 DDR-SDRAM 표준에 부합하는 제품(1.0%)에 대하여 각각 그 상한(Maximum Allowance Royalty Rate)을 정하고 있다.[339]

2007.2.2. 연방거래위원회는 향후 10년간 Rambus사의 로열티에 대한 이행감시를 하는 것을 최종결정문에 포함하고 있다. 로열티에 대한 이행감시를 통하여 특허법상의 효력을 유지시키면서도, Rambus사의 행위에 대하여 시장에 끼치는 영향을 분리하여 적절한 조치를 취하도록 하고 있는 것이다. 바로 이러한 맥락이 특허법과 독점규제법이 서로 보완적으로 시장에서 공통적인 목적인 혁신의 촉진과 소비자후생의 증진에 기여할 수 있게 되는 것이라고 할 것이다.[340] 이런 유형의 사건의 경우에는 다소 이행감시기구의 운영과정에서 노하우가 정립될 필요는 있겠지만 이행감시기구의 장기적인 감시와 감독은 반드시 필요하다.

2. FRAND 조건 위반행위와 공정거래법

(1) FRAND 조건 위반행위

앞서 살펴본 것과 같이 FRAND 조건이 정책문서에 의하여 요구되고, 특허권자가 FRAND 조건에 동의한 경우 이러한 조건을 위반하여 동의한 조건에 따른 라이선스를 하지 않는 것이 계약위반이라는 점은 별 이견이 없다.[341] 문제는 FRAND 조건을 위반한 것이 계약 위반임을 넘어서 경쟁법을 위반한 것인가 하는 점에 대하여는 논의가 필요하다.[342]

경쟁법 위반이 될 수 있는 유형으로 특허에 의하여 보호되는 기술이 표준기술이 되었다는 것의 의미가 필수기술(essential technology)이라는 의미가 내포되어

---

338) 최고 허용 로열티(Maximum Allowable Royalty Rates)이라는 표현을 사용하고 있다(In re matter of Rambus, Inc., Final Order pp.7-8).

339) Commission's Consent Order sec. J. 1-4.

340) 우리 공정거래위원회도 Microsoft 사건에서 지속적으로 이행을 감시하기 위한 기구를 운영하고 있다(공정거래위원회 의결 2006.2.24., 2006-042).

341) 다만 만일 정책문서에 公開義務가 규정되어 있지 않은 경우 일반적인 公開義務는 없다는 것이 미국 판례의 태도이다. *Berkey Photo, Inc v. Easteman Kodak Co.*, 603 F.2d. 263 (2d Cir. 1979). 이러한 판례를 지지하는 문헌으로는 Kobayashi & Wright, *op cit*. at 37.

342) Rambus, 522 F.3d. at 467-468; *Rambus Inc. v. Infineon Techs, AG*, 318 F.3d. 1081, 1096-1105 (Fed, Cir. 2003).

있는 경우가 많다. 많은 표준화기구에서 이런 필수기술의 보유자의 홀드업 행위를 방지하기 위한 FRAND 조건이나 공개의무에 동의하도록 요구하고 있다. 그러나 이러한 요구가 실제로 특허권자 등의 홀드업 행위를 방지하는 것에 효과적인지에 대해서는 논란이 있다.[343)]

일반적으로 FRAND 조건의 위반 자체로 바로 경쟁법을 위반한 위법한 행위로 판단하기는 어렵고, 이 경우에도 FRAND 조건위반은 경쟁법과의 관계에서 약정의 위반이 단순한 계약위반에 그치는 것인지 아니면 바로 경쟁법 위반이 되는 것인지는 논란이 있다.[344)] Qualcomm 사건의 경우 뉴저지지방법원은 Qualcomm의 (i) 경쟁제한은 표준을 결정하였기 때문에 발생하는 것이고, 표준의 결정은 표준화기구에서 한 것이지 Qualcomm이 표준을 결정한 것은 아니며, (ii) 표준 결정 후에는 이미 경쟁이 소멸하였기 때문에 Qualcomm이 FRAND 조건을 위반한 것이 제한할 경쟁이 없으므로 따라서 Qualcomm의 FRAND 조건 위반은 경쟁제한성이 없다는 주장을 받아들였다.[345)]

하지만 위와 각 판단은 다음과 같은 이유로 하여 잘못된 것으로 보인다. 표준을 결정하는 이유는 앞서 논의한 기술발전과 표준화의 관계에서 보는 것과 같이 진행되는 기술발전의 과정에서 복수의 기술이 존재함으로 인하여 가지게 되는 기술간의 상호운용성 및 상호호환성의 불비로 인하여 소비자가 겪게 되는 비효율과 생산자의 비효율 등 총합적인 사회적인 비효율을 제거하고 규모의 경제 등을 달성하기 위한 것이다.[346)] 다만 이러한 표준화의 긍정적인 면에도 불구하고 특허권자의 홀드업 행위는 시장실패를 불러올 수 있기 때문에 표준화기구는 표준화기구에 의한 표준화의 경우 표준의 결정 이후 발생할 수 있는 홀드업 문제를 해소하기 위한 FRAND 조건을 약속받음으로 인하여 표준화 이후 표준화 대상 기술을 보유하고 있는 특허권자가 홀드업을 통하여 경쟁을 제한하는 것을 방

---

343) Farrell et al. *op cit* at 625.

344) 앞서 Kobayashi와 Lemley 논쟁 참고. Kobayashi & Wright, *op cit*. at 37-38.

345) 오승한, 각주 495 전게논문, 180면.

346) 바로 이러한 점을 감안하여 *Addamax Corp. v Open Software Foundation, Inc*, 888 F. Supp. 274 (D.Mass. 1995) 및 *Sony Electronics, Inc v. Soundview Technologies,* Inc., 157 F.Supp. 2d. 180 (D.Conn. 2001) 사건 등에서 미국 연방법원들이 가격고정(price fixing) 협의가 인정됨에도 불구하고, 바로 당연위법원칙에 의하여 판단하여서는 안 되고 표준이 가지고 있는 경쟁촉진적인 면을 고려하여 合理의 原則(Rule of Reason)에 의해서 판단하여야 한다고 하였던 것으로 보인다.

지하려고 하는 것이므로 표준화와 FRAND 조건의 이행을 서로 경쟁제한성의 배제를 위한 하나의 쌍이다.

그런데 이러한 FRAND 조건에 대한 동의를 요구하는 표준화기구의 행위 자체가 가격고정의 공모(로열티에 대한)나 거래거절로 판단될 소지도 있다.[347) 만일 논리적으로 제거법에 의하여 설명한다면 FRAND 조건을 특허권자가 받아들이지 않았다면 그러한 표준은 매우 경쟁제한적인 표준이 될 것이므로 이는 표준으로 채택되지 않았을 것이라는 결론에 도달할 수 있는 것이다. 그러므로 표준화가 경쟁제한성을 가지게 되는 것은 FRAND 조건의 위반에 따른 것이라고 결론짓는 것이 타당하고, 표준의 결정에 의하여 경쟁제한성이 발생한다는 주장은 타당하지 않다. 이렇게 봄으로써 FRAND 조건이 문제가 되는 맥락을 표준화된 기술이나 특허의 보유자의 사기적인 행위에 의한 표준화에 국한되도록 하게 된다.

두 번째 주장 역시도 표준경쟁의 양상을 왜곡하는 주장이다. Qualcomm은 일단 표준으로 특정한 특허기술이 결정되고 나면 그 기술만이 사용되는 것을 전제로 하여 자신의 논리를 전개한다.[348) 그러나 표준화기구에 의하여 표준으로 결정된다고 하더라도 여전히 표준경쟁이 존재하는 경우도 있고, ISO의 표준 중에도 시장에서 사용되지 않아 실패하는 표준이 있다. 그리고 현실적인 경쟁이 아니라도, 당해 표준으로 결정된 기술을 이용하여 개량기술이 등장하여 잠재적인 경쟁이 발생할 수 있다. 만일 이러한 가능성이 없다면 표준으로 결정된 특허권자가 라이선스를 거절하거나 할 유인이 없을 것인데, 여전히 특정 사업자에게 차별적 라이선스를 하지 않는다거나, 지나치게 비합리적인 고율의 로열티를 요구하는 이유가 바로 이러한 표준결정 이후에도 잔존하는 표준경쟁 또는 잠재적 기술경쟁의 가능성 때문이다.[349) 바로 이러한 점을 Qualcomm이 왜곡하고 있다고 본다.

---

347) 위 각주의 Soundview 사건에서 미국 연방지방법원은 표준화기구의 행위가 價格固定行爲(price fixing)인 것처럼 보일 수 있지만 이러한 로열티에 대한 제한이 로열티를 시장에서 결정되는 수준이하로 결정하도록 하여 독점금지법상 손해(Antitrust Injury)를 발생시킨 것은 아니라고 판단하면서 손해의 입증이 되지 않았다는 이유로 원고의 셔먼법 위반 주장을 기각하였다. Addamax 사건에서도 원고가 주장하는 손해와 피고의 행위간의 인과관계(causation)의 입증이 이루어지지 않았다는 이유로 하여 역시 원고의 청구를 기각하였다.

348) Qualcomm's motion to dismiss in re Broadcom Corp. v. Qualcomm Inc. 2006 WL 2528545 (D.N.J. Aug. 31 2006).

349) *LePage's Inc. v. 3M,* 324 F.3d. 141, 169(3d. Cir. 2003) (en banc); *Harrison Atire, Inc. v. Aerostar Int'l.,* 423 F.3d. 374, 380 (3d. Cir. 2005).

따라서 이러한 특허권자의 FRAND 조건을 위반한 특허권의 행사는 라이선스의 거절이나 비합리적이고 불공정한 로열티 기타 라이선스 조건을 요구하는 행위일 것인바, 이 경우는 공개의무의 위반의 경우와 달리 바로 그 자체가 반경쟁적인 효과를 가지고 있는 행위로서 제2절에서 논한 공정거래법상 특허권 라이선스 거절법리에 의하여 규율될 수 있다.

(2) FRNAD 조건위반 여부의 판단기준

1) 公正性과 合理性

어떤 조건으로 라이선스를 하는 것이 공정하고 합리적인가의 판단은 쉽지 않다. 공정성(Fairness)과 합리성(Reasonableness)의 판단은 그 자체가 가지고 있는 개념의 불명확성으로 인하여 여러 가지 간접증거에 의한 판단이 필요하게 된다.[350] 앞서 Geradin이 주장하였던 것처럼 법원에서 '공정성' 요건이 가지는 의미는 명확하지 않다.[351]

하지만 앞서의 Kobayashi 등의 주장에도 불구하고 사안에 따라 다를 수 있지만 특허권자의 홀드업 행위를 막는 것은 단지 계약법 위반에 문제로만 그치는 것은 아니며 경쟁법상 쟁점이 있다. 왜냐하면 홀드업 행위를 막는 것은 소비자의 이익을 저해하는 시장지배력을 취득이나 행사를 제약하는 것이기 때문이다. 좀더 근본적으로 표준화된 기술을 사용하려는 행위자들에게 정당한 사용조건이 제공되지 않는 현상을 막으려고 하는 것이며 궁극적으로는 소비자들이 이러한 부담을 전가하여 부담하지 않도록 하기 위한 것이다. 이를 통해서 기술사용자들은 여러 가지 공개된 사용조건들을 비교하여 원하는 조건으로 사용할 수 있도록 하기 위한 시장사기방지장치이다.[352] 다만 실제 경쟁법 위반의 입증에 있어서는 쉽지 않은 면이 있다.[353] 왜냐하면 경쟁법 위반이 인정되기 위한 경쟁제한성과 경쟁촉진적 측면의 형량이 용이하지 않기 때문이다.[354] Qualcomm 사건에서 뉴저지 지방법원이 Qualcomm사가 실제로 FRAND 조건을 위반한 것인지에 대하여 구체적

350) 간접증거에 의한 사실인정과 관련한 최근 상세자료로는 조원철, "간접증거에 의한 사실인정," 재판자료 Vol. 114 (2008) 27면 이하 참조.

351) Geradin, *supra note 539,* at 15.

352) Farrell et al, *op cit,* at 609.

353) United States v. Microsoft Corp., 253 F.3d. 34, 51 (D.C. Cir. 2001).

354) *Id.* at 604.

으로 판단하지 않고, FRAND 조건을 위반하였다고 하더라도 이러한 행위가 경쟁제한성을 가지지 않는다는 논리구조로 Qualcomm의 경쟁법 위반을 인정하지 않은 것도 바로 이러한 입증에서의 어려움으로 인한 것으로 보인다.[355)]

Qualcomm 이전에도 연방거래위원회는 Dell 사건에서 Dell이 VESA(Video Electronics Standards Association)이 요구한 기술들에 대한 공개를 적절하게 하지 않았다는 점을 문제 삼아 VL-bus와 관련된 Dell의 특허주장을 금지하는 합의를 Dell과 한 사실이 있었다.[356)] 이후 Wang Lab과 Mitsubishi 간의 소송도 Wang Lab이 JEDEC에 출원 중이었던 특허를 공개하지 않고는 설계에 대한 기술에 대해 특허를 주장하지 않겠다고 하면서 자신들의 설계가 JEDEC에 의해서 표준으로 채택이 되도록 로비를 하고는 이후 표준으로 채택된 이후 특허소송을 제기한 사안을 채결함에 있어서 법원은 묵시적 라이선스 이론을 사용하였다.[357)] 이러한 사안들에서 보는 것처럼 FRAND 조건의 실제 집행은 쉽지 않다. 이러한 사건들에서의 논점은 표준결정과정에서의 기망행위와 공개의무 위반에 맞추어지고 있다. 이러한 점들은 로열티의 합리성과 관련된다.[358)] 그 이외에도 표준으로 결정되고 난 뒤 실시를 위한 필수적인 특허기술에 대한 특허권의 행사방법으로는 잠재적 경쟁자에 대한 실시거절, 고율의 로열티 요구행위, 차별적 취급, 기타 부당한 실시조건의 부가 등을 생각하여 볼 수 있지만 주요한 경쟁법에 의한 제재수단은 로열티의 제한이다.[359)]

로열티를 산정하는 여러 가지 방식이 존재한다.[360)] 만일 표준의 경우가 아니라면 실무상 로열티의 산정은 협상력에 의존한다.[361)] FRAND 조건에 의한 공정

355) 오승한, 각주 495 전게논문, 186면.

356) Dell Computer Corp,, 121 F.T.C. 616, 618 (1996).

357) Wang Labs., Inc. v. Mitsubishi Elecs. Am. inc., 103 F.3d. 1571, 1582 (Fed. Cir. 1997).

358) Farrell et al, *op cit,* at 605.

359) Rambus Inc., FTC Docket No. 9302, Opinion of the Commission, 3 (Aug. 2. 2006).

360) 합리적인 로열티 산출을 위한 방법으로 비용기준책정방법(Cost-Based Pricing), 동일회사가 부과하는 다른 특허기술에 대한 라이선스의 로열티와 비교하는 방법(Same Firm Price Comparison), 시장기초가격(Market-Based Pricing), ECPR(the Efficient Component Pricing Rule) 등이 제시되고 있다. 하지만 어떤 방식도 객관적으로 유일하고 지배적으로 받아들여지는 이론은 없다. 우선 비용의 산출이 용이하지 않고, 동일한 기술을 찾아내는 것도 쉽지 않다(오승한, 상게논문, 187-189면 참조).

361) 협상력의 중요한 부분은 당해 특허의 必須性에 의존하며, 必須性은 앞서 보았던 對替可能性과 우회가능성에 의하여 결정된다. 합리적이고 공정한 로열티라는 것은 하나의 점(pin

하고 합리적인 로열티란 가상적인 제3자를 통하여 협상력을 보완하는 또는 보충하는 것을 의미한다. 다만 특허가 공개되었다는 것과 특허의 실시에 있어서 로열티가 합리적이라는 것은 서로 구별되는 것이므로 특허공개의무를 충족하였다고 하여 바로 당해 특허의 로열티가 합리적이라는 것을 담보하지는 않는다는 점이다.[362] 물론 공개된 상황에서 특허라이선스 협상을 하게 되면 실무상 기존의 라이선스가 존재하는 경우에는 실시계약에 이러한 다른 사례를 들어 이를 기초한 협상을 하게 될 것이므로 이른 결국 비차별성을 반영할 것이 될 것이고, 협상력을 가지는 경우에는 최호혜조항(Most Favored Nations Clause)을 삽입하여 추후 다른 회사와의 협상과정에서 로열티가 떨어지는 경우의 혜택을 공유하고자 한다. 하지만 어떤 경우이든 표준화의 대상이 되었다는 것은 그 기술이 설사 표준화가 되지 않았다고 하더라도 상당한 협상력을 가지는 기술이라는 의미일 것이고, FRAND 조건의 부기는 협상력이 표준화를 통하여 상승한 부분만큼을 불로소득을 누리지 않도록 함과 동시에 특허권자의 홀드업을 방지하기 위한 것이므로 이러한 점을 감안한다면, 결국 FRAND 조건이 실천적으로 가질 수 있는 의미는 로열티가 지나치게 높은 경우가 될 것이다. 그리고 로열티가 과도하게 높은 것인지의 문제는 결국 앞서 제2절에서 보았던 과도한 로열티 규율의 문제로 돌아간다. Qualcomm 사건의 경우 3GPP(Third Generation Partnership Project)에서 무선통신시장에서 UMTS기술을 표준으로 채택함으로써 2세대에서 3세대로의 기술적 이전을 도모하였다.[363] Broadcom을 포함한 원고들은 Qualcomm이 제안한 로열티가 표준화결정과정에서 합의한 FRAND 조건을 위반한 것이라고 주장하였던 것도 바로 이러한 점을 반영한 것이다.[364]

특허권자가 로열티를 제한받는 것은 그 특허권자가 착취적 수단으로 후속혁신자의 혁신을 방해하고, 그 결과 특허법이 목적으로 하는 지속적인 기술혁신을 저해할 경우이어야 한다.[365] 그렇지 않은 경우에는 만일 특허권자의 로열티 결정

---

point royalty)으로 존재하는 것이 아닌 일정한 범위를 가지고 존재한다.

362) Farrell et al, *op cit,* at 605.

363) UMTS 기술에 대해서는 <http://www.umtsworld.com/units/history.htm> 참조.

364) First Amended Complaint at 2 Broadcom v. Qualcomm Inc.. C.A. No. 05-3350 (D.N.J) (2005).

365) M. Sean Royall, "Standard Setting and Exclusionary Conduct: The Role of Antitrust in Policing Unilateral Abuses of Srandard Setting Process," Antitrust L.J. (2004) at 44.

도 시장에서의 가격결정 메카니즘에 따라 만일 지나치게 고율의 로열티를 제시하면 당해 기술이 시장으로부터 외면을 받게 될 것이므로 이러한 로열티 수준을 유지할 수 없게 될 것이고, 따라서 경쟁당국은 굳이 이러한 로열티를 규제할 이유가 없다. 또 로열티의 규제를 경쟁당국이 마치 물가당국인 것처럼 개입하고자 하더라도 앞서 본 것과 같이 합리적이고 공정한 로열티 수준을 찾아내는 것이 사실상 불가능하므로 이러한 점에서도 경쟁당국의 로열티에의 개입은 제한적일 수밖에 없다.

하지만 제2절에서 논의한 것과 같이 로열티 수준이 지나치게 되면 이는 실제로 실시거절행위와 마찬가지로 평가될 수 있고, 특히 확립된 사실상 표준의 경우보다 어떤 면에서는 표준화기구에 의한 공식적인 인정을 받고 있어 더욱 공고한 시장지배력을 가지고 이를 통하여 시장지배력을 남용할 수 있는 표준화기구에 의하여 표준으로 결정된 특허권자의 특허권남용행위로서 고율의 로열티를 받는 행위는 경쟁제한성이 인정될 것이고 경쟁당국이 시장에서의 경쟁자 봉쇄를 막기 위하여 시정조치를 하여야 하는 것이다.[366)]

결국 합리성이나 공정성의 판단은 과도한 로열티인지 하는 현저성 판단에 의존할 수밖에 없다. 앞서 본 바와 같이 소프트웨어의 경우에는 한계비용이 영(0)에 가깝기 때문에 비용접근법은 한계가 있을 수밖에 없지만 전통적인 제조업의 경우에는 비용접근법은 최소한의 로열티 베이스를 계산하는 근거로는 사용할 수 있을 것이고, 이에 더하여 시장접근법을 통하여 시장에서 유사한 사례를 찾아서 비교하는 비교가능법(comparable royalty approach)을 취하거나, 만일 이러한 시장데이터를 찾을 수 없다면 현재 특허권자가 제시하는 로열티를]원가회계(cost accounting)상 재무제표에 기재되어 있는 원가에 적절한 이윤을 더한 로열티(cost plus approach)간의 범위에서 경쟁당국의 관점에서 시장에서 이 기술을 사용하고자 하는 경쟁자들의 시장구조를 동시에 고려한 시장에서 시장봉쇄가 이루어지지 않고 유효한 경쟁이 이루어지도록 할 수 있는 수준의 가상의 로열티(hypothetical royalty based upon the effective market competition)를 찾아 그 범위와 비교하는 방법을 취하면 현저하게 고율의 로열티인지는 판단할 수 있을 것으로 본다.

다만 구체적인 로열티의 판단은 앞서 Microsoft 사건에서 유럽공동체 1심법

---

366) *Broadcom Corp. v. Qualcomm Inc.*, 501 F.3d. 297, 305-06, 33 (3d. Cir. 2007).

원이 행하였던 것과 같이 양당사자로 하여금 이러한 로열티 협상을 하도록 하고, 이에 대하여 승인하여 주는 것과 같은 형식을 취하는 것이 옳다. 어느 경우에도 경쟁당국이 구체적인 당사자보다 더 많은 가격결정요인들을 알고 있을 수는 없기 때문이다.

2) 비차별성

가. 가격차별과 비차별성

차별적으로 로열티를 요구하는 것과 관련된 판단은 상대적으로 용이하다. 그러나 표준화기구들은 비차별성의 의미에 대하여 명확하게 규정하지는 않는다. 차별적 라이선스의 문제는 일단 지적재산권의 라이선스를 어느 누구에게 한 이상 다른 자가 라이선스를 원하는 경우에는 무차별적으로 그 다른 자에게도 라이선스를 하여야 하는가의 문제이다.[367]

이 문제는 가격차별(price discrimination)의 한 유형이다. 하지만 만일 라이선스 시에 서로 다른 로열티 흐름을 발생시킬 것으로 보이는 자들에게 서로 다른 이분적 로열티(two part tariff)를 받겠다고 하는 것이 허용되는지 등의 문제는 명확하지 않다.[368] 왜냐하면 차별적인 라이선스의 경우에는 차별의 이유 또는 조건이 문제가 될 것이기 때문에 일률적으로 결론내리기 어렵기 때문이다. 그러나 다른 조건이 동일한데도 계열사에게만 라이선스를 하면서, 계열사가 아닌 회사에는 라이선스를 하지 않는 계열사를 위한 차별적 라이선스를 한다든지 하는 경우와 같은 사안에서는 이를 달리 정당화사유가 없다면 경쟁법 위반이 될 것이다.[369]

다만 이때 차별적 취급의 금지는 획일적이고 동일한 취급을 의미하는 것은 아니라고 할 것이므로 만일 시장에서 현저히 고율의 로열티이어서 수용하기 어려운 로열티라고 보임에도 수용한 회사가 있다고 하여 차별성이 없다고 볼 수 있을지는 의문이 있을 수 있겠다.[370] 하지만 동일하게 고율의 로열티로 일관하고 있다면 이는 로열티의 합리성이나 공정성의 문제는 있을 수 있을 것이나, 이런 사례가 있다면 최소한 차별성은 없다고 보아야 할 것으로 본다. 다만 로열티의

367) Joseph Farrell et al., “Standard Setting, Patents, and Hold-up,” Antitrust Law Journal No. 3 (2007) at 638.

368) *Id.*

369) *Id.* 638-639.

370) 오승한, 각주 495 전게논문, 192면.

경우에는 여러 실시를 받고자 하는 자와 특허권자 양측의 요인에 의하여 결정되는 함수관계에 있으므로 실시를 받고자 하는 자가 동일하거나 실질적으로 동일한 사정이 될 수 있도록 한 뒤에 차별이 존재하는지 여부를 판단하여야 함은 앞서 본 바와 같다.

나. 비차별성의 원칙과 투과(pass-through)의 문제

비차별성의 원칙을 강조하는 경우에 발생하는 문제는 먼저 로열티 협상을 하는 자들이 사전적인 협상을 열심히 할 유인이 없어진다는 점에 있다. 최종적으로 경상로열티(running royalty)를 다른 라이선스를 받는 자들에게 투과시킴으로써 로열티를 균일하게 만들게 됨에 따라 최초에 협상하는 자들이 협상의 최전방에서 최선을 다하여 낮은 로열티를 받기 위해서 자신의 비용을 들여 노력할 유인이 없기 때문이다.[371] 이 경우 표준보유자는 직접적인 구매자와 하부시장에서의 사업자들을 구분하여 협상을 함으로써 자신의 이익을 극대화시킬 수 있다.[372]

3) 주관적 요건의 고려

보통법상 기망행위에 기초하여 계약법위반의 책임을 부과시키려고 할 경우 의도(intention)의 입증이 필요하다. Qualcomm 사건에서 뉴저지지방법원은 Qualcomm사가 FRAND 조건을 처음부터 지킬 의도가 없이 순수한 기망행위를 한 것인지에 대하여 확인을 하고 있지 않다.[373] 그러나 앞서 Kodak 사건에서 보았던 것처럼 특허권의 남용인지 여부를 판단하기 위하여 주관적 요건은 매우 중요한 역할을 한다. 표준화기구에 의한 표준의 경우에도 실제로 지킬 의도가 없었는데도 표준화기구에서 표준으로 채택되도록 하기 위하여 FRAND 약정을 하여 표준으로 결정이 되도록 하여 FRAND 약정을 지킬 것으로 신뢰한 표준화기구 구성원들이 표준으로 결정한 경우 이러한 신뢰를 야기하고 이를 배신한 기망행위는 표준화기구로 하여금 자신이 보유한 특허가 표준으로 결정되도록 유인한 행위로서 남용판단의 한 요소가 된다고 할 것이다.

---

371) Joseph Farrell & Carl Shapiro, "How Strong Are Weak Patent?," American Economic Review (2008). at 1.

372) 이를 Farrell은 分離支配戰略(divide and conquer strategy)라고 한다. Farrell et al. *op cit,* at 639.

373) *Broadcom Crop. v. Qualcomm Inc.* (District) at 25.

4) 필수특허가 다수 존재하는 경우

여러 필수특허보유자가 하나의 표준에 있는 경우에는 홀드업 행위의 가능성이 증대된다. 왜냐하면 補完財 問題(problems of complementarity)가 발생하기 때문이다.[374) 이 경우 복수의 특허들이 서로 보완재의 성격을 가지고 있는 경우가 많을 것인데 개별적인 필수특허 보유자들로서는 가능한 많은 로열티를 사전적으로 확보하려고 할 것인데, 이러한 개별적인 많은 로열티가 합쳐지면 사후적으로 이러한 표준을 사용하려는 자의 입장에서는 감당하기 어려운 로열티가 될 수 있다.[375)] 그러므로 표준화기구에서 의미하는 FRAND 조건에서의 합리성의 의미를 정함에 있어서 개별적인 특허에 대한 로열티 외에 총합적으로 집합적인 로열티를 같이 고려하여야 한다.[376)] 이러한 의미에서의 FRAND 조건을 總合的 合理性의 原則(aggregated reasonable terms)이라고 한다.[377)]

(3) FRAND 조건의 위반과 경쟁당국의 조치와 강제실시

1) 표준보유자 특허의 강제실시

사실상 표준의 경우에 유럽공동체 1심법원이 Microsoft에 대하여 Work group Server protocol에 관련된 특허 등에 대한 강제실시를 명한 유럽공동체 집행위원회의 결정을 지지한 사안과 표준화기구에 의하여 표준이 된 경우에 미국의 연방거래위원회가 Rambus에 대하여 강제실시를 명한 사안은 표준보유자에 대한 특허 강제실시와 관련된 중요한 사례이다. 그리고 강제실시는 FRAND 조건을 위반한 것과 관련하여 홀드업 행위를 하려고 한 자에 대한 가장 강력한 구제수단이다. 한편 FRAND 조건을 서약한 특허권자에게는 자신의 특허사용에 대하여 가처분(injunction)을 허용하여서는 안 된다.[378)] 왜냐하면 그렇게 되면 가처분을 통하여 특허권자가 FRAND 조건을 우회할 수 있도록 허용하게 되기 때문이다.

---

374) Farrell et al. *op cit,* at 641.

375) *Id.*

376) *Id.* 642.; "Vendor Seek Compromise on LTE," Informa Telecoms and Media, 20 Mar. 2006.

377) Damien Geradin, "Standardization and technological innovation: Some reflections on ex-ante licensing, FRAND, and the proper means to reward innovators," Tilburg University Discussion Paper (2006), p.11.

378) Mark Lemley, "Intellectual Property Rights and Standard Settting Organization," 90 Cal. Law. Review. 1989 (2002) at 1923-33; Mark Lemley & Carl Shapiro, "Patent Hold-Up and Royalty Stacking," 85 Tex. L. Rev. 1991, 2025 (2007).

2) 우리나라의 경우

표준보유자가 자신이 보유한 필수특허를 약정한 FRAND 조건에 의하여 실시하지 않는 경우 강제실시는 시장에서 표준보유자의 경쟁사업자의 관점에서는 가장 발본색원적인 구제수단이다.[379] 서울고등법원이 필수요소에 대한 강제실시를 위한 기준으로 채택하고 있는 공정거래위원회의 「시장지배적 지위남용행위 심사기준」 IV. 3. 다 (1)항[380]에 의하면 만일 표준결정과정에서 자신의 특허를 통하여 시장지배력을 높여서 표준결정 이후 이 시장지배력을 남용하는 경우에는 공정거래법 위반이 될 수 있으며 이 경우 구제수단으로 강제실시를 사용할 수 있다.

그러나 강제실시와 관련하여 필수설비이론에 의한 실시의무와 강제 라이선스의 인정이 특허권에 의한 인센티브 보호와 그에 의한 지속적 혁신유지라는 특허권 고유의 목적에 배치될 우려가 있다는 지적이 있다.[381] 하지만 확립된 표준의 경우 라이선스 거절의 문제는 이미 사실상 표준과 강제라이선스에 대한 부분에서 정리한 바와 같이 강제실시가 아니면 궁극적인 해결은 되지 않는다. 표준화기구에 의한 표준화에 이에 따른 대체기술이 없는 표준으로 결정된 특허의 경우에는 사실상 표준이 확립된 상황과 같다. 따라서 특허권자의 특허가치가 일부 희석될 것이나, 시장에서의 경쟁저해를 막기 위하여 다른 기술에 의한 우회가 표준결정으로 인하여 불가능하고, 대체기술마저도 없는 상황이라면, 특허권자의 실시

379) *Broadcom Crop. v. Qualcomm Inc.*(District) p.25에서는 셔먼법 위반을 인정하고 있지 않다. 그 논거로 Spectrum Sports Inc. v. Mcquillan, 506 U.S.447, 458 (1993) 판결을 들면서 셔먼법의 목적은 市場失敗로부터 공중을 보호하려고 하는 것이며, 경쟁을 파괴하는 행위를 금지하려고 하는 것이라는 판시사항을 인용하고 있다. 그런데 Qualcomm의 행위는 경쟁자를 위협하고는 있지만 경쟁을 위협하고 있지는 않다고 판시하였다[Brooke Group Ltd. v. Brown & Williamson Tobacco Corp., 509 U.S. 209,225 (1993)].

380) 우리 심사기준은 정당한 이유 없이 다른 사업자의 商品 또는 用役의 생산 · 공급 · 판매에 필수적인 요소의 사용 또는 접근을 拒絶 · 中斷하거나 제한하는 행위(영 제5조 제3항 제3호)에서의 "必須的인 要素"(이하 "必須要素"라 한다)를 네트워크, 기간설비 등 有 · 無形의 要素를 포함한다고 하면서, ㈎ 당해 要素를 사용하지 않고서는 상품이나 용역의 생산 · 공급 또는 판매가 사실상 불가능하여 일정한 去來分野에 참여할 수 없거나, 당해 거래분야에서 피할 수 없는 중대한 競爭劣位狀態가 지속될 것, ㈏ 특정 사업자가 당해요소를 獨占的으로 所有 또는 統制하고 있을 것, ㈐ 당해 요소를 사용하거나 이에 접근하려는 자가 당해 요소를 再生産하거나 다른 요소로 對替하는 것이 사실상 · 법률상 또는 경제적으로 불가능할 것을 필수요소판단의 3가지 기준으로 판단하도록 하고 있다.

381) 오승한, "특허기술의 표준 책정과 경쟁법 적용의 문제," 산업재산권법학회 제23호, 706-707면.

거절이 실제로 시장에서의 유효 경쟁을 봉쇄하게 되는 대표적인 상황이 표준화기구에 의하여 표준으로 결정된 특허보유자의 특허실시거절이므로 이러한 특허권자가 라이선스의 거절에 정당화 사유를 입증하지 못한다면 경쟁당국은 시정조치로 특허권의 강제실시를 명하여야 한다.

그러나 표준화기구에 의하여 표준으로 채택된 경우라고 하더라도 이 기준에 의할 때 바로 필수요소로 판단될 수 있는 것은 아니다. 왜냐하면 경쟁하는 복수 표준이 존재할 수도 있고, 여러 대체기술이 경합하는 가운데 어느 하나의 기술이 표준으로 채택되었을 뿐 여전히 기술간 경쟁이 존재하는 경우도 있을 수 있기 때문이다. 따라서 대체기술의 존부에 따라 2가지의 경우로 나누어 본다.

가. 대체기술이 있는 경우

문제가 된 특허권자가 FRAND 조건에 기한 라이선스를 하지 않을 경우 표준화 과정에서 이러한 조건에 동의하지 않았다면 다른 대체기술이 표준화될 수 있었을 것인데, 특허권자가 표준화되기 전에는 이 조건에 동의하여 표준화기구를 구성하는 구성원들을 기망하여 표준화에 이르게 함으로써 대체기술 보유자가 표준화될 수 있는 기회를 박탈한 것이 경쟁사업자의 사업활동을 방해한 것이거나 부당하게 표준화를 유인한 것으로 하여 경쟁법 위반을 구성할 수 있을 것으로 본다. 따라서 이 경우는 대체기술의 우열을 불문하고, 경쟁당국이 경쟁법 위반으로 개입할 수 있다. 이 경우에는 대체기술이 존재하므로 특허권남용에서 필수설비에 해당하는 필수특허로 볼 수 없고, 따라서 필수설비이론에 기한 강제실시는 가능하지 않다.

나. 대체기술이 없는 경우

문제는 대체적인 기술이 없고, 오로지 유일한 기술로서 그 기술을 사용하지 않고는 표준화가 불가능한 상황인 경우 그 기술이 특허권자의 특허에 의하여 보호되는 경우를 생각하여 볼 수 있다.[382] 특허권자가 FRAND 조건에 동의를 하였

---

382) In the matter of Rambus Inc. No. 9302 (Feb. 2. 2007)에서 강제실시를 명하였음. 이후 Rambus Inc. v. FTC, No. 07-1086 (D.C. Cir. Apr. 22. 2008)에서도 FTC의 강제실시명령은 그대로 유지되었다. 미국 연방거래위원회는 2008.1.23.에도 In the Matter of Negotiated Data Solutions, LLC, File No. 0510094 사건에서 Negotiated Data Solutions, LLC에 대해서 이더넷 네트워킹 표준(Ethernet Networking Standard)의 실시를 위한 특허의 강제실시를 명

건 하지 않았건 이러한 동의 여부가 표준으로 선정하는 것에 영향을 미친 것이 아니라 해당 기술 외에는 다른 대안이 없는 것이므로 표준화기구가 이러한 사실을 알면서도 표준으로 채택한 이상 특허권자의 유인행위가 존재하였다고 판단하는 것이 곤란하다고 보아 FRAND 조건의 위반이 바로 경쟁제한적 행위라고 판단되어서는 안 된다는 견해가 있다.383) 이에 대해서는 표준화기구의 경우에는 많은 회원사들이 있고, 이러한 회원사들이 자발적으로 많은 돈과 인력을 들여서 표준화를 시도하고 있다. 따라서 표준화기구의 입장에서도 자신들이 들인 비용을 상회하는 표준화의 효과를 도모하여야 한다. 그렇다면 이러한 목적을 달성하기 위해서는 개방적 표준(open standard)이어야 하고, 이를 위해서 RAND 조건을 요구하는 것이다. 만일 이러한 표준의 개방성을 깰 수 있는 Rambus와 같은 회사의 기망행위를 방치하는 경우에는 산업에 대한 Rambus의 홀드업 행위를 막을 수 없게 될 것이므로 Rambus와 같은 회사에게 경종을 울려서 그런 회사가 부담할 이익과 비용간의 형량을 다시 계산하게 하여야한다는 반론을 할 수 있다.384) 이 비판론은 표준화과정의 자발성을 강조하는 것으로 이러한 자발성에 위협을 준 이상 반경쟁적인 행위로 보아야 한다는 주장이다.

이에 대해서 일단 표준으로 결정되고 나면 선도효과(pioneering effect)에 의하여 원천기술을 선점한 이후의 응용기술에 대하여 파급효과를 미치게 되고, 이러한 표준결정은 이후의 더 나은 후속기술의 진입을 불가능하게 만드는 결과를 가지고 오기 때문에 FRAND 약정이 지켜지지 않았다면 표준화기구가 표준을 결정하지 않았을 것이기 때문에 FRAND 약정을 위반한 것이 경쟁법 위반이 되는 것은 예외적으로 표준화기구가 FRAND 약정이 지켜지지 않는 한 표준화를 포기하였을 것이라는 명백한 증거가 존재하는 경우에만 예외적으로 그 기만적 약정의 경쟁영향력을 인정할 수 있다고 하면서, 그 이유로 일반적인 상황에서는 FRAND 조건이 없었다면 표준화기구가 표준화의 부작용을 우려해서 처음부터 당해 표준실시를 애초에 포기하는 것은 일반적으로 예견하기 어렵기 때문에 경쟁에 영향을 미쳤다고 보기 어렵다는 반론을 할 수 있다.385)

하는 동의명령을 발하였다.

383) 오승한, 산업재산권법학회, 전게논문, 702면.

384) Brief of Amici Curiae, GEsmer Updegrive LLP et al, In the matter of Rambus Inc. No. 9302 (Sep. 14. 2006), pp11-12.

385) 오승한, 행정법연구, 전게논문, 184면.

그러나 대체기술이 없다고 하더라도 표준화기구는 여전히 표준화를 진행시키지 않기로 의사결정을 할 수 있는데, FRAND 조건에 동의하였기 때문에 표준화를 진행하기로 하였다면 유인행위가 없다고 할 수 있는지 의문이 있고, 표준화가 되지 않았다면 경우에 결국 당해 기술을 사용하고자 하는 사업자들이 개별적으로 라이선스를 받아야 하는 상황이 될 것인바, 이러한 상황을 상정하고 사업성 여부를 판단하였을 것이므로 시장에 FRAND 조건에의 동의가 미치는 신호를 경쟁사업자가 오인하게 하여 당해 특허를 사용하는 사업을 하도록 유인한 것일 수 있어 구체적인 사실관계를 따져 FRAND 조건을 실제로는 이행할 의사가 없으면서도 표준화기구를 기망하여 표준결정을 유인하고, 사후적으로 FRAND 조건에 기한 라이선스를 거절함으로써 FRAND 조건을 위반하는 행위는 제2절에서 논한 시장지배적 지위남용행위로서 위 공정거래법 위반이 될 수 있다고 본다. 그러므로 결론적으로 표준화를 포기하였을 것인가 하는 사후적인 가정판단에 따라 경쟁제한성의 존부를 판단하자는 주장을 타당하지 않다.

만일 표준보유자가 기망행위를 통하여 자신의 기술을 표준의 일부로 포함시킨 이상 당해 기술이 대체기술이 없었다고 하더라도 그러한 기망행위를 통하여 표준으로 편입시킨 이상 그러한 행위와 표준화 이후에 홀드업 행위를 하려고 한 의사가 인정되는 이상 「시장지배적 지위남용행위 심사기준」을 위반한 것으로 공정거래위원회는 필수기술인 표준으로 결정된 특허보유자에게 그 위반의 경중에 따라 과징금만 부과하거나, 과징금과 같이 연방거래위원회가 Rambus에 명하였던 것과 같이 FRAND 조건하의 강제실시를 명하고, 동시에 그 이행감시를 할 수 있을 것이다.

3) 증명책임(證明責任)의 문제

표준화 결정 당시의 특허기술이 복수로 존재하는지에 따라 입증책임의 부담을 달리할 것인가의 문제가 있다. 만일 단일한 기술만이 존재한다면 특허기술의 보유자가 기망행위를 하였다고 하더라도 이러한 기망행위가 없었다고 하더라도 표준으로 결정되었을 것이므로 기망행위와 표준결정행위 사이에는 인과관계가 없다고 본다. 따라서 경쟁당국이 기망행위의 경쟁제한성에 대한 입증책임을 부담하여야 한다고 본다.[386] 그 이유로 수개의 유사 경쟁표준이 이미 존재하는 경우에는 표준화기구가 장래에 FRAND 조건을 허용하지 않을 기술들을 신속하게

FRAND 조건에 편입할 이유가 크지 않고, 따라서 만일 FRAND 조건을 허용하지 않을 기술은 표준화의 대상이 되지 않을 것이라는 점을 이유로 든다.[387]

그러나 FRAND 조건은 표준보유자의 홀드업 행위를 방지하기 위한 장치이므로 이 조건을 부기하는 것은 기본적으로 이 조건을 이행할 것이라고 신뢰하고 표준화를 진행하는 것으로 보는 것이 옳다.[388] 그러므로 이와 달리 FRAND 조건을 부기하고, 이 조건에 특허보유자가 동의하였음에도 이러한 조건을 이행하지 않을 수 있다는 점을 표준화기구가 고려하여 표준화기구가 FRAND 약정이 지켜지지 않는 한 표준화를 포기하였을 것이라는 명백한 증거를 제시하라는 것은 입증책임의 분배와 관련된 증거와의 거리를 고려할 때 타당하지 않다. 오히려 이 점에 대하여는 표준화를 유인하기 위하여 표준화기구의 회원사들을 기망하지 않았다는 점에 대한 입증을 당해 특허보유자에게 하도록 하는 것이 타당하다고 보인다. 또 표준화기구구성원들의 상호간의 국가간 정치적 역학관계와 이해관계의 대립을 고려한다면 설사 하나의 특허기술을 표준을 위하여 포함시키는 것이 필수적이라고 하더라도 그 기술의 보유자가 FRAND 조건을 이행하지 않을 것이라고 전제한다면 표준화를 할 유인은 표준화기구에도 없다.[389] 왜냐하면 오히려 대체 불가능한 특허기술을 표준화의 대상이 되도록 하면서도 FRAND 조건을 부기하지 않을 정도의 조건으로 다른 표준화기구 구성원들이 동의할 아무런 유인이 존재하지 않기 때문이다.[390] 오히려 굳이 구별하려고 한다면 대체 불가능한 특허기술을 표준화의 대상이 되도록 하면서 FRAND 조건을 부기하였다면 이는 역설적으로 FRAND 조건의 이행에 대한 신뢰가 강하였다고 보는 것이 경험칙에 부합하는 결론이라고 생각한다.

---

386) Qualcomm사건에서 Qualcomm은 자신들의 특허기술이 표준결정 당시 유일한 실행가능기술이었기 때문에 당해 사업자의 특허권을 표준에 편입하지 않고서는 표준을 결정하는 것이 불가능하였기 때문에 이 경우에는 표준화는 Qualcomm의 행위와 무관하게 진행되었을 것이기 때문에 FRAND조건이 표준에 영향을 미치지 않았을 것이라는 전제하에서 복수의 기술이 존재하는 경우와 구별하여야 한다고 주장하였다[Qualcomm's motion to dismiss in re Broadcom Corp. v. Qualcomm Inc. 2006 WL 2528545 (D.N.J. Aug. 31 2006)].

387) 오승한, 산업재산권법학회, 전게논문, 702면.

388) Geradin (2006), op cit, at 5.

389) *Id.*

390) 보완특허(補完特許)를 보유하고 있는 여러 표준화기구 참여자들은 보완특허들이 정책문서에 기재된 바와 같이 상호 실시되어 표준을 사용할 수 있을 것으로 본다. *Id.* at 6, 12.

따라서 입증책임의 분배는 하나의 특허기술이 존재하는 경우이거나 복수의 특허기술이 존재하여 서로 잠재적인 표준間 경쟁이 있는 경우이거나 차이가 날 것이 없다.

3. 특허권자의 표준화기구 탈퇴와 정책문서의 구속력

(1) 계약으로서의 정책문서의 해석과 계약법

표준화기구 내에서의 문제는 표준화기구내의 정책에 의하여 해결된다. 표준화기구의 정책은 기본적으로 다자간 계약서인 정책문서에 규정되며, 내부적인 문제는 이 정책문서의 해석의 문제이다.[391] 따라서 탈퇴와 계약의 구속력의 문제는 계약해석의 문제이다. 공개의무의 경우에는 공개를 함으로써 바로 계약의 효력이 미칠 수 있으나, FRAND 조건에 의한 라이선스 의무의 경우에는 상당한 기간을 두고 이 의무의 이행을 관찰하여야 하는 것이므로 문제가 된다.

우리나라에서 법원의 판결이 없으므로 미국의 경우를 보면, Qualcomm 소송에서도 법원이 Qualcomm 특허가 집행불가능하다고 본 기초는 Qualcomm의 특허소송의 원인된 이 특허들이 결국 UMTS 표준으로 채택되었던바, 정책문서에 기재된 바에 따라 이미 표준화기구에 의하여 표준화과정에서 특허권의 행사가 유예(waiver)되었다.[392] 그리고 Broadcom이 주장한 것과 같이 이러한 유예가 지켜질 것이라고 신뢰한 이익은 보호되어야 한다.[393] 이와 같이 유예된 특허권을 행사하는 것은 특허권의 남용으로 집행불가능한 특허가 되는 것이다.

그렇다면 만일 특허권자가 표준화기구를 탈퇴하는 경우에는 위와 같은 유예합의를 비롯한 정책문서의 구속력이 여전히 미칠 것인가 하는 문제가 있다. 만일 미칠 수 없다고 한다면 특허권자들은 표준화기구의 정책문서의 구속력을 최대한 활용하여 탈퇴와 재가입을 하는 방법으로 정책문서가 달성하고자 하는 홀드업

---

391) Bettis Rubber Co. v. Kleaver, 233 P.2d. 82, 84-85 (Cal. Ct. App. 1951); 저작권법과 관련된 사건으로 만일 라이선스 기간의 終期가 없는 경우에 대한 사안으로 이 경우에는 계약종료의 의사표시를 한 때 라이선스의무를 소멸한다는 사건으로 Koman v. HBC Fla., Inc., 182 F.3d 1291 (11th. Cir. 1999).

392) *Broadcom v. Qualcomm*, 2006 WL 2528545 (D. N. J. Aug. 31. 2006).

393) Complaint of Broadcom in the case Broadcom v. Qualcomm, 2006 WL 2528545 (D. N. J. Aug. 31. 2006).

행위 방지목적을 회피할 수 있다.[394] 일반적인 계약법의 법리에 의하면 계약의 효력은 계약기간 동안에 미치는 것이며, 기간을 정하지 않은 계약은 영구무한의 계약이라고 해석할 수는 없을 것이므로 계약해석을 통하여 양당사자가 의도한 계약기간을 발견하거나,[395] 양당사자 중의 일방이 계약종료의 의사표시를 하면 종료될 것이다.[396]

표준화기구는 FRAND 조건 라이선스의 효력을 확보하기 위해서 국제계약에서 많이 사용되는 소위 생존조항(survival clause)을 둠으로써 계약이 종료되거나 계약관계에서 탈퇴함으로써 계약의 구속력을 받지 않게 된 경우에도 효력을 미치도록 할 수 있다.[397] 그러나 만일 이러한 조항을 두지 않으면, 원칙적으로 탈퇴시에는 구속력은 미치지 않는다.

Rambus 사건의 경우 Rambus社는 1990년 4월 D램(Dynamic Random Access Memory) 반도체에 사용되는 소위 898 특허[398]를 출원하였다. 이 898 특허를 출원하는 과정에서 Rambus사는 여러 건의 분할출원(divisional application)과 계속출원(continuation application)을 하였다.[399] 아울러서 Rambus사는 PCT(Patent Cooperation Treaty) 출원도 위의 898특허에 기초한 우선권을 주장하여 하였다. 1992년 2월 이러한 특허 포트폴리오를 가지고 있던 Rambus사는 공식적으로 JEDEC의 구성원이

394) 미국 연방거래위원회는 Dell Computer 사건의 경우에도 Dell Computer가 이런 종류의 행위를 했다고 판단하였다. Dell Computer Corp,, 121 F.T.C. 616,618 (1996) at 149-153.

395) 미국법의 경우에도 이와 같은 법률해석을 하도록 하고 있는 바, 이러한 해석을 함에 있어 양당사자간이나 산업계에서 일반적으로 받아들여지고 있는 거래관행(course of dealing)을 고려하여야 한다고 한다[U.C.C. 1-205 (2001)].

396) 우리 민법은 일부 전형계약의 경우 존속기간의 약정이 없는 경우 당사자의 일방 또는 쌍이 언제든지 또는 일정한 조건하에 계약을 해지할 수 있도록 규정하고 있다. 민법 제603조, 제613조, 제635조, 제660조, 제689조, 제699조 등, 학설상 해지규정이 없는 경우에도 계약적 계약관계에서 일반적인 계약해지권을 인정할 수 있다는 견해가 있다[김용덕, 민법주해, 채권 제XIII권 곽윤직 집필대표, 박영사 (1999) 266면]. 미국의 경우에는 만일 계약기간에 정함이 없으면 계약종료의 통지로 종료되는 계약(at-will contract)으로 보아야 한다고 본다[Allen Farnsworth, Contracts, 2.14., 3.10. (2d ed, 1990)].

397) 이와 달리 미국에서는 만일 기간의 정함이 없는 저작권라이선스 계약이 있는 경우 최소라인센스 기간은 35년이라고 판시한 예가 있다. *Rano v. Sipa Press Inc.*, 987 F.2d. 580,585 (9th Cir, 1993).

398) U.S. Patent No. 07/510,898.

399) 이러한 분할출원과 계속출원은 특허를 사용한 공격・방어전략을 수립함에 있어 자주 사용되는 방법으로 Rambus사의 이러한 행동은 이미 출원 당시에 이와 같은 특허의 활용을 염두에 둔 것으로 보인다.

되었다. JEDEC에서는 그 구성원의 기술이 표준으로 정하여질 경우에는 그 구성원이 RAND 조건으로 다른 멤버들에게 라이선스를 줄 것을 요구하고 있었다. Rambus사는 JEDEC에 자신이 898특허를 분할출원한 703 특허[400]를 출원후인 1993년 9월에 공개하였다. JEDEC에서는 SDRAM(Synchronous Dynamic Random Access Memory)에 대한 특허를 Rambus사가 JEDEC의 구성원이 된 뒤이지만, 위의 703특허가 공개되기 전에 표준으로 정하였다. Rambus사는 1996년 6월 JEDEC에서 탈퇴하였다.

그 이후로도 분할출원과 계속출원을 하였다. 1996년 12월 JEDEC은 SDRAM의 차세대 메모리 반도체인 DDR-SDRAM(double data rate-SDRAM)의 표준에 대한 작업을 시작하여 2000년을 발표하였다.[401] 2000년 말 Rambus사는 인피니온사를 상대로 하여 위 898 특허 등의 침해를 원인으로 하여 특허침해소송을 제기하였다. 이에 대하여 인피니언사는 Rambus사가 표준화기구인 JEDEC의 회원사로서 자신의 특허를 JEDEC에 공개하였으나 함에도 이를 하지 않고는 후에 표준이 설정되고 난 뒤에 그 표준을 사용한 회사들을 상대로 소송을 제기하는 것은 기망행위(fraud)라는 점을 들어 반소를 제기하였다.[402]

이와 같이 표준화기구를 탈퇴할 경우, 계약으로서 정책문서의 效力이 문제가 됨에 있어 계약의 구속력이 없다면, 탈퇴후의 특허권행사의 방법으로 특허침해소송을 제기하는 행위가 공정거래법상 문제가 될 수 있는가 하는 점이 쟁점이다.

(2) 검　토

공개의무는 이를 위반한 것만으로는 계약위반의 문제로 계약당사자간에서 민사적으로 해결할 일이다. 그리고 특허권의 행사와 관련하여서 일단 표준화기구

---

400) U.S. Patent No. 5,243,703(898특허의 분할출원으로 그 내용은 898 특허와 유사하였음).

401) 이 사건에서 시점들이 매37우 중요한바, Rambus사와 인피니온사 간의 특허소송(Rambus v, Infineon, 318 F.3d. 1081)에서 인피니온사는 Rambus가 최종적으로 JEDEC 모임에 참석한 것이 1995.12.6.자이고, 공식적인 탈퇴 편지를 보낸 것이 1996.6.17.이기 때문에 이 사이에 Rambus사가 회의에 참석하면서 논의가 된 사항들이 실제로 DDR-SDRAM의 표준의 설정에 있어서 관련되었다는 주장을 하였다.

402) 이 소송은 2000년 DRAM 반도체 업체를 소송의 소용돌이로 몰아넣었던 Rambus 사건의 일부로 인피니언사 외에도 마이크론 테크놀로지사(*Micron Tech. v. Rambus, Inc* (D. Del. June 28, 2002) (Doc No. 00-CV-792), 하이닉스사[*Hyundai Electronics v. Rambus., Inc* (N.D. Cal. Aug. 29, 2000) (Doc No. 00-CV-20905)] 등도 소송을 당했다.

의 회원이 되면서 자신이 보유하고 있는 특허권의 행사를 유예한 이후 이러한 선행행위를 신뢰한 당사자들의 행위를 고려하면 후행하는 특허권의 행사는 특허권의 남용으로 禁反言(estoppel)에 의하여 행사가 저지되어 집행이 불가능하다는 이론구성도 가능할 것이다. 가입당시 요구되는 공개의무나 가입이후 요구되는 특허갱신의무(duty to update)는 회원사가 정책문서의 구속력을 받는 동안 지속적으로 문제가 된다.

FRAND 조건의 경우 FRAND 조건에 합의하였음에도 이후 FRAND 조건에 의한 라이선스를 하지 않고 특허침해소송을 제기하여 홀드업 행위를 하려고 하는 경우 이러한 특허권남용에 대하여 표준보유자의 표준형성과정에서 공정거래법이 포착하고자 하는 바는 당해 표준보유자가 현재 계약의 구속력을 받고 있는가 하는 점이 아니므로, 공정거래법 적용에 있어서 탈퇴여부는 영향을 미치지 않는다. FRAND 조건 위반의 경우는 그 자체로 라이선스 거절행위는 표준결정과정에서의 기망행위와 탈퇴 후라도 당초 표준사용자들이 신뢰한 FRAND 조건으로 라이선스를 하지 않고 홀드업 행위는 하는 일체의 행위들이 공정거래법위반이 될 수 있다는 점에서 구별된다. 표준보유자의 특허권남용행위는 그 남용의 기초가 표준이 되었다는 점에 있다. 대체기술의 존부는 구제수단으로 강제실시를 하도록 할 수 있을 것인가에는 영향을 주지만 탈퇴로 인한 계약구속력의 여부는 FRAND 조건을 위반한 라이선스 거절의 위법성에는 영향을 미치지 않는다.

정리하면 이런 분쟁은 특허권자가 특허침해소송을 제기하면서 시작되고, 이러한 경우 특허 사용자들은 자신들이 이해하고 있는 표준기술은 자신들의 입장에서는 표준화기구를 통하여 라이선스를 받을 수 있다고 기대하다가 특허침해소송이 자신들을 상대로 제기되므로, 이에 대하여 경쟁법 위반으로 사소를 제기하거나, 경쟁당국에 이를 문제를 삼는 방식으로 전개된다.[403] 이 과정에서 표준보유자의 표준화기구탈퇴에 기초한 정책문서의 구속력이 소멸하였다는 주장은 경쟁법 집행에는 영향을 미치지 않는다고 보는 것이 옳다.

---

403) *Rambus Inc. v. Federal Trade Commission,* 318 F.3d. 1018 (Fed. Cir. 2003); In re matter of Rambus (F.T.C. 2002, 2006, 2007 Docket No. 9302); *Rambus Inc. v. Federal Trade Commission,* No. 07-1086 (D.C. CIr. Apr. 22. 2008).

IV. 정 리

상호운용성을 확보하는 여러 가지 방법 중에서 가장 효율적인 방법 중의 하나가 표준화기구를 통하는 방법이다. 그리고 표준화기구에 의한 표준보유자의 가장 중요한 의무는 표준화기구 내부의 규율인 정책문서에서 통상적으로 요구하는 특허공개의무를 통한 특허 등에 대한 접근권과 FRAND 조건에 의한 실시권의 보장이다. 표준화기구에의 참여가 자신의 기술이 기술표준이 되는 유일한 방법은 아니다. 자신의 기술이 표준화기구에 의해서 기술표준이 되지 않았다고 하더라도 독자적으로 자신의 기술을 사실상 표준으로 만들려고 할 수 있고, 또 복수표준이 되도록 하여 경쟁할 수 있도록 하는 방법은 남아 있다. 그러나 Rambus 사건에서 본 것처럼 Microsoft와 같이 사실상 표준이 되는 것은 매우 강력한 지위를 차지하는 방법이지만 어렵기 때문에 표준화기구에 의한 표준으로 자신의 특허기술이 채택되도록 하는 방법을 취하는 것은 경쟁우위를 점할 수 있는 중요한 경쟁전략이다. 표준화기구에 의한 표준의 경우 표준화된 기술을 공개하도록 하고 공개된 기술을 FRAND 조건에 의하여 실시 받을 수 있도록 보장하여 주겠다는 약속인 정책문서상의 표준보유자의 의무가 지켜져야 한다. 만일 이러한 의무가 지켜질 것이라는 신뢰가 보호되지 않으면 표준화기구의 참여는 저조하게 될 수밖에 없다. 이 점은 Rambus 사건과 Qualcomm 사건에서 미국의 연방법원들은 분명하게 인식하고 있는 점이다. 역으로 표준화기구에 참여하고자 하는 자들은 바로 이러한 점 때문에 자신의 기술적인 장점, 표준화기구에의 참여를 통한 이점, 자신의 지적재산권 포트폴리오의 현황 등에 대한 사정을 신중하게 판단하여야 한다. 이러한 전제하에서 표준화기구는 여러 가지의 대안적인 기술 중에서 특정한 기술 또는 기술들은 표준으로 채택하게 되는 것이다.

공정거래위원회는 표준화기구의 친경쟁적 효과를 살리기 위해서 표준보유자가 표준결정과정에서 약속한 공개의무(公開義務)와 FRAND 조건 위반의 각 경우에 대하여 표준에 의하여 표준기술의 일부로 결정된 자신의 특허에 기초하여 형성된 시장지배적 지위를 남용하는 경우 전자는 특허침해소송에서의 특허권남용 및 공정거래위원회의 실시강제로, 후자는 라이선스 거절에 대한 실시강제 등의 수단으로 각 규율할 수 있을 것이다.

제 5 절 특허권자의 특허권 소멸 이후의 로열티 수령행위[404)]

I. 시작하며

오랜 시간 공정거래위원회가 조사를 진행하였던 퀄컴 사건이 2009년 여름 전원회의를 거쳐서 공정거래위원회 단계에서의 결론이 났다. 퀄컴 사건은 인텔 사건에 비하여 쟁점이 많고 복잡하여 사건의 양상이 지적재산권법과 경쟁법의 관계에 대한 종합선물세트와 같다고 생각한다. 공정거래위원회는 2009.7.23. 우리나라의 코드분할 다중 접속(CDMA)[405)] 칩셋 시장을 장악하고 있는 퀄컴의 불공정거래행위들에 대하여 여러 항목에 걸쳐서 위반사항을 지적하였다.[406)] 퀄컴은 2006년 2월 MS, 2008년 6월 인텔에 이어 다국적 IT 회사로는 세 번째로 공정위의 제재를 받게 됐다. MS는 윈도에 미디어플레이어 등을 끼워 판 혐의로 324억 원의 과징금을 부과 받았고, 인텔은 리베이트를 제공한 것이 적발돼 260억 원의 과징금을 낸 것과 비교하여 보더라도 퀄컴에게 부과된 2,600여억 원의 과징금은 규모면에서도 차별화된다.[407)]

5절에서는 퀄컴 사건에서 문제가 된 것으로 알려진 사항 중에서 특허권자의

404) 본 절은 공정거래위원회의 퀄컴에 대한 과징금 부과사건(2009.7.)에 대해서 2009.11. 경쟁저널에 게재한 논문을 바탕으로 수정한 것임.

405) 무선통신기술방식은 코드분할방식(Code Division Multiple Access) 방식, 시간분할방식(TDMA: Time Multiple Access) 방식, 공간분할방식(FDMA: Field Multiple Access) 방식 등이 있다.

406) 사상최대 규모의 과징금 부과도 그렇거니와 이번 사건은 특히 최첨단 산업분야로써 사건내용이 복잡・방대할 뿐만 아니라 고도의 경제 분석과 법리검토가 필요해 약 3년여의 기간동안의 조사를 거쳐 올해 2월 17일 심사보고서를 전원회의에 상정한 결과라 그 의의가 크다. 물론 공정위는 심사보고서에 대한 퀄컴의 의견제출 기회를 부여한 후 총 6차례의 전원회의를 개최하는 등 퀄컴은 물론 신고인 등에게도 진술기회를 부여함으로써 절차적 공정성을 최대한 확보했다고 한다("퀄컴에 2600억 과징금 '사상 최대'," 전자신문 2009.7.24.자).

407) 앞의 전자신문기사에서 인용.

특허권 소멸 이후의 로열티 수령행위에 대해서만 국한하여 검토하고자 한다.[408) 특허권자는 특허권이 존속하는 기간 동안 배타적인 권리를 보유한다. 우리 특허법도 미국 특허법도 모두 기간을 정하여 특허권자의 권리를 보호한다. 미국 헌법 제1조 제8항 8호도 특허권자의 보호는 기간을 정하여 이루어지도록 규정한다. 그러므로 특허권자에게 어느 정도의 기간을 허여할 것인가에 대하여는 입법재량이 있지만 기간을 정하지 않고 특허권자에게 배타권을 허용하는 경우 이러한 입법은 위헌으로 무효이다.[409)]

이러한 헌법적 결단이 의미하는 바는 특허권자에게 제한적인 배타권을 부여하되, 그로 하여금 이러한 인센티브에 대한 대가로 특허권자의 발명을 공중에 개시하라는 것이다. 따라서 특허권자가 법정 특허기간 외에 라이선스를 사용자에게 강제하는 행위는 직관적으로 특허권의 남용으로 보일 수 있다. 이런 연유로 해서 특허권자의 특허기간 외에 특허권연장에 대해서는 특허권 남용문제로 다루어졌다.[410)]

II. 특허권자의 특허기간을 초과한 라이선스 행위

1. 특허권의 존재와 시장지배력

특허권자라고 해서 특허권이 사용되는 상품시장에서의 시장지배력은 추정되지 않는다. 이러한 결론은 우리나라와 미국이 다르지 않다. 미국에서는 법무부(Department of Justice)와 연방거래위원회(Federal Trade Commission)는 특허가 특허권자에게 시장지배력(market power)을 가지고 있다는 추정을 부여하는 것은 아니라고 본다고 1995년 가이드라인[411)]에서 설명하고 있다. 하지만 미국 연방대법원은

408) 다른 기회에 퀄컴 사건에 대한 분석을 다룰 수 있는 기회가 있을 것으로 생각한다.

409) 미국 특허법은 출원일로부터 20년간 특허권을 인정한다[35 U.S.C. §154(2000)]. 우리는 디자인보호법을 별도로 입법하고 있지만 미국은 특허법에 포함되어 있다. 미국에서는 디자인 특허권의 경우에는 허여일로부터 15년간 보호하고 있다.

410) Herbert Hovenkamp, Mark D. Janis & Mark Lemley, IP and Antitrust: An Analysis of Antitrust Principles Applied to Intellectual Property Law, § 3.2c, at 3-8 to- 10 (2002 & Supp. 2005).

특허권의 존재가 특허권자의 시장지배력을 추정한다는 기존의 판례는 변경하지 않고 있었다.[412] 그러다가 2006년 Independent Ink 사건에서 단순한 특허권의 존재만으로 시장지배력이 추정되는 것은 아니라고 기존의 판례를 변경하였다. 법원은 의회, 경쟁당국 그리고 대부분의 경제학자들이 특허권자 필연적으로 시장지배력을 추정하도록 하는 것은 아니라는 결론에 이르렀으며, 미국연방대법원도 이러한 결론을 수용하기로 하였다고 한다.[413]

우리나라에서의 공정거래법상의 입증책임의 분배에 있어서도 특허권의 존재 그 자체로 바로 경쟁법상 시장지배력을 추정할 수 없고 공정거래법 제3조의2에 기한 시장지배적 사업자의 지위남용행위의 판단에 있어서 시장지배적 지위의 존재를 추단할 수 있는 간접사실에 불과하다.

2. 특허라이선스[414]와 기간약정

특허권자가 특허권이 만료되었음에도 특허권에 기한 로열티(실시료)를 수령하는 행위는 대체상품의 시장진입을 제한한다는 점에서 경쟁제한성이 인정될 수 있다. 그러나 반면 매우 기초적인 질문으로 손해가 무엇이 있는가 하는 점도 같이 검토되어야 한다.

(1) 분배적 비효율성의 문제

1) 특허권의 행사와 분배적 비효율성

미국에서 특허권자가 특허존속기간을 넘어서 라이선스를 하는 문제에 대한

---

411) U.S Dep't of Justice & Federal Trade Commission, Antitrust Guidelines for the Licensing of Intellectual Property §2.2. (1995). 가이드라인은 특허나 다른 지적재산권은 그 보유자에게 시장지배력을 그 자체로 바로 부여하지는 않으며, 따라서 특허권이나 기타 지적재산권의 존재가 바로 경쟁법 위반이 되는 것은 아니라고 하고 있다.

412) 기존 판례의 전개에 대하여는 최승재, "특허권의 시장지배력 추정에 관한 연구 ―Independent Ink 사건을 중심으로―," 상사판례연구, 한국상사판례학회(2009) 참조.

413) *Ill. Tool Works Inc. v. Indep. Ink. Inc.*, 126 S.Ct.1281, 1293 (2006).

414) 특허법은 라이선스를 실시라는 용어로 사용하고 있다. 그래서 전용실시, 통상실시와 같이 표현한다. 그런데 이 논문에서는 라이선스라는 용어를 사용한다. 그 이유는 필자가 실무상 라이선스라는 용어를 더 익숙하게 사용하고 있고 실무상 이 용어가 오히려 많이 사용되기 때문이다.

논의를 무효인 특허를 사용하여 로열티를 받는 문제와 같은 선상에서 논의되었다. 경제학자들은 특허권자가 특허존속기간을 넘어서 라이선스를 하거나 무효인 특허를 사용하여 로열티를 받는 경우 분배적 비효율성(allocative inefficiency)이 발생한다고 보았다. 왜냐하면 이러한 관행으로 인하여 사회적인 자원이 소비자 후생에 최적으로 기여할 수 있는 방법이 아닌 방법으로 분배되기 때문이다. 경쟁적인 시장에서는 다양한 제품을 가능한 많이 생산하려고 한다.

완전경쟁시장의 경우 시장에서의 가격은 모든 정보를 즉각적으로 반영하여 기업의 한계비용(marginal cost)과의 접점에서 결정되므로 생산자들은 가격에 대하여 수용자의 지위에 있을 수밖에 없다. 따라서 그들의 경쟁전략은 비가격경쟁에 초점이 맞추어지게 된다. 이 상황에서 사회적 자원은 효율적으로 배분된다. 반면 독점자는 이러한 사회적 자원의 효율적 배분을 방해한다. 특허권자는 항상 상품시장의 독점자가 되는 것은 아니지만 독점자가 될 수도 있다. 그럼에도 이러한 위험을 감수하고 특허권을 부여하는 것에 대하여 미국 연방대법원은 특허를 통하여 발명이 공개되고, 당해 특허를 사용하고, 궁극적으로 새로운 발명에 대한 경쟁의 증가가 공공의 이익(public interest)[415]을 증진하기 때문이라고 보았다.[416] 하지만 Turner 교수의 적절한 지적과 같이 항상 그런 것은 아니지만 특허제도는 기존의 특허가 존재하는 영역에 대한 연구 및 개발을 감소시킬 수 있고, 사회적으로 문제를 해결할 수 있는 전도유망한 여러 방법들을 사용할 수 없도록 하기도 한다.[417]

미국 연방대법원은 특허제도 자체의 본질적인 내용은 그대로 두더라도 특허권자가 특허권을 남용하는 문제를 해결하고자 하였다. 초기 연방대법원은 끼워팔기 법리를 통하여 특허권 남용법리를 발전시켜 왔다. 특허권자가 존속기간을 넘어서서 특허를 라이선스하는 행위는 무효인 특허를 보호하는 경우에 발생하는 분배적 비효율성의 문제를 야기할 수 있다는 것이 미국 연방대법원의 인식이었

415) 반일 최근의 판례였다고 소비자후생(Consumer welfare)라는 표현을 사용하였을지 모르겠다.

416) Precision Instrument Mfg. Co. v. Automotive maintenance Mach. Co., 324 U.S. 806, 815-16 (1945); 연방항소법원에 대해서는 SCM Corp. v. Xerox Corp., 645 F2d. 11951203 (2d Cir. 1981) 참조.

417) Turner, *Patents, Antitrust and invention*, U.Pitt. L. Rev. 1016 (1982). Turner 교수가 우려하였던 사태는 지금 발생하고 있다. 신약개발에 있어서 기존에 특허권이 존재하고 있는 경우 굳이 분쟁에 휘말리면서 많은 소송비용등 분쟁해결비용을 부담하는 것을 피하기 위하여 가능성이 있는 신약후보물질들이 사장되는 경우가 발생한다.

고, 이러한 인식에 기반한 것이 Lear v. Adkins 사건[418]이다.

2) Lear v. Adkins 사건

이 사건에서 1952년 Lear는 발명자인 Adkins를 고용하여 기존의 문제를 해결한 새로운 자이로스코프(gyroscope)[419]를 개발하고자 하였다. 발명이 이루어지고 나면 로열티를 상호 만족할 만한 수준(mutually satisfactory royalty basis)으로 정하기로 하였다.[420] 그리고 1954년 Adkins는 마침내 새로운 자이로스코프를 개발하는데 성공하여 특허청에 출원하였다. 그리고 수회의 보정명령을 받고 이에 따라 보정이 이루어진 이후 마침내 특허등록에 성공하였다.[421] 1955년 로열티 조건에 대한 합의가 이루어졌다. 그런데 라이선스 계약의 로열티 조건 중에 만일 당해 특허가 무효가 되는 경우 Lear는 라이선스 계약을 즉시 해지할 수 있는 권리를 유보하기로 하였다.[422] 1957년 Lear는 특허검색을 한 결과 Adkins의 특허를 예견(anticipation)할 수 있는 선행 특허를 발견하였다고 하면서 로열티의 지급을 거절하였다.[423] 그의 주장은 1957년에는 이미 법상으로도 진보성 요건이 들어와 있었으므로 특허법상 신규성 또는 진보성이 없어서 Adkins의 특허가 무효인 특허라는 주장이었다.

그러나 Adkins는 자신의 특허가 아직 무효가 된 것이 아니므로 계약은 여전히 유효하다고 주장하면서 계약에 기초한 로열티의 지급을 구하는 소송을 제기하였다. 이에 대하여 연방대법원은 Lear의 손을 들어주었다. 연방대법원은 특허가 무효로 선언된다면 Lear는 이 특허에 기초하여 청구되는 어떤 로열티 지급요구도 거절할 수 있다고 보았다.

---

418) 395 U.S. 653 (1969).

419) 회전체의 역학적인 운동을 관찰하는 실험기구로 회전의라고도 한다. 이를 이용하여 지구가 자전하는 것을 실험적으로 증명할 수 있다. 한편, 로켓의 관성유도장치로 사용되는 자이로스코프, 이 원리를 응용한 나침반인 자이로컴퍼스, 선박의 안전장치로 사용되는 자이로안정기 등 넓은 범위에서 응용되고 있다. <http://search.naver.com/search.naver?where=nexearch&query=%C0%DA%C0%CC%B7%CE%BD%BA%C4%DA%C7%C1&sm=top_sug.pre&fbm=0> (네이버백과사전에서 인용함. 2009.10. 12. 최종접속).

420) Lear v. Adkins, *op cit* at 657.

421) *Id* at 660.

422) *Id* at 657.

423) *Id* at 660.

이 문제는 연방특허법과 주의 계약법간의 충돌의 문제를 해결하고자 한 것이다. 미국 연방대법원은 계약법의 해석을 함에 있어서 특허법과의 조화를 도모하였다. 이 사건에서 Harlan 대법관은 특허권의 효력에 대하여 가장 잘 알고 있는 사람은 분쟁의 당사자이다. 따라서 분쟁 당사자에게 특허권의 효력을 다툴 수 있도록 경제적인 인센티브를 제공함으로써 그들이 특허권의 효력에 대하여 다투도록 하여 사회적으로 배분적 효율성을 저해하는 무효인 특허를 제거할 수 있도록 하여야 한다는 점을 계약상 청구를 배척하여야 하는 이유의 하나로 들었다.[424]

(2) 대체상품의 시장진입 제한

경쟁자들은 특허권자의 특허권만료를 기다리고 있다가 특허권이 만료되고 나면 시장에 경쟁제품이 출시될 것이다. 그러면 시장에서의 경쟁을 격화되고 경쟁의 주된 양상은 가격경쟁이 되어 동일한 제품의 가격이 급격하게 떨어지는 상황을 맞이하게 된다. 그런데 특허권자의 입장에서는 이러한 상황을 막기 위한 전략적인 선택으로 실질적으로 특허권 기간을 연장하는 계속출원이나 분할출원을 하는 전략을 사용하기도 한다. 일본의 킬비 특허도 트랜지스터와 관련된 기본특허에 대한 계속출원이 문제되었던 사안이다.

특허출원전략으로서의 계속출원이나 분할출원이 아닌 특허라이선스 전략으로 사용할 수 있는 것이 특허라이선스의 조건으로 특허권의 만료기간 이후를 포함하여 계약을 체결하는 방법이다. 특허권을 라이선스를 받아야 하는 입장에서 이를 분석하여 보면 특허권이 유효한 기간의 특허라이선스에 특허권이 만료된 기간의 특허라이선스를 붙여서 라이선스를 받는 것으로 라이선스를 주는 관점에서 일종의 끼워팔기가 된다고 볼 수 있다.

이러한 라이선스를 할 수 있는 협상력을 가지고 있는 특허권자의 경우에는 자신이 보유한 협상력을 이용하여 특허권의 존속기간을 사실상 연장시킬 수 있으며, 경쟁자들에게 제조원가를 높임으로써 실질적으로 시장진입을 제한하는 효과가 있게 된다. 그렇게 되면 가격경쟁으로 시장이 진행되어 피말리는 원가경쟁 국면으로 넘어가는 것을 상당기간 막을 수 있게 된다. 이러한 관점에서 직관적인 인식과 같이 특허권자가 특허권이 만료되었음에도 특허권에 기한 로열티(실시료)

---

424) *Id* at 670.

를 수령하는 행위는 대체상품의 시장진입을 제한하는 경쟁제한적인 행위라고 평가될 수 있다.

III. Brulotte 법칙(Brulotte rule)

1. 미국에서의 특허권남용항변의 지위

미국에서 특허권남용항변은 특허침해소송이나 라이선스 조항의 이행을 구하는 소송에서 적극적 항변(affirmative defense)으로 사용되고 있다. 그 법적 성격이 항변이므로 입증은 특허권남용을 주장하는 자가 하여야 한다. 따라서 특정한 특허를 침해한 사실이 인정되지만 특허권자의 행위나 특정한 라이선스 조항이 경쟁법에 위반되거나 특허법이 특허권자에게 허여하려고 하는 범위를 넘어서는 것으로 보호되지 않는다는 취지로 주장하고 이러한 주장을 뒷받침하는 사실을 입증하여야 한다. 특허권자가 법정 특허기간 외에 라이선스를 사용자에게 강제하는 행위(improper patent term extensions)는 특허권 남용행위의 한 유형으로 포함될 것인지에 대하여 논란이 있었다.

2. Brulotte 사건[425)]

이 사건에서 Thys사는 홉을 따는 기계를 판매하였다. 12건의 특허가 계쟁대상기계에 화체되었고, 이중 7건의 특허는 라이선스 기간 중에 되었다.[426)] Brulotte 사건에서 기계사용자는 특허권이 소멸된 부분에 대해서까지 로열티를 지급하는 것을 거절하면서 특허권남용을 이유로 하여 소송을 제기하였다.

이 사건을 맡게 된 워싱턴주 대법원은 특허권자가 법정 기간을 넘어서 로열티를 받는 것은 위법하지 않으며, 전체적으로 받아야 할 로열티 총액의 관점에서

425) Brulotte v. Thys Co., 379 U.S. 29 (1964).

426) *Id.* 이 사건에서 로열티는 기계의 사용방법에 따라 다양하게 변동될 수 있었다.

는 합리적이라고 보이며 오히려 기간을 늘려줌으로써 효율성을 높인 것이라고 판단하였다. 워싱턴주 대법원은 그 이유로 법정기간을 넘어서는 라이선스를 받는 측에서는 오히려 긴 기간으로 라이선스 기간을 정함으로써 더 적은 로열티를 낼 수 있을 것이므로 특허의 존재로 인한 사회적인 사중손실(deadweight loss)을 줄일 수 있고, 반면 특허권자의 관점에서는 더 장기에 걸쳐서 특허권에 기초한 로열티를 받을 수 있어 그로 인하여 발명에 대한 유인을 유지할 수 있다는 점을 들었다.[427)]

이에 대해서 1964년 연방대법원은 워싱턴주 대법원의 판결을 파기하면서, 미국 헌법 제1조 제8항 제8호의 규정 및 기존의 선결례를 기반으로 하였을 때 특허권이 소멸되고 난 이후에도 여전히 특허권자가 로열티를 받을 수 있도록 하는 것은 특허법이 특허권자에게 허여한 기간을 넘어서서 인정하는 것이 되므로 이를 법원에서 인정하여서는 안 된다고 판단하였다.[428)] 연방대법원은 특허권 소멸이후 기간까지 포함하여 라이선스 하도록 하는 것은 특허권 있는 제품과 특허권에 의하여 보호되지 않는 제품을 끼워서 판매하는 것과 같은 행위라고 보았다.[429)] 연방대법원은 특허권자가 특허권 존속기간 내에 독점권을 가지고 있는바, 특허권존속기간 이후에 까지 로열티를 수령하는 것은 자신이 독점권이 없는 기간으로 자신의 독점력을 전이하려고 하는 행위라고 판단하였다.[430)] 이 판결은 Scott Paper Co. v. Marcalus Manufacturing Co. 사건[431)]과 Motion Picture Patents Co. v. Universal Film Manufacturing Co. 사건[432)]이 결합한 것으로 이해할 수 있다. 전자는 특허권 만료 후에 특허권을 행사하는 것을 불허한다는 사건이었고, 후자는 특허권남용에 대한 사건이었다.

연방대법원은 특허법은 어느 경우에는 특허권자에게 인정한 기간 이상의 독점권을 당해 기술에 대해서 부여하려고 하는 것이 아니므로 특허권 소멸 이후 기간에 대해서까지 로열티를 받는 라이선스는 당연위법으로 특허권남용이 되는 것으로 판단되어야 한다고 보았다.[433)] 나아가 연방대법원은 특허권자의 존속기간

---

427) *Brulotte v. Thys Co.,* 62 Wash. 2d. 271,382 (1962) at 275.

428) *Brulotte v. Thys Co.,* 379 U.S. at 29.

429) *Brulotte v. Thys Co.,* 379 U.S. at 33.

430) 이러한 연방대법원의 전이이론(leverage theory)에 대한 분석은 "*An Economic Analysis of Royalty Terms in Patent Licenses,*" 67 Minn. L. Rev. 1198, 1217-22 (1983).

431) 326 U.S. 249 (1945).

432) 243 U.S. 502, 515 (1917).

433) 연방대법원이 원용한 사건으로 *Ethyl Gasoline Corp. v. United States*, 309 U. S. 436; *Mercoid*

연장은 비록 존속기간을 연장하면서 특허권자가 로열티를 낮춘 경우에도 마찬가지라고 보았다.[434] 이러한 연방대법원의 Brulotte 사건의 결론은 선결례로서 후행 사안의 해결에 있어 경직적인 문제 해결책으로서 기능한다.

3. Scheiber 사건

2002년 Scheiber 사건[435]에서 Posner 판사는 기존의 Brulotte 사건을 그대로 적용할 경우 그 규범의 경직성으로 인하여 구체적인 타당성을 결한 결론을 도출할 수 있게 된다고 하면서 Brulotte 법칙을 비판한다. 규칙의 경직성을 비판한 Scheiber 사건의 사실관계는 다음과 같다.

음향기술에 대하여 주요한 기술을 많이 보유하고 있는 Dolby사는 Scheiber로부터 특허기술을 라이선스 받고 있었다.[436] Scheiber의 미국 특허는 1993년에 만료될 예정이었고, 캐나다 특허는 1995년에 만료될 예정이었다. 그런데 Dobly사가 제안한 로열티 스킴(scheme)[437]은 러닝 로열티를 줄이는 대신 미국 특허가 만료된 이후에도 뒤에 만료하는 캐나다 특허가 만료할 때까지 계속해서 로열티를 지급하기로 하였다. 이러한 로열티 스킴은 Brulotte 법칙을 문면 그대로 위반한 것이었다.[438]

미국 특허가 만료된 뒤 Dolby사는 로열티의 지급을 거절하였다. 그러자 Scheiber(원고)는 라이선스 계약의 이행을 구하는 소송을 제기하였다. Dolby사(피고)는 Brulotte 법칙을 원용하여 로열티 지급의무가 없다고 주장하였다. Brulotte 법칙에 의하면 Dolby사는 특허권이 만료된 뒤에 로열티를 지급하기로 하는 약정은 그 자체로 당연위법이 되는 것이며, 위법한 지급을 청구할 수 없게 된다는 것이 피고의 주장이었다.[439] 만일 Brulotte 법칙을 관철하면 피고는 원고 Scheiber에게

Corp. v. Mid-Continent Inv. Co., 320 U. S. 661, 664-665.

434) *Brulotte v. Thys Co.,* 379 U.S. at 33.

435) Scheiber v. Dolby Labs., Inc., 293 F.3d 1014 (7th Cir. 2002).

436) Scheiber씨는 Dolby사가 자랑하는 서라운드 시스템의 기본특허를 가지고 있는 발명가이다.

437) 구조, 방식 등의 뜻을 가지고 있는 용어로 흔히 라이선스 실무에서 사용하는 용어로 그대로 사용한다.

438) Scheiber v. Dolby Labs., Inc., 293 F.3d at 1016.

439) Scheiber v. Dolby Labs., Inc., 293 F.3d at 1017.

추가적으로 로열티를 지급할 필요가 없다는 결론이 되어야 했다.

하지만 Posner는 이러한 결론을 거부하였다. 그러면서 Brulotte 법칙의 연원에 대해서, Brulotte 법칙은 형평법에서 도출된 것으로서 특허권이 만료되었음에도 특허사용의 대가로 로열티를 수취하려고 하는 행위를 금지하려고 하는 것이라고 하였다. 이러한 관점에서 보면 Brulotte 법칙이 형평성에 위반되는 행동을 하기 위한 계약위반을 허용하기 위한 목적으로 사용되는 것은 법원의 선결례의 판단취지에 반하는 것으로서 허용되어서는 안 된다고 보았다. 만일 이와 같이 해석하지 않는다면 연방법원이 형성하여온 동등한 과책의 원리(the defense of in pari delicto)[440]를 유지하지 못하게 되어 부당한 결론이 된다고 보았다. 이 판결을 통하여 Posner는 특허권 존속기간 만료 후의 계약상 지급하기로 되어 있던 로열티의 지급을 명함으로써 1964년 이래 오랫동안 정립되어있던 Brulotte 법칙에 대한 예외를 인정할 수 있는 근거를 제공하였다.

4. 미국에서의 전망

(1) 현상의 이해

미국에서 Posner판사가 용감하게 미국 연방대법원의 Brulotte 법칙에 대한 예외가 인정될 수 있는 것처럼 선례에 반하는 것으로 보이는 판결을 선고하였지만 미국 연방대법원은 아직 특허권 소멸 이후 기간에 대해서까지 로열티를 받는 라이선스를 당연위법로 보는 판례를 파기하거나 재검토하지는 않았다. 지난 45년간 Brulotte 법칙은 더글라스 대법관의 분명한 천명으로 명확한 법칙으로 자리 잡았다.[441] 이렇게 오랜 기간 동안 Brulotte 법칙이 흔들림 없이 황금률로 자리 잡고 있는 이유는 너무도 명쾌하여 누구나 쉽게 이 법칙을 적용할 수 있었기 때문이다. 그리고 여전히 Brulotte 법칙은 유효한 법칙이고, 특허권기간이외의 특허권

---

440) 만일 쌍방이 모두 과책이 있는 경우에는 어느 일방에 유리하게 계약을 해석하여서는 안된다는 원칙. 이 사건의 경우에도 Scheiber는 Brulotte 법칙을 위반한 잘못이 있고, Dolby는 계약을 위반한 과책이 있다.

441) 더글라스 대법관은 8인의 다수의견을 대표하여, "a patentee's use of a royalty agreement that projects beyond the expiration date of the patent is unlawful per se."라고 명확하게 판시하였다. 이 사건에서 유일하게 반대의견을 낸 대법관은 Harlan이었다. *Brulotte v. Thys Co.*, 379 U.S. at 32.

라이선스 행위는 당연위법의 원칙으로 보는 것이 미국 판례법이다.

(2) 변경가능성

그러나 Posner판사의 연방항소법원 판결이 나온 이상 Brulotte 법칙이 재고될 가능성은 있다고 봄이 타당할 것이다. Posner 판사의 견해가 미국 경쟁법의 주류를 흔들 정도라고 볼 수는 없을 것이나, 그의 의문제기가 합리적이라는 점은 분명히 수긍할 점이 있기 때문이다.

그리고 추세적으로 미국에서 전통적으로 당연위법으로 보아왔던 수직적 가격제한인 재판매 가격 유지행위(Resale Price Maintenance)는 Leegin 사건을 통해서 합리의 원칙으로 변경되었고,[442] 오랜 기간 당연위법으로 판단되었던 끼워팔기도 기술적 끼워팔기에 국한된 판시이기는 하지만 합리의 원칙에 의하여 판단되어야 한다고 보는 등 일련의 변화가 있었다.

그리고 시장지배력의 관점에서도 의문이 있다. 미국의 경우에는 셔먼법 위반이 되기 위해서는 시장지배력을 가져야 하므로 특허권자가 특허권이 만료된 뒤에도 로열티를 수령하는 경우에도 시장지배력을 연장하는 것으로 볼 수 있는 지가 문제된다. 그런데 다른 한편으로는 이러한 행위가 사적자치에 의해서 당사자간에 의해서 법률이 정해놓은 특허권 존속기간 외의 기간에도 로열티를 주기로 합의한다고 하더라도 이는 당사자들이 경제적으로 동의하였고, 그것이 바람직하다고 보았기 때문에 그런 것이지 시장지배력의 행사와는 무관할 경우가 있을 수 있지 않을까 하는 의문을 가질 수 있다.

손해가 있는지 의문이 되는 경우도 미국에서는 1964년 이후 특허권 존속기간 외의 기간을 로열티 지급기간으로 정하는 모든 라이선스 계약은 Brulotte 사건 이후 지금까지 당연위법으로 보고 있다. 그러나 특허 뒤에서 보는 것과 같이 손해가 없는 것처럼 보이는 경우에도 여전히 경쟁당국은 특허권자(licensor)와 이를 사용하고자 하는 자(licensee)와의 계약을 제약하여 특허권 존속기간 내에 모든 로열티의 지급과 수령이 이루어지도록 하는 계약을 강제하여야 하는가 하는 점이

442) 1911년 사건인 Dr. Miles Medical Co. v. John D. Park and Sons, 220 U.S. 373 (1911)에서 당연위법의 법칙이 정립된 이래 Leegin Creative Leather Products, Inc. v. PSKS, Inc., 551 U.S. 877 (2007)에서 합리의 원칙으로 위법성 판단기준을 변경하기 까지 거의 100년의 기간 동안 유지된 원칙이었다.

의문이 있다. 결국 앞에서 본 것과 같이 당연위법으로 보아 금지하는 것이 타당한가는 새로운 고찰이 필요하다.

IV. 특허라이선스 계약의 분석

1. 특허의 협상력과 라이선스시의 특허권의 남용

특허권 존속기간 이후를 라이선스 기간으로 포함하는 특허라이선스계약은 국제라이선스 계약의 실무에서는 그리 드문 일이 아니었다. 특히 당해 특허가 원천특허에 가까울수록 특허라이선스를 함에 있어 특허권자의 협상력이 높아지므로,[443] 특허권자는 (i) 특허권을 라이선스 함에 있어서 특허권을 사용하지 않는 자사의 다른 제품을 같이 구매하도록 하거나,[444] (ii) 특허권 기간 외의 기간을 포함하여 라이선스를 받도록 하는 방식의 특허계약을 요구하곤 했다.

2. 특허기간과 관련된 조건의 검토

(1) 라이선스의 스킴에 따른 검토

특허권의 존속기간 이후를 라이선스 기간으로 포함하는 경우 만일 전체적으로 받을 수 있는 라이선스의 스킴을 나누어서 본다. 만일 대상특허가 라이선스를 받고자 하는 자(licensee)가 정액로열티(lump-sum, front loading style royalty)로 해서 최초 1,000만 불[445]을 받고, 특허권 존속기간까지 사용할 수 있도록 하는 것이 협상이 이루어질 특허라고 가정하자. 이를 실시권자가 경상로열티(running royalty)로 받으려고 한다고 하자. 이때 잔여특허권존속기간은 5년이라면 매년 40만 불을 받

---

443) 원천특허인 경우에는 특허의 우회를 위한 회피설계(design around)나 대체특허의 발견이 가능하지 않거나 매우 어렵기 때문에 협상력이 높아질 수밖에 없다.

444) 제법특허인 경우 당해 제법특허를 라이선스하면서, 관련된 물질을 일정 수량 구매하도록 하는 경우.

445) 불(弗)이라고 쓰고, USD(US Dollar)를 의미한다.

으면 될 것이다. 물론 이 경우 실제로는 40만 불의 5년 합은 현재의 200만 불과는 현가(現價)로는 동등하지 않으므로 현가로 하기 위해서 이자율 상당을 추가적으로 지급받아야 할 것이다. 그러므로 40만 불 이상[446]이 되어야 할 것이다. 이와 같은 경우 양자는 동일한 금액이므로 정액로열티를 받거나, 러닝로열티를 받거나 양자는 아무런 차이가 없으며, 정상적인 협상력의 반영이라고 보는 것이 타당할 것이다.[447]

[표 2]

기 간	t	t+1	t+2	t+3	t+4
로열티(만불)[448]	40	40	40	40	40

만일 위 [표 2]의 금액을 특허권이 소멸한 이후인 t+5에도 그대로 수령하거나, 아니면 20만 불을 수령하기로 하는 것과 같이 차등하여 낮은 로열티를 지급받기로 하거나 200만 불에 추가되는 금원이 존재할 경우에는 이러한 금원의 존재는 정상적인 로열티에 추가적인 협상력을 행사하여 받게 되는 것인데, 이러한 추가부분(Δ)은 현재의 협상력을 반영하여 미래에 협상할 수 있는 없는 부분에 대하여 이를 확보하는 것이다. 만일 t+5기에 협상을 한다고 전제한다면 이 경우 특허권자는 이미 자신의 특허권이 소멸하였을 것이므로 사실 받을 수 있는 금원이 0이다. 그러므로 이 보다 큰 모든 금액(Δ>0)은 모두 부당한 특허권의 행사가 될 수 있다.[449]

446) $Sum = 2{,}000{,}000 \times (1 + 1/(1+r)^1 + 1/(1+r)^2 + 1/(1+r)^3 + 1/(1+r)^4)$

447) 특허권남용과 관련된 다른 문제가 있을 수 없다는 의미가 아니라, 최초의 로열티 결정이 경쟁법상 문제가 없다는 전제하에서 경제적으로는 동일한 방법으로 특허권자의 사적자치의 범위가 될 것이라는 의미이다.

448) r=0인 경우.

449) 시장지배적 지위남용이 되기 위해서는 시장지배적 지위에 있어야 하고, 미국의 경우에는 특허권남용을 경쟁법적으로 규율하기 위해서는 시장지배력(market power)이 있어야 하므로 이러한 점들에 대하여 고려하여야 하지만 이 글에서는 이러한 점들은 구비되어 있다고 보고 논의를 전개한다.

[표 3]

<table>
<tr><td rowspan="2">기 간</td><td rowspan="2">t</td><td rowspan="2">t+1</td><td rowspan="2">t+2</td><td rowspan="2">t+3</td><td rowspan="2">t+4</td><td>t+5</td><td>t+6</td></tr>
<tr><td colspan="2">특허권만료후</td></tr>
<tr><td rowspan="2">로열티(만불)[450]</td><td rowspan="2">40</td><td rowspan="2">40</td><td rowspan="2">40</td><td rowspan="2">40</td><td rowspan="2">40</td><td>40</td><td>40</td></tr>
<tr><td colspan="2">Δ = 80</td></tr>
</table>

위 [표 3]에서 80만 불 부분은 특허권을 부당하게 행사하여 남용함으로써 발생한 추가적인 이익이라고 볼 수 있다. 이 추가적인 이익부분은 특허권자의 자신의 특허권을 부당하게 행사하여 라이선스를 받는 자에게 부담시킨 부분(손해액)이라고 할 것이다.

그런데 문제는 특허권자가 이 80만 불을 현재(t기)에 부담시킬 수 있는 힘이 있다면 이렇게 t+5기 및 t+6기에 분할하여 부담시키지 않고, 바로 기존의 특허권 존속기간 내에 분할하여 분담시킬 수도 있지 않을까 하는 점이다. 만일 이러한 스킴으로 라이선스를 하는 것이 가능하다면 특허권을 라이선스 받는 입장에서도 오히려 5기에 걸쳐서 분할하여 러닝로열티를 부담할 것을 7기에 걸쳐서 나누어서 부담할 수 있게 되므로 전체적으로 부담하여야 할 개별 기에 부담액을 줄일 수 있는 장점이 있다.[451] 그렇다면 특허권자는 자신은 아무런 이익을 얻은 것이 없고, 오히려 특허권을 허여 받는 자에게 혜택을 부여한 것이 되고, 바로 이러한 점으로 인하여 자발적으로 위와 같은 방법으로 로열티 협상이 이루어진 것일 수도 있다.

[표 4]의 경우가 가능하다면 결국 특허권의 로열티가 40만불에서 56만 불 사이

[표 4]

기 간	t	t+1	t+2	t+3	t+4
로열티(만불)[452]	56 [453]	56	56	56	56

450) r=0인 경우.

451) 비유적으로 신용카드를 3개월 할부를 하는 경우와 6개월 할부를 하는 경우를 비교하여 보면 6개월 할부를 허용하여 주는 것은 혜택이라고 이해된다는 점을 염두에 두면 될 것이다.

452) r=0인 경우.

453) 80만 불을 5기에 걸쳐서 분할하여 배분하면, 40+80/5=56만 불.

에서 범위로 존재하였고, 이 범위에서 56만 불을 취할 수도 있는데 오히려 이를 추가적으로 분할하면서 이 과정에서 특허권 존속기간 밖에서도 로열티를 수령한 것으로 판단할 수 있다. 이렇게 보면 라이선스를 받은 입장에서 무슨 손해가 있는지가 문제가 될 수 있다. 경제적인 관점에서 [표 3]의 경우와 [표 4]의 경우는 모두 총 로열티가 280만 불이 된다는 점에서는 아무런 차이가 없다.

(2) 과도한 가격설정행위의 문제

특허의 로열티가 위에서 보는 석과 같이 40만 불에서 56만 불 사이에서 범위로 존재하였을 수도 있지만 40만 불이 합리적으로 결정된 공정한 로열티이고, 56만 불은 과도하게 책정된 로열티로서 과도한 가격설정행위(Excessive pricing)로 볼 수도 있다.

문제는 과도한 가격설정행위를 어떻게 볼 것인가 하는 것과도 관련되어 있다. 과도한 가격설정행위의 규제가 공정거래위원회와 같은 경쟁당국이 적극적으로 하게 되면 자칫 경쟁당국이 물가당국으로 전락할 가능성이 있다. 경쟁당국이 물가당국이 되면 안 된다는 주장을 하는 것은 아니다. 하지만 경쟁당국이 물가당국이 되면 몇 가지 문제점이 있을 수 있다. 우선 경쟁당국은 물가정보를 상시적으로 감독할 수 있는 역량이 조직이 부족하다. 경쟁당국은 본연의 시장감시기능이 있다. 그런데 개별적인 시장을 모두 상시적으로 감시하는 것은 경쟁당국이 할 수 있는 역량 밖에 있다. 이렇게 정부조직을 구성하게 되면, 조직중복이 발생하게, 이로 인한 업무의 조화 및 협조가 이루어지지 않아서 발생하는 비효율이 발생한다. 이러한 비효율은 단순한 인건비의 증가와 같은 직접비의 증가에 그치지 않고 기관간의 갈등이나 서로 다른 방향을 시장에 줌으로 인한 시장에 잡음이 섞인 부적절한 신호의 제공으로 인한 거래비용의 증가 등의 문제를 발생시킨다.

그러므로 경쟁당국의 높은 가격에 대한 통제는 제한적으로 이루어지는 것이 옳다. 간접적으로 담합행위의 규제는 가격담합을 억제하면 경쟁이 이루어지게 되고, 경쟁은 많은 경우 가격을 떨어뜨리는 기능을 하게 된다. 따라서 담합의 규제도 간접적으로 가격통제기능을 한다. 이러한 점은 셔먼법을 초기 입안할 당시의 기록을 보더라도 입법자들이 이미 인식하고 있었던 점이다. 그러므로 경쟁당국이 가격통제를 하는 것 자체가 부당한 것은 아니지만 직접적인 개입은 시장에서의 비효율을 야기할 수 있으므로 자제하는 것이 좋다.

이러한 전제하에서 보면 로열티의 설정이 합리적이고 공정한가 하는 것은 무형자산의 평가와 관련된 기본적인 곤란을 감안하면 판단이 유형자산의 경우보다 더 어렵다. 따라서 명백하게 과도한 것으로 보이는 경우만이 경쟁당국의 과도한 로열티 설정행위의 규제대상이 될 수 있을 것이다. 이 경우를 예를 들면 A국에서는 한 카피당 30불에 판매되는 소프트웨어가 B국에서는 20불에 판매된다면 이 경우 소프트웨어의 경우에는 한계비용이 거의 들지 않는다고 학계에서 일반적으로 제시되는 예라는 점[454]을 감안하면 특단의 사정이 없는 한 과도한 경우라고 할 수 있다. 이와 같은 방법을 비교대상가격법(CUP Method; Comparative Unit Price Method)이다. 이러한 비교대상가격법이 아닌 다른 방법으로 무형자산 자체를 직접 평가하여 적절한 로열티를 발견하는 것은 쉽지 않다는 점이 있고, 두 번째는 합리적인 방법을 사용한다고 하더라도 당사자간에 분쟁이 생기거나 합리성 또는 공정성에 대하여 경쟁당국이 조사를 할 경우 반론을 쉽게 기각하기 어려운 상황에 있게 되는 문제가 있다.

3. 대안의 검토

위에서 살펴본 바에 의하면 과도한 가격설정행위로 특허권 라이선스 계약서에 기재된 로열티율 자체의 적절성에 대하여 규제하는 것은 실무상 매우 어려운 과제임을 보았다. 그러므로 대개의 경우 하나의 범위로 존재하는 로열티에 대한 규제는 과도한 가격설정행위로 수행하기에는 매우 어렵다.

그렇다면 경제적으로는 아무런 손해가 없는 것으로 보이는 280만 불을 수령하는 2개의 계약을 단지 그 기간의 일부가 특허권의 존속기간을 넘겼다고 하여 달리 평가할 것인가 하는 점이 남게 된다.

이 경우 고려할 수 있는 대안은 2개가 있다고 본다.

첫 번째 대안은 특허권의 존속기간을 넘겼다는 점을 주목하여 미국에서와 같이 유효인 특허와 무효인 특허의 끼워팔기로 보고, 당연위법으로 위법성을 인정하는 방법이 있을 것이다. 매우 명쾌한 방법이다. 그러나 우리의 경우에는 실무상 끼워팔기 사안이라고 하여 모든 합리적 정당화사유를 배척하는 것이 아니

454) 더구나 소프트웨어를 다운로드 받는 방식으로 구매하는 경우라면 추가 1단위를 더 생산하기 위해서 소요되는 한계비용은 더욱 무의미한 수준에 이를 것이다.

라는 이러한 실무와 부합하지 않는 문제가 있다.

두 번째 대안은 경쟁제한성의 판단에 있어서 정당화사유가 있는지를 살펴보는 것인데, 이 때 고려요소로 실질적인 손해의 존부, 시장에의 신규진입을 저해하고 있는지, 배분적 비효율성을 통하여 시장에서의 자원배분을 왜곡하고 소비자의 선택을 제약하고 있는지 등의 요소를 사용하는 방법이 있을 것이다. 실제에 적용에 있어서는 실질적인 손해의 존부는 실제로는 판단이 쉽지 않다. 역시 공정한 로열티의 발견이 어렵기 때문이다. 그러나 손해가 없다면 다시 생각할 점이 있을 것이다. 그리고 신규진입의 경우에는 계약이 특허권 소멸 이후에도 계속되면 제한이 되고 있다고 사실상 추정할 수 있다고 본다. 그리고 소비자의 선택도 사실상 제한되고 있다. 왜냐하면 계약에 의한 특허권의 연장을 통하여 그렇지 않았다면 원가상승요인으로 작용하지 않았을 특허권의 존재가 특허권 존속 이후에도 여전히 제조원가로 반영되고 있을 것이라는 점,[455] 특허권 소멸 이후 기간을 계약으로 묶어두지 않았다면 다른 기술이 채택될 수 있었을 가능성이 있는데 이러한 가능성을 제약하고 있다는 점, 그러므로 이를 통하여 소비자의 잠재적인 추가적 선택가능성을 제약하고 있다는 점을 종합하면 시장에서의 경쟁이 제한되고 있을 가능성을 추단할 수 있다고 본다. 그러므로 실질적인 손해의 존부 판단에서 손해가 없다고 판단된다고 하더라도 이 점이 바로 경쟁제한성이 없다고 결론을 내릴 수 있는 것은 아니다.

V. 정 리: 우리나라의 경우

1. 판단의 기준

우리나라의 경우 퀄컴 사건에서 공정거래위원회가 위법이라고 하였으나 위법이 당연위법(또는 원칙위법)으로 보는 것인지 여부에 대하여는 명확하지 않다. 다만 3장에서 보는 것과 같이 미국에서도 당연위법으로 보는 것에 대해서는 반

455) 이 점에 대해서는 원가반영의 시점에 대하여 반론이 있을 수 있으나 상론하지 않는다.

론이 있고, 당연위법이 경험칙에 의하여 축적됨으로써 굳이 조사를 하지 않더라도 위법임이 명확하다는 점을 쉽게 인정할 수 있는 경험의 소산임에 비추어 우리의 경우 미국과 같이 법원에 의하여 판례가 정립되어 있지도 않은 상황에서 단정적으로 당연위법이라고 볼 것인지에 대해서는 논의의 필요가 있다.

2. 계약법상 청구의 처리

우리 법에서도 공정거래법상의 문제나 특허소송에서의 항변의 문제와 별개로 계약법상 청구와 특허법상 청구와의 관계에 대한 검토가 필요하다.

(1) 소송의 양상

소송의 양상은 라이선스 계약의 유효를 전제로 하여 로열티 지급청구를 하는 경우 피고가 당해 로열티 지급조항이 공정거래법에 위반된 것으로 무효라고 주장하는 경우를 염두에 둘 수 있다. 이 때 공정거래법 위반은 다소 복잡한 양상을 띤다. 우선 우리 법은 시장지배적 지위남용행위(제3조의2)와 불공정거래행위(제23조)를 나누어서 규정하고 있고, 이 경우 만일 미국 연방대법원과 같이 특허권의 존속기간과 존속기간 경과 후 기간을 포함한 기간을 라이선스 기간으로 하여 로열티를 수령하는 스킴을 사용하는 경우를 유효인 특허와 무효인 특허의 끼워팔기(tie-in license)로 보아 당연위법(per se illegal)으로 볼 수 있다고 이론 구성을 하면, 이 경우 특허권자[456]가 시장지배적 사업자이거나, 아니거나 적용법조는 제3조의2로 갈 것인가, 아니면 제23조로 갈 것인가의 문제만 있을 뿐 끼워팔기가 위법하다는 점은 마찬가지이므로 비교적 간명하게 공정거래법 위반을 도출할 수 있다. 이렇게 되면 이러한 공정거래법을 위반한 계약의 사법적 행위는 어떻게 볼 것인가.

미국 연방대법원이 고민한 것은 주법인 계약법과 연방법인 특허법의 조화 내지 독점금지법과의 조화였다. 연방법을 위반한 행위를 단순히 연방법상의 제재수단으로서의 형사처벌, 민사상 손해배상만에 그치게 하고, 여전히 계약법에 기초한 계약의 이행을 가능하게 하면 이 한도에서 연방법의 취지는 몰각된다. 그러

456) 정확하게 말하자면 특허권자나 전속실시권자, 서브라이선스권(right to sublicense)을 가진 자 등이 포섭될 수 있으나 편의상 이러한 자의 대표적인 자로 특허권자라는 용어를 사용한다.

므로 Lear 사건에서 본 것과 같이 특허법의 보호범위를 넘어서는 라이선스 계약을 독점금지법 위반으로 규율하면서, 이 경우에는 계약에 기초한 이행도 구할 수 없다고 본 것이다.

(2) 효력규정과 단속규정의 구별

우리 법의 경우에는 사법상의 효력은 공정거래법이 효력규정인지, 단속규정인지 여부가 문제가 될 것이다.[457] 효력규정과 단속규정을 구별하기 전에 개별적 사건에서 당해 위반된 법규의 취지, 거래의 안전 그리고 당사자간의 신의・공평 등의 실질적 요소를 고려하여 구체적・개별적으로 동 위반 행위의 효력을 유효로 할 것인가 무효로 할 것인가를 판단하고 이 판단에 의해 유효로 인정해야 할 경우에는 동 법규를 단속법규로 그리고 무효로 해야 할 경우에는 효력규정으로 판단하는 견해[458]가 현실적인 대안이라고 본다. 규범형식만으로 바로 효력규정인지, 단속규정인지를 판단하기 어렵고, 입법자료를 보더라도 입법자의 규정취지를 알기 어렵다는 점을 감안하면 규범형식과 입법취지로 같이 고려하여 재판규범으로서 단속법규인지 효력법규인지 여부의 판단은 위와 같은 사정을 종합적으로 고려하여 결정을 내릴 수밖에 없다.[459]

이러한 법원의 태도에 대하여 대체로 형식적으로는 규정의 취지 또는 성질을 탐구하여 효력규정인가 단속규정인가를 구분하는 듯이 표현하지만, 실질적으로는 무효에 의하여 달성될 공익적 질서와 그것에 의하여 야기된 사익의 불균형을 비교형량하여 무효로 할 것인가 아닌가를 정책적으로 결정한다고 보기도 한

457) 이에 대한 선행연구문헌으로는 홍대식, “독점규제법상 불공정거래행위의 사법적 효력,” 사법논집 30집, 법원도서관(1999), 142-144면.

458) 민형기, 단속법규 위반행위의 사법상 효력", 대법원판례해설 12호, 법원행정처(1990), 342면 이하.

459) 대법원은 최근 사건으로 “구 산업집적활성화 및 공장설립에 관한 법률(2006.3.3. 법률 제7861호로 개정되기 전의 것, 이하 “법”이라 한다) 제28조의4 제1항에 의하면, 아파트형 공장을 설립한 자가 아파트형 공장을 분양 또는 임대하고자 하는 경우에는 공장건축물 착공 후 산업자원부령이 정하는 바에 의하여 모집공고안을 작성하여 시장・군수 또는 구청장의 승인을 얻어 공개로 입주자(아파트형 공장을 분양 또는 임대받아 제조업 기타 사업을 영위하는 자를 말한다)를 모집하여야 하도록 규정하고 있는바, 이는 효력규정으로 볼 것이므로 이에 위반하여 아파트형 공장을 설립한 자가 모집공고안에 대한 승인 없이 임의로 이를 분양 또는 임대한 행위는 그 효력이 없다(대법원 2009.4.9.선고 2008다1521 판결)”고 판시하였다, 그러나 왜 효력규정으로 보아야 하는지에 대하여는 명확한 근거를 설시하고 있지는 않다.

다.[460] 이러한 점은 예견가능성의 면에서는 부족함이 있을 수 있겠으나 실제의 재판규범으로서 기능할 수 있는 기준을 제시한다는 점에서는 부득이한 사정이다.

(3) 공정거래법에의 적용

공정거래법위반의 경우 공정거래법의 입법취지와 목적을 고려하여 앞서의 고려요소들간의 이익형량과 가치평가를 통하여 결론을 내려야 할 것이다. 이 때 고려해야 할 주요한 내용으로는 법 규정의 목적, 보호법익, 위반의 중대성 등도 같이 고려할 수 있을 것이다. 다만 당사자들의 주관적인 의사는 개별적인 규범의 속성으로서의 단속규정인지, 효력규정인지 여부의 판단에서는 고려할 바가 아니라고 본다. 이러한 관점에서 보면 사법상의 거래를 규제하는 법령에 위반한 법률행위는 원칙적으로 무효라고 봄이 상당할 것인바, 공정거래법이 특허권자가 존속기간 이외의 기간을 포함하여 특허라이선스 계약을 체결하는 경우 이러한 행위를 금지하려고 하는 특허법과 공정거래법의 취지, 소비자후생의 보호라는 보호법익과 위반을 방치할 경우의 사회적인 폐해에 대한 중대성을 감안하면 이러한 규범은 결국 양 당사자가 체결한 사법상 거래인 라이선스 계약의 효력도 무효로 봄이 상당하고, 이러한 관점을 종합하여 보면 위 공정거래법은 효력규정이라고 봄이 다당하다고 본다.

이와 같이 본다면 양 당사자간의 라이선스 계약도 무효라고 할 것이므로 사법상 효력을 주장하는 것도 불가능하다. 결국 라이선스를 한 자(licensor)는 라이선스 계약의 이행을 구하는 것이 공정거래법 위반으로 사법상 효력도 없다고 보아 이행을 구할 수 없다고 본다.

460) 홍대식, 전게논문, 143면.

제5장

표준보유자의 공동행위

Cartel Behavior by Patent Holder
or Standard Organization

제 1 절 문제의 소재

표준화과정에 있어 표준화기구는 公開義務의 부과나 FRAND 조건의 부과와 같은 홀드업 방지장치를 통하여 내부적인 문제를 해결하고 있다. 물론 이러한 장치들에도 불구하고, 표준결정과정에서 표준화기구가 정책문서를 통하여 요구한 조건들에 동의한 표준보유자가 조건을 위반하고, 특허침해소송 등을 제기하는 경우의 문제에 대해서 제4장에서 살펴보았다. 그런데 이러한 표준화기구는 그 기구를 구성하고 표준을 결정하는 과정에서 공동행위적 요소를 내포하고 있다. 경쟁법은 표준화가 기술혁신에 기여하고, 상호운용성을 확보할 수 있도록 함으로써 소비자후생을 증진시키는 친경쟁적 측면을 살리면서도 표준화기구에 의한 표준결정이 공동행위를 합리화하기 이한 구실로 사용되지 않도록 하여야 한다.

표준화와 공동행위의 문제를 논할 수 있는 영역은 표준화기구에 의한 표준화의 경우이다. 위와 같은 문제가 발생하는 상황은 전통적으로 논의되어 왔던 특허풀의 형식을 취하는 경우 특허풀과 관련된 표준화기구회원사들 간의 합의로 회원사가 아닌 사업자에 대하여는 표준화된 특허권 등 지적재산권의 합리적인 조건으로 라이선스를 하지 않는 경우와 같은 거래거절에 대한 합의를 하거나(제2절), 새로운 기술이 등장하였음에도 그 기술을 표준으로 채택하지 않음으로써 표준경쟁을 회피하고, 시장에의 잠재적 경쟁을 억압하는 도구로 사용하는 경우이다(제3절).

표준화는 특히 네트워크 산업에서 효용이 커진다. 하지만 네트워크 산업에서는 전체적인 생산량을 제한하고, 가격을 인상하기 위하여 네트워크 산업의 사업자들 간에 수평적인 합의를 할 유인이 크게 존재한다. 이는 단순히 네트워크에 들어오지 않고 독립적으로 운영되는 사업자와의 관계에서 네트워크로 운영되기 때문에 발생하는 이익을 유지하기 위한 목적 때문만이 아니다. 네트워크 산업의 경우 혁신이 이루어지면 혁신의 결과물은 네트워크 산업에 있는 사업자들이 함께 누리게 된다. 이 과정에서 대체기술이 들어오는 것을 방지하여야 혁신기업이 자신이 투자한 이윤을 확보할 수 있게 된다. 그러므로 네트워크 산업에서는 그 산업에 있는 사업자들 간에 이 점에 대한 수평적 합의가 이루어질 가능성이 많다. 또 네트워크에 구성원이 아닌 신규사업자가 당해 네트워크 산업에 진입하는 것은 매우 어렵게 된다.[1)]

여기에서는 위에서 언급한 표준화의 협조적인 성격(collaborative feature)에 기인한 공동행위와 관련된 위의 각 쟁점을 살펴보고자 한다.

제 2 절 특허풀을 사용한 표준화기구의 공동행위

I. 표준화와 특허풀[2)]

1. 복수기술의 존재와 표준화[3)]

IT 산업의 경우 원천기술에 대한 특허가 등록된 이후 이를 기초로 한 여러 改良特許들이 나온다. 이러한 改良特許들은 그 자체로는 특허이지만 원친특허를

1) Hovenkamp, *op cit*, p.286-287.

2) 특허풀에 대한 선행문헌으로 정연덕, "특허풀에 관한 법적 연구 —활성화 방안을 중심으로—," 서울대학교 법학박사학위논문(2005); 이대희, "특허풀 및 그 유효성에 관한 연구," 산업재산권 제15호, 한국산업재산권학회(2004) 참조.

3) 비교하여 특허풀의 경쟁제한적 공동약정의 가능성에 대하여 관련 미국판례로 *Zenith Radio Corp. v. Hazeltine Research Inc.*, 395 U. S. 100, 113-14 (1969) 참조.

사용하지 않고는 그 특허를 사용하여 제품을 생산할 수 없으므로 원천기술에 대한 특허보유자로부터 라이선스를 받아야 하고, 반대로 원천기술 보유자가 개량기술을 사용하려고 하는 경우에도 같은 상황이 된다. IT 산업에서의 기술혁신은 점진적 기술혁신(incremental innovation)이 이루어지는 경우가 많다. 따라서 특정한 제품을 생산하기 위하여 원천특허보유자와 개량특허보유자는 서로의 특허가 있어야 한다. 표준화의 경우에도 이런 상황이 발생하는 것은 마찬가지이다.

따라서 IT 산업에서는 다수의 특허들을 묶음으로 하여 필수적인 특허들로 구성된 특허풀을 형성하고 이러한 특허풀을 기초로 하여 표준화를 이루고자 하는 경우가 많다.

2. 특허풀의 의의

(1) 개 념

특허풀 합의(patent pooling arrangement)는 다수의 특허권자들이 그들의 특허권을 결합하기 위해 체결하는 다양한 형태의 약정들을 포괄적으로 표현하는 집합개념이다.[4] 미국 특허청은 상호라이선스를 중심으로 하여 특허풀을 관리하기 위한 합작회사(Joint Venture)와 같은 수단을 사용하여 지적재산권을 집합화한 것이라고 정의한다.[5] 그러나 반드시 상호라이선스를 중심으로 하여야 할 이유는 없으며 경우에 따라서는 서로간의 라이선스를 하지 않고 풀링(pooling)을 한 이후 제3자에게 라이선스를 할 수도 있는 것이므로 미국 특허청과 같이 개념정의를 하는 것은 타당하지 않다고 본다.[6] 그러므로 특허풀은 다수의 특허권자들이 그들의 특허권을 결합하여 자신들이 직접 실시하거나 및 제3자에 대한 실시를 위하여 체결하는 상호라이선스 계약 및 기타 다양한 형태의 약정들을 말하는 것으로 정의하는 것이 타당할 것이다. 특허풀(patent pool)은 다수의 특허권자들이 그들의 특허권을 결합하기 위해 체결하는 다양한 형태의 약정들을 포괄적으로 표현하는 개념이다.[7]

---

4) 오승한, "방어적 특허풀 구성과 부속약정에 대한 경쟁제한성 평가," 성균관법학 제20권 제2호(2008.8.), 649면.

5) USPTO, "Patent Pools; A Solution to the problems of access in biotechnology patents?" (2000).

6) Rudi Bekkers et al, *op cit,* at 9.

7) Roger B. Andewelt, "Analysis of Patent Pools Under the Antitrust Laws," 53 Antitrust L.

오늘날 많은 기술은 하나의 특허로 하나의 제품을 생산하거나 용역을 제공할 수 없는 경우가 대부분이고, 그러한 복수의 특허에 대한 라이선스를 개별적으로 받는 것은 매우 번거로운 작업이 될 것이므로 이러한 문제를 해소함으로써 거래비용을 줄일 수 있다는 측면에서 특허풀은 유용한 수단이 되고 있다.[8] 표준화기구는 특허풀을 형성하는 경우가 많으나, 반드시 특허풀링(patent pooling)을 하는 것은 아니다.

(2) 상호라이선스와의 구별

상호라이선스를 통하여도 특허풀을 형성하는 것과 유사한 효과를 발생시키는 것은 가능하다. 하지만 양자는 효과면에서의 유사성에도 불구하고 특허풀은 중앙에 전체적인 특허를 통제하는 기구가 존재하는 반면 상호라이선스는 여러 개의 특허실시계약의 집합일 뿐이라는 점에서 서로 구별된다.[9] 중첩적인 상호실시허락의 경우에 기업들은 하나의 공통된 관리기관을 설립하는 것이 아니라 회사들이 중복되는 특허를 상호간에 이용할 수 있는 계약을 체결한다.[10] 따라서 중앙기구(central entity)가 없는 상호라이선스의 경우에는 로열티를 서로 제한하지 않고, 사용지역의 제한을 하지 않는 경우에는 서로 특허 없이 경쟁하는 상황이 된다.[11]

(3) 유 형

특허풀은 여러 특허권자들이 연관된 기술을 한 번에 일괄적으로 라이선스하기 위하여 자신들의 특허를 통합하는 약정을 하는 형태로 이루어지는 것이 보편적이다. 특허풀을 구성하는 약정의 형식은 다양하다. MPEGLA와 같이 MPEG2기술표준, MPEG4기술표준 등을 만들고 이를 위한 참여회원사들의 특허풀을 보유하고 있는 회사가 있는가 하면, 지주회사를 설립하여 그 지주회사에 위임하는 방식을 취하기도 한다. 일본의 경우에는 특허지주회사를 만들어서 일괄하여 관리하

J. 611, 611 (1984).

8) USPTO, "White Paper for Patent Pooling" (2001).

9) DOJ & FTC Report on Antitrust Enforcement And Intellectual Property Rights: Promoting Innovation and Competition (2007) at 66.

10) Richard Ekenger, "The Rationale for Patent Pools and Their Effect on Competition," Master Thesis, University of Lund (2003) pp.10-11.

11) *Id.* p.11

도록 하면서 라이선스로 인한 수입을 서로 나누어 가진다.12) 회사의 형식이 아닌 특정한 사업자에게 위임하여 특허권을 행사하도록 하는 방법도 생각하여 볼 수 있다.

실제 사례를 통해서 유형화를 하면 특허풀은 공동라이선스형(Joint Licensing Scheme) 특허풀, 라이선스관리기구형(Patent Pools with a licensing Administrator) 특허풀, 특허플랫폼형(Patent Platforms) 특허풀로 구별할 수 있다.13)

공동라이선스형 특허풀은 특정한 표준을 형성하고자 하는 일련의 집단들에 의해서 발의가 되고 그 중의 하나의 사업자가 전체 라이선스 계약의 간사(agent)가 되는 방식이다. 실제 사례에서는 필립스사가 DVD3표준의 형성을 위한 특허풀의 간사역할을 하였다.14) 관리를 위한 별개의 법인격을 만들지는 않았지만 단순한 계약의 집합이 아니라 간사가 존재하면서 전체적인 특허권자들을 조율한다는 점에서 상호라이선스와 구별된다.

라이선스관리기구형 특허풀은 독립된 기구에서 표준형성을 위해서 제공되는 특허들을 평가하고, 관리하는 역할을 하는 형태이다. MPEG-2 특허풀의 경우가 바로 이런 경우이다.15) 라이선스 관리기구는 MPEG-2 특허풀에서 보는 것과 같

12) 일본에서는 지적재산권의 관리 등 다양한 분야에서 일반사업회사를 포함한 다양한 자가 자신의 노하우를 살려서 다양한 형태로 신탁업무를 영위하겠다는 수요가 있었기 때문에 이러한 자들에게 신탁업에의 신규진입을 가능하게 하기 위하여 2004년 개정신탁업법에서는 신탁업을 영위할 수 있는 업자를 주식회사에 국한하지 않고, 주식회사 이외의 회사, 회사가 아닌 법인에 대해서까지 확대하여 신탁업을 영위할 수 있도록 하였다(권종호, "일본의 신탁법제와 집단투자기구," 증권법학회 6월 발표문 6면 참조).

13) Rudi Bekkers et al, *op cit,* at 16, 17.

14) *Id.* at 16.

15) *Id.*; 회원사의 약정을 독립된 법인격을 가진 특허풀관리회사가 실제로 실행하는 행위로 나아가는 경우에는 특허풀관리회사를 사업자단체로 보지 않으면, 공정거래법 제19조 공동행위 외에 별개로 제3조의2가 적용될 수 있다고 보는바, 그 이유는 특허풀이 하나의 회사의 형식을 취해서 그 특허풀을 관리하고 있을 수 있으므로 그 스스로의 독자적 인 결정에 기한 단일한 시장지배적 사업자의 시장지배적 지위남용행위로 보는 것이 가능할 것이기 때문이다. 하지만 실제로 이런 경우를 상정하기는 어렵다. 왜냐하면 회사의 형태를 취한다고 하더라도 주주간약정(shareholder's agreement)에 의하여 제약이 되고, 이는 정관(articles of incorporation)에 반영되며, 이사회의 구성원들이 이러한 약정 및 정관에 기초하여 의사결정을 자신들의 이해를 반영하여 할 것이기 때문이다. 만일 특허풀의 존재에도 불구하고 당해 특허풀에 가입한 회원들이 시장지배력을 가지지 못하는 경우에는 부당하게 거래를 거절하는 행위가 될 것이므로, 이 경우에는 공정거래법 제23조 제1항 제1호 및 같은 법 시행령 제36조 제1항 별표 제1호 가목상의 공동의 거래거절에 해당될 것이다.

이 특허료 징수는 1994년부터 이루어졌으나 별도의 기구로서 MPEG LA를 만든 것은 1996년부터라는 것에서 알 수 있는 것과 같이 독립된 경제적 주체일 수도 있고, 그렇지 않을 수도 있다.[16)]

특허플랫폼형 특허풀은 복수의 특허표준을 보유하면서, 복수의 제품을 관리하는 형식으로 보통 플랫폼 회사라고 불리는 회사를 설립하여 운용한다. 3세대 통신 플랫폼을 만들기 위한 시도가 이런 방식으로 이루어졌다.[17)] 이들의 관계는 관련시장에서 동종영업을 하고 있는 경우도 있을 것이고, 전후방 연관시장에서 수직적 관계의 사업자들일 수도 있다.

3. Antitrust-IP Guidelines(1995년)[18)]

미국 법무부와 연방거래위원회는 지적재산권의 라이선스와 관련된 원칙을 정할 필요성을 인정하여 Antitrust-IP Guidelines을 제정한다. Antitrust-IP Guidelines은 라이선스 행위가 독점금지법을 위반하는지 여부는 합리의 원칙에 의하여 판단해야 한다고 규정하고 있다. 이러한 태도는 Go-Video 사건[19)]에서 연방항소법원이 판시

---

16) 정연덕, 전게논문, 44면.

17) *Id.*

18) U.S. Department of Justice & Federal Trade Commission (1995), Antitrust Guideline for the Licensing of Intellectual Property.

19) 1993년 Go-Video 사건에서 미국 연방항소법원은 특허풀에 대한 당연위법기준에 의한 강력하고 적대적인 대처에서 완화된 대응으로의 선회가 이루어짐을 보여주었다. 이 사건은 미국 회사인 Go-Video사는 하나의 포트만을 가지고 있던 기존의 VCR이 아닌 두 개의 포트를 사용하여 하나의 포트로는 재생을 하면서 다른 포트로는 녹화를 할 수 있는 VCR-2에 대한 특허를 보유하고 있으면서 제품화를 위해서는 일본회사들의 특허권을 라이선스 받아야 하였지만 일본회사들의 경우에는 특허풀을 통하여 특허풀의 구성원 회사간에서만 라이선스를 하는 배타적인 특허정책을 사용하고 있어 이러한 배타적인 특허정책은 셔먼법 제1조 위반이 된다고 주장하면서, 시장출시를 하지 못한데 따른 손해배상을 구하는 소송을 제기하였다. 문제가 된 특허풀은 Matsushita 전기 외에도 JVC, Sony, Sanyo, NEC, Sharp 등의 일본의 주요 전기회사들이 포함되어 있었다.

법원은 Go-Video사의 주장을 받아들이지 않았다. 법원은 공동행위와 관련하여 피고회사들의 특허풀형성은 독점화를 위한 것으로 받아들일 수 없다고 함으로써 이전의 당연위법 기준에 의한 판단이 아닌 합리의 원칙에 따라 친경쟁적인 효과와 반경쟁적인 효과를 동시에 고려하여야 한다고 보았고, 아울러 클레이튼법 제7조에 의한 경쟁을 실질적으로 완화하거나 독점화를 위한 자산의 취득이라는 주장에 대해서도 특허권이 클레이튼법 제7조에 의한 자산에 해당하지만 이 사건 특허풀의 형성이 독점화를 위한 자산의 취득이라고 볼 수 없다고

한 바와 같다. Antitrust-IP Guidelines은 지적재산권의 존재 그 자체로 독점화 의사가 추단될 수 없고, 독점금지법 위반을 인정하기 위해서는 반드시 친경쟁적 효과와 반경쟁적 효과의 형량이 필요하다고 규정하고 있다.[20] 1995년 Antitrust-IP Guidelines은 지적재산권에 대한 반독점 규제에 대해 3가지 일반 원칙을 두고 있다. Antitrust-IP Guidelines은, (i) 지적재산도 다른 형태의 재산과 본질적으로 동일하게 취급되며, (ii) 지적재산권의 존재 자체로는 시장지배력을 의미하지 않으며, (iii) 지적재산권의 실시허락은 기업들로 하여금 보완적인 생산요소들을 결합할 수 있게 하므로 일반적으로 경쟁촉진적이라고 규정하고 있다.[21]

Antitrust-IP Guidelines은 특허풀이 보완적인 기술을 통합시키고, 일괄계약을 통하여 거래비용을 감소시키며, 복수 특허간의 이용저촉관계를 제거하고, 고비용의 침해소송을 예방한다는 점에서 친경쟁적인 효과가 있음을 인정한다. 특허풀 구성계약에서 총괄적인 가격이나 산출량 제한조항을 두는 경우 이를 정당화시키는 사유가 없다면 독점금지법 위반의 혐의를 받을 수 있다.[22] 또한 특허풀 구성계약이 명백한 가격고정이나 시장분할의 수단으로 행해지는 경우 당연위법이 될 수 있으며, 수평적 경쟁관계에 있는 특허권자들이 분쟁을 예방하거나 화해할 목적으로 특허풀 구성계약을 체결할 경우 관련시장에서의 경쟁이 감소될 수 있으므로, 이를 능가하는 효율성이 입증되지 않으면 그러한 라이선스 계약은 위법한 거래제한(illegal restraints of trade)이 될 수 있다.[23]

특허풀은 모든 자에게 개방될 필요는 없다. 신규참가를 금지하는 특허풀을 폐쇄형 특허풀(closed pooling arrangement)이라고 하는바, 이러한 폐쇄형 특허풀에 포함된 특허가 없이는 시장에서 경쟁을 하기 어렵고, 특허풀이 시장지배력을 가지고 있는 경우에는 폐쇄형 특허풀은 경쟁제한성을 가지고 있다고 볼 것이다.[24]

폐쇄형 특허풀이라도 경쟁제한적인 특허풀로 판단되지 않기 위해서는 (i) 배제된 회사가 실시허락된 기술을 사용하는 관련된 제품시장에서 유효경쟁을 하여

판시함으로써 Go Video사의 주장을 배척하였다(*In re Dual-Deck Video Cassette Recorder Antitrust Litigation Go video inc. v Matsushita Electric Inc.* 11 F.3d. 1460, C.A. 9 (Cal.) 1994. Dec. 15. 1993).

20) Antitrust-IP Guidelines p.28.

21) Antitrust-IP Guidelines p.2, 28.

22) Antitrust-IP Guidelines p.28.

23) *Id.*

24) *Id.; Northwest Wholesale Stationers, Inc. v. Pacific Stationery & Printing Co.*, 472 U.S. 284 (1985).

야 하며, (ii) 특허풀의 참가자가 관련시장에서 전체적인 견지에서 시장지배력을 갖고 있지 않아야 한다.[25] 이러한 조건이 충족되지 않은 경우, 미국 법무부나 연방거래위원회와 같은 경쟁당국은 해당 특허풀 구성계약상의 참가제한조항이 특허풀된 기술의 개발 및 사용에 합리적으로 관련되어 있는지를 참작하여, 관련시장에서 이들 제한조항의 친경쟁적 효과를 판단하여야 한다.[26]

경쟁당국이 특허풀이 제3의 실시권자에 대해 부과하는 실시허락의 거절, 재판매가격유지, 끼워팔기, 배타적 거래, 가격고정, 산출량제한, 개량발명 역실시 조건(Grant back condition)의 제한조건은 물론, 특허권의 양도와 관련하여 독점금지법의 관점에서 문제되는 합병인지 여부 등에 대해서 독점금지법 위반 여부의 판단에 있어 해당 제한조항이 반경쟁적 효과와 제한조항이 경쟁촉진적인 효과를 함께 고려하여 비교형량하여야 한다. 해당 제한조항이 합리적으로 필요한 것이라면, 경쟁당국은 친경쟁적 효과와 반경쟁적 효과를 형량하여 관련시장에서 경쟁에 미치는 영향을 판단한다.[27] 실시허락계약상의 제한조항이 반경쟁적 영향을 미치는지를 판단하기 위해서는 시장 구조, 참가자간의 동조행위(coordination) 가능성, 경쟁자의 접근이 저지되는지 여부 등이 고려되어야 한다.[28]

경쟁당국은 실시허락 계약상의 제한이 혁신의 조장 및 경쟁 증진에 유용한 경우가 있음을 감안하여 독점금지법 위반 여부를 문제 삼지 않을 安全地帶(safety zone)을 도입하였다. 통상적으로 경쟁당국은 (i) 해당 제한조항이 문면상 반경쟁적이지 않으며, (ii) 실시허락자와 실시권자의 관련시장에서의 시장점유율 합계가 해당 제한조항으로 영향 받는 관련시장에서 각 20% 미만일 경우에는 특허권 실시허락계약상의 제한조항을 문제 삼지 않는다.[29]

4. 법무부와 연방거래위원회의 공동가이드라인

(1) 합리의 원칙

2007년 미국 법무부와 연방거래위원회의 공동가이드라인은 표준화기구참가

25) Antitrust-IP Guidelines pp.28-29.
26) *Id.*
27) Antitrust-IP Guidelines p.21.
28) Antitrust-IP Guidelines pp.18-19.
29) Antitrust-IP Guidelines p.22.

자들의 표준화기구 내의 정책문서상에 기재되는 라이선스 조건은 사전적으로는 친경쟁적일 수 있으므로 사전적인 표준화기구의 정책문서가 그 자체로 경쟁법상 당연위법이 되는 경우는 흔하지 않다고 본다.[30] 그러므로 경쟁당국은 지적재산권자와 라이선스를 받고자 하는 자간에 발생할 수 있는 홀드업 행위를 막을 수 있도록 하기 위하여 合理의 原則에 의하여 심사할 필요가 있다는 것이 동 가이드라인이 취하는 태도이다.[31]

지적재산권자의 일방적인 라이선스 조건이나 로열티 조건의 선언은 그 자체로 Sherman법 제1조 또는/및 제2조 위반이 아니다. 표준화기구에서 표준화와 관련된 논의를 하고 있는 상황에서 표준화기구 밖에서 개별 지적재산권자가 라이선스 조건에 대하여 개별 표준화기구의 회원과 협의하는 것 자체는 경쟁법적 조사의 대상이 되지 않는다. 다만 표준화기구간에 사전에 협의하는 문제에 대하여는 연방거래위원회는 특정한 입장을 표시하지 않았다.[32]

그 중에서도 특히 상호라이선스와 특허풀의 경우에는 경쟁당국이 지속적으로 관찰하여야 할 필요가 있다. 상호라이선스의 경우 보완적인 특허의 경우에는 사적인 오더링을 통하여 앞에서 살펴본 바와 같이 경쟁법적 문제를 사적(私的)으로 해결하는 긍정적인 면이 있지만, 실제로 특허풀과 같이 기능할 우려도 있다. 따라서 연방거래위원회는 지속적으로 이 가이드라인에 기초하여 상호라이선스와 특허풀에 대한 경쟁법적 효과에 대하여 감시할 것이다. 연방거래위원회는 이 두 가지 라이선스 방식이 가지는 친경쟁적 효과와 반경쟁적 효과를 모두 고려하여 판단하기 위하여 합리의 원칙에 의하여 그 효과를 판단한다.[33]

(2) 특허풀의 경쟁제한성

일반적인 원칙으로 補完特許(complementary patent)를 서로 결합하는 특허풀은 친경쟁적이라고 할 수 있다. 대체적인 특허를 포함하는 특허풀의 경우에는 명확

30) Antitrust Enforcement And Intellectual Property Rights; Promoting Innovation and Competition p.33.

31) *Id.* pp.37-39.

32) 표준간 경쟁은 시장경쟁의 확보에서 매우 중요하다. 그러므로 사전적(事前的)으로 표준화기구간에 협의하는 것은 경쟁제한적 효과를 발생시킬 가능성이 있다고 할 것이므로 경쟁당국의 개입이 필요하다고 본다.

33) DOJ-FTC Joint Report pp.59-62.

하게 친경쟁적이거나 반경쟁적이라고 할 수 없고, 사건에 따라서 친경쟁적일 수도, 반경쟁적일 수도 있다(특허풀 대내적 형성의 국면). 특허풀 자체가 가지고 있는 라이선스 조건의 경쟁제한성은 친경쟁적인 성격과 반경쟁적인 성격을 모두 가질 수 있으므로 사안에 따라서 개별적으로 판단한다(특허풀 대외적 행사의 국면).[34]

연방거래위원회는 일반적으로 특허풀이 제시하는 로열티의 합리성에 대하여는 심사하지 않을 것이다. 위원회의 특허풀에 대한 경쟁법적 검토의 초점은 특허풀의 형성과정과 결정된 구조가 경쟁을 제한하는 것인지의 여부에 맞추어 진다. 그 외에도 연방거래위원회는 가이드라인에서 지속적으로 합리의 원칙에 의하여 지적재산권 라이선스의 조건을 검토할 것이라고 선언하고 있다. 특히 '主張禁止條項(non-assertion clauses)', '改良發明逆實施條項(grant back clauses)', '透過로열티계약(reach-through royalty agreements)' 등이 주된 관찰의 대상이 될 것이다.[35]

이들 중에서 '透過로열티계약'의 아이디어는 예를 들어 生命工學特許의 경우 甲이라는 회사가 '셀-라인'(cell-line)[36]에 대한 특허를 가지고 있는데, 이러한 셀-라인을 판매하거나 라이선스를 준다고 하더라도 로열티 산출의 근거가 되는 로열티 베이스(royalty base)는 최종적으로 판매되는 약품이나, 시술 등의 가격에 비하여 현저하게 낮다. 그렇기 때문에 생명공학기업의 입장에서는 제약회사가 가지는 이익의 일부를 로열티 베이스로 할 경우에 자신의 이익이 증대되기 때문에 라이선스 계약을 하면서, 로열티 베이스를 가치 사슬의 하부에 있는 소비재의 판매로 규정하여, 로열티를 소비재의 판매의 일부(a percentage of consumer product sale)로 하도록 규정하는 계약이 바로 '透過로열티조항'이다. 이러한 투과 로열티조항은 지적재산권자에게는 로열티 베이스를 올릴 수 있는 조항이지만, 자신이 라이선스를 주는 대상이 아닌 그 하부의 제품을 끌어와 로열티 베이스로 인정하여야 하는 상대방의 입장에서는 타당성을 공격받을 수 있고, 미국의 경우에는 이러한 조항이 특허권남용이라는 관점에서 공격을 받았다.

---

34) Josh Lerner & Jean Tirole, "Efficient Patent Pools" Working Paper for Harvard Business Review (2004) pp.11-14.

35) IP-Antitrust Guidelines pp.10-11.

36) 세포 계(系)라고 하며, 초대 배양세포에서 대를 이어 얻어진 세포군의 계통을 의미함.

II. 특허풀을 사용한 표준화기구의 경쟁제한행위와 공정거래법의 적용

1. 경쟁제한적 합의와 공동행위(제19조)

특허풀에 참여하는 사업자들이 만일 상호대체적인 기술을 보유하고 있다면 그러한 사업자들은 관련기술시장에서 수평적인 관계에 있게 된다.[37] 이러한 모습은 수직적 공동행위에 비하여 경쟁법에서 엄격하게 제한하여온 경쟁자간의 공동행위라고 할 것이다.[38] 더구나 특허풀의 경우에는 계약의 집합체인 상호라이선스의 경우와 달리 중앙에 관리하는 기구가 있으므로 이 관리회사에서 특허풀 참가기술을 평가하고, 로열티를 정하고, 실시방법 및 실시조건 등을 공동으로 정하게 된다.

결국 특허풀 약정은 사업자들이 가격을 결정 · 유지 또는 변경하는 행위를 표준화기구를 통하여 다른 사업자와 공동으로 하거나 특허 라이선스 조건이나, 그 대금으로서의 로열티 및 라이선스 조건과 같은 대가의 지급조건을 정하는 행위를 하는 것으로 이해될 수 있다. 회원사간의 합의에 의하여 공동으로 로열티 또는 라이선스 지역을 결정하거나, 실시방법 및 실시조건 등을 결정하는 행위는 소비자 할당이나 집단적 보이코트 등으로 판단될 수 있어 공정거래법 제19조, 미국의 Sherman법 제1조나 유럽공동체 조약 제81조 등에서 금지하는 행위에 해당될 가능성이 있다. 공정거래위원회의 지적재산권의 부당한 행사에 대한 심사지침 제2조에서는 이러한 점을 인식하고, 특허풀을 공동실시허락계약(Pooling-Arrangements)이라고 칭하면서 적용대상이 됨을 명기하고 있다.

---

37) 오승한, 각주 661 전게논문 654면.

38) 우리나라에서 수직적 공동행위의 공정거래법 제19조에 의해서 규율을 할 수 있다는 견해도 있다. 정호열 교수는 수직적 공동행위를 카르텔로 규제한 사례도 없고, 판례 또한 마찬가지로 소개하면서 규제할 수 없다고 파고 있으며(정호열, 전게서, 310면), 공정거래위원회의 실무도 수직적 공동행위를 규제하는 것이 어렵다고 보고 있다, 그러나 이호영 교수는 공정거래법의 법문상 수직적 공동행위를 규제할 수 없다는 것은 근거가 없으며 규제가 가능하다고 본다(이호영, "공동시장지배력 개념에 관한 연구," 법경제연구발표회 발표문 2009. 6.5.).

필수설비와 공정거래법 제19조의 관계에서 둘 이상의 사업자가 필수요소를 소유・지배하면서 그 제공을 공동으로 거절하는 행위는 독점규제법상 부당한 공동행위, 특히 거래지역・거래상대방의 제한이나 기타 다른 사업자의 사업활동 또는 사업내용을 방해하거나 제한하는 행위에 해당될 수 있다.[39] 그러나 부당한 공동행위의 규제는 반경쟁적 합의의 존재 그 자체를 위법판단의 근거로 삼는다는 점에서 거래거절의 합의가 있는 경우 해당 거래거절이 필수요소에 관한 것인지 여부는 공정거래법 제19조의 공동행위에 해당하는지 여부를 판단함에 있어서 필수적인 것은 아니라고 할 것이다. 그러므로 실무상 공정거래위원회로서는 공동행위로서의 합의를 입증할 수 있는 한 굳이 해당 공동행위로서의 거래거절의 대상이 필수요소인지 여부를 입증할 필요는 없다.

특허풀을 구성하면서 그 부속약정으로 경쟁제한적인 약정을 한 경우 그것은 명시적으로 이루어진 합의에 해당하므로 공동행위로 보는 데에는 별다른 어려움이 없다. 경쟁제한성의 요건과 관련하여 현재 학계와 실무계의 일반적인 경향은 부당경쟁제한을 하나로 묶어 경쟁제한성만을 따지는 것이 보통이라는 점[40]에 비추어도 여전히 경쟁제한성 판단을 하여야 할 것이므로, 이 경우 당해 특허풀의 효율성증대의 측면과 경쟁제한성을 비교형량하여야 할 것이다. 형량을 함에 있어 당해 특허풀의 시장에서의 지위 또는 시장지배력, 당해 산업의 특성, 전체적인 기술혁신의 방향과 관련된 로드맵상의 필요성, 기술혁신을 위하여 필요한 소요자금의 규모 등 시장에서의 특허풀형성에 필요한 여러 가지 요소들이 종합적으로 고려되어야 할 것이다. 다만 약정의 내용이 다양할 것이므로, 카르텔의 유형도 각 약정의 유형에 따라 달라질 것이다.

2. 사업자단체의 경쟁제한행위(제26조)

특허풀이 별도의 회사의 형태를 이루고 있는 경우와 같이 별도의 인격을 가지고 있는 경우, 이러한 특허풀의 행위를 경쟁법으로 규율하기 위해서는 문제가 되는 특허가 필수특허(essential patent)인지 여부가 문제가 될 것이다. 둘 이상의 사업자가 사업자단체라고 할 수 있는 특허풀관리회사나 특허플랫폼회사를 통하여

39) 법 제19조 제1항 제4호, 제9호.

40) 권오승, 전게서, 256-257면; 정호열, 전게서, 320면.

필수적인 생산요소를 소유·지배하면서 소속 회원에게는 그 이용을 허락하고, 비회원에게는 이를 거절함으로써 비회원의 시장진입을 봉쇄하는 것이 공정거래법 제3조의2에 의한 시장지배적 사업자의 남용행위에는 해당되지 않으면서 동법 제26조 제1항의 사업자단체의 경쟁제한행위로서 규율될 수 있는 경우가 있을 것이다. 미국 독점금지법상 필수설비이론의 유사사례로 자주 인용되는 초기의 연방대법원 판결 중 일부는 개별 사업자가 아니라 사업자단체 또는 조합(組合)의 행위였다는 점도 이와 유사한 경우라고 생각한다.[41] 산업별 표준화기구를 사업자단체로 보아서 특허풀의 부속약정을 통한 경쟁제한행위를 사업자단체의 경쟁제한행위로 볼 가능성이 있다고 본다. 학설상 사업자단체는 법적 근거가 있는 법정단체이든 혹은 단순한 임의단체이든 상관이 없다고 보고 있으며, 법인이든 법인격이 없는 조합이든 이를 구별을 하지 않는다고 하고 있다.[42] 따라서 상법상 주식회사의 형태와 같은 별개의 법인격을 가져도 사업자단체가 될 수 있다고 보고 있다. 그러므로 업계 표준화기구는 이러한 학설에 의하면 사업자단체로 볼 수 있을 것이다.[43]

따라서 업계 표준화기구를 사업자단체로 보게 되면 공정거래법 제26조 제1항 제1호의 규정에 따라 사업자단체인 표준화기구를 이용하여 사업자들이 개별적인 지적재산권 남용행위를 하지 않고, 사업자단체를 활용하여 경쟁제한행위를 하는 것을 규율할 수 있다. 이 때 적용법조는 사업자단체의 부당한 경쟁제한행위는 개별적인 카르텔행위의 유형에 따라 정해질 것이다.[44]

3. 특허풀의 라이선스 정책과 경쟁제한행위

특허풀의 구성과 관련하여, 대체특허로 구성된 특허풀과 보완특허로 구성된 특허풀 중에서 후자에 전자에 비하여 더 친경쟁적인 효과를 발생시킬 수 있다. 왜냐하면, 보완특허로 구성된 특허풀은 해당 특허를 개별적으로 라이선스 받으려

---

41) *U.S. v. Terminal Railroad Ass'n,* 224 U.S. 383(1912); *Associated Press v. U.S.,* 326 U.S. 1 (1944).

42) 정호열, 전게서, 421면.

43) 문제는 특허풀이 MPEGLA의 예에서 볼 수 있는 것처럼 별도의 법인격을 가지고 있는 회사형식(플랫폼 회사유형)을 취하기도 한다는 점인데, 이러한 경우에는 기업결합으로서의 규제가능성과 공동행위로서의 규제가능성이 모두 있다고 본다.

44) 권오승, 전게서, 334-335면; 정호열, 상게서, 424면.

고 하는 경우에 소요되는 거래비용 기타 부대비용으로 인한 개별적인 시장참여자의 비용 인상에 대한 압력이 적게 되고, 따라서 생산효율성을 달성할 수 있게 되므로, 이러한 요인들로 인하여 결국 소비자들은 더 낮은 가격으로 시장에서 제품을 구매할 수 있는 가능성이 있기 때문이다.

특허풀은 필수특허(essential patent)로 구성되므로 대체특허로 구성된 특허풀이건 보완특허로 구성된 특허풀이건 그러한 필수적인 특허가 단독으로 존재하는 경우보다 공동행위를 할 유인이 커지고, 공동행위를 하였을 경우에는 그 효과가 크고, 수익이 급격히 증대된다. 따라서 당해 특허풀의 라이선스 정책이나 로열티 정책의 내용에 따라서는 다양한 형태의 경쟁법적 우려가 제기될 수 있다. 예를 들어, 특허풀에 특정한 제품을 생산하기 위하여 필수적인 특허가 포함되어 있는 경우, 그러한 특허를 회피할 수 없는 경쟁사업자들에 대하여 라이선스를 거절하거나, 다른 특허와 같이 묶어서 라이선스를 받도록 강제하거나, 높은 로열티를 받는 정책을 펴거나, 그랜트 백을 강제하는 경우에는 공정거래법 위반이 될 수 있다.

(1) 특허풀의 부속약정상의 라이선스의 거절

특허풀의 부속약정에 회원사가 아닌 경쟁사업자에 대한 라이선스를 거절하는 약정이 존재하는 경우, 이러한 약정은 특허풀을 구성하는 회원사들의 약정에 의한 공동행위로서 집단배척 혹은 그룹보이코트의 경우에는 공정거래법 제19조에서 열거된 각 호의 규정에 해당하기 어려워 일반조항인 공정거래법 제 19조 제1항 제9호의 부당공동행위를 구성하게 될 것이다.[45] 공정거래법 제 19조 제1항 제9호의 부당공동행위를 인정함에 있어서 다른 사업자의 해석과 관련하여 법 제19조를 수평적 거래제한에 국한시키는 입장에서는 다른 사업자를 동일한 시장에서 경쟁하는 국외자로 보고 있기 때문에, 수직적 거래관계에 있는 자의 경우에는 법 제 19조 제1항 제9호의 적용대상이 아니라고 보고 있다. 그러나 특허풀의 경우 풀링된 특허를 사용하는 자는 수평적인 관계에 있는 사업자보다 주로 전·후방 사업자인 경우가 많다. 따라서 이러한 경우에도 공동행위로서 포섭하는 것이 현행법의 해석상으로도 문언상 불가능하지 않다고 보이며, 공정거래위원회[46]

45) 권오승, 상게서, 264면; 정호열, 상게서, 366면.
46) 공정거래위원회의결 1999.10.16, 99-229.

와 일부 하급심 판례[47]에서도 다른 단계의 사업자도 포함하고 있는 것과 같이 전·후방사업자도 포함하는 것이 타당하다고 본다. 만일 이와 같이 보지 않는다면 수직적인 경우에는 불공정거래행위 중 공동의 거래거절(공정거래법 시행령 별표 1 가목)로 보아야 할 것이다.

우리의 경우에는 국내 특허풀도 없고 관련 사례를 찾을 수 없고, 미국의 경우에는 델라웨어 주 법원은 마쓰시다 사건에서 6개 회사로 구성된 디지털 비디오 디스크 풀과 관련된 경쟁법 위반에 기초한 반소에서 약식판결을 하면서, 특허풀에 참가한 자들로 하여금 디지털 비디오 디스크 풀에 풀링되어 있는 개별적인 특허에 대한 라이선스를 받을 수 있는 기회를 제공할 것을 명한 바 있다.[48]

공정거래위원회가 미국에서의 마쓰시다 사건판결과 같이 특허풀에 대하여 강제실시를 명하는 것은 우선 부당공동행위의 시정조치로서 강제실시를 명하는 것이 가능한지에 대해서 정립된 바가 없다. 앞서 논의한 것과 같이 우리나라에서 시정조치로 강제실시를 명하는 것은 부당공동행위에 대한 제재수단으로서 뿐만 아니라 시장지배적 지위남용 등 다른 공정거래법 위반에 대한 제재로서 가능한지에 대하여도 명확하지 않으므로 입법론으로는 근거규정을 명확하게 할 필요가 있다.

공정거래위원회가 부당공동행위에 대한 시정조치로 강제실시명령을 하는 것이 가능하다고 해석한다면 표준화기구에 의하여 표준화되는 경우 복수의 표준화기구에 의한 복수표준 또는 단일 표준화기구가 복수표준을 채택하고 있는 경우에는 대체기술 또는 대체표준이 존재하는 경우에는 라이선스를 거절한다고 하더라도 필수특허가 아니라면 강제실시를 명하기는 어려울 것이다. 반면 하나의 표준만이 존재하고, 그 특허기술이 채용되어 있는 경우에도 그 표준을 사용하지 않는 것이 가능할 경우와 그렇지 않을 경우가 있을 것이다. 단일표준만 존재하는 경우에는 개념상 이미 우회가능성과 對替可能性을 배제하고 있는 것이므로 필수기술로 인정되어 다른 요소들이 구비되고, 라이선스를 거절할 정당한 사유가 없다면 강제실시를 명령할 수 있을 것이다. 그러나 후자의 경우에는 비록 표준으로 채택되지 못한 특허기술이 열후적인 기술이라도 강제실시를 명령할 수 없을 것이다.

---

47) 서울고등법원 2001.11.6.선고 2000누11088 판결.

48) *Matsushita Elec. Indus. Co. v. Cinram Int'l, Inc.*, 299 F.Supp. 2d 370 (D.Del.2004).

(2) 특허풀의 부속약정상의 패키지 라이선스의 강제

다른 특허와 같이 묶어서 라이선스를 받도록 강제하는 것도 특허풀관리회사가 협상력을 높이기 위한 방법으로 사용될 수 있다. 이와 같은 방식의 라이선스를 패키지 라이선스(package license)라고 한다. 이러한 패키지 라이선스 행위는 사업자가 다른 사업자와 공동으로 상품 또는 용역의 거래조건이나, 그 대금 또는 대가의 지급조건을 정하는 것으로 끼워팔기의 한 유형이 된다(공정거래법 제19조 제1항 제2호). 패키지 라이선스 형식의 끼워팔기는 지적재산권의 부당한 행사에 대한 심사지침 제3조 제10호상의 계약기술 등을 사용하지 않은 제품에 대해서도 산업재산권자가 실시권자로 하여금 기술료를 지급하도록 하거나 산업재산권자가 실시권자로 하여금 계약기술 등의 실시를 위해 직접적으로 필요하지 않은 기술을 일괄해서 실시하도록 하도록 하는 행위에 해당되어 부당성이 인정되면 위법한 행위로 판단된다.

4. 경쟁제한성의 판단기준

(1) 특허풀의 친경쟁적 측면

특허풀은 통상 여러 종류의 기술이 동시에 필요한 표준의 형성이나 표준화된 제품을 만들기 위하여 형성된다. 이러한 특허풀은 산업이 표준에 끌려 다니게 되는 상황(holdup 행위)에 대하여 하나의 완화책으로 기능할 수도 있다. 특허풀은 Shapiro 교수가 말하는 특허덤불에서의 항해를 위한 가장 효율적인 수단이 될 수 있다. 기술개발에 있어 차단특허(blocking patent)[49]가 존재하는 경우 특허 2개 이상의 특허가 서로 이용저촉관계에 있다면 이러한 특허의 소유자들이 서로 상대방에 의한 기술사용을 배제시키는 방향으로 특허권을 행사한다면 사회적인 관점에서 기술혁신을 제약하는 역할을 특허가 하게 된다. 이러한 문제를 해결할 수 있는 수단으로 제시되는 것이 상호실시와 특허풀이다.[50] 사회적으로 특허덤블의 존재로 인하여 사장될 수 있는 많은 혁신 기술들이 실제적으로 시장에 투입될

49) '병목특허(bottleneck patent)'라고도 한다.

50) Carl Shapiro, *supra note* 490 at 10.; Gilber Goller, "Competing Complementary and Blocking Patents; Their Role in Determining Antitrust Violations in the Area of Cross-Licensing, Patent Pooling and Package Licensing," 50 J. Pat. Off. Society 723 (1988).

수 있도록 하는 역할을 할 수 있다.

연구 개발 목적의 특허풀의 경우에는 공동개발계약과 같이 위험분산기능을 한다. 이러한 점은 친경쟁적 효과라고 할 것이다. 특허풀은 수개의 라이선스를 개별적으로 체결하는 것에 비하여, 이러한 특허풀을 형성하는 것은 거래비용을 최소화할 수 있는 방법이 된다. 상호라이선스를 하는 것에 비교하여 거래비용을 줄일 수 있다는 장점으로 인하여 특허풀은 신기술을 빠르게 시장에 진입시키고, 이를 통하여 특허풀 참가자들의 기술혁신을 가속화시킬 수 있다. 이러한 거래비용의 절감이라는 면은 다른 한편에서 소송비용의 절감이라는 면도 있다. 상호 라이선스와 같은 연장선상에서 논의될 수 있는 사항으로 상호 라이선스도 통상 특허 침해 소송이 진행되는 과정에서 소송비용을 절감하기 위한 방법으로 사용된다. 하지만 특허풀의 경우에는 이러한 소송비용 절감이라는 효과도 달성하면서, 한편에서는 추가적인 소송의 가능성 또는 어떤 특허가 특정한 제품의 생산에 필수적인 것인가 하는 문제까지도 어느 정도 보증을 하여 주는 효과가 있기 때문에 이러한 점에서도 단순한 양자간의 계약이나 양자 계약의 집합으로 구성되는 상호 라이선스에 비하여, 거래비용의 감소의 면이 더 크다고 할 수 있다. 이러한 점에서 특허풀은 친경쟁적인 면이 있다.

이러한 특허풀을 사용한 표준화기구의 대표적인 형태가 바로 MPEG LA이다. MPEG LA는 그 자체가 하나의 회사 형식을 취하고 있지만 그 실제는 산업의 표준화기구이다. MPEG LA의 경우와 같은 회사의 존재로 인하여 특정 표준을 사용하고자 하는 사업자들은 특허권자들을 일일이 찾아서 라이선스를 하는 대신에 일괄적으로 라이선스를 받을 수 있고, 이 경우 MPEG LA는 사용자에게 필수적인 기술에 대한 통상실시권(non-exclusive license)을 허여하여 주고 대신 이러한 허여의 대가로 받은 로열티는 특허권자들에게 배분하는 역할을 하는 것이다.[51)]

(2) 경쟁제한성의 판단

앞에서 특허풀이 가지고 있는 공동행위로 보아 경쟁을 제한할 수 있는 가능성에 대하여 보면서도 한편 기술혁신을 위하여 특허풀이 특허덤풀을 헤쳐나가면서 기술혁신을 하기 위한 수단으로서 표준화를 통하여 사회적인 후생의 증대가

---

51) <http://www.mpegla.com> 사이트 (2008.12.7. 최종접속) 및 정근익, "지적재산권의 상호실시 허락에 대한 독점규제법 적용연구," 충남대학교 박사학위 논문(2005), 58면.

소비자효용 증대에 기여할 수 있는 양면이 있음을 보았다.

미국에서는 Illinois Tool Works 사건 이전 특허권의 존재 자체로 시장지배력을 추정하고 있었기 때문에 특허권자의 권리행사는 상당한 제약을 받았다. 게다가 특허풀에 대한 법무부의 시각은 부정적이었다.[52] 그래서 특허풀은 이 시기 사실상 금지되었다가 1990년대 이후 서서히 경쟁자간 특허풀에 대한 판단기준이 합리의 원칙으로 변경되면서 MPEG LA와 같은 특허풀이 형성될 수 있었다.

우리나라의 경우는 공동행위에 대한 공정거래법 제19조 및 공동행위심사지침에 의할 경우 미국과 달리 당연위법기준에 의하여 경쟁제한성(부당성)을 판단할 것은 아니다.[53] 그러므로 우리의 경우도 합리의 원칙에 따라 친경쟁적 측면과 경쟁제한적 측면을 효과면에서 비교교량하여 특허풀의 행위의 위법성 여부를 판단할 것이다. 이 경우 미국의 공동행위 가이드라인과 같은 해석이 가능할 것이다.

앞서 미국 연방대법원의 Zenith 사건에서 본 것과 같이 특허풀에 배타적 라이선스 조항이 있을 경우에는 기본적으로 경쟁제한성이 크다. 따라서 이 경우에는 효율성 항변을 통해 특허풀의 합리성을 인정받기 위해서는 당해 특허풀을 구성하는 사업자들이 효율성 항변을 함에 있어 정당화사유로 배타적인 개별교섭금지 약정이 특허풀이 구성과 달성 및 유지하고, 무임승차자를 방지하기 위해서 반드시 필요한 합리적이라는 점을 입증하여야 한다.[54]

---

52) 소위 Nine No-Nos라는 법무부의 태도는 이러한 특허풀과 특허에 대한 부정적인 시각을 명확히게 보여준다. Bruce Wilson, Deputy Assistant Attorney General, Remarks before the Fourth New England Antitrust Conference, Patent and Know-How License Agreement; fields of Use, Territorial, Price and Quantity Restriction, Nov. 6. 1970. Nine No-Nos는 아래의 9가지 관행을 말한다. (1) tying the purchase of unpatented materials as a condition of the license, (2) requiring the licensee to assign back subsequent patents, (3) restricting the right of the purchaser of the product in the resale of the product, (4) restricting the licensee's ability to deal in products outside the scope of the patent, (5) a licensor's agreement not to grant further licenses, (6) mandatory package licenses, (7) royalty provisions not reasonably related to the licensee's sales, (8) restrictions on a licensee's use of a product made by a patented process, and (9) minimum resale price provisions for the licensed products.

53) 공정거래법 제19조 및 공동행위심사기준(2007.12.21.) III. 1. 가. (5).

54) 오승한, 각주 661) 전게논문, 672면.

(3) 경쟁제한적 특허풀로 판단한 사례: Summit/VISX 특허풀

1) 개 요

Summit/VISX 특허풀에서 문제가 된 기술은 각막절제술(Photorefractive Keratectomy)과 관련된 기술이다. 약칭으로 PRK라고도 불리는 각막절제술은 근시, 원시, 사시 등 모든 경우의 외과적 시술방식에 의한 안과수술이 가능한 혁신적인 방법이다. 이 수술은 컴퓨터로 제어하는 엑시머 레이저[55] 등을 사용하여 각막을 정교하게 절제하여 내는 것을 특징으로 한다.[56] 이 수술은 획기적인 기법으로 논의되었으나 부작용의 극복이 문제가 되었고, 1980년대 중반 이후 PRK 시술에 사용하기 위한 엑시머 레이저의 개발이 문제되었다. 이 레이저는 생체에 사용되는 시술목적의 레이저였기 때문에 미국 식품의약품안정청(US Food & Drug Administration)에 의하여 승인을 받아야 하였다. 식품의약품안정청에 의해서 승인을 받기 위해서는 많은 실험을 거쳐서 안전성이 있음을 입증하기 위한 자료가 제출되어야 했기 때문에 엑시머 레이저의 상용화에 상당한 제약으로 작용하였다.

1980년대 중반 엑시머 레이저를 이용한 PRK 시술에 있어서 주도적인 지위에 있던 2개의 회사가 Summit Technology Inc.와 VISX, Inc.였다. 이 기술과 관련된 특허는 방법특허(method patent)로 PRK 시술을 하는 방법과 기구특허(apparatus patent)로서 PRK 시술을 하는 엑시머 레이저 기기에 대한 특허로 구성되어 있었다. 그런데 시장이 초기시장이었고, 개발에 많은 비용이 소요되었으며, 미국 식품의약품안정청의 승인이라는 공통의 과제가 있었기 때문에 양 회사는 개별적으로 PRK 시술을 위한 방법과 기구를 개발하는 대신 공동으로 연구를 수행할 실익이 있었다.

2) 특허풀의 구조

1992년 Summit사와 VISX사는 PPP(Pillar Point Partnership)라고 불리는 특허풀을 형성하였다. 조합계약에 의할 때 양사자는 PRK 특허 및 관련 특허 포트폴리오 일체를 조합에 양도하고, 조합이 다시 두 회사에 라이선스를 주는 형식을 취

---

55) Excimer란 Excited Dimer의 복합어로서 스펙트럼의 원자외선에서 방출되는193 nm(나노미터)의 파장을 갖는 빛으로 ArF(Argon fluoride)를 이용하여 빛을 만든다(네이버 백과사전 2009.1.5. 최종접속).

56) *Summit Technology Inc. and VISX, Inc.*, FTC Docket No. 9286. (Feb. 23, 1999).

했다. 이 계약에 부가된 조건으로는 조합원들은 재라이선스(sub-license)를 줄 수 있는 권한을 보유하고, Summit사가 안과의사(opthalmologist)들에게 엑시머 레이저를 판매할 때 Summit사는 의사들에게 비전속적 서브라이선스를 허여함으로써 특허풀이 보유하고 있는 특허를 침해하지 않고 PRK 시술방법 및 PRK 시술기계를 이용하여 PRK 시술을 할 수 있도록 하였다. Summit과 VISX는 이러한 시술에 대하여 250불을 특허풀에 내고, 모인 로열티를 양회사가 특허포트폴리오에 기여한 바에 따라 Summit사가 45%의 수익을, VISX사가 55%의 수익을 얻도록 하였다.

3) 연방거래위원회의 독점금지법 위반 여부 판단

미국 식품의약품안전청은 1995년 10월 Summit사에 대하여, 1996년 3월 VISX사에 대하여 각 시술법을 승인을 하였다. 1998년 3월 미국 연방거래위원회는 미국 식품의약품안전청의 승인을 받은 회사가 2개 회사밖에 없고, 시장의 특성상 미국 식품의약품안전청의 승인을 받지 못하면 시장진입이 불가능한 사정에 비추어 보면, 양회사의 시장점유율을 합치면 100%이며 동시에 잠재적 시장진입자의 존재에 의한 제한도 거의 받지 않는 상황이라고 보았다. 두 회사는 이러한 시장에서의 지배력을 이용하여 250불이라는 높은 사용료를 받고 있어 이는 시장에서의 가격고정행위에 해당된다고 보았다. 연방거래위원회는 Summit Technology, Inc.와 VISX, Inc.가 레이저 안과수술(PRK 안과수술)을 위한 두 개의 경쟁관계에 있는 특허를 양도하여 결성된 특허풀이 레이저 안과수술 시장에서 가격고정을 공모하였다고 보고 해당 특허풀의 적법성을 문제 삼았다.[57)]

미국 공정거래위원회가 위 특허풀을 경쟁저해적이라고 판단한 근거로는 (i) 특허풀이 친경쟁적으로 판단되기 위해서는 특허풀의 구성특허가 補完特許으로 구성되어야 하는데, 이 사건의 특허풀은 補完特許 외에 遮斷特許(blocking patent)나 경쟁특허(competing patent)를 포함하고 있다는 점, (ii) 별도의 조합에서 가격결정을 하였다고 하지만 실제로는 양 회사는 각 회사가 기술을 이용할 때마다 250달러를 특허풀에 지급하도록 함으로써 가격경쟁 동기를 제거하고 안정적인 수익을 확보하고 있다는 점, (iii) 위 특허풀은 각 회사에 의한 일방적 실시허락을 금지하고 제3자에게 실시허락을 하기 위해서는 상대 회사로부터 승인을 받도록 함으로

57) Summit Tech., Inc., FTC Docket No. 9286, Analysis of Proposed Consent Order to Aid Public Comment (Aug. 1998).

써 사실상 누구도 독자적으로 실시허락 할 수 없도록 하고 있다는 점을 들었다. 이러한 PRK 특허풀을 MPEG-2 특허풀과 비교하여 보면 다른 점을 찾을 수 있다. PRK 특허풀은 MPEG-2 특허풀이 갖는 경쟁촉진적 특성과 달리 (i) 그 특허풀 구성계약의 내용으로 볼 때 27개의 필수특허로 MPEG-2 특허풀이 구성되어 있는데 반하여 경쟁특허까지 포함하고 있고, (ii) 개별적인 라이선스를 허용하고 있는 MPEG-2와는 달리 개별적인 라이선스를 금지하고 있다는 점에서 구별된다. 이러한 점을 종합하여 보면 경쟁관계에 있는 기술을 보유한 두 회사가 가격경쟁을 제한하고 기술보유자 확산을 금지하여 PRK 시술을 통한 안과수술 시장을 사실상 과점체제로 유지하려는 반경쟁적인 의도가 컸다고 볼 수 있다.[58]

1999년 8월 두 회사는 연방거래위원회에 동의명령에 대한 제안을 하면서, 향후 가격고정을 하지 않기로 하고, 양 회사는 서로간에 PRK 특허 라이선스 및 제품의 판매에 대하여 아무런 제한도 하지 않기로 하였다. 연방거래위원회는 이러한 제안을 전원회의에 회부하여 4-0으로 승인하였다.[59] 현재 세계시장에는 미국계 두 회사 외에 일본계 및 독일계 회사 등이 경쟁하고 있다.

5. 특허권관리신탁제도와 특허풀

저작권분야와 같이 특허권의 경우에도 신탁관리제도의 활성화가 필요하다는 주장이 늘고 있다.[60] 신탁관리란 권리자가 그의 권리를 관리단체에게 신탁하여 권리에 관한 일체의 관리행위를 대신하게 하는 방식으로서, 저작권분야에서는 사단법인 한국음악저작권협회, 사단법인 한국문예학술저작권협회 등에 의하여 음악저작권 또는 어문저작권물의 신탁관리가 이루어지고 있다.[61] 특허권신탁관리단체는 특허권의 출원, 심사, 등록, 유지, 발명 등의 홍보 및 정보제공, 기술이전계약의 체결, 기술지도, 사용료의 징수, 불법침해행위에 대한 대응조치 등의 업무일체

58) MPEG-2 특허풀과 Summit와 VISX 특허풀의 경쟁적 요소를 비교한 문헌으로는, V. Walter Bratic, David L. McCombs, & Shirley Webster, "Taking a New Look at Patent Pools-Use and Abuse," Licensing Executive Society (Oct. 2005).

59) http://www.photonicsonline.com/article.mvc/Summit-Visx-Settle-FTC-Antitrust-Charges-0001?VNETCOOKIE=NO (2009.1.5. 최종접속).

60) 전응준, "특허신탁에서 특허침해소송의 제문제," 지적재산권 25호(2008.5.) 참조.

61) 정상기, "특허권위탁관리법제의 개선방안," 산업재산권 13호(2003.5.), 15면.

를 권리자를 대신하여 수행하는 단체이다.[62]

이 경우 특허권관리신탁제도는 여러 특허권자의 권리보호에 긍정적일 수 있으나 시장에서 이 특허권관리회사나 단체가 시장지배력을 갖게 되고 남용하게 될 우려가 있고, 이러한 관리를 위한 특허권의 귀속이 특허풀의 형식으로 이루어질 가능성이 높다. 이 경우 특허풀에 대한 규제와 관련하여 공정거래위원회가 사전인·허가 단계에서 의견의 제시 등 관여를 하는 절차를 '기술이전촉진법' 등의 법령에 특허권관리신탁제도와 관련하여 반영하는 것을 고려하여야 한다고 본다. 만일 법령에 규정이 되지 않더라도 아래와 같은 방법으로 공정거래위원회가 사전심사를 하는 것은 가능하다고 본다.

III. 특허풀을 이용한 표준화의 경쟁제한성의 사전심사

1. 사전심사의 필요성

특허풀은 앞서 본 것과 같이 표준화기구 중 특히 업계관련자의 표준화 방식으로 사용되는데, 문제는 특허풀이 가지고 있는 경쟁제한성으로 인하여 각국의 경쟁당국들이 늘 의심의 시선으로 감독을 하였다. 우리나라의 경우에는 국내에서의 특허풀은 존재하지 않으나, 국제적인 특허풀에는 MPEG LA에서 볼 수 있는 것처럼 우리기업들도 외국 회사들과 같이 특허풀링을 하여 회원사로서 당해 특허풀을 활용하면서 동시에 수익을 배분받고 있다.

특허풀의 경쟁촉진적 면으로서 표준화에 기여할 수 있는 긍정적인 면을 살리기 위해서는 이러한 특허풀을 규율함에 있어서, 경쟁당국이 이를 규율하는 방식은 크게 2가지로 나뉜다. 하나는 사전적으로 특허풀에 대하여 심사를 받도록 하는 방법이고 다른 하나는 사후적으로 위의 경쟁제한적 행위로 판단될 소지가 있는 행위들이 발생하는 경우에 이를 규율하는 방식이다. 그리고 전자의 방법은 다시 강제적으로 사전심사를 받도록 하는 방식과 임의적으로 사전심사를 받도록

62) 정상기, 상게논문, 16면.

하는 방식으로 나뉠 것이다. 이중 사전적으로 심사를 받을 수 있도록 하여 특허풀의 형성이 공동행위로 판단되거나, 또는 특허풀관리회사의 행위가 공정거래법 위반으로 판단되지 않을 수 있도록 한다면 상당부분 특허풀의 활성화에 도움이 될 수 있을 것이다. 왜냐하면 많은 비용이 소요되는 신규사업을 수행하면서 관련 특허풀의 형성을 신뢰하고 행위를 하였다가 특허풀이 사후적으로 공정거래법위반이 되어 사업의 바탕이 훼손되는 경우가 생길 위험이 있으면 굳이 사업자들로서는 공정거래위원회의 의심을 받으면서 특허풀을 활용할 유인이 거의 없어질 것이기 때문이다.

2. 특허풀을 이용한 표준화와 경쟁당국의 개입

(1) 도 입

특허풀을 이용한 표준화의 경우에도 이러한 표준화기구의 형성을 뒷받침했던 특허풀 자체가 위법으로 판단될 우려가 있다. 미국의 경우 한때 정부에서 특허풀을 장려하기도 하였던 시기를 거쳐 1960년대 미국 법무부와 연방거래위원회가 특허풀에 대하여 부정적인 시각을 가지고 있었던 점에 더하여,[63] 공동행위가 당연위법으로 판단되어 왔던 판례가 지속됨에 따라 미국에서의 특허풀의 형성은 매우 어려웠다. 1969년 미국 연방대법원은 다른 사업자의 참여를 배제하는 배타적 특허풀이 당연위법이라고 판단한 하급심판결을 지지함[64]으로써 미국에서의 특허풀의 형성은 매우 어려워졌다.

하지만 1990년대부터 상품을 개선하고 그것을 보다 효율적으로 생산하거나 기존의 상품을 능가하는 전혀 다른 새로운 상품으로 구형의 상품을 대체하는 일종의 새로운 기술적 진보에 의하여 발생하는 효율성으로 설명되는 동태적 효율성개념[65]의 등장과 이에 따라 함께 당연위법으로 판단하는 것에 대한 문제제기가 이루어졌다. 이후 미국의 공동행위가이드라인(Collaboration Guideline)은 특허풀에 수반된 당연위법 유형의 약정들이 경쟁자간의 특허풀 약정을 포함하고 있는 경우 특허풀의 궁극적인 목적이 기술혁신을 촉진하고 새로운 상품 및 서비스를 공

63) 오승한, 성균관법학 전게논문, 656면.

64) *Zenith Radio Corp v. Hazeltine Research, Inc.*, 395 U.S. 100, 112-114 (1969).

65) 오승한, 성균관법학 전게 논문, 656면.

급하기 위한 것으로 친경쟁적이고, 문제되는 약정이 특허풀의 유지와 운영에 합리적으로 필요하며, 당해 약정을 사용하지 않고는 특허풀이 예정한 소정의 목적을 달성할 수 있는 덜 경쟁제한적인 다른 대안이 없을 경우에는 정당한 조항으로 항변할 수 있도록 하여 당연위법이 아닌 합리의 원칙에 의한 판단이 이루어지도록 규정하고 있다.66) 복수의 이해관계자들의 집합이라는 특허풀의 구조적 특성을 감안하면 사전적으로 경쟁당국이 관여하여 경쟁제한성에 대한 기본적인 판단을 하여 주는 것이 특허풀의 경쟁제한성을 줄이면서도 경쟁촉진적 효과를 키울 수 있다. 그리고 경쟁당국에 의한 사전심사가 우리나라처럼 특허풀이 필요한 산업에서조차 특허풀이 형성되고 있지 않은 상황에서는 특허풀을 활성화할 수 방법이기도 하다.

사전심사제도로서 미국의 비즈니스 리뷰 레터와 같은 제도를 비교하여 살펴보는 것이 도움이 된다. 다만 별도의 제도를 도입하는 대신 우리나라에서 기존의 제도를 활용하여 같은 효과를 낼 수 있는 방법이 없는지를 보는 것이 선행되어야 한다. 만일 기존 제도로 적절한 특허풀에 대한 사전심사를 할 수 없다면 별도로 입법을 하여야 할 것이다.

(2) 사전적인 규율

1) ‘비즈니스 리뷰 레터’

사전적 규율의 방식으로 미국의 ‘비즈니스 리뷰 레터(business review letter)’를 활용하는 것을 생각하여 볼 수 있다.67) 미국의 경우에는 당사자들이 요청하는 경우 당사자들이 제출하는 자료에 기반하여 미국 법무부는 경쟁제한성이 있는지 여부에 대하여 ‘비지니스 리뷰 레터’를 주고 있다. 이 경우 법무부는 ‘문제가 있다’, ‘문제가 없다’, ‘판단할 수 없다’는 세 가지 유형으로 구분되는 답신을 포함하여 하고 있다.68)

표준화의 경쟁촉진적 장점에도 불구하고, 특허풀의 형식을 취하는 경우에는 특허풀에 대하여 경쟁당국의 부정적인 시각으로 인하여 표준화기구가 경쟁당국

66) FTC & US DOJ, “Antitrust Guidelines for Collaborations Among Competitors,” §3.2.

67) 이러한 사용례로 VITA and VSO business review latter responding to on Oct. 30. the Antitrust. Division of the U.S. Department of Justice, footnote 27. 참조.

68) 비즈니스 리뷰 레터와 관련하여 최승재, 각주 208) 전게논문 108-110면.

의 조사의 대상이 될 수 있어 이러한 방식을 취하지 않게 되는 원인이 된다. 만일 사전에 이러한 문제를 어느 정도 해소할 수 있다면, 특허풀을 활용하는 표준화가 더욱 활발하여 질 수 있을 것이다.

2) '비즈니스 리뷰 레터' 사례

미국 법무부는 앞서 보았던 MPEG LA에서 보유하고 있는 특허풀 중에서 가장 성공적인 특허풀 중의 하나인 'MPEG-2'(Motion Pictures Coding Experts Groups) 특허풀[69] 구성계약이 경쟁촉진적 효과를 가지며, 반경쟁적인 위험을 완화시키기 위한 특성을 가지고 있다고 보아 해당 특허풀에 대해 반독점금지명령(enforcement action)을 발동하지 않았다.

MPEG-2 특허풀(1997년)은 이전 미국에서도 강력한 경쟁법 집행으로 인하여 사실상 사문화되어 있던 특허풀이 다시 살아나게 되는 계기를 제공하였다. MPEG(Motion Picture Expert Group)은 동영상압축기술에 대한 표준결정을 위한 특허풀로서 미국 법무부에 의해서 승인된 특허풀이다.[70] 통신에 있어서 동영상을 압축하고 다시 풀어내는 것은 제한된 자원인 통신망의 활용에 있어서 매우 긴요한 기술이며 동시에 만일 이 기술이 서로 개별 회사마다 상이할 경우에는 사용자의 관점에서 매번 압축을 풀어내기 위한 별도의 하드웨어 및 소프트웨어를 전유적으로 구비하여야 함으로써 기술진보 및 보급에 커다란 장애가 된다. 따라서 특허풀의 구성이 매우 필요한 기술(essential technology)이라고 할 수 있다.

MPEG-2는 특허풀이 어떻게 구성되어야 법무부와 연방거래위원회의 IP Guideline에 의한 심사를 통과하여 합법적으로 운용될 수 있을 것인가 하는 점에 대하여 모델이 된다.[71] 이 특허풀은 Fujitsu, Mitsubishi, Phillips, Columbia University, Genreal Instrument, Lucent Technology, Scientific Atlanta, Matsushita, Sony 등의 회사로 구성되었다. 미국 법무부는 비즈니스 리뷰 레터에서 이 특허풀의 경우 기술표준을 통하여 중복적인 개발을 피할 수 있고, 전송과정에서 정보량

69) MPEG-2는 DVD 기술과 관련되어 사용되는 비디오 데이터 저장압축 표준기술을 말하여 다수의 특허된 기술로서 현재는 MPEG-4가 사용되고 있다. 당시 동 MPEG-2 특허풀에는 총 27개의 특허가 포함되어 있었다.

70) MPEG-2 Business Review Letter, 1997 DOJBRL Leixs 14 (Dep't of Justice Jun. 26. 1997).

71) Joshua A. Newberg, "Antitrust, Patent pools, and the Management of Uncertainty," 3 Atlantic l. J. 1. (2000) p.22.

을 줄임으로서 비디오 재생을 위한 저장 및 전송공간의 제약을 극복할 수 있다는 점을 들어 MPEG-2 특허풀을 합법적이라고 판단하였다.[72)]

미국 법무부는 비즈니스 리뷰 레터에서 MPEG-2 특허풀의 성격을 검토한 후 다음과 같은 이유로 특허풀이 친경쟁적이라고 판단하였다.[73)]

- 특허풀에 포함된 특허는 오직 보완특허이거나 필수 특허에 해당하였다.
- 실시허락이 비배타적인 것이었다.
- 중립적인 전문가가 특허의 '필수성' 여부를 판단하였다.
- 누구나 동등한 조건으로 특허풀에 포함된 특허에 대해 실시허락을 받을 수 있었다.
- 특허풀의 모든 구성원은 대체기술을 개발하는 것을 제한받지 않았다.
- 비용절감 등 실시허락에 관한 효율성이 전체적으로 증진되었다. 또한 법무부의 비즈니스 리뷰 레터에는 종전의 가이드라인에 더하여 친경쟁적인 특허풀의 설립 및 그 운영과 관련하여 다음의 기준을 추가로 제안하고 있다.[74)]
- 특허풀 내의 특허는 유효하고 필수적이며 보완적이어야 하나 대체적인 것은 아니어야 하고, 이는 중립적인 전문가에 의하여 판정되어야 한다.
- 모든 改良發明 역실시허락 조항은 공정하고 합리적인 로열티를 대가로 지급하며 비배타적으로 '必須特許'를 해당 특허풀에 역실시하도록 하는 것이어야 한다.
- 또한 특허풀로 인해 지적재산권자가 불합리하게 경쟁기술을 집적하거나 특허풀에 집적된 기술에 대해 가격을 고정하는 것은 금지된다.
- 특허풀로 인해 지적재산권자는 불합리하게 하방 제품시장에서 경쟁자들에게 불이익을 줄 수 없다.

---

72) MPEG-2 Business Review Letter (1997) at. 1.

73) US DOJ, "Justice Department Approves Proposal for Joint Licensing of Patents Essential for Meeting Video Technology Standard Used in Electronics and Broadcast Industries." <http://www.usdoj.gov/atr/public/press?releases/1997/1173.pdf>.

74) Ted J. Ebersole et al., "Patent Pools as a Solution to the Licensing Problems of Diagnostic Genetics," IPT L.J. vol. 17 No. 1 (Jan. 2005). (http://www.skgf.com/media/news/news.150.pdf) at 3-4.

- 특허풀로 인해 지적재산권자는 불합리하게 특허풀의 범위를 벗어나 가격을 담합하게 하거나 또는 경쟁대상인 제품이나 기술의 개발에서의 혁신을 저해할 수 없다.

(3) 현행법상의 제도의 활용

1) 공동행위 사전인가제도

현행 제도에서 비즈니스 리뷰 레터와 같은 효과를 낼 수 있도록 하는 사전적 심사제도로 우선 공동행위사전인가제도를 고려할 수 있다. 공정거래법은 원칙적으로 공동행위를 금지하고 있지만 예외적으로 공정거래위원회가 법에서 인정하는 조건하에서 허용하고 있다.[75] 예외적인 사유로 공정거래법 제19조 제2항은 산업합리화, 연구기술개발, 불황극복, 산업구조조정, 거래조건합리화, 중소기업경쟁력향상 등 6가지 사유를 열거하고 있다. IT 산업의 경우 오늘날 연구 · 개발에 많은 비용이 소요되고, 반면 복수의 특허의 존재로 인하여 기술개발시 서로의 특허권 분쟁으로 인하여 오히려 기술혁신이 저해되고 있는 상황이다. 이런 상황에서 공정거래인가제도는 특허권의 존재로 인한 기술혁신 저해를 해결하기 위한 유력한 수단인 특허풀을 인정하면서도 특허풀의 경쟁저해성을 규율할 수 있는 유력한 대안이다.

특허풀은 공정거래법 시행령 제24조의 3에 규정하는 연구 · 개발을 위한 카르텔로 인정받을 수 있다고 본다. 시행령에서 규정하는 연구기술개발이 산업경쟁력 강화를 위하여 긴요하고, 연구 · 기술개발에 소요되는 투자금액이 과다하여 한 사업자가 조달하기 어려우며, 연구 · 기술개발성과의 불확실에 따른 위험분산을 위하여 필요한 경우인바, 이러한 요건에 해당될 수 있을 것이다.

문제는 우리나라에서는 공동행위사전인가제도가 순창고추장과 관련된 하나의 사례 정도를 제외하고는 사용된 예가 없어 거의 사문화된 것이 아닌가 하는 생각마저 들게 한다.[76] 물론 공동행위사전인가제도는 예외적인 제도로 공정거래

---

75) 권오승, 전게서, 265면; 정호열, 전게서, 328면.

76) 공정거래위원회는 2009.2. 경제위기 극복을 위해 기업구조조정이 불가피한 경우 현행 공동행위 인가제도를 적극 운용하게 된다. 가격담합이 아닌 감산, 생산설비 축소 등을 위기극복을 위해 업계 공동으로 추진하는 것이 불가피한 경우 한시적으로 인가한다는 계획이라고 한다(inews, 2009.2.23.자).
<http://itnews.inews24.com/php/news_view.php?g_serial=394592&g_menu=022600> (2009.7.5.

법상 일반적으로 인정하는 것은 타당하지 않다.

공동행위사전인가제도가 사용되지 않고 있는 이유는 신청자의 입장에서 인센티브가 없다는 점이 중요하다고 본다. 신청을 하려고 하는 자는 만일 인가가 되지 않을 경우 경쟁당국에 특정한 행위를 하겠다고 알려줌으로써 경쟁당국의 주의를 끌게 되어 결국 당해 행위를 할 수 없게 되는 위험이 있다. 반면 기존의 통계를 보면 경쟁당국이 신청을 받아준 예가 거의 없다. 그렇다면 신청자의 합리적인 의사결정은 신청할 유인이 없으므로 굳이 사전에 공동행위사전인가를 신청하지 않은 것이다.

공동행위사전인가제도가 적절히 활용되면 많은 연구개발비가 들어서 공동연구개발이 필요한 표준화작업의 경우에는 사전에 표준화와 관련된 경쟁법상 쟁점들을 정리할 수 있도록 하는 긍정적인 점이 있으므로 실질적으로 활용이 될 수 있도록 하는 유인책을 제공하여 활성화할 필요가 있다. 만일 공동행위사전인가제도가 공정거래법상 지극히 예외적인 제도여서 이를 활용하기 어렵다면 사전심사청구제도를 고려할 수 있다.

2) 사전심사청구제도

사전심사청구제도란, 사업자 또는 사업자단체가 특정 행위를 하기 전에 공정위에 공정거래법 등의 위반여부에 대한 심사를 청구하면 공정위가 이를 심사해 위법 여부를 미리 알려주는 일종의 법률자문 제도로, 공정위가 적법하다고 인정한 행위에 대해서는 사후에 법적 조치를 하지 않는 효력이 발생한다. 공정거래위원회는 2004.12.1.부터 이 제도를 운용하고 있다.[77] 공정거래위원회는 2009.5.13. '독점규제 및 공정거래에 관한 법률 등의 위반여부 사전심사청구에 관한 운영지침'을 개정하고,[78] 사업자의 법률리스크 완화 등을 위해 사전심사청구제도를 2009.5.20.부터 전자상거래법, 방문판매법이 포함되어 기존의 공정거래법, 표시광고법, 하도급법, 가맹사업법 등 총 6개 법률로 적용대상을 확대하여 시행하고 있다.[79]

최종접속).

77) 제정 2004.10.13. 공정거래위원회 고시 제2004-09호.

78) 개정 2009.5.20. 공정거래위원회 고시 제2009-10호.

79) http://www.ftc.go.kr/news/ftc/competeView.jsp?news_no=336&news_div_cd=1 (2009.7.5 최종접속).

청구요건도 완화하여 이전에는 실시계획을 확정 후에 청구가 가능했던 것을 계획 확정 전에도 청구 가능할 수 있도록 하였다.[80] 다만 이때 대상이 되는 행위는 청구인이 앞으로 실시하기로 계획하고 있는 구체적, 개별적 행위이며, 추진계획이 불명확한 행위, 이미 시행되고 있는 행위 및 위원회의 조사 또는 심결이 진행중인 행위는 대상행위에 해당되지 아니한다.[81] 또 다른 정부기관의 승인이 필요한 행위인 경우에는, 사전심사 없이는 승인이 불가능하거나 해당 승인기관이 문서로 요청한 경우에 한하여 승인 전에 사전심사를 청구할 수 있다.[82] 다만 공정거래법 제7조에 규정된 기업결합에 관한 행위는 사전심사의 대상행위가 아니다.[83] 또 인터넷(공정위 홈페이지)을 통한 전자청구제도를 도입해 사업자들이 더욱 편리하게 제도를 활용할 수 있게 했다. 더불어 회답기간 관련 절차규정을 보완해 원칙적으로는 접수 후 30일 내 회답하되 추가검토가 필요한 경우 30일 범위 내에서 연장이 가능하도록 개정했다.[84] 추가자료 요청 등의 경우가 발생하거나 법령 위반 여부 판단에 상당기간이 소요되는 경우, 보다 정확한 판단을 할 수 있도록 처리기한을 현실화한 것이다.

특허풀을 이용하여 표준화기구를 만들어 표준화를 하려는 사업자들의 경우에는 사전심사청구제도를 활용하여 사전적인 경쟁제한성을 점검하는 것도 가능하다. 사전심사청구에 대해서 공정거래위원회가 공정거래법 등에 위반되지 않는다는 회답을 한 경우, 위원회는 사전심사 대상행위에 대해 사후에 법적 조치를 취하지 않고, 다만, 청구인이 허위자료를 제출하거나 중요한 자료를 제출하지 아니한 사실이 사후에 발견되거나, 청구서에 기재된 내용과 다른 행위를 하는 경우, 청구서에 기재된 행위의 범위를 벗어난 경우에만 공정거래위원회가 기존의 회답에 구속을 받지 않으므로[85] 특허풀을 결성하고자 하는 사업자들의 관점에서 최소한 공정거래법이 장애가 되는 점은 상당히 해소되었다고 본다.

---

80) 「독점규제 및 공정거래에 관한 법률 등」의 위반여부 사전심사 청구에 관한 운영지침 제4조 제1항.
81) 위 지침 제4조 제2항.
82) 위 지침 제4조 제3항.
83) 위 지침 제4조 제4항.
84) 위 지침 제7조.
85) 위 지침 제9조.

3) 소 결

우리나라의 경우 공동행위인가 제도와 사전심사청구제도를 병행적으로 운용하고 있다. 이 제도 중에서 특히 사전심사청구제도는 운용 여하에 따라서 미국에서의 비즈니스 리뷰 레터와 같은 운용이 가능할 것이라고 생각한다.

만일 사전심사청구제도를 통해서 표준화기구를 결성하고 표준화기구에서의 특허라이선스 방식에 대한 사항을 사전에 신고한 내용에 기초하여 공정거래법적 쟁점들에 대하여 정리하여 준다면 추가적인 입법은 필요하지 않을 것이다. 그런 면에서 2009.5. 개정된 운영지침은 상당히 긍정적인 개선으로 보인다.

제 3 절 표준화기구의 표준결정권한 남용과 공동행위

I. 문제의 소재

특허풀을 사용하지 않고, 표준화기구에서 기술표준을 채택하는 역할만을 수행하는 경우에도 표준화기구는 공동행위로서 시장에서의 경쟁을 제한할 수 있다. 대표적인 방법이 더 우수한 기술이 시장에 등장하더라도 업계표준으로 승인을 하여 주지 않음으로써 시장에서의 신뢰성을 얻지 못하게 하여 잠재적 경쟁자의 시장진입을 봉쇄하는 것이다. 표준화기구의 기존 회원사들은 당해 표준과 관련하여 특허를 보유하고 있는 자들이 직접 자신의 특허권을 행사하는 방법으로 특허권을 남용하는 것은 아니지만, 특허권의 시장에서의 지위를 지키기 위하여 자신들의 표준과 관련된 의사결정권을 남용하여 특허권이 원래 인정하고자 하는 범위 이상의 보호를 받으려고 하는 행위로 볼 수 있다고 보여 이 절에서 서술한다.

이러한 현상은 국가간 표준화기구의 경우에는 정치적인 성격으로 인하여 특정국가의 기구 내의 정치력에 의하여 발생할 수 있고, 국가내의 표준화기구의 경우에도 특히 산업별 표준화기구의 경우 표준화기구에서 기득권을 장악하고 있는 회원사들이 신규진입을 막고 기존 시장에서의 기득권을 유지하기 위하여 내부적인 합의를 통하여 표준으로 결정하지 않는 경우가 발생하는 것이다. 이 경우 합의가 없이 단순히 표결을 해도 이미 이해관계가 일치하고 있어 신규표준의 진입을 정당한 사유 없이 배척하는 상황이 있을 수 있다.

국내에서는 이와 같은 사안이 없어서 미국에서의 사례를 보고, 우리나라에서 사건이 발생할 경우 공정거래법을 어떻게 적용할지를 검토하여 본다.

II. 신기술배제를 위한 표준결정권한 남용행위

1. 미국사례

미국의 경우 부당하게 표준화기구에서 신기술을 표준으로 채택하지 않음으로서 시장에서 표준경쟁이 일어나지 않도록 함으로써 기존의 경쟁구도를 공고화하고, 기술혁신을 저해함와 동시에 시장에서의 경쟁을 봉쇄하고자 하는 사안들이 발견된다. 아래의 각 사안들에서 법원은 Sherman법 위반을 인정하였다.

(1) American Society of Mechnical Engineers(ASME) v. Hydrolevel Corp. 사건[86)]

위와 같은 표준화의 공동행위적 요소가 실제로 문제가 된 사안으로 American Society of Mechnical Engineers(ASME) v. Hydrolevel Corp. 사건이 있다. 이 사건은 1971년 엔지니어링 회사인 McDonell & Miller사가 ASME의 보일러와 고압용기규격 위원회로부터 규격(ASME Biler and Pressure Vessel Codes)에 대한 심사를 의뢰받고는 자신들의 회신을 함에 있어 자신들의 회신을 경쟁사인 Hydrolevel사의 보일러 통제 장치가 ASME의 규격에 부합하지 않음을 보이기 위한 수단으로 사용하였다. 그리고 ASME는 이 회신을 ASME의 공식해석으로 채택하였다. ASME의 위원장 Hardin은 McDonell & Miller사의 피용인이었다. 그리고 McDonell & Miller사의 영업직원들은 ASME의 해석을 Hydrolevel사 제품이 비규격품이라는 증거로 활용하였다.

---

86) *American Soc'y of Mech. Eng'rs v. Hydrolevel,* 456 U.S. 556 (1982).

실제로는 보일러 안전규격에 부합하는 보일러임에도 안전규격에 미달한다고 ASME가 해석함에 따라 소비자들의 외면을 받게 된 Hydrolevel사는 ASME등을 Sherman법 위반으로 제소하였다. Hydrolevel사의 소송대리인들은 ASME의 소위원회 구성원들이 자신들의 권한을 자신들의 이익을 위하여 사용하였고, 이러한 행위는 Sherman법 위반이라고 주장하였다. ASME 외의 다른 당사자들은 모두 Hydrolevel 사와의 소송 외 화해로 사건을 종결하였으나 ASME는 끝까지 소송을 진행하였다. 미국 연방대법원은 ASME가 Hydrolevel사에게 475만 불의 손해배상을 하도록 판결하였다.

이 사건 이후 IEEE를 비롯한 여러 산업 표준화기구들은 윤리장전을 제정하여 운용하게 되었다.[87)]

(2) Allied Tube & Conduit Corp. v. Indian Head, Inc. 사건[88)]

1) 사안의 개요

이 사안은 전미방재협회(National Fire Porteciton Association)과 관련된 사안으로 전미방재협회는 산업계, 학계, 보험자, 소방관, 정부 등의 회원으로 구성된 민간기구로서 화재예방과 관련된 각종 표준을 만들어서 공표하였다. 이 단체에서 공표하는 표준은 실제로 많은 주에서 표준으로 채택되어 운용되고 있었다. 이 단체가 만드는 전미전기규정(National Electrical Code)에서는 전기선의 재질을 철재로 규정하고 있었던바, 플라스틱을 사용하여 전기선을 만드는 회사가 1980년 연차 총회에서 플라스틱으로 만든 전기선도 규격에 포함시켜 줄 것을 요구하였다. 이에 연차총회를 개최하여 이 안건을 논의하였으나 기존의 철제를 이용하여 전기선을 만들고 있는 회사들의 반대에 부딪혀서 표준으로 채택되지 못했다. 그러자 연차총회에 플라스틱 전기선도 표준으로 확장하여 채택하여 줄 것을 요청하였던 회사는 전미방재협회를 상대로 Sherman법 제1조 위반으로 소송을 제기하였다.

1심에서 배심원들은 평결에서 피고들이 Sherman법 제1조를 위반하였다고 하면서 피고들의 패소를 평의하였으나, 법원은 배심판결을 받아들이지 않는 판결(judgment notwithstanding the verdict)을 하여 원고패소판결을 하였다. 1심법원은 민

87) IEEE 윤리장전(1990년 개정판)에서는 허위 또는 악의적 의도를 가지고 타인의 자산이나 명예를 훼손하는 행위를 하여서는 안 된다고 규정하고 있다.

88) *ALLIED TUBE V. INDIAN HEAD, INC.*, 486 U. S. 492 (1988).

간기구에 의해서 결정되는 표준이기는 하지만 주의 결정이라는 행정행위에 의해서 이루어지는 것이며,[89] 동시에 국가기관의 결정에 영향을 미치려는 행위여서 Noerr 판결[90]에 따른 경쟁법 적용 면제 대상이 된다고 보았다.

2) 사안의 성격

이 사건은 산업별 표준화기구가 공식적으로 결정되는 표준의 결정과정에서 기존의 산업계의 의견만을 반영하여 이들의 이해관계를 대변함으로써 플라스틱을 사용하는 새로운 기술이 표준으로 결정되는 것을 막음으로써 새로운 기술이 시장에 진입하는 것을 공동의 결정이라는 이름으로 방해하는 행위를 한 것이다.

3) 연방대법원의 판결

연방대법원은 산업별 표준화가 가지고 있는 친경쟁적 효과가 있음을 인정하면서도 이미 편견을 가지고 있는 구성원들이 자신의 이해관계를 반영하기 위하여 표준결정에 관한 의사결정을 하면서 새로운 표준이 표준으로 결정되는 것을 방해하는 경우에는 Noerr 면제를 할 수 없다고 판결하였다. 연방대법원은 만일 이러한 경우에도 Noerr 면제를 줄 경우에는 표준화기구에 의한 의사결정으로 인하여 새로운 기술이 시장에 표준으로 신규 진입하는 것을 방해하는 것이 될 것으로 이러한 경우에 까지 이해관계인의 의사결정을 지지하기 위하여 Noerr 면제를 제공해서는 안 된다고 판시하였다.

2. 공정거래법의 적용

우리나라에서도 특허풀은 사안을 찾을 수 없지만 기술표준을 결정하는 표준

89) 주의 행위에 대한 국가행위면제(state action immunity)에 대해서는 Parker v. Brown, 317, 63 S.Ct. 307, 87 L.Ed. 315 (1943).

90) *Eastern Railroad Presidents Conference v. Noerr Motor Freight, Inc,* 365 U.S. 127. (1961). Noerr 판결에 따른 적용면제는 Noerr 면제라고 불린다. 이 법리는 국가기관의 결정, 입법 등에 영향을 미치려는 행위에 대해서는 그 의도와 결과가 경쟁제한성이 있어도 독점금지법의 적용을 면제한다는 것이다(정호열, 전게서, 95면). Noerr 면제에 대한 최근 동향은 Joel M. Cohen & Manisha M. Sheth, "Recent Developments in the Application of the *Noerr* Doctrine," ABA Spring meeting program (2003).

화기구들은 존재한다. 이러한 표준화기구들은 그 자체는 특허권을 보유하고 있지는 않고, 특허권자들이 제시하는 기술을 새롭게 표준으로 승인하는 역할을 한다. 오히려 앞서의 특허풀에 의한 공동행위의 문제보다 표준화기구의 구성원들의 행위가 실무상 문제가 될 가능성이 오히려 높다고 볼 수 있다. 표준화기구가 외부에 대하여 공동의 이익을 위하여 상품 또는 용역의 생산·거래시에 그 상품 또는 용역의 종류·규격을 제한하는 행위를 하거나 그 행위를 한 사업자를 포함한 다른 사업자의 사업활동 또는 사업내용을 방해하거나 제한함으로써 일정한 거래분야에서 경쟁을 실질적으로 제한하는 행위를 할 유인을 가지고 있으므로 이러한 표준화기구에 의한 기술표준의 결정에 대하여 지속적으로 감시를 하여야 한다. 만일 이러한 보호가 없으면 특허권 등을 취득하고 새롭게 시장에 진입하려고 하는 우수한 기술의 시장진입을 막아 시장에서의 수익활동을 봉쇄함으로써 표준화기구가 기술혁신을 봉쇄하는 기존 이해관계인과 기득권자의 경쟁억제수단으로 악용될 수 있기 때문이다.

만일 우리나라에서 미국에서와 같이 표준화기구에서 신기술을 표준으로 채택하지 않음으로서 시장에서 표준경쟁이 일어나지 않도록 함으로써 기존의 경쟁구도를 공고화하고, 기술혁신을 저해함와 동시에 시장에서의 경쟁을 봉쇄하고자 하는 경우 공정거래법상 어떤 적용법조를 통하여 위 행위를 규율할 수 있을지를 살펴본다.

(1) 공동행위(제19조)

표준화기구의 회원사들이 부당한 공동행위를 한 것이라고 이론구성을 할 수 있다. 그런데 표준결정의 과정에서 사전에 신규표준의 진입을 막음으로써 사업자 상호간의 경쟁을 제한하기 위한 합의를 하면, 우리 법은 1992년 개정에 의하여 합의[91]에 기초한 실행행위를 공동행위의 요건에서 제외하였으므로 바로 공동행위가 될 수 있게 되었음으로 그 자체로 바로 부당하게 경쟁을 제한할 가능성이 있는 합의로 판단되어 설사 회원사들이 자신의 표결권을 합의와 다르게 행사하였다고 하더라도 공동행위로 규율할 수 있을 것이다.

다만 합의의 유형과 관련하여 종류·규격 카르텔로 포섭할 수 있다고 본다

91) 정호열, 전게서, 307면.

(공정거래법 제19조 제1항 제6호). 공정거래법은 사업자가 다른 사업자와 공동으로 상품의 생산 또는 거래시에 그 상품의 종류 또는 규격을 제한하는 행위인 상품의 종류·규격제한협정을 위법하게 보고 있다. 그리고 공정거래위원회는 엘지건설과 대우건설이 사천시청 신축공사의 입찰과 관련하여 기계설비분야에서 특정한 공법 및 설비를 적용하지 않기로 합의한 사안[92] 및 종이박스형 소주의 생산을 중단하기로 한 무학소주 등의 합의 사건[93]에서 특정 공법이나 설비나 기술을 사용하지 않기로 하는 합의에 의하여 규율한 예가 있다. 그러나 제품의 표준화 내지 규격의 통일이 가격유지의 수단으로 악용되지 않고, 경쟁의 합리화에 기여하는 경우에는 규제의 대상에서 제외된다.[94]

문제는 별도의 합의가 없었는데도 자신들이 현재 사용하고 있는 표준기술을 위협할 수 있다는 공동의 인식에 기초할 경우에도 과연 이러한 행위가 공동행위로 판단될 수 있을 지 여부이다. 공동행위의 합의는 사업자들이 각자의 사업활동에 제한이 된다는 사실에 대한 의사의 연락이나 공동의 인식이 명시적 혹은 묵시적으로만 존재하면 충분하며, 합의의 태양도 계약, 협정, 결의, 규약 기타 어떤 방법도 가능하다.[95] 그리고 법원도 합의의 개념을 의사의 연락을 중심으로 폭넓게 인정하고 있다.[96] 따라서 명시적인 합의가 없다고 하더라도 다른 여러 가지 정황증거에 의하여 이와 같은 묵시적 합의의 존재를 추단할 수 있다면 역시 공동행위를 인정할 수 있을 것이다.[97] 그렇다면 우리나라에서도 미국에서의 사례와 같은 경우 미국법원은 Sherman법 제1조 위반을 인정하였던 것처럼 제19조에 의한 공동행위의 인정이 가능할 것이다. 이와 관련하여 이러한 공동행위를 인정함에 있어 실제로 표준으로 채택될 수 없는 기술임에도 부당히 결정을 다투고 있는 것인지는 입증의 문제이다.

---

92) 공정거래위원회 의결 2004.2.2., 2004-033 결정.

93) 공정거래위원회 의결 2000.3.13., 2000-043 결정.

94) 권오승, 전게서, 263면.

95) 권오승, 전게서, 251면, 정호열, 전게서, 308면.

96) 서울고등법원 2001.12.11.선고 2000누16830 판결 등.

97) 이호영, "독점금지법상 '합의' 도그마에 대한 저항-묵시적 사업활동 조정(tacit coordination)의 규제를 주임으로," 카르텔 규제의 이론과 실제, 한국경쟁법학회 춘계학술대회 자료집(2005). 73면에서는 합의도그마에 집착할 필요 없이 부당한 공동행위의 입법취지를 고려하여 시장의 자원배분기능이 소수 사업자들의 인격적 결정에 의해서 대체되었는가를 기준으로 보면 된다고 하고 있다.

(2) 사업자단체의 경쟁제한행위(第26조)

표준화기구를 사업자 단체로 보아서 표준결정남용행위를 사업자단체의 경쟁제한행위로 볼 가능성이 있다고 본다. 공정거래법 제2조 제4호에 의할 때 사업자단체라 함은 그 형태 여하를 불문하고 2이상의 사업자가 공동의 이익을 증진할 목적으로 조직한 결합체 또는 연합체이다. 학설상 사업자단체는 구성원이 2인 이상이기만 하면 동종의 업종에 종사할 필요도 없다고 보면서 공동의 이익증진 목적의 경우도 실질적으로 판단하여 경제적 이익이 있으면 된다고 넓게 보고 있으므로[98] 국제표준화기구가 아닌 업계 표준화기구의 경우에는 이러한 사업자단체의 개념에 포섭될 수 있다.

따라서 업계 표준화기구를 사업자단체로 보게 되면 공정거래법 제26조 제1항 제1호의 규정에 따라 사업자단체인 표준화기구는 부당한 표준결정권남용을 통하여 다른 특허기술이 시장에 진입하는 것을 봉쇄하거나 방해하여 실질적으로 경쟁을 제한한 것으로 해석할 수 있다. 사업자단체가 임원회의나 이사회 혹은 대의원회의 결의 등을 거쳐서 구성원들의 의사를 사전에 모아 실행하는 경우는 물론 사업자단체가 경쟁을 제한하는 여타의 방식을 포함하므로 표준화결정기구 내의 이사회에 의한 행위의 경우에도 사업자단체가 제19조 제1항 제6호 위반행위를 한 것이므로 사업자 단체 및 이러한 경쟁제한행위에 가담한 구성사업자들은 모두 공정거래법에 따른 과징금 기타 시정조치를 받게 될 것이다.

제 4 절 특허풀의 역사적 전개와 표준

I. 도　입

기업의 제품개발현장에서 가장 우선적으로 고려되어야 할 사항이 특허권에 대한 분석이다. 1900년대 초기 미국과 비교하여 보면, 현재의 제품들은 특허풀은

98) 권오승, 상게서, 336-337면; 정호열, 상게서, 420-421면.

복수의 특허가 하나의 제품을 생산하기 위하여 필요하기 때문에 관련 특허의 지도를 작성하여 각 문제 특허에 대한 처리방안을 강구하지 않고는 제품화 이후 특허침해소송의 발생가능성으로 인하여 지속적으로 폭탄을 안고 있는 것과 같은 상황이 되므로 제품화를 포기하여야 할 상황이 발생할 수 있다. Carl Shapiro 교수는 이러한 상황을 특허덤불(patent thicket)이라고 묘사하고 있으며 이러한 묘사는 최근의 특허상황을 적절히 잘 표현하고 있다.[99)]

문제는 개별기업차원에서의 이러한 문제가 서로 결합되면 전체 시장 내지 사회의 관점에서 새로운 사회적 수요를 맞추기 위해 혁신적인 제품을 생산할 수 있음에도 불구하고, 상호간의 특허의 존재로 인하여 혁신적인 제품이 시장에 나오지 못하게 되는 상황이 발생하게 된다. 결국 특허권의 존재가 혁신적인 제품의 시장출시를 제약하게 되는 현상이 상호적으로 발생하게 되는 현상은 소비자의 후생에 부정적인 영향을 줄 것이므로 이 문제를 해결하기 위한 방안의 제시가 필요하다.

최근의 상황에서 유용한 제품화와 기술혁신을 위한 수단으로 언급되는 것이 특허풀(patent pooling arrangement)이다.[100)] 특히 IT 산업에서는 동일 기기간 접속(interface) 및 다른 기기간의 접속방법에 대한 표준이 소비자후생을 위하여 매우 유용한 수단이 된다. 예를 들어 PC에 대한 PC 주변기기에 대한 접속과 관련된 USB(universal Serial Bus)의 경우가 성공적인 표준화의 예이다. PC 내부의 경우에도 Bus에 대한 표준을 정하여야 범용 PC인 IBM PC와 같은 대규모 생산이 가능하여 지게 된다. 그런데 표준의 경우에도 복수의 특허들이 동시에 일괄적으로 실시허락되어야 하는 경우들이 많아졌다. 그런데 이를 개별적인 교섭에 의하도록 한다면 이에 소요되는 노력과 비용이 너무 커지게 되어, 시장의 신속한 수요 확대에 대응할 수 없음은 물론 기술혁신을 저해하는 결과를 초래할 수 있다. 따라서 표준화를 통한 소비자의 후생의 증대를 위해서 이 문제를 해결하기 위한 방안의 제시가 필요하다.

---

99) Carl Shapiro, *Navigating the Patent Thicket: Cross Licenses, Patent Pools, and Standard-Setting*, 2001, Innovation Policy and the Economy (Vol. I) (Jaffe, E. et al., eds), pp.119-150.

100) 공정거래위원회의 '지적재산권의 부당한 행사에 대한 심사지침'(2000)은 '공동실시허락계약'이라고 patent pooling arrangement를 번역하고 있다. 적절한 용례인지 의문이 있다. 왜냐하면 공동실시방식으로 이루어질 수도 있고, 특허를 양도할 수도 있고 다양한 형식으로 특허풀이 형성될 수 있기 때문이다. 그냥 무리하게 번역하려고 하는 것보다 '특허풀'이라고 칭하는 것이 옳다고 본다.

이상의 소비자 후생에 대한 부정적인 영향을 제거하고 표준화를 통한 소비자후생의 증대를 위해서 복수의 특허권자들이 모여서 관련 특허들을 결집시키고 공동관리를 하기 위하여 특허풀을 결성하는 다자간 계약을 체결함으로서 권리관계를 획일적으로 처리하고 특허기술의 실시허락 등의 거래와 관련하여 소요되는 거래비용(transaction cost)을 절감할 수 있도록 하는 방법의 강구가 필요하게 되었다. 이러한 목적에 부합하는 것이 여러 특허권자들이 모여 특허풀 구성계약을 체결하여 관련 특허들을 하나로 묶어 일괄적으로 실시허락을 하도록 하는 특허풀이 매우 유용한 방안으로 기술혁신을 위한 수단으로 제시되어왔다.

그런데 특허풀은 미국의 경우를 보면 역사적으로 특허정책 및 경쟁정책의 집행의 관점에서 상당한 진폭으로 허용성에 대한 시각이 변천하여 왔다. 이에 따라 기업들의 입장에서는 특허풀의 유용성에 대한 정부의 시각에 따라 구성 여부와 관련된 의사결정을 달리하게 되었다. 독점금지법의 관점에서 특허풀은 공동행위 및 '시장지배적 지위남용행위'의 가능성을 모두 내포하고 있다는 점에서 효율성에 대한 시각에 다라 평가가 달라질 수 있기 때문이다.[101] 한편으로 특허풀을 구성할 유인이라는 관점에서 필수적인 특허를 보유하고 있는 특허권자의 경우 특허보유로 인한 이익의 극대화라는 관점에서의 사회적 후생과 개별적 후생간의 괴리가 발생하게 되는 경우 왜 특허풀의 구성원이 되어야 하는지에 대한 답을 제시하기 어려운 경우가 있다.

II. 특허풀의 의의와 미국에서의 연혁

1. 특허풀의 의의

특허풀은 특허 등의 복수의 권리자가 각자 보유하는 특허 등 또는 특허 등의 실시허락을 하는 권한을 일정한 기업체나 조직체에 집중해 해당 기업체나 조직체를 통해서 특허풀의 구성원 등이 필요한 실시허락을 받는 것이다.[102] 특허풀

101) Steven Carlson, "Patent Pools and the Antitrust Dilemma," 16 Yale J. on Reg. 359, 360 (1999) p.361.

이 결성되면 중앙관리기관을 통하여 특허풀의 참가자들 및 특허풀 밖의 제3자에게 실시허락을 하게 된다. 특허풀은 특히 다수의 특허가 존재하고 다수의 실시허락을 받고자 하는 자가 있는 경우에 효과적인 수단이 된다.[103)]

2. 특허풀의 연혁

(1) 초기 특허풀

이러한 특허풀은 연혁적으로 1856년의 재봉틀(sewing machine) 특허풀이 최초의 특허풀로 언급된다. 당시 재봉틀 제조업자인 Elias Howe, Wheeler & Wilson, Groverver & Baker, I.M. Singer 등은 재봉틀과 관련된 특허권을 모아서 특허풀을 만들었다.[104)] 이 특허풀은 특허풀에 사용된 특허들이 만료됨으로써 소멸된다. 이 특허풀은 모두 15불의 로열티를 받았는데 이 중에서 Howe가 5불을, 3불은 공통경비로, 나머지는 4명의 다른 특허권자들이 균등하게 분배하여 가졌다.[105)] 이 재봉틀 특허권자들의 특허풀은 Singer나 Howe와 같은 재봉틀 제조업자들을 갑부로 만들었다. 특히 1860년대 미국남북전쟁으로 인한 제복수요의 급격한 증가와 대량생산으로 제조경비의 감소는 독점이윤을 더욱 증대시켰다. 한편으로는 특허풀의 존재는 가격을 지지하는 역할을 하였다. 이를 입증할 수 있는 증거로 Singer의 경우 자신의 특허가 만료되자 재봉틀의 가격을 50%나 인하였다는 점을 들 수 있다.

미국 특허풀의 역사에서 기억될 중요한 특허풀의 하나가 바로 영사기(movie Projector) 특허풀이다. 이 영사기 특허풀을 이용하여 수익을 극대화하기 위하여 1908년 Armat, Edison 등 4개의 회사는 4개의 회사가 보유하고 있던 모든 특허들을 하나의 회사(Motion Picture Patents Company[106)])에 양도하기로 합의하고, 이 회

102) 정연덕, "특허풀에 관한 법적 연구 －활성화 방안을 중심으로－," 서울대학교 법학박사논문, 2005.8., 14면.

103) 특허풀은 여러 특허권자가 관련된다는 점에서 상호실시허락계약(cross-licensing arrangements)과 유사하나, 특허풀 구성계약으로 중앙관리기관을 설립하고 그 중앙관리기관에 관련 특허권들을 양도하게 된다는 점에서 상호실시허락계약과 구별된다.

104) Robert P. Mergers, "Institutions for Intellectual Property Transactions: The Case for patent Pools" (August 1999).

105) David Serafino, "Survey of patent pools demonstrate variety of purposes and management structures," KEI research note (2007), p.3.

사가 라이선스를 하여 발생시키는 로열티 수입을 분배하기로 하였다.[107] 이 특허풀을 영사기 특허권자들을 독점력을 이용하여 영화제작사, 배급사, 영화관들에게 1909년 1월까지 자신들의 필름과 영사기만을 사용하도록 강제하였다. 이에 대항하여 소위 '독립영화제작사(independents)'[108]라고 불린 일부 영화제작사들은 이 특허풀을 회피하기 위해서 특허권자들이 해외에 특허출원을 하지 않았다는 점을 이용하여 쿠바와 같은 미국 역외에서 영화를 제작하거나, 외국에서 영화를 수입하기도 하였다.[109] 독립영화제작사들은 할리우드에 자신들의 제작공간을 만들어 영화를 제작하였다. 동시에 그들은 에디슨 등의 특허트러스트를 소송을 통하여 공격하였다. 1912년 필름에 대한 특허가 취소되었고, 1915년에 나머지 특허들이 무효화되었다. 한편 독립영화사들은 MPPC를 독점금지법위반으로 제소하였고, 법원은 1917년 위법으로 판단하였다.[110] 1915년 이미 독립영화사가 에디슨 등의 제너럴 필름스(General Films)를 영화제작편수에서 앞서고 있었기 때문에 1917년 법원의 독점금지법 위반판결은 이러한 경향에 쐐기를 막는 역할을 하였다.[111]

(2) 2차 세계대전을 전후한 시기

1856년 재봉틀 특허 이후 미국에서는 많은 특허풀들이 결성되었다. 146개나 되는 회사들이 참여하였던 자동차 특허풀에서부터 1924년 브레이킹 시스템에 대한 특허풀의 경우와 같이 2개의 회사에 의해서 특허풀이 형성된 경우까지 참여회사의 개수도 다양하였고, 영사기 특허풀과 같이 자발적으로 시장지배력을 형성하여 산업지형을 특허권자들이 자신들의 의도대로 형성하기 위하여 형성한 특허풀이 대부분이었지만 1917년 항공기 특허풀[112]과 같이 정부에 의해서 주도된 특허풀도 있었다. 전반적으로 1895년에서 1956년까지 다수의 특허풀이 형성되어

---

106) 이하 'MPPC'.

107) J. A. Aberdeen, "The Edison Movie Monopoly; The Motion Picture Patents Company vs. the Independent Outlaws," <http://www.cobbles.com/simpp_archive/edison_trust.htm> (2009. 1.5. 최종접속).

108) *Id.* (Laemmle와 Zukor 같은 인물이 대표적인 독립제작자였다).

109) *Id.*

110) Motion Picture Patent Co. v. Universal Film Mfg. Co., 243 502 , 513 (1917).

111) J. A. Aberdeen, *op cit.*

112) Harry T. Dykman, "Patent Licensing within the Manufacturing Aircraft Association(MAA)," 46 J. Pat. Off. Soc. 646, 648 (1964).

활용되고 있었다.[113] 항공기특허풀의 경우에는 1차 세계대전이라는 시대적인 상황이 정부주도의 특허풀이 시도된 이유였으며, 특허풀은 단기간에 급격한 기술혁신을 위해서 가장 중요한 수단이 될 수 있음을 알 수 있다.

2차 세계대전 말기에 법원에 의해서 위법한 것으로 판단된 유리용기 제조기술과 관련된 Harford 판결[114]은 특허풀이 가격고정의 수단으로 사용될 수 있음을 보여준다. 이 사건은 유리용기 제작기술과 관련된 특허의 풀이 문제가 된 사건이다. 1919년 유리용기 제조기술을 독자적으로 개발하여 각기 특허권을 보유한 3개 회사가 서로 특허침해소송을 제기하여 다투던 중 소송 대신 서로의 특허를 공동관리하기로 하고 각 회사의 기술개발의 성과인 특허권을 양도하기로 합의하였다. 이 특허풀의 주체는 Owens-Illinois Glass Co., Corning Glass Works, Thatcher Manufacturing Co., Hazel-Atlas Glass Company, Ball Brothers,[115] Lynch Manufacturing 등의 7개 회사들이었다. 이들은 전미유리용기제조협회(Glass Container Association of America)라는 회사를 만들어서 이 회사에 특허권을 양도하고, 이 회사이 지명한 자로 이사회를 구성하였다. 문제가 된 Hartford-Fairmont사와 Empire사는 직접적으로 전미유리용기제조협회의 회원사는 아니었으나 밀접하게 협회와 생산량 등에서 협력을 하였다. 1906년 Hartford-Fairmont사와 Empire사는 두 회사간에 독자적인 특허풀을 형성하였고, 1922년에는 합병을 하여 Hartford-Empire사가 된다.[116] 1924년 Owens사와 Hartford-Empire사는 각자가 보유하고 있는 특허에 대한 라이선스를 부여하는 계약을 체결하였다. 이 계약에 의하면 Owens사는 Hartford-Empire사에 전속적 라이선스를 부여하고, Hartford-Empire사는 Owens사의 특허제품의 판매에 대한 거절권을 보유함으로써 서로를 견제할 수 있게 되었다. 미국에서 제조생산되는 유리용기의 94%가 이 특허풀 관리회사의 특허를 사용하여야 하는 상황이었다. 그 결과 유리산업은 이 특허풀에 의하여 수직적 통합 및 수평적 통합을 달성하였다. 이러한 시장지배적 지위를 사용하여 이들은 유리제품의 가격을 높은 수준으로 유지할 수 있었다. 1942년 법원은 합리적인 로열티 수준으로 강제적으로 라이선스를 하도록 함으로써 특허풀의 특허권남용행위를 규제

113) 정연덕, 전게논문, 30, 33면 참조(특허풀 현황).

114) Hartford-Empire Co. v. United States, 46 F.Supp. 541 (N.D.Ohio 1942); ______, 323 u.S. 385 (1945).

115) 1933년 가입.

116) Serafino, *op cit*, p.9-10.

하였다. 이러한 가격고정을 위한 크로스라이선스의 경우에도 위법이라고 판시하였다.[117)]

1956년 Singer사는 또 다른 특허풀을 이탈리아의 경쟁사와 같이 구성한다. 대상기술은 지그재그 재봉틀에 대한 것이었다. 1955년 11월 Singer는 이탈리아의 Vogoreli사와 자신들이 캐나다 회사로부터 매수한 지그재그 재봉틀 특허를 기초로 하여 상호라이선스 계약을 체결하였다. 이 두 회사는 비독점적, 전 세계를 대상으로 한 무상 라이선스계약을 체결하였다. 1956년 또 다른 지그재그 재봉틀 특허를 보유한 스위스 회사인 Gerauf사와의 계약을 통하여 이들은 일본회사들이 미국시장에 진입하는 것을 막고자 하였다.

1959년 일본의 Brother사가 미국에 지그재그 재봉틀의 판매를 시작하자 Singer사는 미국 관세청(United States Tariff Commission)에 수입금지결정을 구하였다. 이에 대하여 Brother사는 Singer사가 셔먼법을 위반하였다고 독점금지소송을 제기하였다. 1963년는 Singer사의 상호라이선스를 통한 특허풀의 구축은 셔먼법 위반이 된다고 판시하였다.[118)]

(3) Nine No-No와 그 이후

미국에서의 특허풀은 1960년대에 접어들면서 미국사회 전반의 특허풀에 대한 부정적인 인식이 고조됨에 따라 1997년 MPEG-2 특허풀이 성공적으로 인정되기 전까지는 거의 휴지기에 들어가게 된다. Nine No-No란 미국 법무부가 당연위법으로 규정한 라이선스 조건들로서[119)] 이러한 라이선스 조건들이 당연위법으로 판단됨에 따라 특허권자들의 협상력은 현저하게 저하되었다.

이 과정에서 하나의 전기를 마련할 수 있는 실마리가 되는 연구가 Bowman의 연구였다.[120)] 그때까지 독점금지법은 독점에 대하여 적대적인 태도를 취하고 있는데 반하여, 독점을 부여하는 특허법은 서로 대립되는 관계에 있던 것으로 이해되었다. 1975년에 발표된 그의 연구에 의하면 독점금지법과 특허법은 서로 대립되는 관계에 있는 것이 아니며 양자모두 기술혁신을 도모하기 위한 법제로 이

117) United States v. Line Material Co., 333U.S.287 (1948).

118) United States v. Singer Mfg. Co., 374U.S.174 (1963).

119) 정연덕, 전게논문, 33-34면.

120) Ward S. Bowman Jr., "Patent and Antitrust law: A Legal and Economic Appraisal," *The Journal of Business*, Vol. 48, No. 4 (Oct., 1975).

해될 수 있다고 보았다. 왜냐하면 소비자의 후생이라는 관점에서 소비자 후생을 증대시키는 것을 궁극적인 목적으로 하고 있기 때문이다.

제도적인 측면에서는 사전적인 심사를 위한 제도들이 도입된다. 1977년 미국 법무부가 비즈니스 리뷰 레터 제도를 도입하고, 1979년 미국 연방거래위원회(Federal Trade Commission)가 권고적 의견(Advisory opinion)제도를 도입함으로써 특허풀을 형성하고자 하는 사업자들이 사전에 독점금지법 위반과 관련된 문제를 해소할 수 있는 제도적인 근거를 제공하였다.

이후 1993년 Go-Video 사건을 통해 연방법원은 특허풀에 대한 당연위법기준에 의한 강력하고 적대적인 대처에서 완화된 대응으로의 선회가 이루어짐을 보여주었다.[121] 이 사건은 미국 회사인 Go-Video사는 하나의 포트만을 가지고 있던 기존의 VCR이 아닌 두 개의 포트를 사용하여 하나의 포트로는 재생을 하면서 다른 포트로는 녹화를 할 수 있는 VCR-2에 대한 특허를 보유하고 있으면서 제품화를 위해서는 일본회사들의 특허권을 라이선스 받아야 하였지만 일본회사들의 경우에는 특허풀을 통하여 특허풀의 구성원 회사간에서만 라이선스를 하는 배타적인 특허정책을 사용하고 있어 이러한 배타적인 특허정책은 셔먼법 제1조[122] 위반이 된다고 주장하면서, 시장출시를 하지 못한데 따른 손해배상을 구하는 소송을 제기하였다. 문제가 된 특허풀은 Matsushita 전기 외에도 JVC, Sony, Sanyo, NEC, Sharp 등의 일본의 주요 전기회사들이 포함되어 있었다.

법원은 Go-Video사의 주장을 받아들이지 않았다. 법원은 공동행위와 관련하여 피고회사들의 특허풀 형성은 독점화를 위한 것으로 받아들일 수 없다고 함으로써 이전의 당연위법 기준에 의한 판단이 아닌 합리의 원칙에 따라 친경쟁적인 효과와 반경쟁적인 효과를 동시에 고려하여야 한다고 보았고, 아울러 클레이튼법 제7조에 의한 경쟁을 실질적으로 완화하거나 독점화를 위한 자산의 취득이라는

121) In re Dual-Deck Video Cassette Recorder Antitrust Litigation Go video inc. v Matsushita Electric Inc. 11 F.3d. 1460, C.A. 9 (Cal.) 1994. Dec. 15. 1993.

122) Every contract, combination in the form of trust or otherwise, or conspiracy, in restraint of trade or commerce among the several States, or with foreign nations, is declared to be illegal. Every person who shall make any contract or engage in any combination or conspiracy hereby declared to be illegal shall be deemed guilty of a felony, and, on conviction thereof, shall be punished by fine not exceeding $100,000,000 if a corporation, or, if any other person, $1,000,000, or by imprisonment not exceeding 10 years, or by both said punishments, in the discretion of the court.

주장에 대해서도 특허권이 클레이튼법 제7조에 의한 자산에 해당하지만 이 사건 특허풀의 형성이 독점화를 위한 자산의 취득이라고 볼 수 없다고 판시함으로써 Go Video사의 주장을 배척하였다.

이 사건 이후 1995년 미국 법무부와 연방거래위원회 간의 지적재산권의 실시에 관한 IP 가이드라인(Antitrust Guideline for the Licensing of Intellectual Property)[123)]의 제정은 미국에서 Nine No-nos 시대의 종언과 특허풀의 부활을 위한 전초를 제공하였다.

(4) IP 가이드라인(1995년)

이 지적재산권 가이드라인은 앞서 Go-Video 사건에서 본 것과 같은 합리의 원칙에 의한 라이선스행위의 독점금지법 위반여부의 판단을 천명함으로써 지적재산권의 존재 그 자체로 독점화 의사가 추단되어서는 안 되며, 반드시 독점금지법 위반을 인정하기 위해서는 친경쟁적 효과와 반경쟁적 효과의 형량이 필요하다고 규정하였다.[124)] 1995년 미국 IP 가이드라인은 지적재산권에 대한 반독점 규제에 대해 3가지 일반 원칙을 두고 있다. IP 가이드라인은, (i) 지적재산도 다른 형태의 재산과 본질적으로 동일하게 취급되며, (ii) 지적재산권의 존재 자체로는 시장지배력을 의미하지 않으며, (iii) 지적재산권의 실시허락은 기업들로 하여금 보완적인 생산요소들을 결합할 수 있게 하므로 일반적으로 경쟁촉진적이라고 하고 있다.[125)]

IP 가이드라인은 특허풀이 보완적인 기술을 통합시키고, 일괄계약을 통하여 거래비용을 감소시키며, 복수 특허간의 이용저촉관계를 제거하고, 고비용의 침해소송을 예방한다는 점에서 친경쟁적인 효과가 있음을 인정한다. 특허풀 구성계약에서 총괄적인 가격 내지 산출량 제한조항을 두는 경우 이를 정당화시키는 사유가 없다면 독점금지법 위반의 의심을 받을 수 있다.[126)] 또한 특허풀 구성계약이 명백한 가격고정이나 시장분할의 수단으로 행해지는 경우 당연위법원칙(per se rule) 위반이 될 수 있으며, 수평적 경쟁관계에 있는 특허권자들이 분쟁을 예방하

123) 이하 '지적재산권 가이드라인' 또는 'IP 가이드라인'.

124) IP 가이드라인 p.28.

125) IP 가이드라인 p.2, 28.

126) IP 가이드라인 p.28.

거나 화해할 목적으로 특허풀 구성계약을 체결할 경우 관련시장(relevant market)에서의 경쟁이 감소될 수 있으므로, 이를 상쇄하는 효율성이 입증되지 않으면 그러한 라이선스 계약은 위법한 거래제한(illegal restraints of trade)이 될 수 있다.[127]

특허풀은 모든 자에게 개방될 필요는 없으나, 신규참가를 금지하는 폐쇄형 특허풀(closed pooling arrangement)로서 시장지배력을 갖는 경우에는 경쟁제한적 특허풀로 판단될 수 있다.[128] 폐쇄형 특허풀이라도 경쟁제한적인 특허풀로 판단되지 않기 위해서는 (i) 배제된 회사가 실시허락된 기술을 사용하는 관련된 제품시장에서 유효경쟁을 하여야 하며, (ii) 특허풀의 참가자가 관련시장에서 전체적인 견지에서 시장지배력을 갖고 있지 않아야 한다.[129] 이러한 조건이 충족되지 않은 경우, 미국 법무부나 연방거래위원회와 같은 경쟁당국은 해당 특허풀 구성계약상의 참가제한조항이 특허풀된 기술의 개발 및 사용에 합리적으로 관련되어 있는지를 참작하여, 관련시장에서 이들 제한조항의 친경쟁적 효과를 판단하여야 한다.[130]

경쟁당국이 특허풀이 제3의 실시권자에 대해 부과하는 실시허락의 거절, 재판매가격유지, 끼워팔기, 배타적 거래, 가격고정, 산출량제한, 개량발명 역실시의무(Grant back condition)의 제한조건은 물론, 특허권의 양도와 관련하여 독점금지법적 관점에서 문제되는 합병인지 여부 등에 대해서 독점금지법 위반 여부의 판단에 있어 해당 제한조항이 반경쟁적 효과 외에 당해 제한조항이 경쟁촉진적인 효과를 달성하기에 합리적으로 필요한지 여부를 검토하여야 한다. 해당 제한조항이 합리적으로 필요한 것이라면, 경쟁당국은 친경쟁적 효과와 반경쟁적 효과를 형량하여 관련시장에서 경쟁에 미치는 영향을 판단한다.[131] 실시허락계약상의 제한조항이 반경쟁적 영향을 미치는지를 판단하기 위해서는 시장 구조, 참가자간의 동조행위(coordination) 가능성, 경쟁자의 접근이 저지되는지 여부 등이 고려되어야 한다.[132]

경쟁당국은 실시허락 계약상의 제한이 혁신의 조장 및 경쟁 증진에 유용한

127) IP 가이드라인 p.28.
128) IP 가이드라인 p.28.
129) IP 가이드라인 pp.28-29.
130) IP 가이드라인 pp.28-29.
131) IP 가이드라인 p.21.
132) IP 가이드라인 pp.18-19.

경우가 있음을 감안하여 독점금지법 위반 여부를 문제삼지 않을 안전지대(safety zone)을 도입하였다. 통상적으로 경쟁당국은 (i) 해당 제한조항이 문면상 반경쟁적이지 않으며, (ii) 실시허락자와 실시권자의 관련시장에서의 시장점유율 합계가 해당 제한조항으로 영향 받는 관련시장에서 각 20% 미만일 경우에는 특허권 실시허락계약상의 제한조항을 문제 삼지 않는다.[133)]

(5) MPEG-2 특허풀(1997년)과 그 이후

MPEG(Motion Picture Expert Group)은 동영상압축기술에 대한 표준제정을 위한 특허풀로서 미국 법무부에 의해서 승인된 특허풀이다.[134)] 통신에 있어서 동영상을 압축하고 다시 풀어내는 것은 제한된 자원인 통신망의 활용에 있어서 매우 긴요한 기술이며 동시에 만일 이 기술이 서로 개별 회사마다 상이할 경우에는 사용자의 관점에서 매번 압축을 풀어내기 위한 별도의 하드웨어 내지 소프트웨어를 전유적으로 구비하여야 함으로써 기술진보 및 보급에 커다란 장애가 된다. 따라서 특허풀의 구성이 매우 필요한 기술이라고 할 수 있다.

MPEG-2는 특허풀이 어떻게 구성되어야 법무부와 연방거래위원회의 IP Guideline에 의한 심사를 통과하여 합법적으로 운용될 수 있을 것인가 하는 점에 대하여 모델이 된다.[135)] 이 특허풀은 Fujitsu, Mitsubishi, Phillips, Columbia University, Genreal Instrument, Lucent Technology, Scientific Atlanta, Matsushita, Sony 등의 회사로 구성되었다. 미국 법무부는 비즈니스 리뷰 레터에서 이 특허풀의 경우 기술표준을 통하여 중복적인 개발을 피할 수 있고, 전송과정에서 정보량을 줄임으로서 비디오 재생을 위한 저장 및 전송공간의 제약을 극복할 수 있다는 점을 들어 MPEG-2 특허풀을 합법적이라고 판단하고 있다.[136)] 이 특허풀을 포함한 이후의 합법화된 특허풀의 구조에 대하여는 장을 나누어 살펴보기로 한다.

---

133) IP 가이드라인 p.22.

134) MPEG-2 Business Review Letter, 1997 DOJBRL Leixs 14 (Dep't of Justice Jun. 26. 1997).

135) Joshua A. Newberg, "Antitrust, Patent pools, and the Management of Uncertainty," 3 Atlantic l. J. 1. (2000), p.22.

136) 각주 26) 비즈니스 리뷰 레터 at. 1.

III. 특허풀의 구조

1. MPEG 특허풀의 사례

(1) 개 요

MPEG 특허풀은 9개의 회사들이 모두 27개의 MPEG 표준화를 위한 필수적인 특허를 제공하기로 합의함으로써 구성되었다. 이들은 MPEG LA라는 라이선싱을 위한 별도의 회사를 만들어서 이 회사로 하여금 27개의 개별적인 특허에 대한 라이선싱을 관리하도록 하였다. MPEG LA는 MPEG-2 표준을 충족시키기 위하여 27개의 특허를 사용하여야 하는 제조업자에게 특허라이선스를 하여 주고, 실시료를 수취하고 이를 회원사들에게 배분하는 역할을 수행한다. MPEG-2 표준은 비디오의 전송을 위한 기술이 필요한 텔레비전, DVD(Digital Video Disk) 플레이어, 기타 통신 및 방송기기에 적용된다.

(2) 라이선스 구조: MPEG-2의 포트폴리오 라이선스(portfolio license)

1) BMI판결과 Line Material판결의 비교

MPEG-2 표준에서 사용된 라이선스는 BMI 사건에서 사용된 백지 라이선스(blanket license)와 유사한 구조를 가지고 있다. BMI 사건[137]은 수평적 가격고정의 경우에도 친경쟁적일 수 있음을 보여준 사안이다. 이 사안은 저작권 풀링 계약(Copyright pooling arrangement)과 관련된 사안이다. BMI(Boradcast Music Inc.), ASCAP(American Society of Composers, Authors and Publishers)는 많은 작곡가와 작가 등으로부터 시장에서의 사용을 감시하고, 저작권침해소송을 제기하고, 실시료를 수취하는 업무에 대한 비전속적 백지 라이선스를 받고 있었다.[138] CBS(Columbia Broadcasting System)의 경우 계약상 실제로 얼마나 많은 회수로 곡이 사용되었는가와 무관하게 정해진 기간에 따른 실시료를 내는 형태의 계약을 체결하고 있었다. CBS는 BMI와 ASCAP의 이러한 백지라이선스계약에 기초한 실시료 수취행위는

137) Broadcast Music, Inc. v. Columbia Broadcasting System, 44 U.S. 1 (1979).
138) CBS v. ASCAP., 400 F.Supp. 737, 742 (S.D.N.Y. 1975).

셔먼법 위반이 된다고 주장하였다. CBS는 소장에서 불법 끼워팔기(unlawful tying), 동조적 거래거절(concerted refusal to deal), 독점화(monopolization), 저작권남용(copyright misuse)에 해당한다고 주장하였다. 이에 대해 제2연방항소법원은 이러한 ASCAP나 BMI의 행위는 특허풀과 마찬가지로 특허풀을 이용한 가격고정행위가 위법인 것과 마찬가지로 저작권풀을 이용한 가격고정행위도 위법이라고 판시하였다.[139] 그러나 연방대법원은 제2연방항소법원의 판결을 파기하였다. 연방대법원은 연방항소법원이 당연위법 기준에 의하여 ASCAP나 BMI의 행위를 위법이라고 판시하고 있으나 이러한 경우 풀링계약(pooling arrangement)의 위법성의 판단은 합리의 원칙에 의하여 이루어져야 한다고 판시하였다. BMI 등이 사용한 백지라이선스는 시장상황으로 인하여 부득이하게 사용된 라이선스 형식으로 개별적인 사용이 이루어질 때 마다 라이선스를 체결하도록 하는 것은 거래비용이 과도하게 필요한 방식으로 결국 시장에서의 사용방식을 감안하면 백지 라이선스 방식이 아닌 개별적인 라이선스를 강요하는 것은 현실적으로 불가능한 것으로서 이러한 라이선스 방식이 시장에서의 경쟁을 현저히 저해한 것이라고 볼 수 없다고 판시하였다.[140] 연방대법원은 과도한 거래비용으로 인하여 만일 백지 라이선스 방식이 강구되지 않았으면 이루어지 않았을 시장에서의 경쟁을 백지 라이선스 방식을 통하여 오히려 촉진한 것이라고 이해하였다.[141]

이와 비교하여 Line Materials 판결은 제2연방항소법원이 BMI 등의 저작권풀이 위법이라고 판단함에 있어서 근거로 사용한 선결례였다.[142] 이 사건의 경우 연방대법원은 친경쟁적 효과에 대한 판단을 하지 않고 가격고정행위를 오랜 판례에 따라 당연위법의 원칙에 따라 위법으로 판단하였다. 그렇다고 하여 BMI 판결을 통해서 연방대법원이 Line Materials 판결을 포함한 이전의 판례를 변경한 것도 아니다. 우선 연방대법원이 명시적으로 판례변경을 언급한 것도 아니며, 사건의 특성도 BMI 사건이 저작권 사건인데 반하여, Line Materials 판결은 특허법 사건으로 서로 상이하기 때문이다.

139) CBS v. ASCAP, 562 F.2d. at 136.
140) BMI v. CBS, 441 U.S. at 20-21.
141) BMI v. CBS, 441 U.S. at 19.
142) Line Materials, 333 U.S. 287.

2) MPEG-2 특허의 경우

MPEG-2 특허에서의 포트폴리오 라이선스(portfolio license)의 경우에도 MPEG-2 표준을 사용하기 위해서는 특허 중의 일부를 사용하게 되고, 따라서 어떤 회사도 MPEG LA로부터 라이선스를 받지 않고 MPEG-2 표준을 사용하게 되면 특허권침해를 구성하게 되었다. 따라서 경쟁자를 배제하고, 공동행위를 촉진하고, 혁신동기를 저해하는 등의 반경쟁적인 효과를 가질 수 있다. 하지만 MPEG-2 라이선스의 경우에는 RAND(Resonable And Non-Discriminatory) 조건이 부기되어 있기 때문에 라이선스를 원하는 자는 누구든지 비차별적으로 라이선스를 받을 수 있고, MPEG LA로부터 라인센스를 받을 경우 패키지로 전체의 특허를 라이선스 받아야 하지만 만일 원한다면 개별적인 회사와의 협상을 통하여 개별 특허를 라이선스 받는 것도 가능하므로 전체에 대하여 실시료를 지급하지 않고 개별 특허에 대해서만 필요한 특허를 선별하여 라이선스를 받는 것도 가능하다. 마지막으로 MPEG-2 특허풀의 경우에는 필수적인 특허(essential patent)만을 대상으로 하면서 만일 당해 특허가 필수성이 없거나, 서로 대체적인 특허일 경우에는 특허풀에서 배제하도록 규정되어 있으므로 이러한 정책문서(policy document)의 규정에 의하면 필요하지도 않은 특허를 강제적으로 라이선스를 받아야할 경우는 생기지 않기 때문이다.[143)]

이러한 조항들은 통하여 특허권자들이 특허풀을 지렛대로 하여 하부시장에서 동조적으로 행동하여 수익을 극대화할 가능성은 거의 없다고 보아 미국 법무부는 이러한 특허풀을 허용한 것이다.

3) 법무부의 비즈니스 리뷰 레터의 내용

미국 법무부(DOJ)는 MPEG-2 특허풀의 성격을 검토하고 비즈니스 리뷰 레터에서 MPEG-2 특허풀 구성계약이 경쟁촉진적 효과를 가지며, 반경쟁적인 위험을 완화시키기 위한 특성을 가지고 있다고 판단하면서 그 근거로 특허풀에 포함된 특허는 오직 보완특허이거나 필수 특허에 해당하였다는 점, 실시허락이 비배타적이었다는 점, 중립적인 전문가가 특허의 '필수성' 여부를 판단하였다는 점, 누구나 동등한 조건으로 특허풀에 포함된 특허에 대해 실시허락을 받을 수 있었다는

143) Joshua Newberg, *op cit,* pp.22-23.

점, 특허풀의 모든 구성원은 대체기술을 개발하는 것을 제한받지 않았다는 점, 비용절감 등 실시허락에 관한 효율성이 전체적으로 증진되었다는 점 등을 참작하였다.[144] 법무부는 IP 가이드라인에 규정된 사항에 더하여 특허풀 내의 특허는 유효하고 필수적이며 보완적이어야 하나 대체적인 것은 아니어야 하고, 이는 중립적인 전문가에 의하여 판정되어야 하며, 그랜트 백 라이선스 조항은 공정하고 합리적인 로열티를 대가를 전제로 하고, 비배타적으로 '필수특허'를 해당 특허풀에 그랜트 백(grant back) 하도록 하여야 하며, 특허풀로 인해 지적재산권자가 불합리하게 경쟁기술을 집적하거나 특허풀에 집적된 기술에 대해 가격을 고정하는 것은 금지되고, 특허풀로 인해 지적재산권자는 불합리하게 하방 제품시장에서 경쟁자들에게 불이익을 줄 수 없고, 특허풀로 인해 지적재산권자는 불합리하게 특허풀의 범위를 벗어나 가격을 담합하게 하거나 또는 경쟁대상인 제품이나 기술의 개발에서의 혁신을 저해할 수 없다는 것이어야 추가요건을 제시하고 있다.[145]

2. 특허풀의 구성과 특허의 속성

(1) 특허풀의 속성

특허풀과 관련하여 고려될 수 있는 특허는 4가지 종류로 구분될 수 있다. 우선 차단특허(blocking patents)가 있다. 차단특허는 기본발명특허(pioneer patent)와 개량발명특허와의 관계에서 발생한다. 이때 후자인 개량발명특허가 바로 차단특허(blocking patent)가 된다. 이러한 차단특허는 기술혁신의 과정에서 자연스럽게 등장하는 특허로서 이러한 차단특허의 예로는 라이트 형제의 비행기 날개를 들 수 있다.[146] 라이트 형제(Wright brothers)가 말똥가지 새의 움직임을 보고 비행기 날개모형을 발명하고, 이를 특허로 출원등록 하였다. 이후 Glenn Curtis 등이 비행기의 보조날개(flap)를 이용하는 개량특허를 등록하였다. 이후 실제 비행기날개에는 라이트 형제의 특허보다는 Curtis의 특허가 더 많이 사용되었다. 이 경우 Curtis의 날개에 대한 특허를 실시하기 위해서는 라이트 형제의 특허를 실시하여

144) US DOJ, "Justice Department Approves Proposal for Joint Licensing of Patents Essential for Meeting Video Technology Standard Used in Electronics and Broadcast Industries," 1997. 6.

145) Ebersole et al., op. cit., pp.3-4.

146) 이 '라이트 형제'의 예는 정연덕, 전게논문, 17-18면 참조.

야 하며, 반면 라이트형제의 경우도 Curtis의 실시허락 없이는 Curtis 특허를 실시할 수 없으므로 서로 차단특허로서의 지위에 있게 되는 것이다.

두 번째 유형으로는 보완특허(complementary patents)가 있다. 보완특허는 경제학적 의미의 보완재와 같은 개념으로 상호 상대방의 특허가 없으면 유용하지 않은 특허를 의미한다. 전구는 진공유리부분과 필라멘트부분으로 구성되는바, 이 경우 진공유리부분에 대한 특허와 필라멘트부분에 대한 특허는 서로 보완적인 관계에 있는 특허이다.[147] 다만 이러한 보완관계에 있는 특허의 경우에도 앞에서 본 것과 같은 이용저촉관계에 있는 차단특허와 같이 신제품의 생산을 차단하기 위한 목적으로도 사용될 수 있다. 에디슨이 그랬던 것처럼 필라멘트에 사용될 수 있는 대부분의 특허를 모두 출원하여 등록하는 경우 이러한 필라멘트를 사용하지 않으면서 다른 경쟁기업이 제조하는 개량된 필라멘트의 생산을 차단하기 위하여 사용하는 경우를 예로 들 수 있다.[148] 이 경우에는 보완특허와의 병행실시가 되어야 가치가 증대된다. 다른 부류로 상호 무관한 특허가 있을 수 있다. 이 경우에는 상설의 필요가 없을 것이다. 다음으로 경쟁관계 내지 대체관계에 있는 특허(competing patents)가 있다. 이 경우에는 이러한 특허가 상호 시장에서 경쟁하는 제품이나 방법에 대한 특허이면서도, 기존의 특허제품과 완전히 신규의 제품이나 방법에 대한 특허이거나 이용저촉관계에 있는 특허와 달리 기존의 특허를 침해하지 않고서 제품을 개량하는 경우의 특허를 말한다.[149]

(2) 특허풀 구성과 효용

이러한 보완관계에 있는 특허의 경우나 서로를 침범하지 않고는 사용될 수 없는 관계인 이용저촉관계에 있는 특허의 경우, 어느 하나의 기술을 이용하거나 실시허락하려면 상대방의 특허권을 침해하게 되므로 관련 특허권자들이 상호 중복되는 특허를 하나로 묶어 특허풀을 설립하여 공동으로 실시허락하는 것은 거래비용을 줄일 수 있다. 또한, 관련된 복수 특허의 일괄적인 실시허락으로 말미암아 기술의 급속한 발전을 촉진시키는데 기여할 수 있으며, 특허권자간에 또는

147) Carlson, *op. cit.*, p.365.

148) Robert P. Merges & Richard R. Nelson, "On the Complex Economics of Patent Scope," 90 Columbia L. Review 839, 1990 pp.885-886.

149) Carlson, *op. cit.*, pp.361-365.

특허권자와 제3의 현재적·잠재적 실시권자간에 특허 실시를 둘러싸고 향후 발생될지 모르는 소송을 미연에 방지하는데 도움이 될 수도 있다.[150] 이와 같이 특허풀은 일반적으로 보완기술의 통합, 일괄적인 실시허락에 기한 거래비용의 감소, 상호 이용저촉관계(blocking position)에 있는 특허기술간 저촉관계의 해소, 특허침해 소송의 예방 및 이와 관련된 소송비용의 감소, 특허풀에 포함된 기술 정보의 교환으로 말미암아 기술 확산의 촉진 등 친경쟁적 효과를 가질 수 있다.[151] 또 특허풀을 이용하면 특허풀 참가자간에 특허기술의 상품화 과정에서 발생하는 위험을 분산시킬 수 있고, 자신의 연구개발 기술을 제공하면서도 다른 구성원들의 기술정보를 획득할 수 있다.[152]

IV. 혁신 수단으로서의 특허풀의 현황과 전망

1. 우리나라에서의 특허풀의 현황

우리의 경우 미국에서 보는 것과 같은 여러 종류의 특허풀이 형성되고 있지 않다. 국내에서의 특허풀은 이론적인 논의에 비하여 매우 제한적이다.[153] 반면 실제에 있어 특허풀은 현실적으로 정부 주도로 이루어지고 있다. 특허청은 2005

150) Carlson, *ibid*, p.368.

151) Ebersole et al., *op. cit.*, p.3.

152) Carlson, *op. cit.*, pp. 381-382.

153) 앞서 정연덕의 박사학위논문을 보면 국내에서도 특허풀에 대한 이론적인 연구는 다수 이루어지고 있음을 알 수 있다. 권영관, "특허풀에 대한 미국과 EU의 반독점규제정책연구," 「규제연구」 15권 2호, 한국규제학회, 2006.; 백형기, "지적재산권법과 독점규제법의 충돌과 조화," 「정보화정책」 13권 4호, 2006.; 손수정, "지식재산권 공동관리방안에 대한 연구," 정책자료 2006-15, 과학기술정책연구원, 2006.12.; 이대희, "특허풀 및 그 유효성에 관한 연구," 「산업재산권」 14호, 한국산업재산권법학회, 2004.; 이로리, "특허풀과 경쟁법과의 관계: 미국과 EU의 경우를 중심으로," 「통상법률」 69호, 산업자원부무역위원회, 2006.; 이문지, "기술개발 경쟁의 법적 쟁점: 특허권의 남용에 관한 미국의 판례법 ―쟁점의 정리와 대안의 제시―," 「경영법률」 14권 2호, 2004.; 정진근, "공정거래법(경쟁법)에 의한 특허풀 규제: 비판과 대안의 제시," 「경영법률」 제15권 2호, 2005.; 특허청 심사4국, "특허풀(Patent Pool)의 개요," 특허청 보고서, 2003.9. 등.

년 12월 14일 RFID 기술은 특허풀(Patent Pool)의 출현이 유력한 기술분야라고 하면서, 대응이 필요하다고 하였고,[154] 특허청이 주도하여 DVD관련 특허1500건을 분석하여 중소기업체의 특허관련대응책을 제공하기 위한 노력도 하고 있다.[155] DMB 등의 분야에 대하여 특허풀을 고려하기 위한 방안들에 대한 강구가 지속적으로 이루어지고 있다.[156] 하지만 특허풀은 국내에서는 활성화되고 있지 않다.

그 이유로는 우선 국제특허풀과 같이 특허풀이 형성될 경우 국내 및 해외 시장에서의 기술표준을 확립하거나, 산업의 구도를 재편할 수 있는 기술분야가 드물다는 점을 들 수 있다. 지상파 DMB의 경우 특허풀을 결성하는 경우 우리나라의 상용화 사례와 이를 위한 특허풀의 형성이 분명 긍정적인 면에서의 특허풀 결성 유인이 될 수 있지만 원천특허가 존재하지 않는 경우에는 특허풀의 결성에도 불구하고 여전히 개별적인 협상의 여지가 남게 되므로 개별 특허권자가 유인을 가지기 어려울 수 있다. 하지만 개별적인 기술분야에 따라 상황이 다르므로 일률적으로 설명할 수는 없다. 그러나 개량특허 위주로 우리나라의 특허가 구성되어 있는 기술분야의 경우에는 특허풀을 통하여 원천특허 보유자와의 협상에서 유리한 지위에 있을 수 있으므로 방어적인 목적으로 특허풀을 형성하는 것이 필요할 수 있으므로 이러한 점을 감안하면 반드시 특허풀 구성의 필요성이 없다고 할 수 없다.[157]

두 번째로 특허권을 특허풀 회사에 양도한 후 그 양도 이후의 수익을 배분하기 위해서는 특허권의 가치평가가 제대로 이루어질 수 있어야 하는데 이러한 가치평가기준을 제대로 하기 위한 기법이 우리나라의 경우 제대로 이루어지지 않아서 일 수 있다. 그러나 앞서의 MPEG 특허풀의 경우나, VISX/ Summit 특허풀의 경우에서 보는 것과 같이 결국 전체적으로 특허풀 결성의 필요성이 분명하게 인정된다면 특허평가는 하나의 점으로 정확한 가치평가가 이루어질 수 없는 분야이므로 협상력에 의하여 협의에 의하여 결정될 수 있는 것이므로 특허가치 평가방법의 부족으로 인하여 특허풀이 구성되지 않는다고 할 수 없다.

세 번째는 위의 각 요인이 어느 정도 영향을 주는 것이라고 하더라도 규범

154) 디지털타임즈 2005.12.15.자.

155) 특허청, DVD 국제특허풀 분석발표회 보도자료 2004.11.10.자.

156) IT 지재권과 특허전략세미나, 아디티타임즈 2007.5.29.자.

157) 오승한, "방어적 특허풀 구성과 부속약정에 대한 경쟁제한성 평가," 성균법학 2008.10. 참조.

적인 면에서 특허풀은 항상 독점금지법 위반의 소지를 안고 있음을 위에서 살펴본 연혁적인 고찰에서 알 수 있다. 결국 특허풀의 문제는 사전적으로 경쟁제한성에 대한 정리(clearance)를 하여 주지 않으면 기업들의 경우에는 많은 비용을 부담하여 특허풀을 형성하고는 오히려 특허풀의 경쟁제한성이 인정되어 공정거래위원회와 같은 경쟁당국에 의하여 위법한 특허풀로 과징금의 부과, 손해배상, 형사처벌 가능성 등의 위험을 감수하여야 하는 것을 요구하는 것은 특허풀의 형성에 중대한 장애가 될 수 있다. 우리나라의 경우에도 미국 법무부의 비즈니스 리뷰 레터나 미국 연방거래위원회의 권고적 의견 제도와 같이 공정거래위원회에 대한 사전심사청구제도가 있지만 10여건 정도만 활용이 되고 있어 특허풀의 형성에 장애가 될 수 있다고 보인다.

2. 혁신 수단으로서의 특허풀의 전망: 생명공학 분야의 경우

특허풀은 혁신수단으로 특허풀은 1997년 MPEG-2 특허풀과 그 실행을 위한 MPEG LA의 활동으로 인하여 그 가치가 점차 인식되고 있다. 하지만 공정거래법상의 쟁점이 완전히 정리되지는 않고 있고, 본질상 독점금지법 위반을 위한 목적으로 사용될 소지가 있기 때문에 딜레마로서 특허풀과 독점금지법은 항상 같이 고려될 수밖에 없는 숙명적인 상황에 있다.

하지만 제약산업과 같인 연구·개발에 많은 비용이 소요되고, 다수의 특허권자가 특허덤불을 형성하고 있어 새로운 신약의 개발이 어려운 상황[158]에서 특허풀은 이러한 상황을 해소할 수 있는 중요한 수단이 될 수 있다. 이미 생명공학 분약에서는 특허풀들이 형성되고 있는바, GFP(Green Fluorescent Protein)의 경우 신약개발과 관련된 연구개발을 위한 특허풀 형성을 위한 시도가 콜럼비아대학교, Amersham Biosciences 등에 의하여 이루어지고 있다.[159] 동물복제와 관련해서 Geron Corp.사와 Exter Life Science사가 stART(Animal Cloning technologies) Inc.를 합작법인으로 설립하였다. 두 회사는 stART사에 두 회사가 보유한 특허를 양도하고, stART사는 적극적으로 특허를 라이선스하고자 하고 있다. 이 회사가 보유한

158) 최승재, "생명공학특허를 통하여 본 특허성 소고," 법률신문 2007.1.11.자.

159) Jorge A. Goldstein, "Patent Pools and Standard Setting in the Biotechnology Industry," CASRIP (July 2005) pp.3-4.

특허들은 복제양 돌리를 만든 로슬린 연구소(Roslin Institute)에 의해서 개발된 특허등을 포함하고 있다.[160] 농업분야에서 록펠러 재단과 맥나이트 재단에 의하여 재정지원을 받고, 아리조나 주립대학교, 퍼듀대학교, 캘리포니아 주립대학교와 같은 대학들이 주출이 된 PIPRA(Public Intellectual Property Resources for Agriculture)가 2003.11. 만들어졌다.[161]

향후 형성을 위하여 준비라고 있는 특허풀로는 유방암연구를 위하여 연예산업펀드(Entertainment Industry Fund)의 자금지원을 받아 준비 중인 프레드 허친슨 암연구센터(Fred Hutchinson Cancer Research Center)가 있다. 이 센터는 MD 앤더슨 병원과 MIT 대학교, 남가주대학교 등의 특허권자들이 참여하려고 하고 있다.[162] 다른 한 분야로 후천성면역결핍증후군(AIDS: Acquired Immune Deficiency Syndrome) 연구를 위한 필수적인 특허를 출연하여 2005년 세계보건기구(WHO) 등이 주축이 되어 특허풀을 만들려고 시도한 예가 있다. 제약분야는 세계적으로 강제실시권(compulsory license)이 문제가 될 정도로 집적인 인류의 생존에 대한 중대한 침해가 예견되는 분야로서 어느 한 국가가 감당하기는 매우 어려운 분야인 반면 어느 기업이 천문학적인 비용을 소모하면서 장기간에 걸쳐서 개발한 신약을 강제실시 명령을 각국 법원이나 특허청이 발하는 경우 이러한 강제실시가 특허권자의 개발의욕을 꺾을 수 있다는 점에서 딜레마가 있던 상황이었다.[163] 후천성면역결핍증후군의 경우 치료제는 Retrovir(글락소 웰컴사),[164] Videx(브리스톨 마이엇 스큅),[165] Hivid(호프만 라로쉬),[166] Zerit(브리스톨 마이엇 스큅),[167] Epivir(글락소 웰컴사)[168] 등이 있다.[169] 이러한 복수의 제약회사에 의해서 제약회사들이 개별적인 연구개발에 의해서 대처하는 경우 이러한 특허권의 행사에 대하여 공동의 대응이 힘들기

---

160) *Id.* pp.5-6.

161) *Id.* pp.7-8.

162) *Id.* p.10.

163) 우리나라의 경우에도 백혈병 치료제인 노바티스의 글리벡에 대하여 2002.1.30. 인도주의실천의사협의회, 건강사회를위한약사회, 민중의료연합 등이 특허심판원에 강제실시재결을 통하여 구하였으나 특허심판원이 강제실시를 거절한 사례가 있다.

164) 기본특허는 US. Patent 4,724,232.

165) 기본특허는 US. Patent 4,861,759.

166) 기본특허는 US. Patent 4,879,277.

167) 기본특허는 US. Patent 4,978,655.

168) 기본특허는 US. Patent 5,047,407.

169) Jorge A. Goldstein, *op cit.* p.12.

때문에 전인류적인 재앙이 될 수 있는 질병에 대하여 인류는 치명적인 약점을 노정할 수 있다. 이러한 점도 특허풀이 보완할 수 있다. 왜냐하면 특허풀은 이러한 질병에 대한 공동개발을 통하여 연구개발비를 줄일 수 있으며, 향후 개발성공시의 성과의 분배 및 위기상황에 대한 대응에 대하여 사전적인 정리를 할 수 있기 때문이다.

SNP(Single nucleotide polymorphism)[170]와 같이 동일한 질병에 대하여 서로 다른 SNP가 기여할 수 있는 경우에는 보완특허로서 특허풀을 사용하는 것의 효용이 큰 경우이다. 반면 같은 SNP 관련 특허의 경우에도 같은 질병을 진단하기 위한 항체에 대한 SNP의 경우에는 대체특허의 예이다. 차단특허로는 분리된 유전자와 파편의 경우가 서로 차단특허로서 기능하는 경우이다. 이에 대하여 필수특허는 다른 대안이 없는 특허로서 제품을 생산하기 위하여 다른 특허와 함께 실시하는 것이 필요한 특허를 의미한다.[171]

3. 특허풀의 전망

우리나라에서도 특허풀은 국제특허풀의 경우에는 이미 기업들이 표준선점의 목적과 로열티 수입의 증대, 기술경쟁에서의 특허침해소송등의 공격에 대한 방어목적 등의 여러 가지 이유로 하여 구성원이 되고 있다. 그리고 이러한 국제특허풀에서 주도적인 역할을 하기 위한 노력을 가속화할 것이다. 다만 1990년대 말에서 2000년 이후 지속적으로 특허분쟁을 야기하고 있는 퀄컴의 경우와 같이 굳

---

170) 개인과 개인간의 DNA에 존재하는 한 염기쌍(single base-pair variation)의 차이로 DNA sequence 다형성(polymorphism) 중에서 가장 많이 존재하는 형태이다. mutation rate이 낮고, 인체 게놈 상에서의 발생 빈도가 높아 high-throughput genotyping(고효율 유전자형 분석)에 매우 유용하다. 따라서, physical mapping 및 genetic mapping을 위한 marker로서 사용될 수 있으며 최근에는 'complex genetic traits(복잡한 유전적 특질)'을 연구하기 위한 marker로서 각광 받고 있다. 이론적인 모델에 따르면, 'Linkage Disequillibrium' 현상에 기초하여 병에 걸린 집단과 병에 걸리지 않은 control(대조군)집단 사이에 genotype(유전자형)을 비교할 경우 특정 유전자형이 병에 걸린 집단의 유전자형과 연관성이 보여지게 되는데, 이러한 현상의 연구를 통하여 특정 질병과 연관된 돌연변이 근처에 marker를 mapping할 수 있게 됨으로써 질병과 관련된 유전자를 발견하는 연구를 수행할 수 있게 된다. SNP는 향후 의약관련 연구의 기초가 된다(Pui-Yan Kwok and Xhijie Gu의 "Single nucleotide polymorphism libraries: why and how are we building them?" *Molecular medicine today* 5, 538-543).

171) Jorge A. Goldstein, *op cit.* p.13-15.

이 특허풀의 일원이 되지 않아도 충분한 수익을 발생시킬 수 있는 회사들을 특허풀의 구성원으로 포함시킬 수 있는 인센티브에 대하여는 특허풀의 활성화와 부작용을 줄이기 위해서 학문적으로 또 실무적으로 고민할 사항이다.

생명공학분야의 경우에는 IT 분야보다 특허풀의 결성이 더욱더 필요한 분야이다. 생명공학특허의 상업화의 성공가능성이 미미하고, 많은 연구개발비용이 소모되고 있고, 대부분의 AIDS나 암치료제들이 자본력이 있는 제약회사들에 의해서만 가능한데, 이러한 다국적 제약회사들에 의하여 수혜를 받는 사람들은 반드시 선진국 국민만에 그치는 것이 아니므로 특허풀이 이러한 다국적 제약회사들에 대한 강제실시가 가지는 연구개발 인센티브의 저하를 갈음하는 유용한 수단으로 기능할 수 있다고 본다. 향후 이러한 점에 대한 생명공학산업의 특성을 고려한 연구가 추가적으로 이루어져야 한다.

제 5 절 소 결

표준화기구는 특허풀을 사용하여 설립하는 경우가 많다. 따라서 표준화기구가 표준을 결정하고, 결정된 표준과 관련된 특허권 등을 풀링(pooling)하여 관리하는 경우 표준화기구가 보유한 특허풀은 그 자체가 공동행위로서 시장에서의 경쟁을 제한하는 면과 관련된 논의를 선행적으로 하였다. 한편 특허풀은 오늘날 IT 산업이나 생명공학 산업과 같이 다수의 특허들이 복합되어 있어 서로의 특허가 기술혁신을 저해하고 있는 상황을 타개하면서, 기술혁신의 신속한 확산에 기여할 수 있는 표준을 달성하기 위한 수단으로서의 유용성이 있다. 이러한 면에서 특허풀은 친경쟁적이다. 미국은 한 때 특허풀에 대하여 매우 부정적인 인식을 가지고 사실상 금지하였으나 오늘날에는 MPEG LA의 예에서 볼 수 있는 것처럼 특허풀이 가지고 있는 친경쟁적 성격에 중점을 맞추고 있으며 Shapiro와 같은 학자들도 특허풀이 특허덤불을 항해할 수 있는 유용한 수단이라는 점을 강조하고 있다. 따라서 특허풀의 경쟁촉진적인 점을 살리고, 이를 통하여 표준화를 촉진하기 하면서도 경쟁제한성을 제어하기 위해서는 사전적인 공정거래위원회의 경쟁제한성 판단이 가능하도록 하는 절차가 필요하다.

이와 관련하여 미국에서 비즈니스 리뷰 레터가 유용하게 사용되고 있음에 착안하여 우리나라에서도 이 제도의 도입이 필요한지 여부를 살펴보기 위하여 우선 현행제도인 공동행위인가제도와 사전심사청구제도를 검토하였다. 이중 특히 2004.12. 도입 후 2009.5. 개정된 사전심사청구제도는 명칭은 달라도 미국의 비즈니스 리뷰 레터와 같은 운용이 가능하다고 본다.

표준화기구가 보유하고 있는 특허풀에 부가된 약정이 경쟁제한적인 경우도 공동행위의 문제가 있을 수 있는바, 이러한 약정이 공정거래법상 공동행위 규정 및 사업자단체의 경쟁제한행위로 볼 수 있다는 점을 보았다.

나아가 표준결정과정에서의 남용행위도 발생할 수 있다. 우리나라에서는 사안을 찾을 수 없었으나 미국의 사례들을 통해 살펴본 결과 공정거래법상 공동행위 규정 및 사업자단체의 경쟁제한행위로 볼 수 있다고 판단하였다.

참고문헌

국내 단행본

권오승, 경제법, 법문사 (2009).
김철수, 헌법학신론(제18전정신판), 박영사 (2008).
박준서 대표집필, 주석민법 총칙(1), 한국사법행정학회 (2002).
송영식 · 이상정 · 황종환, 지적소유권법 제9판(상), 육법사 (2005).
신현윤, 경제법 제2판, 법문사 (2007).
이시윤, 신민사소송법 제3판, 박영사 (2006).
이중기, 신탁법, 삼우사 (2006).
이호영, 독점규제법 — 쟁점과 판례, 홍문사(2005).
임영철, 공정거래법(해설과 논점), 법문사 (2007).
정상조, 지적재산권법. 홍문사 (2004).
정호열, 경제법, 박영사 (2008).
최승재, 경쟁전략과 법, 한국학술정보 (2009.5).
최승재, IT 기술과 법 1(개정판), 홍익대학교 출판부 (2008.8).
허영, 한국헌법론, 박영사 (2007).
홍명수, 경제법론, 경인문화사 (2008).

국내 논문

강기중, "특허침해소송의 구조와 판례동향," 인권과 정의 342호, 대한변호사협회 (2005.2).
강우찬, "공정거래법 제3조의2(시장지배적 지위남용금지)와 제23조(불공정거래행위금지)의 관계에 관한 연구: 규범의 중복현상을 중심으로," 사법논집 제44집 (2007).
권오승, "독점규제법의 적용제외," 법경제연구(Ⅱ) (1995.6).
김권회, "필수설비의 법리에 관한 연구," 서울대학교 박사학위논문 (2005).
김기동, "고압송전선의 철거청구와 권리남용," 대법원판례해석 제25호 법원도서관 (1996.11).
김기영, "Patent Troll에 대한 법적 · 제도적 대응방안 연구," 서울대학교 박사학위논문 (2008).
김대환, "경계선 부근의 법정거리 위반건물의 철거청구권," 대법원판례해석 제1호, 법원도서관 (1981.11).
김동욱, "특허분쟁 동향과 원인 및 대책," 지식과 권리 2007년 봄 · 여름호, 대한변리사회 (2007.6).
김두진, "독점규제법의 적용제외 영역," 상사법연구 제21권 제4호 (2003).

김두진, "시장지배적 지위의 남용," 비교사법 제14권 제1호 통권 제36호 (2007.3).
김두진, "지적재산권과 관련된 독점금지법의 적용 연구," 법제연구원 (2004.11).
김범종, "제품수명주기 단계별 시장환경과 전략유형에 관한 연구," 마케팅과학회 추계발표논문집 (2004.11).
김상용, "토지소유권에 대한 판례 및 헌법재판소 결정례에 대한 평가," 법학연구 5권 연세대 법학연구소.
김선정, "미국 연방반독점법의 적용제외 — 맥카렌 · 퍼거슨법하의 보험사업면제 —," 개발논총 제3집, 동국대 (1994).
김성태, "공정거래법의 적용제외," 공정거래법강의, 법문사 (1996.11).
김원준, "지적재산권을 둘러싼 경쟁법 이슈," 경쟁저널 (2009.3).
김원준, "특허침해소송에서 무효항변에 관한 고찰," 법학논집 제28권 제2호 (2008.12).
김장식, "지적재산권의 남용유형과 독점규제법의 적용에 대한 연구," 연세대 법무대학원 석사학위논문 (2005).
맹수석, "지식재산권의 신탁과 유동화 방안," 증권법연구 7권 2호 (2006.12), 253면.
민형기, "단속법규 위반행위의 사법상 효력," 대법원판례해설 12호, 법원행정처 (1990).
박상인, "시장지배적지위남용행위에 대한 경제분석들: 최근 유럽과 미국의 논의를 중심으로," 경쟁저널 제140호 (2008.9).
박상인, "혁신적 산업에서의 특허와 경쟁정책," LAW & TECHNOLOGY 제3권 제5호 (2007.9).
박성수, "저작권법상 복제권의 침해방조와 채권자 대위에 의한 침해금지청구의 행사 및 보전의 필요성," 대법원판례해설 69호 (2008 상반기) (2008.1).
박성수, "진보성과 균등론에 관한 소고," 특허소송연구 3집, 특허법원 (2005.12.15).
박성수, "특허법원 판결로 본 특허의 유효성 분석(진보성 판단을 중심으로)," 지식과 권리 2007년 봄 · 여름호, 대한변리사회 (2007.6).
박성수, "한국 특허법상 발명의 진보성 판단," Patent Litigation in the Korea-US FTA Era. 기술과 법 센터 2007년 국제 컨퍼런스 자료집 II권 (2007).
박성수, "한국의 특허권남용규제," Law & Technology (2007.1).
박성호, "생명공학특허에 있어서의 인권문제," 과학기술법연구 제13집 제2호 (2008.2).
박영우, "권리남용 판단기준에 관한 소고, 채권법에 있어서 자유와 책임," 김형배교수 화갑논문집 (1994.10).
박정희, "특허침해소송에서 당해 특허의 무효사유에 대하여 심리판단 가능여부," 지식재산21 통권 제91호 (2005.7).
박진현 · 서무정, "IMT 2000의 지적재산권(IPR) 분쟁과 의미 — 퀄컴과 에릭슨의 IPR 분쟁을 중심으로 —," 정보통신정책 제11권 7호 통권 239호 (1999).
박태승, "DRM 기술의 특허동향," 특허청 (2003).
배건우, "국내제약산업의 전망과 신약 개발 현황," 공업화학 전망 제8권 제5호 (2005).
배대헌 · 이영우, "특허실체법 조약(SPLT)안 쟁점연구," 한국발명연구회 지적재산권연구센터 (2002).

배은영 외, "의약품등재가격결정방식 및 개선방안 연구," 건강보험심사평가원 (2007).
백영란, "DRM과 공정경쟁," 경쟁저널 (2008.1).
사공진 · 배은영 · 김록영, "제약산업에서 시장점유율 결정에 관한 Panel Study," 보건경제와 정책연구 제13권 제2호 (2007).
서혜숙, "공정거래법상 단독의 거래거절에 관한 소고," 변호사 제36권 (2006).
설민수, "지적재산권 사용계약에 대한 거래거절에 관한 미국과 EU에서의 공정거래법 적용," 저스티스 통권 제101호 (2007.12).
설범식, "일본 지적재산권 소송제도의 개혁 동향," 특허소송연구 3집, 특허법원 (2005.12.15).
성기문, "특허발명의 보호범위와 제 침해에 관한 실무적 고찰," 사법논집 제41집, 법원도서관 (2005.12.30).
성창호, "지적재산권침해금지가처분," 보전소송, 재판실무연구 (3) 한국사법행정학회 (2006).
신승남, "eBay 판결 이후 한국 IT 기업들의 미국 시장에서의 특허권 위험관리 전략에 대한 시사점," 비교사법 제14권 제2호 통권 제37호 (2007.6).
신영수, "통신시장의 규제정책과 경쟁정책 —통신시장의 경쟁촉진을 위한 규제기관의 권한 조정—," 한국경쟁법학회 정기학술대회 자료집 (2004.5).
신혜은, "유전공학 관련 발명의 특허성과 그 효율적 보호방안에 관한 연구," 고려대학교 대학원 법학과 박사학위논문 (2006.12).
심재한, "단독의 거래거절행위," 상사판례연구 13집 (2002).
안원모, "무효사유가 존재하는 특허권의 행사와 권리남용의 항변," 산업재산권 제27호, 한국산업재산권법학회, 246면 (2008).
오승한, "미국경쟁당국의 특허권행사에 대한 경쟁법 집행사례: BroadComm v. Qualcomm," 행정법연구 통권 18호 (2007) (오승한 행정법연구).
오승한, "방어적 특허풀 구성과 부속약정에 대한 경쟁제한성 평가 —중소기업체의 방어적 특허풀을 중심으로—," 성균관법학 제20권 제2호 (2008) (오승한 2008).
오승한, "특허기술의 표준 책정과 경쟁법 적용의 문제," 산업재산권법연구 제23호 산업재산권학회 (2007).
유대종, "저작권남용법리에 관한 연구," 경희대박사학위논문 (2007).
유대종, "특허무효사유와 특허권 남용," 산업재산권 제21호 한국산업재산권법학회 (2006.12).
육소영, "특허법상 강제실시권에 관한 연구," 충남대학교 법학연구 제16집 1호 (2006).
육소영, "특허풀과 시장경쟁," 상사판례연구 19권 1집, 상사판례연구회 (2006).
윤강술 · 강대경, "시장에 있어서 국제표준화의 채택과정에 관한 연구," 산업경제학회 산업경제연구 제13권 제2호 (上) (2000.3).
윤배경, "공업소유권에 기한 보전처분의 필요성에 대한 소고," 인권과 정의, 201호 대한변호사협회.
윤선희 외 3인, "표준화와 관련된 지적재산권법 및 독점규제법에 관한 연구," 정보통신부 (2002).
윤선희, "저작권집중관리 제도의 개선방안에 대한 소고: 저작권관리사업법(안)을 중심으로," 산업재산권 28호 (2009.4).
이규호, "미국의 저작권관리단체와 공정사용의 범위 (상)(하)," (계간)저작권 제43호, 제44호, 저작권심의조정위원회 (97.9 / 97.11).
이규호, "미국의 특허침해금지가처분에 대한 연구," 월간 법조 49권 통권 524호 (2000.5).
이기종, "거래거절과 지적재산권: In re Independent Serv. Orgs. Antitrust Litig(Xerox 판결)," 공정경쟁 제95호 (2003.7).
이대희, "특허풀 및 그 유효성에 관한 연구," 산업재산권 제15호, 한국산업재산권학회 (2004).
이동명, "임시의 지위를 정하는 가처분에 있어서의 보전의 필요성," 재판자료 제45집(보전소송에 관한 제문제) [상], 법원행정처 (1989).
이두형, "특허권 침해 관련 법적 공격·방어수단에 관한 고찰," 사법논집 제43집, 법원도서관 (2006.12).
이명호 외, "정보통신산업의 공정경쟁과 규제정책," 서울대학교 출판부 (1999).
이봉의, "공정거래법상 방해남용의 위법성 판단기준: 거래거절을 중심으로," 법조 제52권 제10호 통권 제565호 (2003.10).
이봉의, "독점규제법상의 적용제외," 경쟁법연구 제3권 (1991).
이봉의, "병행수입 방해행위의 부당성: 상표권 보호 대 경쟁 보호?," Jurist 제383호, 청림인터렉티브 (2002.8).
이봉의, "보험업과 카르텔에 관한 고찰," 한국경쟁법학회 2008.11.7. 국제심포지엄 자료집 (2008).
이봉의, "불공정거래행위의 위법성," 공정거래와 법치 (2004).
이봉의, "통신시장에서의 금지행위 규제의 문제점과 개선방안," 경제규제와 법 (2008.5).
이봉의, "포스코판결과 방해남용의 향방," 경쟁저널 제140호 (2008.9).
이상정, "저작권집중관리에 대한 규제의 기본방향," 창작과 권리 52호 (2008 가을호).
이수연, "다국적 제약회사의 지적재산권 보호 對 국민건강권 보장에 대한 갈등 ―글리벡 사건을 중심으로―," 사회복지연구, vol 23 (2004).
이원우, "규제개혁과 규제완화: 올바른 규제정책 실현을 위한 법정책의 모색," 저스티스 통권 제106호 (2008.9).
이익희, "특허발명의 강제실시제도 ―공중보건문제 해결을 위한 제도개선을 중심으로―," 지식재산21 (2005.1).
이재형, "거래거절규제의 법리와 경제분석," 정책연구시리즈 2005-12, 한국개발연구원 (2005).
이중기, "신탁법 개정방향, 신탁법 총칙의 개정, 신탁관계인제도의 개정, 새로운 신탁의 도입," 신탁법공청회 자료 (2009).
이철남, "GPL의 주요내용과 개정 동향에 대한 연구," 산업재산권 22권 (2007.4).
이한주, "특허침해소송에 있어 무효사유의 판단," 사법논집 제41집, 법원도서관 (2005.12).
이호영, "규제산업과 공정거래법의 적용제외," 한양대학교 법학논총 23집 1호 (2006).
이호영, "독점금지법상 '합의' 도그마에 대한 저항 ―묵시적 사업활동 조정(tacit coordination)의 규제를 중심으로―," 카르텔 규제의 이론과 실제, 한국경쟁법학회 춘계학술대회 자료집

(2005).
이황, “공정거래법상 단독의 위반행위 규제의 체계: 시장지배적 지위 남용행위로서의 거래거절 행위의 위법성, 그 본질과 판단기준,” 사법 5호, 사법발전재단 (2008.9).
이황, “보험산업에 대한 공정거래법 적용의 범위와 한계 —대법원 2004두8323 판결을 중심으로—,” 한국경쟁법학회 2008.11.7. 국제심포지엄 자료집 (2008).
임정훈 · 이봉문, “특허권존속기간연장등록제도에 관한 외국의 예 및 제약산업에 미치는 영향 연구,” 한국발명진흥회, 지식재산권연구센터 (2002).
장석복, “지적재산권 라이센싱과 독점규제법 적용에 관한 연구,” 연세대학교 법무대학원 석사학위논문 (1999).
전응준, “특허신탁에서 특허침해소송의 제 문제,” 지적재산권 제25호 (2008.5).
정근익, “지적재산권의 상호실시 허락에 대한 독점규제법 적용연구,” 충남대학교 박사학위 논문 (2005).
정상기, “특허권위탁관리법제의 개선방안,” 산업재산권 13호 (2003.5).
정상조, “특허발명의 강제실시,” 서울대 법학 제40권 제1호 (1999.5).
정상조, “지적재산권 남용행위에 대한 공정거래법 적용 방안,” 공정거래위원회 (1998).
정연덕, “특허권남용과 이에 대한 방안: Patent Troll을 중심으로,” 산업재산권 통권 22호 (2007.4).
정연덕, “특허풀에 관한 법적 연구 —활성화 방안을 중심으로—,” 서울대학교 법학박사학위논문 (2005).
정진근, “공정거래법에 의한 특허풀 규제; 비판과 대안의 제시,” 경영법률 15집 2호 (2005.4).
정차호, “특허의 침해금지권에 관한 eBay 판결: 특허권의 몰락?,” 지식재산21, 통권 제96호 특허청 (2006.7).
조원철, “간접증거에 의한 사실인정,” 재판자료 Vol. 114 (2008).
차상육, “특허침해소송과 권리남용항변,” 정보법학 제11권 2호 (2007).
차성민, “포스코 열연코일 공급 거절 사건에서 부당성의 의미,” 경제법판례연구회 발표자료, 2008.3.27.
최성준, “무효사유가 명백한 특허권에 기초한 금지청구 등이 권리남용에 해당하는지 여부,” 정보법 판례백선Ⅰ (2006).
최성준, “상표법 제7조 제1항 제4호의 적용범위,” Law & Technology 제2권 제2호, 서울대학교 기술과 법센터 (2006).
최승재, “특허권의 시장지배력 추정에 관한 연구 —Independent Ink 사건을 중심으로—,” 상사판례연구, 한국상사판례학회 (2009).
최승재, “게임이론을 통한 부당한 행정지도의 권력성과 부당한 공동행위 추정의 복멸; 권력적 사실행위 도그마에 대한 비판적 고찰,” 경쟁법연구 2005.8.
최승재, “경쟁법 사건에서의 전문가 증인의 역할과 한계,” 한양법학 (2008.3).
최승재, “미국에서의 특허 진보성 판단기준의 전개에 대한 연구 —미국 연방대법원의 KSR 사건 그 이후,” 홍익법학, 홍익대학교 법학연구소 (2008.2).

최승재, "발명의 진보성 판단 기준에 대한 미국 연방대법원의 태도," 2007.8.23.자 법률신문.

최승재, "생명공학특허에 대한 특허성 소고," 법률신문 2007.1.11.자.

최승재, "지적재산권법과 경쟁법 간의 조화와 균형에 대한 연구 —상호운용성, 표준 및 라이선스 전략의 예를 중심으로—," 경쟁법연구 제16권 (2008).

최승재, "통신산업에서의 표준화와 지적재산권과 경쟁법의 조화," 법조 (2008.6).

최승재, "특허 침해소송에서의 균등 관계의 범위," 저스티스 (2002.10).

최승재, "특허괴물: IT 파이낸스와 수익화," 법률신문 2008.8.7.자.

최승재, "특허괴물은 정말 괴물인가," 특허와 상표 (2008.1).

최승재, "특허법상 가처분에 관한 연구," 지식과 권리 가을호 (2008.10).

최승재, "특허의 진보성 판단의 구조와 진보성 판단기준에 대한 연구(상) —한국과 미국의 판례를 중심으로—," 지식과 권리 대한변리사회 2007년 가을, 겨울호 (2007).

최승재, "KSR 사건 이후의 미국 연방항소법원의 진보성 판단," 2008.2.18.자 법률신문.

최승재, "Microsoft 유럽공동체 사건 판결에 대한 연구," 정보법학회 (2008.1).

최승재, "표준보유자의 특허권남용행위에 대한 경쟁법적 규율에 관한 연구," 서울대학교 법학박사학위논문 (2009).

특허판례연구 (김태현 집필부분), 특허판례연구회 (2009).

허성욱, "권리남용금지 법리에 관한 법경제학적 고찰," 법조 제54권 제12호, 법조협회, 2005.12.

허성욱, "권리남용금지 법리에 관한 법경제학적 고찰," 법조 제55권 제1호, 법조협회, 2006.1.

홍대식, "공정거래법과 지적재산권법: 공정거래법 위반의 주장과 지적재산권 침해금지소송," 민사판례연구 (2009.2).

홍대식, "독점규제법상 불공정거래행위의 사법적 효력," 사법논집 30집, 법원행정처 (1999).

홍대식, "사법적 관점에서 본 공정거래법: 시장지배적 지위 남용행위를 중심으로," 상사법연구 (2008.8).

홍대식, "특허상품 끼워팔기 사건에서의 시장지배력 입증: Illinois Tool Works 판결을 중심으로," 경쟁저널 (2008.9).

홍명수, "보험산업에 대한 규제의 조화-금융위원회와 공정거래위원회의 관계를 중심으로," 한국경쟁법학회 2008.11.7. 국제심포지엄 자료집 (2008).

황창식, "공정거래법상 시장지배력 남용 규제의 해석 및 집행상의 문제점 —불공정거래행위 규제와의 법적용 관계를 중심으로," 경제법판례연구회 발표자료, 2008.3.27.

외국 단행본

高林龍, 標準特許法, 第3版, 有斐閣 (2008).

吉藤行朔, YOU ME 特許法律事務所 譯, '特許法概說' 第13版, (2005).

竹田和彦, 特許の知識, 第8版 ダイヤモント社 (2009).

知的財産の利用に関する独占禁止法上の指針 (平成一九年九月二八日公正取引委員会).

青山紘一, 特許法, 第10版 法學書院 (2007).

Brown, Ralph S. & Robert C. Denicola, *Copyright; Unfair Competition, And Related Topics Bearing on the Protection of Works of Authorship*, 9th ed., Foundation Press (2005).

Chisum, Donald S., *Elements of United States Patent Law* (2nd Ed.), (2000).

Curley, Duncan, *Intellectual Property Licences and Technology Transfer*, Chandos Publishing (2005).

Goldstein, Paul, *International Copyright: Principles, Law and Practice*, Oxford University Press, NY (2001).

Hovenkamp, Herbert, *Federal Antitrust Policy; the Law of Competition and its Practice*, 2nd ed., West Group (1999).

Hovenkamp, Herbert, Mark D. Janis & Mark Lemley, *IP and Antitrust: An Analysis of Antitrust Principles Applied to Intellectual Property Law* (2002 & Supp. 2005).

Korah, Valentine, *Competition Law of the European Community*, Hart Publishing (2002).

Merrill, Stephen A. et al., *A Patent System for the 21st Century*, The National Academy Press (2004).

Oh, Seung Han, *The Meaning and Requirements of the Misuse Doctrine in Patent and Copyright Law*, Washington University J.S.D. Dissertation, May, 20, 2005.

Shechter, Rogers et al., *Principles of Patent Law*, 2nd ed., Thomson West (2004).

Sullivan, Thomas & Herbert Hovenkamp, *Antitrust Law, Policy and Procedure: Cases, Materials, Problems* (4th ed., 1999).

Sullivan, Thomas & Jeffrey L. Harrison, *Understanding Antitrust and it's Economic Implications*, Lexis Publishing (3rd ed., 1998).

U.S Dep't of Justice & Federal Trade Commission, *Antitrust Guidelines for the Licensing of Intellectual Property* (1995).

United States Patent Trademark Office 2007-2012 Strategic Plan.

외국 논문

Abbreviated New Drug Application Regulations: Patent and Exclusivity Provision, 59 Fed. Reg. 50338, 50345 (Oct. 3. 1994).

Andewelt, Roger B., "Analysis of Patent Pools Under the Antitrust laws," 53 Antitrust L.J. 611, 611 (1984).

Areeda, Phillip, "Essential Facilities; An Ephithet in need of limiting principles," 58 antitrust L. J. (1989).

Balto, David, "Pharmaceutical Patent Settlement: The Antitrust Risks," 55 Food & Drug L.J. 321, 325 (2000).

Bauer, Joseph, "The McCarran-Ferguson Exemption from the Antitrust Laws for the Business of Insurance: History, Scope and the State Action Doctrine," 한국경쟁법학회 2008.11.7 국제심포지엄 자료집 (2008).

Besen, Stanley M. et al., "An Economic Analysis of Copyright Collectives," 78 Va. L. Rev. 383 (1992).

Bork, Robert, "Legislative Intent and the Policy of the Sherman Act," 9 J.L & Econ. 7 (1966).

Bork, Robert, "The Antitrust Paradox," Antitrust Law Journal (1978).

Bowman Jr., Ward S., "Patent and Antitrust law: A Legal and Economic Appraisal," The Journal of Business, Vol. 48, No. 4 (Oct. 1975).

Bratic, V. Walter, David L. McCombs, and Shirley Webster, "Taking a New Look at Patent Pools-Use and Abuse," Licensing Executive Society (Oct. 2005).

Caffrey, Andrew A. & Jonathan M. Rotter, "Consumer Protection, Patents and Procedure: Generic Drug Market Entry and the Need to Reform the Hatch-Waxman Act," 9 Va. J.L. & Tech. 1., pp.3-4 (2004).

Carlson, Steven, "Patent Pools and the Antitrust Dilemma," 16 Yale J. on Reg. 359, 360 (1999).

Choi, Jay Pil & Christodoulos Stefanadis, "Tying, Investment, and the Dynamic Leverage Theory," RAND Journal of Economics, The RAND Corporation, vol. 32(1) (2001).

Cohen, Joel M. & Manisha M. Sheth, "Recent Developments in the Application of the Noerr Doctrine," ABA Spring meeting program (2003).

Cotter, Thomas F., "Patent Holdup, Patent Remedies, and Antitrust Reponses," Legal Studies Research Paper Series Research Paper No.08-30 (2008).

Crews, K., "Fair Use of Unpublished Works: Burdens of Proof and the Integrity of Copyright," 31 Ariz. St. L.J. 1 (1999).

Danzon, Patiricia M. & Michael F. Furukawa, "Rises and Availability of Pharmaceuticals: Evidence from Nine Countries," Health Affairs, Vol. 29 (2003).

Dent, Chris, Paul Jensen, Sophie Waller and Beth Webster, "Research Use of Patented Knowledge: A Review," STI Working Paper 2006/2 (2006).

Derzko, Natalie M., "The impact of recent reforms of the hatch-waxman scheme on orange book strategic behavior and pharmaceutical innovation," idea — The Journal of Law and Technology vol.45. no.2 (2005).

Dykman, Harry T., "Patent Licensing within the Manufacturing Aircraft Association (MAA)," 46 J. Pat. Off. Soc. 646, 648 (1964).

Ebb, Lawrence F., "The Grundig-Costen Case Revisited; Judicial Harmonization of National Law and Treaty Law in the Common Market," University of Pennsylvania Law Review, Vl. 115, No.6 (Apr., 1967).

Ebersole, Ted J. et al., "Patent Pools as a Solution to the Licensing Problems of Diagnostic Genetics," IPT L.J. vol. 17 no.1 (Jan. 2005).

Eisenberg, Rebecca S., "Patents and the Progress f Science: Exclusive Rights and Experimental Use," 56 U. Chi. L. Rev. 1017 (1989).

Fabricius, Erich M., "The Death of Discount Online Retailing? Resale Price Maintenance After Leegin v. PSKS," North Carolina Journal of Law & Tech (2008.1.8).

Farmer, Susan Beth, "Modern Legal and Legislative Developments in Antitrust Law and the Business of Insurance," 한국경쟁법학회 2008.11.7. 국제심포지엄 자료집 (2008).

Farrell, Joseph & Carl Shapiro, "How Strong Are Weak Patent?," American Economic Review (2008).

Farrell, Joseph & Paul Klemperer, "Co-ordination and Lock-in: Competition with Switching Costs and Network Effects," Economics Papers 2006-W07 Economics Group, Nuffield College, University of Oxford (2006).

Farrell, Joseph et al., "Standard Setting, Patents and Hold-up," 74 Antitrust Law Journal, 603, 608, 617 (2007).

Federal Trade Commission, Generic Drug Entry Prior to Patent Expiration: An FTC Study (Jul. 2002).

Frey, Michael, "Casenote: Unfairly Applying the Fair Use Doctrine: Princeton Univ. Press v. Michigan Document Services," 66 U.Cin. L. Rev. 959, 966 (1998).

Gee, Tyler J., "Illinois Tool Works v. Independent Ink; Inking Out limits of the Patent Grant," 41 U. S. F. L. Rev. 261 (2006).

Geradin, Damien, "Pricing abuses by essential patent holders in a standard-setting context; A View from Europe," seminar paper for June 4-5 2008 University of Virginia (2008).

Geradin, Damien, "Standardization and technological innovation: Some reflections on ex-ante licensing, FRAND, and the proper means to reward innovators," Tilburg University Discussion Paper (2006).

Geradin, Damien, "The Necessary Limits to the Control of Excessive Prices by Competition Authorities — A view from Europe," Tilburg University Legal Studies Working Paper Series (2007.10).

Gerber, David J., "The Transformation of European Community Competition Law?," Harvard International Law Journal 97 (1994).

Goldstein, Jorge A., "Patent Pools and Standard Setting in the Biotechnology Industry," CASRIP (July 2005).

Goldstein, Paul, "Commentary on An Economic Analysis of Copyright Collectives," 78 Va. L. Rev. 413 (1992).

Goller, Gilber, "Competing, Complementary and Blocking Patents: Their Role in Determining Antitrust Violations in the Area of Cross-Licensing," Patent Pooling and Package Licensing, 50 J. Pat. Off. Society 723 (1988).

Gordon, Wendy J., "A Property Right in Self Expression: Equality and Individualism in the

Natual Law of Intellectual Property," 102 Yale L.J. 1533 (1993).

Gould, James and James Langenfeld, "Antitrust and Intellectual Property: Landing on the Patent Avenue in the Game of Monopoly," Intellectual Law Review vol. 37 at 447 (1996).

Gruber, H. and F. Verboven, "The evolution of markets under entry and standards regulation in the case of global mobile telecommunications," International Journal of Industrial Organization 19: 1189-1212 (2001).

Harkins, Christopher A., "Fending Off Paper Patents and Patent Trolls: A Novel 'Cold Fusion' Defense Because Changing Times Demand It," 17 Alb. L.J. Sci. & Tech 407 (2007).

Kaplow, Louis, "The Patent-Antitrust Intersection: A Reappraisal," 97 Harv. L. Rev. 1813, 1817 (1984).

Kobayashi, Bruce H. & Joshua D. Wright, "Federalism, Substantive Preemption, and Limits of Antitrust: An Application ot Patent Holdup," (2008).

Lande, Robert H., "Wealth Transfers as the Original and Primary Concerns of Antitrust; The Efficiency interpretation Challenged," 68 The Hastings law Journal, Vol 34, Sep (1982).

Landes, William M. & Richard A. Posner, "An Economic Analysis of Copyright Law," 18 J. Legal. Sud. 325 (1989).

Lang, John Temple, "Essential Facility Doctrine; IP Rights and European Competition Law" at 'Antitrust, Patent and Copyright', Edward Elgar (2004).

Lemley, Mark & Carl Shapiro, "Patent Hold-Up and Royalty Stacking," 85 Tex. L .Rev. 1991, 2025 (2007).

Lemley, Mark A., "The Economics of Improvement in Intellectual Property Law," 75 Tex. L Rev. 989, 992 (1997).

Lemley, Mark, "Intellectual Property Rights and Standard Settting Organization," 90 Cal. Law. Review 1989 (2002).

Letwin, W., "The English Common Law Concerning Monopolies," 21 U.Chi. L. Rev. 355 (1954).

Lipsky, Abbott B., Jr. & J. Gregory Sidak, "Essential Facilities," 51 STAN. L. REV. 1193 (1999).

Lopatka, John E. & William H. Page, "Monopolization, Innovation, and Consumer Welfare," 69 Geo. Washington L. Rev. 367, 387 (2001).

Loren, Cohen, et al., "Copyright In a Global Information Economy," Aspen Law & Business (2002).

Lunney, Jr., Glynn S. "Fair Use and Market Failure: Sony Revisited," 82 B.U.L. Rev. 975, 981-982 (2002).

Marquardt, Paul D. & Mark Leddy, "The Essential Facilities Doctrineand Intellectual Property Rights; a Response to Pitofsky, Patterson and Hooks," 70 Antitrust L J. 847 (2003).

McGowan, David, "Network and Invention in Antitrust and Intellectual Property," 24 J. Corp. L. 485, 485 (1999).

McGowan, David, "Regulating Competition in the Information Age: Computer Software as an

Essential Facility under the Sherman Act," 18 Hastings Comm. & Ent. L.J. 771 (1996).

McNair, John R., "If hatch wins, make waxman pay: One-way fee shifting as a substitute incentive to resolve abuse of the hatch-waxman act," Journal of law, Technology & Policy (Vol. 2007 No.1) (2007).

Melamed, Douglas & Ali M Stoppelwerth, "The CSU Case: Facts, Formalism and the Intersection of Antitrust and Intellectual Property Law," 10 Geo. Mason L. Rev. 407, 426, 427 (2002).

Mergers, Robert P., "Institutions for Intellectual Property Transactions: The Case for patent Pools," (August 1999).

Merges, Robert P. & Richard R. Nelson, "On the Complex Economics of Patent Scope," 90 Columbia L. Review 839 (1990).

Merrill, Stephen A., Richard C. Levin, and Mark B. Myers, "A Patent System of 21 century," National Academy of Science (2004).

Meurer, Michael J. An Economic Analysis of Royalty Terms in Patent License Ec67 Minn. L. Reure1198Ec1217-22 (1983).

Nagasawa, Yukio, "Recent Development in Japan," SNU Center for Law & Technology Nov. 14, 2008. 발표문 (2008).

Newberg, Joshua A., "Antitrust, Patent pools, and the Management of Uncertainty," 3 Atlantic l. J. 1. (2000).

Patry, William F. & Richard A. Posner, "Fair Use and Statutory Reform in the Wake of Eldred," 92 Cal. L. Rev. 1639 (2004).

Pitofsky, Robert, Donna Patterson & Jonathan Hooks, "The Essential Facilities Doctrine Under U.S. Antitrust Law," 70 ANTITRUST L.J. 443 (2002).

Roger B., Andewelt, "Analysis of Patent Pools Under the Antitrust laws," 53 Antitrust L,J. 611, 611 (1984).

Serafino, David, "Survey of patent pools demonstrate variety of purposes and management structures," KEI research note (2007).

Shapiro, Carl, "Antitrust in Network Industries," Speech before ABA and ALI (1996).

Shapiro, Carl, "Navigating the patent Thicket: Cross Licenses, Patent Pools, and Standard-Setting," (March 2001).

Simpson, John and Abraham Wickelgren, "Bundled Discounts, Leverage Theory, and Downstream Competition," Am Law Econ Rev. (2007).

Stolberg, Sheryl & Jeff Gerth, "Keeping Down the Competition: How Companies Stall Generics and Keep themselves Healthy," N.Y. Times, July 23, 2000.

Sullivan, Lawrence A., Wolfgang Fikentscher, "On the Growth of the Antitrust Idea," 19 Berkelley J. of Int'l L. 197 (1998).

Turner, Donald, "The Scope of Antitrust and Other Economic Regulatory Policies," 82 Harv. L. Rev. 1207 (1969).

Unger, Robert M., "The Critical Legal Studies Movement," 96 Harv. L. Rev. 561 (1983).

United States Patent Trademark Office 2007-2012 Strategic Plan.

US DOJ, "Justice Department Approves Proposal for Joint Licensing of Patents Essential for Meeting Video Technology Standard Used in Electronics and Broadcast Industries," (1997.6).

Vinje, Thomas, "European Union law on interoperability; What I the impact of the EU Court of First Instance's Microsoft Judgment?," 경제법 판례연구 발표자료 (2007.11).

Williamson, Oliver E., "The Economic Institutions of Capitalism: Firms, Markets, Relational Contracting" (1985).

판례색인

사항색인

최 승 재(崔 昇 宰)

■ 저자 약력 ■

서울대학교 학사, 석사, 박사(법학 박사)
서울시립대학교 세무대학원 박사과정 수료
미국 Columbia Law School 졸업(LL.M)
Sejong-Syracuse MBA program(MBA)
법무법인 바른 변호사(파트너대우), 한국 마이크로소프트 변호사(공정거래 및 특허담당임원), 삼성에스디아이 선임변호사(법무총괄) 역임
현재, 경북대학교 법학전문대학원 교수, 대법원 재판연구관, 공정거래위원회 경쟁정책자문위원, 대한변호사협회 법제위원

■ 주요 저서 및 논문 ■

IT 기술과 법 I, 홍익대학교 출판부, 2007(2008.8. 개정)
IT 기술과 법 II(경쟁전략과 법), 한국학술정보㈜ 2009.5.
미국대법관이야기 1권 및 2권, 경북대학교 출판부, 2009.5.
민사소송법의 이론과 실제, 한빛지적소유권 센터, 1999
"미국에서 서브프라임모기지 관련 소송의 전개와 전망" 등 논문 다수

특허권남용의 경쟁법적 규율

2010 년 2월 20일 초판 인쇄
2010 년 3월 2일 초판 발행

저 자 최 승 재
발행인 이 방 원
발행처 세창출판사
서울 서대문구 냉천동 182 냉천빌딩 4층
전화 723 - 8660 팩스 720 - 4579
E-mail: sc1992@empal.com
Homepage: www.sechangpub.co.kr
신고번호 제300-1990-63호

정가 28,000 원

ISBN 978-89-8411-297-1 93360